Peter N. Martin/Bruno Hollnagel

Die großen Spekulationen der Weltgeschichte

Peter N. Martin/Bruno Hollnagel

Die großen
Spekulationen
der Weltgeschichte

Vom Altertum bis zur New Economy

Wirtschaftsverlag Langen Müller/Herbig

Besuchen Sie uns im Internet unter
http://www.herbig.net

© 1982 by Universitas Verlag in der F.A. Herbig Verlagsbuchhandlung GmbH, München

für die bearbeitete und erweiterte Neuauflage:
© 2002 by Wirtschaftsverlag Langen Müller / Herbig
in der F. A. Herbig Verlagsbuchhandlung GmbH, München
Alle Rechte vorbehalten
Schutzumschlag: Atelier Seidel, Altötting
Motiv: akg-images, Berlin
Satz: Fotosatz Völkl, Puchheim
gesetzt aus: 10,2/14,3 Punkt StempelGaramond
Druck: Jos. C. Huber KG, Dießen
Binden: R. Oldenbourg, München
Printed in Germany
ISBN 3-7844-7427-6

Inhalt

Vorwort 11

I. *Das Spiel ums Geld beginnt* 15

Vom Tausch- zum Geldhandel 15, Die alttestamentarische Spekulation 16, Griechische Drachmen als Weltwährung 18, Kriege als Spekulationsobjekte 20, Der Geldadel regiert Rom 22, Spekulationen mit inflationierendem Geld und Preiskontrollen 25

II. *Die Macht der Banken – der größte Trust der Renaissance und ihr Untergang* 29

Die Interessengemeinschaft der Habsburger und Fugger 30, Die Fugger schaffen Monopole 31, Die Konkurrenz schläft nicht – und wird geschlagen 34, Geschäfte mit Kaisern und Päpsten 35, Ein Mönch macht Ärger 37, Die Pechsträhne reißt nicht ab 38, Verspekuliert!!! 40

III. *Die Börse erblickt das Licht der Finanzwelt* 43

Das Börsenspiel beginnt 44, Die »Ostindische Kompagnie« mit fulminantem Start 46, Es darf spekuliert werden 49, Heiße Spekulationen mit Anleihen 53

IV. *Die Spekulanten als Blumenfreunde* 57

Die Tulpe kam aus dem Morgenland 58, Das Tulpenfieber greift um sich 60, Nach dem Tulpenboom kam der Krach 61

V.   *Die Spekulanten träumen von den Kolonien   65*

          Der Finanzkünstler aus Schottland 66, Law entdeckt die Kolo-
          nien 67, Börsentrubel in der Rue Quincampoix 70, Die Super-
          hausse beginnt zu stocken 73, Großkredite statt Negerskla-
          ven 77, Das schlechte Beispiel schreckt nicht 80, Ein Ende mit
          Schrecken 84

VI.   *Frankreich »revolutioniert« sein Geld   87*

          Die Revolution verschafft sich ihr Geld 88, Der Leidensweg der
          Assignaten 91, Auf ein Neues 93

VII.   *Blitzkarriere einer Bankiersfamilie   95*

          Es begann in der Judengasse 96, Die Rothschilds werden »sechste
          Großmacht« 98, Der Coup von Waterloo 100

VIII.   *Eisenbahnspekulanten unter Dampf   105*

          Das Dampfzeitalter beginnt 106, Die Engländer als Eisenbahn-
          pioniere 108, Spekulanten haben Hochkonjunktur 110, Die
          Rothschilds entdecken die Eisenbahn 112, Rothschild baut ein
          Spielzeug für die Pariser 114, Ein Konkurrent tritt auf 115, Die
          Eisenbahn kommt zur richtigen Zeit 118, Wilde Jahre der Berliner
          Börse 120, Von Dampfbooten und Stahlrössern 123, Die ersten
          Eisenbahnkönige 125, Der Börsenkrach von 1857 127, Kampf
          bis aufs Messer 130, Große Projekte und große Spekulatio-
          nen 132

IX.   *Die Goldverschwörung des Jay Gould   137*

          Der »innere Kreis« der Wallstreet 138, Der Coup wird vorberei-
          tet 140, Jay Gould täuscht alle 143

X.   *Die Gründerjahre: Hochkonjunktur für Spekulanten 147*

Mit einem Krieg fing es an 148, Der Milliardenstrom fließt nach Deutschland 150, Von großen und kleinen Schwindlern 153, Der Krach beginnt in Wien 155, Die Krise springt über 159

XI.   *Zwei Milliarden Franc verschwinden im Dschungel 163*

Ein alter Traum wird wahr 164, Die Engländer »erobern« den Suezkanal 166, Erste Millionen für Panama 168, Millionennachschub für den Kanal 170, Der letzte Akt des Dramas 172

XII.   *Als die Preise das Laufen lernten 175*

Die Eskalation der Schulden 176, 1923: Das Jahr der Nullen 179, Hugo Stinnes nutzt die Inflation 184, Russland »revolutioniert« den Rubel 187, Die Schlacht um den Franc 189

XIII.   *Als die Wallstreet zusammenbrach 193*

Die Roaring Twenties beginnen 194, Boom mit Schönheitsfehlern 196, Wallstreet auf Höhenflug 199, Wer hört schon auf Menetekel? 202, Das Vertrauen ist dahin 205, Europa wird angesteckt 210, Das tiefe Krisental 214

XIV.   *Das Zündholzimperium des Ivar Kreuger 219*

Kreuger, der Selfmademillionär 220, Mit Streichhölzern zur Weltgeltung 222, Der mysteriöse Sturz des Zündholzkönigs 225

XV.   *Aufstieg und Fall der IOS 231*

Cornfelds Lehr- und Wanderjahre 232, Eigene Fonds scheffeln Anlegergeld 236, Bernie hat Sorgen 238, Bernie Cornfeld im

Glück 241, Treibhausklima an den Weltbörsen 239, Das Schicksalsjahr der IOS 247, Der Betrug des Jahrhunderts 250

XVI.   *Das Silberdebakel der Hunts*   253

Die Hunts lieben das Spiel 254, Die Hunts wagen den großen Schlag 257, Die Hunts am Ende? 260

XVII.   *Die geplatzte Spekulationsblase*   265

Eine Spekulationsblase wächst 266, Die Luft wird noch heißer 270, Eine Blase platzt 271, Es kommt Panik ins System 272, Unverhoffte Rettung 273

XVIII.   *Unruhige Zeiten – Börsenbeben der Neunzigerjahre*   277

Argentinien fest in der Hand der Gläubiger und Spekulanten 278, Der Sturz der Barings-Bank 280
Vertrauen 280   Das Geschäft 280   Das Fehlerkonto 281
Die Rettung 283   Der Rückfall 283   Das Ende 283

XIX.   *Japancrash 1990–1992*   287

Japans geliehene Blütezeit 288, Die »gelbe Gefahr« 289, Eine Nation im Spekulationsfieber 290, Die Sonne verfinstert sich 292, Japan fast zehn Jahre in tiefer Depression 293

XX.   *Börsenkrieg 1997*   295

Generalprobe? Soros gegen die Bank von England (1992) 296, Erfolg macht neidisch 299, Die selbst gestellten Fallen 300, Die Jäger lauern 301, Mobilmachung 302, Der brutale Krieg ohne Blutvergießen 303, Die Bomben detonieren und die Beute wird verteilt 304, Kanonendonner auch anderswo – das Real-Desaster Brasiliens 1998/99 307

XXI.   *Der Zusammenbruch der »New Economy«   311*

Aller Anfang ist schwer 313, Die Schlacht um Neuemissionen 315, Die Gier wächst 316, Mängel schleichen sich ein 317, Die Wende und die Todesliste 319, Verbranntes Geld 322, Zauberlehrlinge 326

XXII.   *Die Börse im Griff der Terroristen   329*

Die Attentate 330, Medien als unfreiwillige Helfershelfer der Terroristen 331, Kettenreaktionen an den Börsen 332, Insider – das Geschäft mit dem Terror? 333

Schluss   335

Literaturverzeichnis   337

Vorwort

Die Rue Quincampoix, in der sich die Spekulanten um die Aktien von John Laws Mississippigesellschaft balgten, das Berlin der wilden Gründerjahre oder der Börsensaal von Wallstreet, diese Orte sind nur einige der Schauplätze, an denen die einzelnen Kapitel dieses Buches spielen. Der vorliegende Streifzug durch die Geschichte der Spekulation, des Geldes und der Hochfinanz versteht sich als das Gegenstück zum Geschichtsbuch, das man aus der Schule kennt. Dort wimmelt es von wagemutigen Feldherren und stolzen Königen, die Geschichte machten, Schlachten schlugen, die Welt veränderten und die sich dabei scheinbar um das nötige Geld keinerlei Gedanken zu machen brauchten.

Die Wirklichkeit aber sah teilweise ganz anders aus. Als einmal eine besorgte Nachbarin zu Gudula Rothschild kam, deren fünf Söhne damals die europäische Finanzwelt beherrschten, antwortete die alte Frau in ihrem bescheidenen Haus im Frankfurter Judenghetto: »Es gibt keinen Krieg – meine Söhne geben kein Geld dafür her!« Ein anderer Zeuge für den Zusammenhang zwischen Finanzen und Weltgeschichte soll Anfang des 16. Jahrhunderts der Marschall Trivulzio gewesen sein, der seinem König kurz und klar beschied: »Zum Kriegführen sind dreierlei Dinge notwendig – Geld, Geld und nochmals Geld.« Und um noch einen letzten kompetenten Feldherrn zu zitieren, sei auf Albrecht Wenzel Eusebius von Wallenstein hingewiesen, der seine Meinung zu diesem Thema einmal auf die einprägsame Formel brachte: »Kein Geld, kein Pulver, kein Krieg.« Ohne die Rolle des Geldes und die Spekulationen mit ihm wäre die Geschichte sicherlich anders verlaufen.

Aber auch ohne diese Zusammenhänge zwischen Weltgeschehen und Geld ist die Geschichte der Spekulationen und Spekulanten schon interessant genug. Es gab bewegte Zeiten an den Börsen, in denen die ganze Bevölkerung nur noch an das Spiel mit Aktien, Anleihen oder auch Tulpenzwiebeln dachte. Hintergründe, Hauptdarsteller und Anekdoten solcher Spekulationsperioden sollen in diesem Buch ebenso wenig fehlen wie die ganz großen Börsenspieler und Financiers. Im Verlauf des Streifzugs tauchen die versierten Rothschilds ebenso auf wie der pokernde Texaner Nelson Bunker Hunt. Da werden Tulpen eine ähnlich wichtige Rolle spielen wie Zündhölzer oder Silber.

Während in der Vorkriegszeit die großen Spekulanten oftmals selbst die Bühne des Geschehens betraten und im Rampenlicht der Öffentlichkeit standen, zogen später die Macher eher hinter den Kulissen die Fäden. Deswegen schien es, als triebe der Gang der Geschichte wie im Japancrash oder bei der New-Economy-Blase die Kurse in die eine oder andere Richtung. Tatsächlich bedienten sich die Heroen des Kapitalmarkts der Kapitalgesellschaften, Fonds und Medien, um mit hohen Einsätzen und oftmals rücksichtslos ihr »Spiel« zu machen.

Auch so hielten sie die Welt in Atem, wie etwa Soros, der mit seinen Mitläufern die Bank von England in die Knie zwang, oder wie die Spekulantengruppe um Nelson Bunker Hunt im Frühjahr 1980 einen Silberboom entfachten, und dabei einen Silberschatz von 200 Millionen Unzen im Wert von damals zehn Milliarden US-Dollar zusammenbrachte, oder Nick Leeson, der durch seine Fehlspekulationen die altehrwürdige Barings-Bank in den Abgrund stieß.

Sie setzen die milliardenschweren Spekulationen fort, die seit der Gründung der Börse immer einmal wieder tobten. Zu lukrativ ist das Spiel, als dass sich die Macher von dem Elend und der Armut abhalten lassen würden, die sie bei einem entfachten Börsenkrieg in die Welt setzen, als etwa der beispiellose Wirtschaftsboom der Tigerstaaten mit einer einzigen riesigen Spekulationswelle fortgespühlt wurde.

Obwohl sich die Zeiten ändern, so lief doch die Spekulation im Rahmen der »New Economy« mit frappierender Ähnlichkeit ebenso ab wie der Börsenkollaps am Ende der Gründerjahre 133 Jahre zuvor. Die Mittel der Spekulation mögen sich ebenso gewandelt haben wie die Technik des Vorgehens, der Mechanismus aber und die Auswirkung auf die Kassen der Börsianer und der Wirtschaft insgesamt zeigen sich noch heute so wie in den ersten Tagen der Börse.

Es ist also selbst in einer Periode der Ruhe Vorsicht geboten – auch in der Vergangenheit sah es manchmal jahrzehntelang so aus, als hätten die behut-

samen Anleger, die Bewahrer und vorsichtigen Naturen die Oberhand gewonnen. Und dann ging es doch immer wieder los, wenn die Börsianer Blut
geleckt hatten, sich schnellen Reichtum erhofften und das Spekulationsfieber
um sich griff wie eine ansteckende Krankheit.

Die Geschichte der Börsenzusammenbrüche zeigt sich also nicht nur ab-
wechslungsreich und spannend, sondern erlaubt auch den einen oder anderen
interessanten Schluss für Börsianer und Unbeteiligte, die irrtümlicherweise
meinen, von derartigen Spekulationen nicht berührt zu sein. Da die Börse ein
Bestandteil der Wirtschaft ist und wir heute alle mitten im Wirtschaftsgeschehen stehen – ob als Unternehmer, Selbstständiger, Mitarbeiter oder Rentner,
beziehen wir schließlich unser Einkommen aus ihr –, sind auch jene betroffen,
die sich von der Börse fern halten. Immerhin könnte dieses Buch als An-
schauungsmaterial für die nächste große Spekulationswelle dienen – und die
kommt gewiss.

I.

Das Spiel ums Geld beginnt

Vom Tausch- zum Geldhandel

Der Umgang mit Kreditkarten und Geld erscheint uns heute selbstverständlich. Ohne Probleme können wir Geld in alle möglichen Produkte oder Dienstleistungen eintauschen. So einfach war es jedoch keineswegs immer. In grauer Vorzeit war der Tausch ein kniffliges Problem, denn es musste zunächst ein Tauschpartner gefunden werden, der das brauchte, was man selbst besaß, und der zugleich nach dem verlangte, was man bereit war zu geben. Einfacher hatte es da derjenige, der über jene Dinge verfügte, die jedermann brauchte, wie zum Beispiel Getreide als Lebensmittel. Doch ergab sich hier das Problem der Haltbarkeit, der Qualität und des relativ geringen Wertes. Hochwertige Tauschaktionen waren damit nur schwer möglich, denn sie erforderten einen großen Aufwand. Ganze Wagenkolonnen mussten dann bewegt und vor Überfällen geschützt werden.

Erheblich einfacher war es da, Gold und Silber als Tauschmittel einzusetzen. Diese Metalle erfüllten eine sehr wichtige Voraussetzung, sie waren selten und somit wertvoll und zudem noch wertbeständig. Niemand hätte wertvollere Waren gegen etwas getauscht, das er massenhaft in seiner Umgebung hätte finden können. Edelmetalle mussten hingegen mühsam gesucht, ausgegraben, erschmelzt und gereinigt werden.

Wie lange solche Tauschmittel schon in Gebrauch sind, ist nicht sicher zu sagen. Aber schon im 15. Jahrhundert vor Christus berichtet eine Tempelinschrift, dass sich der ägyptische Pharao Tuthmosis III. von den unterworfenen asiatischen Stämmen Reparationen in Gold auszahlen ließ. Schon weitere 1000 Jahre zuvor soll im Zweistromland zwischen Euphrat und Tigris das Gold als Tauschmittel allgemein üblich gewesen sein.

Um die Tauschmittel nicht immer von neuem wiegen und ihre Qualität prüfen zu müssen, bedurfte es einer Vereinheitlichung, die schließlich durch Münzen in genormten Gewichten und entsprechenden Prägungen gewährleistet wurde. Diese Normung, sollte sie allgemein anerkannt werden, bedurfte einer entsprechenden Institution oder Autorität. Sie ließ geeignete Zeichen oder Abbilder in die Metallplättchen – Münzen – prägen. Münzfunde lassen den Schluss zu, dass das Münzgeld in Kleinasien erfunden wurde. Vermutlich wurden die ersten Münzen im kleinasiatischen Lydien im 7. Jahrhundert vor Christus geprägt. Hier im östlichen Mittelmeerraum schlug damals das Herz des Welthandels.

Wegen der problemlosen Handhabung und der allgemeinen Wertanerkennung von Edelmetallmünzen dürften die Münzen – das Geld – den Welthandel beträchtlich gefördert haben. Mit der Erfindung des Geldes war aber auch der Weg zu den ersten Spekulationen und Finanzabenteuern geebnet, denn es taugte außer als einfach handhabbares Tausch- und Wertaufbewahrungsmedium vortrefflich als Verrechnungseinheit.

Die alttestamentarische Spekulation

Schon das Alte Testament berichtet von einem vorausschauenden Großspekulanten, der eng mit seiner Regierung zusammenarbeitete:

Der Pharao träumte, dass erst sieben fette und danach sieben magere Kühe dem Nil entsteigen und dass danach sieben pralle Getreideähren von sieben mickrigen verschlungen werden. Diesen rätselhaften und vermeintlich wichtigen Traum vermochte keiner seiner Traumdeuter zu enträtseln. Erst der aus dem Gefängnis befreite Joseph konnte dieses Orakel deuten. Er prophezeite sieben gute und danach sieben schlechte Ernten und schlug dem Pharao vor, in den fetten Jahren das Getreide im großen Stil zu horten, um so für die folgenden schlechten Erntejahre Vorsorge zu treffen. Dem Pharao leuchtete die Deutung ein und er war sichtlich beeindruckt. Er verhalf Joseph zu einer steilen Karriere als ägyptischer Premierminister: »Der ist des Landes Vater! Und setzte ihn über ganz Ägyptenland« (1 Moses 41,42).

Joseph setzte seine Prophezeiung in eine langfristige Spekulationsstrategie um. Während der guten Erntejahre ließ er einen großen Teil des Getreides billig aufkaufen und in Silos einlagern. Vermutlich freuten sich die Bauern darüber, dass der »staatliche Interventionsfonds« einen großen Teil der überreichen Ernte aufkaufte und so die Preise stabilisierte. Aber sie freuten sich zu früh, denn als die sieben mageren Erntejahre kamen, zeigten sich Joseph und sein pharaonischer Geschäftspartner als Spekulanten aus echtem Schrot und Korn. Für einen Mann der Bibel ging Joseph dabei recht egoistisch und rücksichtslos zu Werke. Der Pharao und Joseph nutzten ihre Monopolstellung als wichtigste Anbieter von Getreide und diktierten den Abnehmern die Preise. So brachten sie zunächst das Geld des Landes unter ihre Kontrolle, und als die Käufer immer weniger zahlungskräftig wurden, mussten sie auch noch mit ihrem Vieh bezahlen, um nicht verhungern zu müssen. Groß wird die Enttäuschung über den Premier Joseph gewesen sein, als die armen Ägypter schließlich auch noch ihren Landbesitz aufgeben und sich als Leibeigene an den Pharao des bloßen Überlebens willen verkaufen mussten. Zwar durften sie später ihre Äcker behalten, aber dafür führte Staatschef Joseph eine Einkommensteuer von 20 Prozent ein. Die Spekulation hatte also nicht nur für damalige Verhältnisse ungeheure Ausmaße angenommen – das ganze Land fiel praktisch in die Hände des Pharaos –, sondern war auch erfolgreich und nachhaltig, denn auf unabsehbare Zeit brachte die Spekulation Ertrag in Form der Steuereinnahmen und die Bürger in seine Abhängigkeit. Von Spekulationen solchen Umfangs konnten selbst die größten Börsenspieler späterer Jahrhunderte nur träumen.

Die ägyptischen Pharaonen waren auch sonst in großen Geschäften aktiv. Alle Steinbrüche und Bergwerke wurden auf persönliche Rechnung der Herrscher ausgebeutet. Die Ptolemäer, die drei Jahrhunderte Ägypten bis kurz vor die Zeitenwende regierten, konnten den Zugriff auf die Industrie sogar noch ausweiten, denn sie besaßen auch Gerbereien, Spinnereien, Ölraffinerien und Papyrusfabriken. Fast überall waren die Stadt- oder Staatsregierungen auch die größten Unternehmer und Bankiers ihrer Länder. Nicht immer stellten sie es dabei in Sachen Finanzen besonders glücklich an. Die persischen Großkönige etwa ließen sich aus ihrem Riesenreich die Tribute und Steuern in Silber auszahlen, das sie dann in Tongefäße füllten und in ihren Schatzkammern horteten. Von Reinvestitionen und ihrer volkswirtschaftlichen Bedeutung verstand man damals noch nichts. Während sich das Metall in der Residenz häufte, fehlte es auf den Märkten. Die Zahlungsmittel im Lande wurden immer knapper und teurer. So kam es zur Deflation (Geldverknappung), unter der der Handel bitter litt.

Um sich vor der Deflation zu schützen, versuchte sich Sparta gegen ausländische Währungen abzuschotten. Heute würde man in diesem Zusammenhang von Devisenbewirtschaftung[1] sprechen. Im Verkehr mit dem Ausland wurde zwar in Edelmetallen bezahlt, in Sparta selbst aber galt eine Währung, die aus Eisenplättchen bestand. Die Betonung liegt auf dem Wort »Plättchen«, denn dieses Geld hatte eine wesentlich höhere Kaufkraft, als der reine Warenwert des Eisens ausmachte. Erst in den Tagen Alexanders des Großen wurde in Sparta eine Edelmetallwährung eingeführt.

Griechische Drachmen als Weltwährung

Das Finanzwesen mutete im alten Griechenland schon bemerkenswert modern an, wie aus überlieferten Inschriften aus Kleinasien zu entnehmen ist. Danach nahm die Stadt Milet bei einer Nachbargemeinde eine größere Anleihe auf. Bei einer anderen Verschuldungsaktion der Stadt konnten die Bürger Wertpapiere erwerben. Die Genehmigung dazu musste zunächst die Volksvertretung geben. Dann konnte jeder Bürger Anteile zeichnen. Der Ausgabekurs betrug 3000 Drachmen. Zwei Drittel davon mussten sofort, der Rest konnte am Jahresende eingezahlt werden. Die Verzinsung lag bei zehn Prozent pro Jahr und wurde in monatlichen Raten fällig. Auf der gefundenen Inschrift wurden auch Garantien für die Sicherheit der Anleihe gegeben. Es ist nicht überliefert, ob in diesen Anteilen auch schon ein Handel stattgefunden hat; das wäre dann mit Abstand der älteste Wertpapierhandel der Welt gewesen.

Wie die aufgenommenen Gelder der Stadt Milet verwendet wurden, zur Finanzierung ertragreicher Geschäfte oder zur Erfüllung finanzieller Verpflichtungen, ist nicht überliefert. Die anderen Griechenstädte waren zu dieser Zeit eher auf eine Anhäufung von Reichtümern bedacht. Das mächtige Athen, das allerdings durch den Besitz reicher Silbervorkommen in Laurion in einer finanzpolitisch glücklichen Lage war, hortete auf seiner Burg große Reserven von Gold und Silber. Auch der von Athen nach dem Sieg über die

---

[1] Devisenbewirtschaftung ist ein Devisenmonopol eines Staates bzw. einer Notenbank, das dadurch gekennzeichnet ist, dass Importeure sämtliche Deviseneinnahmen an den Staat/an die Notenbank abführen müssen. Importeure bekommen entsprechende Devisen zugeteilt.

Perser gegründete attische Seebund verfügte über beachtliche Rücklagen, die zunächst auf der Tempelinsel Delos gelagert wurden. Später verlegte man diesen Schatz nach Athen auf die Akropolis. Hauptsächlich nutzte man die Gelder für den Militäretat, aber auch für die große Politik. Im Zuge eines »Drachmenimperialismus« wurden Kredite an andere Staaten vergeben, um sie in Bündnisse einzubinden. In der rasch expandierenden griechischen Wirtschaft war das Kapital chronisch knapp. Langfristige Kredite waren trotz der beachtlichen Edelmetallförderung und der gewinnträchtigen Handelsgeschäfte mit aller Welt nur selten für weniger als zehn bis zwölf Prozent Zinsen zu haben.

Das hinderte allerdings die ersten Spekulanten nicht, sich in riskante, aber dafür ertragreiche Geschäfte zu stürzen. Bereits Aristoteles, der von 384 bis 322 vor Christus lebte, berichtet von einem solchen Fischzug: »So kaufte einer aus dem Geld, das bei ihm hinterlegt war, das ganze Eisen aus den Eisenwerken auf, und als dann die Käufer von den Handelsplätzen zu ihm kamen, verkaufte er allein, doch ohne den Preis besonders aufzuschlagen; dennoch gewann er etwa 50 bis 100 Talente. Als dies Dionysos erfuhr, ließ er ihn zwar sein Geld mitnehmen, verbot ihm aber in Syrakus zu bleiben, da er Erwerbsquellen entdeckt habe, die ihm abträglich seien.« So machte der Spekulant also schon damals die Erfahrung, dass die Mächtigen die besten Geschäfte wohl lieber selber machen.

Faktisch war es schon zu diesem frühen Zeitpunkt zu einer Weltwährung gekommen, in viel stärkerem Maße als das heute der US-Dollar ist. Innerhalb von nur sieben Jahren hatte Alexander der Große die Grenze seines Reiches von Nordgriechenland bis nach Indien ausgeweitet. Auf dem Höhepunkt seiner Macht reichte das in so kurzer Zeit eroberte Imperium von Griechenland bis an die Nordgrenze des heutigen Sudan, im Nordosten bis in die UdSSR hinein, umfasste Pakistan, Persien, den Irak, Syrien und die Türkei. In diesem Riesenreich galten die griechischen Münzen als Zahlungsmittel. Den persischen Reichsschatz, von diversen Großkönigen aufgehäuft, verteilte Alexander so großzügig, dass es zu einer Inflation kam. Wie großzügig Alexander war, zeigte sich anlässlich einer Massenhochzeit seiner Offiziere mit den schönen Töchtern des neuen Reiches, bei der auch Alexander selbst Roxane, angeblich die schönste Frau ihrer Zeit, heiratete. Der König beglich für seine Soldaten alle Schulden, die sie bei Geldverleihern und Kaufleuten hatten.

Kriege als Spekulationsobjekte

Die von den Sagen durchsetzte römische Überlieferung legte die Gründung Roms auf den 21. April 1753 vor Christus. Nach dem langwierigen und mühsamen Aufstieg Roms sollte es 300 bis 400 Jahre dauern, bis die Könige abgewirtschaftet hatten, die etruskischen Besatzer vertrieben waren und Rom die Republik wurde, als der wir sie aus den Geschichtsbüchern kennen. So ärmlich wie das Bauerndorf der Gründerjahre auf den Hügeln am Tiber war anfangs auch die Währung, die aus Kupfermünzen bestand. Die römischen Bauernsoldaten erwiesen sich jedoch als ausgesprochen wehrhaft und unterjochten innerhalb eines Jahrhunderts ganz Italien. Im Süden des italienischen »Stiefels« stießen sie dabei auch auf griechische Ansiedlungen, wo sie mit den dort verwendeten Edelmetallmünzen Bekanntschaft machten. Etwa um das Jahr 200 vor unserer Zeitrechnung schlugen die Römer dann ihre eigenen Goldmünzen.

Die besten Spekulationen dieser Zeit waren für die römische Republik die Kriege. Anders als heute brauchte man zunächst nicht viel teures Kriegsgerät anzuschaffen, denn, gelang es, die Soldaten ordentlich zu motivieren, brachten sie ihre Schwerter gleich selber mit. Ohne großen finanziellen Einsatz konnte die Beute beträchtlich sein. Ein gewonnener Krieg war also außerordentlich lohnend: Aus dem 1. Punischen Krieg (264–241 v. Chr.) gegen das mächtige Karthago soll der Feldherr Scipio 120.000 Pfund Silber mit nach Hause gebracht haben. Außerdem musste die nordafrikanische Handelsmetropole ein halbes Jahrhundert lang jährlich 200 Talente Silber, das waren immerhin gut 6,5 metrische Tonnen, an Rom als Tribut zahlen. Kriege gegen Makedonien und König Antiochus brachten nach dem erfolgreichen Abschluss pro Jahr weitere 35 Tonnen Silber als Reparationen ein. Hinzu kamen noch die Einnahmen aus dem Karthago abgenommenen Spanien mit seinen reichen Silbergruben. Die Kassen der Tiberstadt begannen sich also üppig zu füllen.

Schon Karthago war durch den Besitz der spanischen Silbergruben zu einer Weltmacht aufgestiegen. In der Stadt sollen zeitweise eine Million Menschen gelebt haben. Die umfangreichen Rüstungen bei den Kriegen gegen diesen starken Gegner, dessen Feldherr Hannibal sogar vor den Toren Roms erschien, machten auch viele römischen Bürger wohlhabend. Rasch entwickelten sich Urformen des Kapitalismus. Durch die ständigen Kriegszüge verarmten die Bauernsoldaten, da sie ihre Felder nicht mehr regelmäßig bestellen konnten. Großgrundbesitzer brachten die Äcker an sich und bewirtschafteten sie mit wachsenden Sklavenheeren, allerdings nicht sehr effizient, denn den Sklaven fehlte die Motivation. Mit diesem »Maschinenpark des Altertums« ließen sich zudem blendende Geschäfte machen. Im Gefolge der meist siegreichen Armeen Roms reiste immer auch ein Schwarm Kaufleute mit, der zum Beispiel die zu Sklaven gemachten Kriegsgefangenen aufkaufte. Was sollte ein Feldherr irgendwo fernab von Rom mit ein paar hundert oder gar tausend Sklaven anfangen? Diese Sorge nahmen ihm die Händler gerne ab. Auf großen Sklavenmärkten, zum Beispiel auf der ägäischen Insel Delos, konnte man dann die billigen Arbeitskräfte, wie heute einen Gebrauchtwagen, meistbietend verkaufen. Dort wurde ein breites Angebot vom preiswerten Arbeitssklaven bis zum dichtenden oder angenehm plaudernden Luxusmodell gehandelt. Es war also keineswegs so, dass alle Sklaven unter glühender Sonne und unter Peitschenhieben härteste Arbeit verrichten mussten, sondern es gab durchaus auch glückliche Vertreter dieses »Berufsstandes«, die zum Beispiel als Manager reichen Römern die Geschäfte führten.

Der ständige Zufluss von Kapital nach Rom erlaubte es gewitzten Kaufleuten und Finanzmagnaten, rasch bedeutende Vermögen anzusammeln. Schnell reich werden konnte man damals vor allem bei Geschäften rund um die spanischen Silberminen, wenn man in Rom an den richtigen Drähten zog. Die Gruben wurden nämlich an Privatleute verpachtet, denen es mithilfe reichlich bemessener Bestechungsgelder für hohe Beamte häufig gelang, den überwiegenden Teil des Silberstroms an den Staatskassen vorbei in ihre eigenen Taschen zu lenken.

Allerdings gab es auch noch viele andere Möglichkeiten, sein Vermögen zu mehren. Das Zinsnehmen wurde allgemein üblich, man spekulierte in Grundbesitz und Sklaven. Ohne Reichtum galt bald auch der Römer nichts mehr. Cato schrieb in einem für seinen Sohn verfassten Büchlein: »Einer Witwe Habe mag sich mindern, der Mann muss sein Vermögen mehren, und derjenige ist ruhmwürdig und göttlichen Geistes voll, dessen Rechnungsbücher bei seinem Tod nachweisen, dass er mehr hinzuerworben als er ererbt hat.«

Es gab offenbar schon Vorformen der Aktiengesellschaft. Jedenfalls riet der bereits erwähnte Cato den Spekulanten, statt ein Schiff zu kaufen, sich lieber mit 49 anderen Kapitalgebern zusammenzutun und dann 50 Schiffe auf die Reise schicken zu lassen. Solche Beteiligungen müssen finanziell äußerst verlockend gewesen sein, wenn sie von Senatoren betrieben wurden, denen es offiziell verboten war, Handelsschiffe zu besitzen.

Der Geldadel regiert Rom

Auch das reine Geldgeschäft blühte im Römischen Reich. Die Zwölftafelge-
setze, die älteste Gesetzgebung der Stadt Rom, legten den Höchstzins noch
auf zehn Prozent fest und sahen für Wucherzinsen beachtliche Geldstrafen
vor. In der Praxis aber nahm man diese Regelungen nicht so ernst. Die »ar-
gentarii«, die Geldwechsler, stiegen rasch zu wohlhabenden Bankiers auf.
Dass es dabei selten besonders fein zuging, beweist die Verachtung, die viele
antike Schriftsteller diesem Berufsstand entgegenbrachten. So heißt es etwa
bei Seneca: »Was sind das Kapital, das Fälligkeitsbuch und die Verzinsung anderes als von der menschlichen Habgier außerhalb der Natur erfundene Aus-
drücke?« Seneca wusste, wovon er sprach, wenn er von »blutbefleckten Zinsen« schrieb, denn in Sardinien soll er selbst als übler Wucherer tätig gewesen sein.

Beschreibungen des damaligen Bankgeschäfts muten überraschend modern an. Selbst Überweisungen ins Ausland waren möglich. So schrieb Cice-
ro, der seinem Sohn die Studien finanzieren wollte, an den in Finanzgeschäften besser bewanderten Freund Atticus: »Ich frage, ob ihm das, was er in
Athen brauchen wird, überwiesen werden kann oder ob er es bei sich tragen
muss.« Atticus konnte den sich sorgenden Vater beruhigen, dass eine Geld-
anweisung genügen würde. Zu Zeiten Cäsars flossen bereits Millionen von
Sesterzen in großen Transaktionen hin und her. Sein Gegenspieler, zeitweise
aber auch Verbündeter, Pompeius, unterhielt beim Bankhaus Cluvius sehr
aktive Konten. Er nutzte diese Finanzbeziehungen offenbar auch dazu aus,
mit asiatischen Königen dunkle Wuchergeschäfte zu machen.

Die Bankiers überstanden die Stürme der Politik schon damals besser als
ihre Kunden. Schließlich wurden die Bankiers gebraucht, um bestimmte
Geschäfte abzuwickeln. Als Pompeius gegen Cäsar unterlag, wurde sein
langjähriger Bankier Cluvius damit beauftragt, das Vermögen des Besiegten
einzuziehen. Der einflussreiche Bankherr Cornelius Balbus aus dem spanischen Gades wurde von Cäsar sogar zum Finanzminister gemacht. Die Zeiten waren günstig für Bankiers, denn aus dem gesamten Mittelmeerraum
floss die Beute der siegreichen Legionen nach Rom und wollte verwaltet sein.
Ein Feldherr beschlagnahmte zum Beispiel in Heraklea so viel Gold, dass auf
der Heimfahrt mehrere Schiffe unter der Last der Beute wegen Überladung
sanken.

Ein anderer Verbündeter Cäsars war der sagenhaft reiche Marcus Licinius Crassus. Von ihm stammt der Ausspruch: »Niemand ist reich zu nennen, der nicht allein von den Zinsen seines Vermögens ein Kriegsheer aufstellen und unterhalten kann.« Tatsächlich schlug der Millionär mit einer aus dem Boden gestampften Armee den die bestehenden Strukturen gefährdenden Sklavenaufstand des Spartakus nieder. Crassus war einer der ersten großen Selfmademillionäre Roms. Sein Vermögen stammte nicht aus Kriegszügen, sondern aus einträglichen Bau- und Immobiliengeschäften. In der Tat waren damals im Bauwesen und mit Mietskasernen übelster Art rasch Millionen zu machen. Der Dichter Juvenal spottete: »Wir wohnen in einer Stadt, die zum großen Teil durch Stützen gehalten wird, welche die Zerbrechlichkeit von Schilfrohr haben.« Die Mieten für solche Bruchbuden waren hingegen ausgesprochen hoch. Brannten diese wackligen Wohnhäuser, dann war schnell die aus Sklaven gebildete Feuerwehr des Crassus zur Stelle. Allerdings begann sie erst zu löschen, nachdem der Crassus-Trust das Gebäude für ein Butterbrot aufgekauft hatte. Auch wenn ein Trotzkopf von Hauswirt sein Gebäude einmal nicht verkaufte, dann brach schnell Panik unter den Besitzern der Nachbarhäuser aus. Der gewitzte Crassus kam demnach immer irgendwie zum Zuge. Bei seinem Tod im Partherkrieg hinterließ er ein Vermögen, das auf rund 400 Millionen Sesterzen geschätzt wurde. Um den Wert abschätzen zu können, sei darauf hingewiesen, dass ein Bauarbeiter in Crassus' Unternehmen zirka vier Sesterzen am Tag verdiente.

Auch Cäsar spekulierte hemmungslos – auf seinen politischen Erfolg. Millionen über Millionen wendete er zum Beispiel in seiner Zeit als römischer Ädil aus eigener Tasche auf, um glanzvolle Tierhetzen und Gladiatorenkämpfe zu veranstalten, um sich damit Popularität bei den Massen zu verschaffen – nicht ohne Erfolg, wie sich später herausstellen sollte. Doch diese Selbstdarstellung forderte ihren Preis. Zeitweise überstiegen Cäsars Schulden die stolze Marke von 100 Millionen Sesterzen. Einmal bedurfte es sogar einer Bürgschaft seines Freundes Crassus, damit ihn seine Gläubiger überhaupt zu einem Staatsamt nach Spanien abreisen ließen. Bei den hohen Zielen, die sich Cäsar gesetzt hatte, spielte Geld jedoch nur insofern eine Rolle, als dass er immer neue Gläubiger finden musste, die bereit waren, auf seine politische Karriere zu setzen. Damit aber schaffte er sich Verbündete, denn jedem Geldgeber dürfte klar gewesen sein, dass ihm nur ein großer Sieg Cäsars einen reichlichen Ertrag und die ausgeliehenen Mittel selbst würden einbringen können. Tatsächlich war mit dem gewonnenen Gallischen Krieg der erhoffte finanzielle Durchbruch gelungen. Wie bei jedem siegreichen Krieg in diesen Zeiten konnte der Feldherr bei seinen Erfolgen nicht nur Lorbeeren, sondern auch klingende Münzen ernten. Plötzlich spielte für Cäsar das Geld keine Rolle mehr, innerhalb von acht Kriegsjahren war er zum reichsten Mann Roms aufgestiegen. Ganze Völkerstämme Galliens waren für dieses Vermögen allerdings der Sklaverei verfallen.

In die Hauptstadt des Imperiums zurückgekehrt, ging Cäsar unter anderem daran, den Wucherern das Handwerk zu legen. Da er jedem Bedürftigen zinsgünstige oder gar zinsfreie Kredite einräumte, war er bei den Geldleuten vermutlich nicht mehr sonderlich beliebt. Einige Zeit später war er nach acht Wochen Bürgerkrieg gegen Pompeius Herr von Rom und nahm ganz nebenbei auch noch den riesigen Staatsschatz in Besitz, den seine flüchtenden Gegner in der Eile nicht hatten mitnehmen können. Einige Blitzexpeditionen führten ihn fast um das ganze Mittelmeer herum, bis schließlich alle Gegner besiegt waren und Cäsar sich großzügig zeigen konnte. Die treuen Soldaten erhielten beachtliche Sonderzahlungen und jedem Bürger Roms wurde ein Geldgeschenk gemacht. Ganz Rom konnte nun sehen, dass die Spekulation des ehemals größten Schuldners des Imperiums auf seine politische Karriere glänzend aufgegangen war. Noch in seinem Testament, das nach dem erfolgreichen Mordanschlag in den Iden des März 44 vor Christus verlesen wurde, schenkte der Ermordete jedem römischen Bürger 300 Sesterzen, also etwa den Lohn eines Durchschnittsrömers für ein gutes Vierteljahr.

Die meisten Römer lebten damals von einer Art der Sozialfürsorge, die sich im »panem et circensis« ausdrückte. Dieses »Brot und Spiele« war für die entwurzelten Bauern, die in die Stadt strömten, Lebensinhalt, der aus der Not geboren war. Getreideimporte und die Großlandwirtschaft der Sklavengüter drückten die Preise für Weizen und trieben die Kleinbauern – oftmals durch Krieg von ihrer Arbeit abgehalten – in den Bankrott. Die Mittellosen drängten in die Hauptstadt des Imperiums, wo sich oft ein hoher Beamter oder ein Politkarrierist fand, der die Gunst der Wähler durch gefüllte Mägen oder spannende Unterhaltung erkaufen wollte.

Spekulationen mit inflationierendem Geld
und Preiskontrollen

Doch zurück zur Hochfinanz. Nach Cäsar kamen die Kaiser, mit ihnen die Paläste, die immer größer wurden. Die Kriege wurden kostspieliger, der Hofstaat unersättlich und die Korruption maßlos. Kurz gesagt, man musste erfahren, dass es leichter war, Geld auszugeben, als es zu verdienen, und man erlebte, dass die Kassen immer leerer wurden. Da es der Reputation wenig diente, Abstriche vom Lebenswandel zu machen, verfielen die Kaiser auf allerlei Tricks, sich des Geldes der Untertanen zu bedienen. So berichtet etwa der Geschichtsschreiber Tacitus davon, wie es dem gottgleichen Imperator Tiberius gelang, die ertragreiche Minengesellschaft des Sextus Tiberius an sich zu bringen. Der wurde kurzerhand der Blutschande angeklagt, und obwohl die römischen Zeitgenossen ansonsten gar nicht prüde waren, musste er für diesen Frevel mit dem Verlust seines beachtlichen Vermögens büßen, das als das größte des silberreichen Spaniens galt. Mit der Zeit gehörten die meisten Edelmetallminen den Kaisern und wurden mit billigen Sklaven ausgebeutet. Doch bis nach Rom war der Weg weit, und viele Beamte mussten die Lieferungen begleiten, verwalten, begutachten und verbuchen. Bis die Gelder endlich in die kaiserlichen Kassen flossen, war ein beachtlicher Teil bereits in dunklen Kanälen versickert.

Not macht erfinderisch, also griffen die Kaiser angesichts der leeren Kassen zur Inflation. Da es nicht einfach war, Gold zu produzieren, und es erst recht noch keine Zentralbank gab, die problemlos Geld produzieren konnte, ging es etwas plumper zu Werke. Das für die Münzen notwendige Gold oder Silber wurde einfach ein wenig »gestreckt«. Dazu wurden dem Edelmetall andere, wertlosere Metalle beigemischt. So konnte aus der gleichen Menge Gold schließlich eine größere Anzahl Münzen geschlagen werden. Im »Goldenen Zeitalter« unter dem ersten Kaiser Augustus, also um die Zeitenwende, stellte die staatliche Münzanstalt in Rom aus einem Pfund Gold noch 42 der »aureus« genannten Münzen her. Vorsichtig begann Nero dieses Geld zu manipulieren. Unter seiner Herrschaft schlug man bereits 45 Aureusmünzen aus einem Pfund. Buchstäblich mit einem Schlag war damit jede Münze gut sieben Prozent weniger wert. Bei Caracalla stieg die Münzzahl pro Pfund Gold dann schon auf 50. Die Silbermünzen enthielten gar nur noch 50 Prozent dieses Metalls.

Zwar raste die Inflation bei solchen Münzverschlechterungen längst nicht so schnell durch die Lande wie im 20. Jahrhundert bei Papiergeldinflationen, die Preise stiegen jedoch auch damals langsam, aber stetig. In den zwei Jahrhunderten von der Herrschaft des Augustus bis zu Kaiser Caracalla erhöhte sich der Sold eines römischen Legionärs immerhin um 233 Prozent. Das leichtere Geld führte zunächst zu einer Scheinblüte. Besonders die großen Handelstrusts, die von Rom aus operierten, wussten die Hausse an den Warenmärkten zu nutzen. Aber auch die kleinen Gewerbetreibenden konnten vom Aufschwung profitieren. Frühzeitig hatten sie sich zu »collegia« zusammengeschlossen, die sich von einer Art Handwerkerzunft immer mehr zu preistreibenden monopolähnlichen Gebilden entwickelten. Der römische Kaiser trat die Flucht nach vorne an: Unter Alexander Severus bestand ein Silberdinar angeblich nur noch zu einem Fünfzigstel wirklich aus Silber. Die Münze entsprach damit voll den chaotischen Verhältnissen im Reich. Immerhin war Severus Alexander nur durch eine Revolte der Prätorianergarden an die Macht gekommen, nachdem die Soldaten seinen Vorgänger in der Latrine ihres Lagers ertränkt hatten.

Wie noch oft in den kommenden Jahrhunderten wurden für die Inflation natürlich nicht die Fehler der Regierung, sondern die bösen, raffgierigen Spekulanten verantwortlich gemacht. Denn es wurde festgestellt, »… dass eine derartige Preissteigerung eingetreten ist, dass die entfesselte Raubgier sich jetzt nicht einmal mehr durch den Überfluss des Marktes oder durch günstige Ernteergebnisse zügeln lässt«. Das gab Kaiser Diokletian die Rechtfertigung dafür, der Preistreiberei mit diktatorischen Mitteln ein Ende zu setzen. Im Jahre 301 nach Christus erließ er das »edictum pretiis«, in dem praktisch eine Art Preisstopp verfügt wurde. Selbst die Todesstrafe konnte für besonders üble Preistreibereien verhängt werden. Fast glaubt man aus diesem Edikt des Diokletian so etwas wie Sozialismus herauslesen zu müssen. Gegen die Machenschaften der profitgierigen Preistreiber wurden Staatsmanufakturen eingerichtet, welche für das Staatsmonopol das Verwaltungsmittel darstellten, um die Kontrolle der Höchstpreise zu gewährleisten. Allein die Liste der zu überwachenden Preise umfasste rund 1000 verschiedene Waren. Es lässt sich leicht vorstellen, dass die Preisüberwachung ohne ein Heer von Beamten nicht möglich war. Da diese ebenso unproduktiv wie teuer waren, wurde das ganze System nur noch weiter geschwächt.

Das »sozialistische Experiment« scheiterte dann auch kläglich und riss das Imperium in eine schwere Wirtschaftskrise. Ein kritischer Beobachter, der Kirchenschriftsteller Lucius Lactantius, hat den »Erfolg« der staatlichen Maßnahmen anschaulich beschrieben: »Es gab mehr staatliche Gehaltsempfänger als Steuerzahler. Ungeheure Steuerforderungen verzehrten die Kraft der Bauern, so wurden die Felder verlassen und anbaufähiges Land verwandelte sich in Wildnis.« Die verordneten Höchstpreise machten die Kaufleute vorsichtig und drosselten den Handel. Die staatlichen Monopole ruinierten viele Handwerker und Unternehmer. Die wuchernde Bürokratie erforderte hohe Steuern, die die Unternehmungslust weiter einschränkten. Schließlich senkte die schwindende Massenkaufkraft das Einkommen der kleinen Bauern, die von den rentablen Großgütern ohnehin bereits seit gut drei Jahrhunderten arg bedrängt wurden.

Schließlich reifte die Einsicht: Sowohl inflationierendes Geld als auch »gedeckelte Preise« stellen keine Lösung für ausufernde Schuldenpolitik dar. Als die Wirtschaft so am Boden lag, beschloss Kaiser Konstantin, das Vertrauen in Geld wieder herzustellen, indem er ihm Stabilität verlieh. Dazu wurden die goldenen Tempelschätze beschlagnahmt[2] und zu Münzen geschlagen, die den eingeprägten Wert auch repräsentierten. Der »solidus« war geboren, der sich deutlich vom verwässerten »aureus« abhob. Der »solidus« wurde zu einer Währung, die weit über den Mittelmeerraum hinaus Bedeutung erlangte.

---

[2] Es traf sich dabei gut, dass Konstantin zum christlichen Glauben übergetreten war und daher die Tempel mit gutem Gewissen ausplündern lassen konnte.

II.

Die Macht der Banken – der größte Trust der Renaissance und ihr Untergang

»Kaiser, Könige, Fürsten und Herren haben ihm ihre Botschaften geschickt, der Papst hat ihn als einen lieben Sohn begrüßt und empfangen, die Kardinäle sind vor ihm aufgestanden. Er ist eine Zierde gewesen des großen deutschen Landes und besonders der Stadt Augsburg.«

Der Chronist der Stadt Augsburg, Clemens Sender,
über Jakob Fugger den Reichen

»Eure Kaiserliche Majestät tragen ungezweifelt gut Wissen, wie ich und meine Neffen bisher dem Hause Habsburg zu dessen Wohlfahrt und Aufstieg zu dienen geneigt gewesen sind.«

Aus einem Brief Jakob Fuggers an Kaiser Karl V.

»Den sollt man packen an der Hauben / und ihm die Zecken wohl abklauben / und rupfen ihm die Federn aus, / der hintenrum kauft in sein Haus / viel Korn und Wein im ganzen Land und fürchtet weder Sünd noch Schand, / damit der Arme dann nichts find und Hungers sterb mit Weib und Kind. / Drum ist alles jetzt so teuer; / schlimmer als früher ist es heuer ...«

Aus dem »Narrenschiff« des Sebastian Brant,
das sich gegen die Spekulanten und großen Handelshäuser richtete

Die Interessengemeinschaft der Habsburger und Fugger

Die maßlose Prunksucht der europäischen Herrscherhäuser konnte auf die Dauer nicht durch Steuern und Abgaben gedeckt werden. Auch die gegenseitige Kriegsführung kostete den Herrscherhäusern schließlich mehr, als an Reparationen und Beute den Siegern zufiel, denn die Heere wurden immer größer und kostspieliger und aus den Besiegten – durch eigene Kriegsrüstung finanziell gebeutelt – ließ sich immer weniger herauspressen. Die so aufgerissene Lücke zwischen Finanzbedarf und wirtschaftlicher Kraft weckte den Heißhunger auf Geld. Dieser erst ermöglichte den Financiers ihren großen Aufstieg. Indem sie das gewünschte Geld zur Verfügung stellten, gewannen sie neben dem finanziellen zunehmend auch politischen Einfluss, der durch die – wiederum zu finanzierenden – Zinsen und Zinseszinsen immer größer wurde. Die großen Banker der damaligen Zeit erlebten ihre Blüte.

Die Ausleihungen an die Mächtigen der Zeit war zunächst, da riesige Grundvermögen als Sicherheiten dienen konnten, ein sicheres und zugleich lukratives Geschäft. Mit zunehmender Höhe der Ausleihungen gerieten die Financiers aber auch in die Abhängigkeit ihrer Gläubiger. So entstand ungewollt eine Interessengemeinschaft und gegenseitige Abhängigkeit von Bankiers und Herrschern.

Herzog Sigmund der Münzreiche in Tirol verfügte in seinem Land zwar über die ergiebigsten Erzgruben seiner Zeit, war aber dennoch ständig in finanziellen Nöten. Die Gründe dafür bestanden einerseits in dem üppigen Lebenswandel und andererseits in einer unglaublichen Misswirtschaft. Da fast alle Beamten irgendwie von diesem Zustand profitierten, mühte sich auch niemand so recht um eine Verbesserung der Lage. Jakob Fugger kannte die Finanzkalamitäten des Innsbrucker Hofes, denn sein Aufstieg zum wichtigsten Mann Herzog Sigmunds erlaubte ihm tiefere Einblicke in die Geschäfte.

Lange währte diese Zusammenarbeit allerdings nicht, dann hatte der clevere Fugger den behäbigen Herzog ausmanövriert. Tirol fiel den Erblanden Habsburgs und damit König Maximilian zu, mit dem die »Fugger vom Reh« außerordentlich schlechte Erfahrungen gemacht hatten, denn Maximilian blieb nicht alleine seine Schulden schuldig, sondern trieb diesen Zweig der Fugger einfach außer Landes. Jakob aber hatte den ausgabefreudigen Herrscher mit seinen

Plänen offenbar besser im Griff, denn er war es, der im Hintergrund die Fäden bei der Machtübernahme des Habsburgers in Tirol zog. Das Bündnis mit Maximilian brachte das Haus Fugger auf den Weg zur Macht. Der Hunger nach immer neuen Krediten des ständig mit Geldnot kämpfenden Herrschers stellte zwar permanent hohe Anforderungen an die Liquidität des Fugger'schen Konzerns, machte einen der mächtigsten Politiker Europas aber auch abhängig von den Wünschen der Augsburger Kaufleute.

Wenn man die stets leeren Kassen des von Schlacht zu Schlacht eilenden Habsburgers einmal nicht sofort wieder füllte, konnte das allerdings auch zu erheblichen Rückschlägen führen. Der Augsburger Kaufmann Lucas Rehm beschrieb das Finanzgebaren Maximilians so: »Er war fromm, nicht von hoher Vernunft und stets arm. Er hatte Räte, die waren Lausbuben, die regierten ihn gänzlich. Diese wurden fast alle reich, Maximilian aber arm.« Nur der schlaue Jakob Fugger schaffte es mit einer geschickten Politik seines Konzerns, Einfluss auf den König zu behalten. Mal verweigerte er Kredite, dann wurde wieder etwas gezahlt. Immer waren die Geschäfte verknüpft mit Privilegien, Sicherheiten und großen Geschäften mit Rüstungsgütern und Verpflegung.

Die Fugger schaffen Monopole

Immer mehr schaltete sich der Fuggerkonzern in das europäische Metallgeschäft ein. Neben den Alpenraum konzentrierten sich die Investitionen vor allem auf die Kupfergruben der ungarischen Slowakei, wo der Krakauer Ingenieur Johann Thurzo als Manager und Teilhaber gewonnen werden konnte. Diese Personalentscheidung erwies sich für die Fugger als ausgesprochener Glücksgriff, denn Thurzo verstand nicht nur etwas von der Bergbautechnik, sondern entfaltete selbst unternehmerische Fähigkeiten und kannte sich zudem noch im komplizierten politischen Ränkespiel Ungarns aus. Die Fugger stiegen dank Thurzos im Zusammenhang mit ihren Tiroler und Salzburger Beteiligungen und anderen Investitionen zum führenden Metallhandelshaus der damaligen Welt auf. Neben seinem eigenen Aufstieg finanzierte der Konzern auch noch den der Habsburger. Dazu war viel Geld notwendig. Zwar verdienten die Fugger bei ihren Geschäften meistens glänzend, doch das Expansionstempo überstieg zusehends ihre Kapitalbasis. In dieser Situation nutzten die Fugger das Bedürfnis reicher Kirchenfürsten nach diskreten Anlagemöglichkeiten für ihr großes Vermögen. So legte zum Beispiel der Fürstbischof von Brixen und spätere Kardinal Melchior von Meckau beachtliche Kapitalien als stiller Gesellschafter bei den Fuggern an.

Derart finanziell gestärkt, wandte sich der Trust neuen Transaktionen zu. Im Jahre 1498 liehen die Fugger zusammen mit drei anderen Handelshäusern Maximilian die stattliche Summe von 150.000 Gulden. Im Gegenzug gewährte der König das Recht, die Tiroler Erzgruben alleine zu betreiben. Der Zusammenschluss dürfte eines der mächtigsten Kartelle der Geschichte gewesen sein. Ganz im Stile der OPEC konnten auch die Fugger und ihre Kartellpartner die Preise für das damals so wichtige Kupfer diktieren. Der ehrgeizige Jakob aber war mit diesem Kartell gar nicht so froh, denn er wollte mehr, er wollte das Kupfermonopol für sich allein. Ganz im Sinne des amerikanischen »If you can't fight 'em – join 'em« (Wenn du sie nicht schlagen kannst, verbünde dich mit ihnen) hatte er sich nur aus taktischen Erwägungen auf das Bündnis mit den Konkurrenten eingelassen.

Nach einiger Zeit der Existenz des Kartells warf ein unerkannt gebliebener Verkäufer größere Mengen Kupfer auf den Markt. Daraufhin sanken die Preise zusehends. Das Kartell, selbst Großanbieter und als mächtiger Händler derjenige, der die Geschäfte abzuwickeln hatte, reagierte prompt. Es schritt zu umfangreichen Stützungskäufen, um die Preise zu halten. Doch das Angebot stieg weiter. Immer dann, wenn das Kartell den Markt gerade geräumt hatte und die Preise wieder hätten steigen können, trat der geheimnisvolle Anbieter erneut auf den Plan und warf weiteres Kupfer auf den Markt. So ging das einige Zeit. Die Lager des Kartells füllten sich immer mehr mit Kupfer, ohne dass der Preis wieder gestiegen wäre und dem Kartell die Möglichkeit eröffnet hätte, sich von Teilen des Kupfers zu trennen. Die anderen Partner des Kartells, die die Lagerbestände steigen, ihr Geld aber schwinden sahen, zeigten Nerven. Sie wurden nervös und gerieten schließlich in Panik und drängten schließlich darauf, das Kartell aufzulösen. Widerwillig stimmten die Fugger zu und übernahmen zu günstigen Bedingungen das Kartell in eigener Regie. Was ihre ehemaligen Partner zu diesem Zeitpunkt nicht wissen konnten: Der ominöse Anbieter waren die Fugger selbst in Gestalt einer Tochtergesellschaft ihres Trusts. Sie hatten in Wahrheit nichts anderes gemacht, als das im Trust günstig selbst produzierte Kupfer an das Kartell und damit an ihre Partner und sich selbst verkauft.

So kam es, dass die Fugger das Kartell, welches sie mit eigenem Kupfer unterhöhlt hatten, billig kaufen konnten und von da an praktisch unangefochten den Kupfermarkt dominierten. Natürlich wurde wegen dieses raffinierten Doppelspiels der Fugger auch ein Prozess angestrengt, doch ohne Erfolg für die Kläger.

Es war kein Wunder, dass solche rauen Praktiken die Kritiker auf den Plan riefen. Es war zum Beispiel Martin Luther, der in seiner Kampfschrift »Von Kaufhandlung und Wucher« gegen die großen Fernhandelsgesellschaften wetterte: »Denn sie haben alle Waren unter ihren Händen und machen damit, was sie wollen, steigern und erniedrigen nach Ihrem Gefallen und drücken und verderben alle geringeren Kaufleute, gleich wie der Hecht die kleineren Fische im Wasser, gerade als wären sie Herren über Gottes Kreaturen und frei von allen Gesetzen des Glaubens und der Liebe.« Selbst auf dem Reichstag von 1512 wurden die »zahlreichen Gesellschaften, die sich zusammentun, um in ihren Händen allerlei Waren zu vereinigen«, die Monopole also, angegriffen, sodass sich der Kaiser vor seine Geldgeber stellen musste, um eine Verurteilung zu verhindern. Die Fürsten waren allerdings über diesen Volkszorn ganz froh, denn auch sie waren ebenso wie die Gläubiger vom Geld der Kaufleute abhängig.

Gegen seine Konkurrenten und Gläubiger waren die Fugger zwar gewappnet – sie unterhielten einen ganzen Stab von Staranwälten und Gelehrten, die das Vorgehen des Trusts rechtlich und mit klugen Reden absicherten –, gegen den Volkszorn aber half das wenig. So verfiel Jakob Fugger auf eine ganz besondere soziale Tat: In Augsburg begann er 1516 ein ganzes Stadtviertel für arme Zeitgenossen zu bauen. Für einen Gulden Miete im Jahr, was eher einer Anerkennungsgebühr entsprach als einem angemessenen Mietzins, durften hier Bedürftige in den einfachen Häusern wohnen. Auf einer Tafel konnten die Besucher der »Fuggerei«, die übrigens heute noch besteht, lesen, was es mit dieser Siedlung auf sich hatte: »Die Brüder Ulrich, Georg und Jakob Fugger aus Augsburg, leibliche Brüder, zum Besten der Stadt geboren, haben, aus Frömmigkeit und da sie ihr Vermögen der Güte Gottes danken, zum Vorbild besonderer Freigebigkeit 106 Wohnungen mit Bau und Einrichtung ihren Mitbürgern, die rechtschaffen, aber von Armut heimgesucht sind, geschenkt, gegeben und gewidmet.«

Die Konkurrenz schläft nicht – und wird geschlagen

Neben den Fuggern gab es noch eine ganze Reihe anderer großer Finanztrusts, die sich in internationalen Finanzgeschäften betätigten. Da waren zum Beispiel die Weiser. Im Jahre 1498 wurde die von Anton Weiser geleitete Firma »Anton Weiser, Conrad Vöhlin & Co.« gegründet, in der auch andere Augsburger Kaufmannsfamilien als Gesellschafter vertreten waren. Im Zeitalter der großen Entdeckungen herrschten für Fernhandelsgesellschaften mit dem nötigen Weitblick äußerst günstige Bedingungen. 1492 war Christoph Kolumbus mit drei Karavellen nach Amerika gesegelt. Der Seefahrer, der aus seiner Entdeckung für sich selbst übrigens nur wenig Kapital schlagen konnte, fuhr zwar unter spanischer Flagge, aber unter Hilfe genuesischer Bankiers, die das Unternehmen finanzierten.

Neue große Handelsrouten zu befahren, bedeutete gewisse Risiken, barg aber auch beachtliche Gewinnchancen für jene Kaufleute, die das Geschäft wagten. Die Chancen überwogen offenbar. Als nämlich zum Beispiel die Portugiesen den Handel mit Indien im großen Stil aufnahmen, waren sofort die Weiser in Lissabon zur Stelle und schlossen mit König Manuel einen lukrativen Vertrag, um sich in den Gewürzhandel einzuschalten. Im Jahre 1504 rüsteten die Weiser, Fugger und zwei weitere Augsburger Partner eine eigene Indienflotte aus, die sagenhafte Schätze nach Europa zurückbrachte. Gerade weil das Unternehmen so reichen Gewinn abwarf, durfte die Expedition nicht wiederholt werden, denn die besten Geschäfte behielten sich die Könige lieber selbst vor.

Im aufstrebenden Handelszentrum Antwerpen war unter anderem auch die Finanzdynastie der Hochstetter führend vertreten. Sie bauten und kauften in der Hafenstadt ein ganzes Viertel. Den Hass der Bevölkerung zog sich das Handelshaus bei seinen gezielten Preistreibereien zu. Ambrosius Hochstetter erwarb oft sämtliche greifbaren Vorräte einer bestimmten Ware, um hernach den Abnehmern die Preise zu diktieren. Das erregte den Zorn der kleinen Leuten, die am Ende der Handelskette schließlich die Zeche zahlen mussten. Außerdem deponierten, wie der Augsburger Chronist und Zeitgenosse Clemens Sender berichtet, »Fürsten, Grafen, Edle, Bürger, Frauen und selbst Bedienstete beiderlei Geschlechts« ihre Spargroschen bei Hochstetter. Der zahlte zwar normalerweise fünf Prozent Zinsen, wenn er aber knapp bei Kasse war, stoppte er auch gelegentlich alle Auszahlungen. Der Finanzmagnat spielte immer mit höchstem Einsatz und schließlich zu hoch. 1527 übernahm er sich bei Spekulationen mit Quecksilber und war also angeschlagen, als er bei seinen Geschäften auch den mächtigeren Fuggern ins Gehege kam, ihnen aber nicht gewachsen war. Im Jahre 1529 war der Bankrott unaufhaltbar, nachdem die Fugger den Konkurrenzkonzern ordentlich ausgeschlachtet hatten. Obwohl Ambrosius Hochstetter mit den Fuggern sogar verwandt war, schlugen die eine Bitte um Sanierung ab. Ambrosius Hochstetter musste seine Außenstände schuldig bleiben. So kam es, dass der wegen seiner Spekulationen vom Volk Gehasste im Schuldturm landete, wo er einige Jahre darauf starb.

Geschäfte mit Kaisern und Päpsten

Der Stern der Fugger aber strahlte Anfang des 16. Jahrhunderts heller denn je. Die ganz großen Geschäfte wurden mit den Habsburgern abgewickelt. Schon 1508 hatte Jakob bei der Kaiserkrönung Maximilians finanzielle Hilfestellung geleistet. So schlicht, wie diese Zeremonie ausfiel – dem neuen Kaiser wurde in aller Stille in Norditalien vom Salzburger Erzbischof die Krone aufgesetzt –, ging es bei seinem Nachfolger nicht zu. Im Jahre 1519 standen den deutschen Kurfürsten zwei Kandidaten zur Wahl, auf der einen Seite mit dem spanischen König Karl der Vertreter des Hauses Habsburg und auf der anderen Seite der französische König Franz. Den Kurfürsten war weitgehend egal, wer letztendlich Kaiser werden würde, für sie war nur die Frage, wer am meisten Bestechungsgelder bot. Die Kaiserwahl war demnach einer Auktionsveranstaltung ähnlich – nicht allein den Kaufleuten ging es ums Geld.

Den Fuggern konnte es jedoch ganz und gar nicht egal sein, wem da die Krone zufiel. Sie hatten den Habsburgern bereits riesige Summen vorgeschossen und mussten nun dafür sorgen, dass ihr Schuldner mächtig und somit zahlungsfähig und vor allem weiter auf sie angewiesen blieb. Diese Abhängigkeit aber war nur gegeben, wenn der Kaiser ständig in immer neu zu finanzierende Kriege verwickelt wurde. Auch in diesem Punkt erschien Karl den Fuggern offenbar geeigneter. Folglich entschloss man sich in der Augsburger Konzernzentrale, tief in die Tasche zu greifen und die Wahl des Habsburgers zu finanzieren. Für über 800.000 Gulden ließen sich die edlen Kurfürsten ihre Stimmen abkaufen.

Die Wahl klappte im Sinne der Fugger und Jakob konnte an den neuen Kaiser schreiben: »Alle Welt weiß, dass Eure Majestät nur durch mich die Kaiserkrone erlangt hat.« So etwas musste sich Karl V. anhören, der den Ausspruch getan hat: »In meinem Reich geht die Sonne nicht unter.«

Die Fugger konnten sich solche Arroganz inzwischen leisten, denn sie verfügten nicht nur über den mächtigsten Konzern dieser Zeit, über schier unerschöpfliche Kreditlinien und Kontakte zu fast allen hochgestellten deutschen Fürsten, sondern sie hatten auch beste Verbindungen zum Vatikan geknüpft. Das päpstliche Rom war damals nicht nur eine geistige und politische, sondern auch eine weltliche, finanzielle Macht. Die »Camera«, das Schatzamt des Papstes, zog Spenden und Einkünfte aus aller Welt ein. Dabei bedienten sich die Beamten Seiner Heiligkeit häufig der gewitzten oberitalienischen Bankiers, zumal der Finanztransfer damals noch eine gefährliche Sache war. Schon seit dem 13. Jahrhundert hatte sich in Norditalien, vor allem in Florenz, ein florierendes Bankwesen etabliert. Auch die ersten Bankenzusammenbrüche größeren Umfangs gab es in Florenz. Als der englische König Eduard III. dem Bankhaus Bardi & Peruzzi einen Kredit nicht zurückzahlen konnte oder wollte, brach dieses Institut zusammen und riss eine ganze Reihe anderer Banken mit in den Abgrund. Es war verständlich, dass die Kirche bei den Banktransaktionen den sichereren Weg gehen wollte, den mit den Fuggern.

Aus Florenz stammte auch das berühmteste Bankiersgeschlecht dieser Zeit, die Medici. Von wenig geachteten Geldleuten wurden sie zu Großherzögen von Florenz, Kardinälen und schließlich sogar Päpsten. Selbst die päpstliche Mitra musste der Vatikan vorübergehend bei den Medici verpfänden. In dieser Finanzmetropole soll es auch zu einem börsenähnlichen Verkehr mit Wertpapieren gekommen sein. Die Staatsschuld von Florenz wurde in Anteilsscheinen verbrieft, die man schon recht rege handelte. Das Florenz des 13. und 14. Jahrhunderts könnte demnach die Geburtsstätte der ersten Börse gewesen sein, wenngleich man diese Erfindung sonst meist der flandrischen Handelsstadt Brügge zuschreibt.

Doch zurück zum Papst und den Fuggern des frühen 16. Jahrhunderts. Schon seit 1470 hatte das Handelshaus beim Vatikan Fuß gefasst. Markus Fugger war es gewesen, der sich auf dem glatten diplomatischen Parkett beim Heiligen Stuhl genauso gut auskannte wie in den verwickelten Finanzverhältnissen. Seither hatten die Fugger den Kontakt niemals abreißen lassen und auch manches für beide Seiten sehr lukrative Geschäft angebahnt. Möglichkeiten dazu gab es genug, denn der Vatikan verkaufte die Posten für geistliche Würdenträger in Deutschland an den Meistbietenden. Der Augsburger Finanzkonzern mit seiner ständigen Vertretung beim Vatikan und seinen weit gespannten Verbindungen war für solche diffizilen und diskreten Transaktionen der ideale Mittler, dessen sich die Fürsten auch oft und gerne bedienten.

Fuggergeld und Fuggerrat spielten daher bei allen Ämterkäufen beim Papst eine wichtige Rolle, wenn die Interessenten aus Deutschland kamen. War der Brauch des Ämterschachers vielen Gläubigen bereits ein Dorn im Auge, ging der Heilige Stuhl gelegentlich noch viel weniger feinfühlig zu Werke. Ganz im Stile eines Versicherungskonzerns für Seelenfragen ließ der Papst so genannte Ablassbriefe anbieten. Gegen Zahlung einer Gebühr konnte sich der Gläubige von den Qualen des Fegefeuers loskaufen. Eine Transaktion dieser Art sah folgendermaßen aus: Der Erzbischof von Mainz war aufgrund des Kaufs seiner geistlichen Würde finanziell so ausgepumpt, dass ihm die Fugger mit größeren Darlehen unter die Arme greifen mussten. Als der Erzbischof in Rom gegen 10.000 Dukaten Gebühr einen Ablass zugunsten des Baus von Sankt Peter erwerben konnte, reichte er dieses Privileg an seine Augsburger Gläubiger weiter. So kam es dazu, dass nur ein Teil der von den Gläubigen als Ablass entrichteten Kreuzer, Dukaten und Gulden auch wirklich Rom erreichte, der Rest blieb irgendwo auf dem Weg dorthin, meist in Augsburg, auf der Strecke – der Erzbischof hatte schließlich seine Schuld den Fuggern gegenüber zu verzinsen und abzutragen. Die Wege des Geldes erscheinen zuweilen unergründlich.

Ein Mönch macht Ärger

Das war den Theologen denn doch zu viel. Viele murrten und einer machte Ernst. Obwohl umstritten ist, dass Martin Luther seine berühmten 95 Thesen wirklich öffentlich an die Eingangstür der Schlosskirche in Wittenberg nagelte, machte diese Streitschrift unter den Gelehrten Furore. Tatsache ist, dass die Thesen des Augustinermönchs am 31. Oktober 1517 mit einem Begleitbrief dem Erzbischof von Magdeburg und Mainz zugeschickt wurden. Ob das der richtige Adressat für einen theologischen Meinungsstreit um die Frage des

Ablasses war, ist allerdings zweifelhaft, denn dieser Erzbischof war es gewesen, der den Fuggern den letzten großen Ablass zugeschanzt hatte. Auf jeden Fall hoffte Luther zunächst, eine innerkirchliche Diskussion in Gang zu setzen. Anfangs ging es wohl auch eher um die Form als um die Institution des Ablasses an sich. Im Begleitbrief an den Bischof hieß es nämlich: »… bitte ich Euer Hochwürden den Ablasspredigern eine andere Predigtweise zu befehlen.«

In Rom, wohin die brisanten Thesen schließlich auch gelangten, hatte man jedoch offenbar wichtigere Sachen im Kopf, als sich mit einem unbekannten deutschen Mönch auseinander zu setzen. Im Sommer 1520, nachdem man sich seit der Abfassung der Streitschrift fast drei Jahre Zeit gelassen hatte, kam vom Vatikan die schroffe Anweisung, Luther habe sich ruhig zu verhalten oder er würde aus der Kirche ausgestoßen. Als der inzwischen populär gewordene Mönch dieser Aufforderung nicht nachkam und am 10. Dezember 1520 sogar dieses Schreiben und einige Bücher über Kirchenrecht öffentlich verbrannte, war das eine offene Kampfansage an Rom, der auch prompt die päpstliche Bannbulle gegen Luther folgte. Jakob Fugger beförderte also mit seinen Ablassgeschäften indirekt die geschichtsträchtige Kirchenspaltung.

Die Pechsträhne reißt nicht ab

Jakob Fugger selbst blieb aufrechter Katholik, nicht nur seiner finanziellen Verbindungen zum Papst wegen, sondern, wie es den Anschein hatte, auch aus Überzeugung. Auf jeden Fall nahm er nicht nur mit seinem Geld, sondern auch persönlich Gefahren auf sich, wenn es darum ging, seinen Glauben gegen Anfechtungen zu verteidigen. Als er 1524 einen im Stile Luthers predigenden Pater aus Augsburg abberufen lassen wollte, kam es zu einer machtvollen Demonstration der Bürger für den Reformator und gegen den Fugger. Der Handelsherr musste vorübergehend sogar aus seiner Konzernzentrale aufs Land fliehen, bis die Rädelsführer hingerichtet waren und die Ruhe in der Stadt wiederhergestellt war.

Mit der Religion hatte Jakob von nun an ohnehin eher Pech, denn nachdem ein Medici auf den Heiligen Stuhl gelangt war, gingen die großen Geldgeschäfte des Vatikans wieder an die von den Fuggern so mühsam ausgestochenen Florentiner Bankiers in die Heimatstadt des neuen Papstes. Auch sonst schien die Welt für den Fuggerkonzern nicht mehr ganz in Ordnung zu sein: Während des Bauernaufstands von 1525 forderten die aufbegehrenden Landwirte unter anderem auch die Beseitigung der großen Fernhandels-gesellschaften. Besonders diplomatisch war das nicht gerade, denn nun hatten die Bauern nicht nur alle Fürsten, sondern auch die geballte Finanz-macht gegen sich. Es sollte eine Weile dauern, dann errang dieses Zweck-bündnis zwischen Kapital und Politik wieder die Oberhand. Nach Schätzun-gen der Historiker starben bei den Vergeltungsmaßnahmen des Adels etwa 100.000 Menschen.

Die Kette der Schicksalsschläge riss auch danach für die Fugger nicht ab. Im gleichen Jahr, in dem die Bauern plündernd durch das Land zogen, ver-staatlichte der König von Ungarn unter windigem Vorwand die Kupfergruben des Konzerns. Mitten in diesem Durcheinander starb am 30. Januar 1526 im Alter von 67 Jahren der Manager des Riesentrusts, Jakob Fugger »der Reiche«. Da er kinderlos geblieben war, sollte sein Neffe Anton nach dem Willen des Konzernherrn nun das Management übernehmen. Jakob hinterließ ihm ein Unternehmen, das selbst nach der mit viel kaufmännischer Vorsicht abge-fassten Bilanz über zwei Millionen Gulden wert war.

Mit Anton Fugger stand nun ein durchaus fähiger »Regierer«, wie man in Augsburg den Generaldirektor nannte, auf der Kommandobrücke des mächtigen Konzerns. Ihm gelang es auch, die einträglichen ungarischen Kupfergruppen wieder unter seine Kontrolle zu bringen. Die Niederlas-sung in Rom musste allerdings aufgegeben werden, zu gut waren inzwi-schen dort die konkurrierenden italienischen Bankiers im Geschäft. Noch zwei weitere Jahrzehnte konnte Anton den Höhenflug des Konzerns fort-setzen.

Im Jahre 1546 wurde mit einem Gesellschaftskapital von über fünf Millio-nen Gulden die beste Bilanz erstellt.

Allerdings fanden sich schon in diesem Zahlenwerk auch die Gründe für den späteren Niedergang der Firma. Mit gut zwei Millionen Gulden, also 40 Prozent des Eigenkapitals, standen alleine die Schulden Karls V. bei den Fuggern zu Buche. Der Finanztrust hatte sich damit fast fahrlässig an das Haus Habsburg gebunden. Zudem begannen langsam auch die Erträge der Tiroler Erzgruben abzusinken.

Verspekuliert!!!

Die Fugger finanzierten zwar die Politik Karls V., hatten aber den Einfluss auf
deren Politik verloren. Der Kaiser dachte gar nicht daran, seine hochfliegenden und vor allem teuren Pläne mit dem Staatseinkommen in Einklang zu
bringen. Aus diesem Grunde ahnten die Fugger offenbar, dass die Rückzahlung der riesigen Kredite Probleme bereiten würde. Zumindest begannen
sie gezielt, umfangreichen Immobilienbesitz zu erwerben. Schon seit Jahrzehnten hatte die Familie immer wieder Immobilien der verschiedensten Art
erworben. Jetzt forcierte sie diese Ankäufe. Aus der Bilanz von 1553 geht hervor, dass die Familie in den Jahren seit 1546 etwa zwei Millionen Gulden aus
der Firma abgezogen hatte, die wieder in Grundbesitz angelegt wurden. Die
Fugger machten also heimlich Kasse. Die Finanzgeschäfte hingegen wurden
immer gewagter.

Aber die Fugger machten auch sonst Fehler. War ihre Finanzlage durch die
ständige Geldnot Karls ohnehin schon angespannt, liehen sie auch noch anderen Fürstenhäusern bedeutende Summen. Alleine Englands Heinrich VIII.,
der hauptsächlich durch seine vielen Ehen und rüden Scheidungsverfahren in
die Geschichte eingegangen ist, borgte sich mit der Zeit über 1,5 Millionen
Gulden in Augsburg. Nachdem Kaiser Karl im Jahre 1556 abgedankt hatte,
setzte zwar sein Nachfolger Philipp II. die Geschäftsbeziehungen fort, aber
schon nach einem Jahr kam es zum Staatsbankrott Spaniens, das die Macht-
basis des Herrschers darstellte. Zwar hatte die Krone versucht, die Pleite
durch den umfänglichen Verkauf staatlicher Güter abzuwenden, aber das gewaltige Imperium, das von den südamerikanischen Besitzungen über Spanien
bis nach Deutschland reichte, hatte seine finanziellen Kräfte längst überspannt. Obwohl der Strom wertvoller Waren aus den Kolonien nicht ver-
siegte, waren die Kassen wegen der gewaltigen Schulden und den Zinslasten
stets leer. Die gewitzten Kaufleute wussten um die Kalamitäten der Kone.
Während sie untereinander »nur« sieben bis acht Prozent Zinsen forderten,
musste schon Karl V. zeitweise bis zu 40 Prozent bezahlen. 1557 präsentier-
ten die Fugger im spanischen Sevilla der Krone Wechsel in Höhe von 430.000
Dukaten, die nicht eingelöst werden konnten.

Die Forderungen der Fugger erwiesen sich zunehmend als uneinbringlich
und damit wertlos. Die Lage der Fugger wurde somit immer prekärer. Um
1560 sollen alleine die Forderungen an Spanien doppelt so hoch gewesen sein

wie das Eigenkapital des Konzerns. Da auch Frankreich Bankrott machte, zeigte sich, wie unsicher politische Kredite waren. Als Anton Fugger im Jahre 1560 im Sterben lag, war ihm wohl bewusst, dass es mit der Weltgeltung seiner Unternehmung zu Ende gehen würde. Seinen Nachfolgern, von denen einige einen Posten im Management rundheraus ausschlugen, verordnete er die schrittweise Liquidation der Firma. Vor allem aber trug er ihnen auf, keinesfalls den Grundbesitz der Familie zu veräußern. Hans Jakob Fugger, der sich nach dem Tod des Onkels an die Spitze des Unternehmens stellte, beherzigte den Rat Antons im Hinblick auf die Auflösung des Konzerns allerdings nicht. Recht sorglos ließ er sich auf immer neue finanzielle Abenteuer ein. An der Antwerpener Börse kam das Haus schon bald ins Gerede. Bereits 1563 nahm Markus Fugger, Sohn des alten Antons, seinem Cousin das Ruder aus der Hand. Hans Jakob entzog sich nur durch den Schutz adliger Freunde seinen Gläubigern. Aber auch die neue Führung konnte bei den drückenden Schulden und den zugleich nur schwer eintreibbaren Forderungen keine entscheidenden Verbesserungen mehr einleiten.

Schon 1575 war der nächste Staatsbankrott Spaniens fällig. Dadurch gingen den Fuggern weitere Millionen von Gulden unwiederbringlich verloren und in ihrer Augsburger Heimat machten – ebenfalls zu ihrem Leidwesen – weitere Handelshäuser Pleite. Von nun an befand sich der Konzern nur noch auf Schrumpfkurs. Was noch an Geld aus dem Unternehmen herauszuziehen war, wurde von den Gesellschaftern in privaten Grundbesitz investiert. Ansonsten widmeten sich die Fugger, wie ehemals ihre Gläubiger, viel mehr dem Wohlleben, den schönen Künsten und der Jagd als den aufreibenden Bank- und Handelsgeschäften.

Die Fugger hatten lange die Karte der Habsburger gespielt und sie nicht rechtzeitig abwerfen können. Die Abhängigkeit von großen Gläubigern konnte nur so lange erfolgreich sein, wie diese selbst erfolgreich waren. Deren Absturz riss die Fugger zwangsläufig mit in den Abgrund. Denn sind die Schulden eines Gläubigers nur hoch genug, gerät sein Schuldner in seine Abhängigkeit – eine Erfahrung, die auch später noch viele Financiers und Spekulanten machen sollten. Schon Cäsar hatte im Hinblick auf seine Kreditgeber gesagt: »Die Lage meiner Gläubiger ist verzweifelt, nun gut, ich werde weiter borgen.« Zum Glück für die Geldgeber war Cäsar am Ende der entscheidende Schlag gelungen und er hatte seine Schulden samt Zinsen beglichen. Die Fugger hatten demgegenüber mit den Habsburgern schließlich aufs falsche Pferd gesetzt. Nur der Weitblick ihrer Vorfahren, die rechtzeitig einen riesigen Grundbesitz zusammentrugen, bewahrte sie am Ende vor der Verarmung. Ihr einst so mächtiges Imperium hielt sich später nur noch mit mäßigem Erfolg etwa ein Jahrhundert lang am Leben, bevor es in den Wirren des Dreißigjährigen Krieges endgültig unterging.

III.

Die Börse erblickt
das Licht der Finanzwelt

»Wer die Kreise der Börse betritt, wird in ewiger Unruhe
gehalten und sitzt in einem Gefängnis, dessen Schlüssel im
Meer liegen und dessen Riegel sich niemals öffnen.«

»Verzweifelte Spieler verkündigen, dass ein rasender König
die Börse erfand, weil alles an ihr Raserei, Ekel und mehr Ekel,
Sorge und mehr Sorge ist.«

Aus: Don Joseph de la Vega,
Die Verwirrung der Verwirrungen, Amsterdam 1688,
in der Übersetzung von: Otto Pringsheim, Breslau 1919,
Seite 33 und Seite 115

Das Börsenspiel beginnt

Die Erfindung der Börse lässt sich nicht auf ein bestimmtes Jahr datieren. Schon seit vielen hundert Jahren gab es Zusammenkünfte der Kaufleute, um Waren zu handeln und Wechsel einzutauschen. Irgendwann stellte man fest, dass es günstig wäre, regelmäßig an einem Ort zusammenzukommen und diesen Handel zu einer dauerhaften Einrichtung zu machen. Die Vorteile lagen klar auf der Hand: Die Geschäftspartner waren nun wesentlich leichter zu finden, die Marktverhältnisse waren leichter zu überblicken und vor allem wurden ständig die aktuellsten Preise genannt. Dies alles musste umso vorteilhafter für die Kaufleute sein, je unsicherer und langwieriger die Nachrichten- und Verkehrsverbindungen waren. Was heute mit einem kurzen Telefonat oder per E-Mail geklärt werden kann, erforderte im ausgehenden Mittelalter noch einen langwierigen Austausch von Briefen, die von Boten überbracht werden mussten. Oder aber der Kaufmann begab sich persönlich auf den beschwerlichen und teilweise sogar gefährlichen Weg zu seinem Geschäftspartner. Demgegenüber war es wesentlich vorteilhafter, sich regelmäßig an einem bestimmten Ort, einer Börse, zu treffen.

Doch ein regelmäßiges Treffen reichte nicht aus, die zu handelnden Produkte mussten auch vereinheitlicht (genormt) werden, um sie (zwecks Begutachtung) nicht immer zum Börsenplatz schaffen zu müssen. Statt, wie auf einem Wochenmarkt oder bei einer Auktion mit unterschiedlichen Qualitäten und gegebenenfalls Verpackungsgrößen rechnen zu müssen, war die Ware an der Börse eindeutig definiert. Auf der Börse brauchte man sich demnach lediglich noch über den Preis und die Menge einig zu werden. In den Börsenversammlungen späterer Jahrhunderte wurden zusätzlich noch Versicherungen abgeschlossen, Wechsel gehandelt und Warengeschäfte angebahnt. Der Übergang von der Messeveranstaltung des Mittelalters zur modernen Börse war fließend.

Vorläufer der Börse heutigen Zuschnitts gab es in allen wichtigen Handelszentren des Mittelalters. Am Rialtoplatz in Venedig ist spätestens seit 1494 ein täglicher Handel in den Papieren der Staatsschuldenverwaltung belegt. Rund um den Palazzo San Giorgio in Genua, wo seit 1451 die Bank von San Giorgio bestand, soll es ebenfalls schon lange Zeit regelmäßige Finanzgeschäfte gegeben haben. Bis ins 12. Jahrhundert reichen in Genua die Berichte zurück, in denen von Transaktionen mit Wechseln die Rede ist. Auch in Florenz wird bereits im 13. und 14. Jahrhundert von börsenähnlichen Versammlungen berichtet. Luca Pacioli erklärte in seinem »Traktat über den Wechsel« dazu: »Fragst du mich, wie man den Preis der Wechselbriefe erfahre, so antworte ich, dass man sich, falls man zu Venedig ist, freundschaftlich zu Rialto, oder falls in Florenz, auf dem neuen Markte über den Preis bespricht.« Der Handel mit Wechseln konnte schon so etwas wie ein Börsengeschäft sein, denn es gab nicht nur Wechselbriefe von privaten Kaufleuten, sondern auch von bekannten Fürstenhäusern. Solche Papiere wurden in größerer Zahl ausgegeben und waren hinsichtlich der Zahlung zu einem bestimmten Termin fällig.

Die eigentliche Entstehung der Börsen im heutigen Sinne ist am ehesten in den Handelsstädten Flanderns und Hollands zu vermuten. Dort zumindest waren zuerst eigene Börsengebäude und spezielle Makler und Börsenhändler zu finden. Schon im 13. und 14. Jahrhundert gab es in der flandrischen Handelsmetropole Brügge ein »hostel« für zugereiste Kaufleute, das von einer Familie »van der Beurse« betrieben wurde. Fremde Kaufherren, die im »Venedig des Nordens« eintrafen, lernten dort Kollegen aus anderen Ländern kennen, schlossen erste Geschäfte ab und ließen sich vom Gastwirt die neuesten Geschichten und Gerüchte über geglückte Transaktionen oder Bankrotte erzählen. In der Nähe dieser Herberge, die auch ein Lager für die mitgebrachten Handelswaren umfasste, ließen sich die Vertreter der oberitalienischen Städte wie Florenz oder Genua nieder. Das Gebäude hieß bald nach der Besitzerfamilie »Börse«. Man ging zu »den Börsen«, um Geschäfte abzuschließen.

Dieser Ausdruck »zu den Börsen gehen« bürgerte sich so ein, dass die in die Heimat zurückkehrenden Kaufleute das Wort »Börse« für ihre Zusammenkünfte in andere Städte übernahmen. Schon im Jahre 1460 übernahm auch die mit Brügge konkurrierende Handelsmetropole Antwerpen die neue Einrichtung. Als Brügge langsam an Bedeutung verlor, übernahm Antwerpen rasch die Führungsposition. Bereits 1531 wurde dort auch das erste richtige Börsengebäude errichtet, an dessen Säulenreihen sich noch jahrhundertelang die Vorstellung von einer Börse orientieren sollte. Der Bau trug die Inschrift: »Für Kaufleute aller Völker und Zungen«. Wie fortschrittlich man damals in Antwerpen mit dem Börsengebäude war, zeigt ein Vergleich mit Köln. Dort mussten sich die Kaufleute noch gut 20 Jahre später mit einem Platz auf dem Heumarkt begnügen, der von einem Erdwall umgeben war. Der hatte einen sehr praktischen Wert für die Börsianer, denn er verhinderte, dass die vom umliegenden Viehmarkt herrührende stinkende Brühe in die Börse hinein-

floss. Außerdem wurde durch ihn vermieden, »dass die Seu darolouffen«.
Dieser wenig einladende Ort sollte 150 Jahre das Domizil der Kölner Börsianer sein.

Die Kapitalknappheit des ausgehenden Mittelalters fand mit der Entdeckung Amerikas langsam ein Ende, nachdem sich ein immer breiter werden-
der Strom von Edelmetallen nach Europa ergoss. Noch bei der Fahrt von
Christoph Kolumbus in die Neue Welt hatten die Zinsen oft bei 20 bis 30 Prozent gelegen, doch schon Mitte des 16. Jahrhunderts standen diese Sätze kaum
noch halb so hoch. Bis ins 18. Jahrhundert sollten die Zinsen unter beachtlichen Schwankungen immer weiter abfallen und zeitweise weniger als drei Prozent betragen. Das billigere Geld beflügelte den Handel – auch an den Börsen.

Allerdings waren die Finanzverhältnisse in den Kindertagen der Börse alles
andere als solide. Besonders die schlechte Zahlungsmoral der Spanier in den
Jahren 1557 und 1575 traf die noch jungen Börsen hart. Auch erschütterte im
16. Jahrhundert eine ganze Serie von Staatsbankrotten und Beinahepleiten das
mächtige Spanien und führten zu massenhaften Konkursen. Viele Zeitgenossen waren davon überzeugt, dass das stark engagierte Genua vollständig ruiniert sei, und tatsächlich brauchte die oberitalienische Hochfinanz Jahre, um
sich von den zerrütteten Finanzen zu erholen. Die immer neuen Pleiten der
Spanier untergruben nach und nach das Vertrauen in die oberitalienischen
Bankiers. In den Jahren 1596, 1617 und 1621 waren es hauptsächlich die Ge-
nuesen, die sich bei den Finanzkrisen in Madrid nur mühsam über Wasser
halten konnten. Der Schwerpunkt der internationalen Hochfinanz verlagerte
sich bald nach Antwerpen und später dann vor allem nach Amsterdam, das
zum neuen Finanzzentrum der Welt werden sollte. Dort kam man auch auf
eine für die kommenden Jahrhunderte äußerst wichtige Idee. Die der Aktiengesellschaft, wie sie in der »Ostindischen Kompagnie« verwirklicht wurde.

Die »Ostindische Kompagnie« mit fulminantem Start

Oft glichen die Chancen bei den Expeditionen zu fernen Ländern eher denen
eines Lotteriespiels als kühler Kalkulation, denn die Schiffe – nach heutigen
Maßstäben eher Nussschalen – wurden durch Stürme bedroht, Seuchen konnten die Mannschaften dezimieren, Piraten die Ladung stehlen, die Einwohner

ferner Küsten die Besatzungen erschlagen und weitere Unwägbarkeiten konnten ein Unternehmen scheitern lassen. Kurz gesagt, die Seefahrt bot damals große Chancen, aber ein Dankgebet war stets angebracht, wenn der Kapitän sein Schiff heil und vielleicht auch noch voll kostbarer Fracht in den Heimathafen zurückbrachte.

Riskant waren die Missionen auch deshalb, weil sich alle europäischen Kolonialländer gegenseitig die Erfolge neideten, das eine oder andere feindliche Schiff kaperten und dann verschwinden ließen. In einer Zeit, in der viele Segler von ihren Reisen nicht zurückkehrten, fiel diese Piraterie unter Nachbarn oftmals gar nicht besonders auf. Auf diese Weise versuchten zum Beispiel die Portugiesen, ihr langjähriges Monopol auf Gewürze gegen alle Newcomer zu verteidigen. Der Gewürzhandel war damals ein lukratives Geschäft, welches große Strapazen und Risiken rechtfertigte.

Eine Vorstellung von den einzugehenden Risiken dokumentiert die erste Reise des cleveren Kaufmann Cornelius Houtman zu den Molukken. Er mogelte sich dabei vorsichtig an den portugiesischen Seglern vorbei und vermied, die Häfen und Niederlassungen der Portugiesen anzulaufen. Von seinen ursprünglich 249 Matrosen überlebten nur 89 diese Reise. Auch brachte er nur wenig an kostbarer Ladung heim, aber er hatte bewiesen, dass die Fahrt zu schaffen ist. Bald darauf taten es ihm andere Holländer nach und gründeten sogar eigene Niederlassungen auf Java und Sumatra. Im Ostindienhandel kam es zu einem regelrechten Boom und eine Expedition folgte der anderen.

In dieser günstigen Situation wurde im Jahre 1602 eine bahnbrechende Neuerung kreiert: die Ostindische Kompagnie wurde in Form einer Aktiengesellschaft gegründet. Im Gegensatz zu ihren Vorläufern war die Gesellschaft auf Dauer angelegt und es wurden die Anteile der Gesellschaft von Beginn an an der Börse gehandelt. Beides war bisher bei solcher Art Geschäften unbekannt.

Schon die alten Römer kannten bei riskanten Reedereigeschäften eine Gesellschaftsform, bei der sich mehrere Dutzend Eigentümer zusammenschlossen. Und im späten Mittelalter war es üblich, dass sich bei Handelsexpeditionen viele Kaufleute an der Ausrüstung eines Schiffs oder einer kleinen Flotte beteiligten. Allerdings wurde nach dem Ende der Expedition das Unternehmen aufgelöst und die Investoren entsprechend ihrer Anteile ausgezahlt.

Die Neuschöpfung – die Ostindische Kompagnie – kam gerade recht, um den Holländern im Rennen um den lukrativen Handel mit den Kolonialgebieten einen der Spitzenplätze zu sichern. Für die riskanten Expeditionen zu fernen Gestaden schien nämlich die Aufteilung des Kapitals in relativ viele einzelne Anteile geradezu ideal. Dadurch konnte das Risiko nicht nur auf viele Schultern verteilt werden, sondern es ermöglichte zudem vielen Spekulanten mitzumischen und die Beteiligung konnte praktisch jederzeit durch den Verkauf der Aktien gelöst werden, ohne den Fortbestand der Gesellschaft zu gefährden. Durch diese Art, Beteiligungen einzugehen und zu lösen, wurden dem kolonialen Handel neue Finanzquellen erschlossen.

Im Falle der Ostindischen Kompagnie brachten sechs holländische Städte das Gründungskapital von genau 6.459.840 Gulden auf. Die Amsterdamer waren mit knapp 57 Prozent beteiligt, Seeland mit gut 20 Prozent, die Kammern von Delft, Rotterdam, Hoorn und Enkhuysen hatten zwischen drei und acht Prozent des Kapitals gezeichnet. Der große Unterschied zu vielen anderen Kolonialunternehmen dieser Zeit war, dass der Staat nur indirekt mitmischte. Die Generalstaaten steuerten nur bescheidene 25.000 Gulden bei, garantierten allerdings einige Anleihen und boten militärische Hilfe an. Das größte Risiko aber trugen Investoren, die Kapital in die Gesellschaft steckten.

Die Ausgabe der Ostindienaktien war sofort ein voller Erfolg. Der Zauber ferner Länder und die glänzenden Gewinnaussichten regten die Phantasie der Spekulanten an. Da gar nicht alle Interessenten die gewünschten Aktien erhielten, wurde an der Börse bereits nach wenigen Tagen ein Aufgeld von etwa 15 Prozent gezahlt. Im Jahre 1604, als die ersten Schiffe der Gesellschaft in Richtung Ostindien absegelten, lag der Kurs schon 30 bis 40 Prozent höher als bei der Aktienemission. Dieser Handel belebte die Börse ganz ungemein. Bereits damals galt für die Handelsmetropole, was einige Jahrzehnte später Joseph de la Vega schrieb: »Würde man einen Fremden mit verbundenen Augen durch die Straßen von Amsterdam führen, so würde er, befragt, wo er sich befände, antworten: ›Nur unter Spekulanten‹, denn es gibt keinen Winkel, wo man nicht von Aktien redet.« Offensichtlich klappte das alles so gut, dass sich bald Nachahmer fanden.

Bereits 1621 rief Wilhelm Usselincx die »Westindien-Compagnie« ins Leben, die das Monopol auf den ausschließlichen Handel mit Amerika erhielt. Das neue Unternehmen lebte zunächst nicht schlecht, allerdings weniger vom Handel als vielmehr von Überfällen auf reich beladene spanische Handelsschiffe. Nachdem später die holländischen Besitzungen in Brasilien verloren gingen und der Handel mit Gewürznelken nicht den erhofften Erfolg brachte, brachen die Westindienaktien jedoch auf rund drei Prozent ihres ursprünglichen Werts ein.

Es darf spekuliert werden

Viel besser erging es zunächst der älteren Ostindiengesellschaft. Im wohl ersten Buch über die Börsenspekulation, erschienen 1688 in Amsterdam, berichtete der Spanier Don Joseph de la Vega in seiner »Verwirrung der Verwirrungen« (Confusion de confusiones), dass bereits 1612 eine Dividende von stolzen 57,5 Prozent verteilt werden konnte. De la Vega kommentierte den Fortgang der Geschäfte: »Mit der Zeit entwickelte sich die Kompagnie derartig, dass sie die glänzendsten Geschäfte übertraf, die je in der Welt berühmt gewesen waren. Jedes Jahr trafen neue Ladungen und neue Reichtümer ein, die je nach den Überschüssen und den Ausgaben laut der Festsetzung durch die Verwaltung verteilt wurden.« Die Dividenden zahlte die Gesellschaft oft nicht in Geld, sondern in den gefragten Gewürzen oder auch in Obligationen aus. In jedem Falle hatten die Aktionäre keinen Grund zur Klage. In den ersten 80 Jahren des Bestehens sollen die Ausschüttungen insgesamt 1482 Prozent des ursprünglich eingezahlten Kapitals erreicht haben – eine glänzende Investition.

Hinzu kamen auch noch hohe Kursgewinne, denn trotz zwischenzeitlicher Baissephasen war der Trend zunächst bis 1720, also über 100 Jahre, nach oben gerichtet. Auf dem Höhepunkt des Kursanstiegs soll die Notiz zwischen 1060 und 1260 Prozent gelegen haben, danach gingen die Notierungen dann langsam zurück. Die Spekulanten aber konnten noch wesentlich größere Gewinne erzielen, wenn sie die rasanten Kursschwankungen auszunutzen verstanden. An einem einzigen Tag soll die Ostindienaktie manchmal bis zu 30 Prozent gefallen oder auch gestiegen sein. Hinzu kam, dass sich an der Amsterdamer Börse bald alle Tricks und Kniffe des Terminhandels einbürgerten. Dabei wurden riesige Kapitalien bewegt. Die übliche Handelseinheit lautete auf 20 Stück. Bei einem Kurs von bis zu 38.000 Gulden (1260 Prozent auf 3000 Gulden Nennwert pro Aktie) hätte so eine Transaktion um 1720 rund 750.000 Gulden gekostet. Das muss eine ganz beachtliche Summe gewesen sein, denn immerhin schloss 1735 König Friedrich V. von Dänemark über ein Darlehen von nur 375.000 Gulden mit den Generalstaaten von Holland und der Stadt Amsterdam einen umfangreichen Darlehensvertrag ab. Um weitere Spekulanten für das Aktiengeschäft gewinnen zu können, wurden bald Teile der bis dahin normalen Größe gehandelt. Heute würde man sagen, die Aktien wurden gesplittet.

Nicht zuletzt mithilfe der Erfolge der Ostindien-Kompagnie war Holland im 17. Jahrhundert zu einer starken, wenn nicht sogar zur stärksten Finanzmacht der Welt aufgestiegen. Der größte Teil dieses Reichtums konzentrierte sich zudem noch in einer einzigen Stadt, nämlich im mächtigen Börsenzentrum Amsterdam. Hier liefen die Fäden der bedeutenden Finanzgeschäfte dieser Zeit zusammen. Die Amsterdamer Börse war so etwas wie die Wallstreet des 17. Jahrhunderts. Hier war das Kapital so reichlich vorhanden, dass sich die renommierten Handels- und Bankhäuser der Stadt untereinander Kredite zu bescheidenen 2,5 Prozent Zinsen gewährten. Fast ganz Europa machte in Amsterdam Schulden. Ohne die Gelder der reichen Kaufleute der Stadt konnte kein Krieg erfolgversprechend finanziert werden. Schon der schwedische König Gustav Adolph lieh sich die nötigen Geldmittel für sein Eingreifen in den Dreißigjährigen Krieg bei Amsterdamer Bankiers zusammen. In geradezu idealer Weise konnten sie dabei Geschäft und Glauben verbinden, denn der Schwedenkönig zahlte gute Zinsen und wollte schließlich die feindlichen Katholiken bekämpfen.

In diesem Klima der stetigen Expansion und eines Aufblühens der Handelsgeschäfte wurde auch an der Börse wild in Ostindienaktien spekuliert. Anlässe für das Börsenspiel gab es viele. Die spärlich eintreffenden Nachrichten und die noch seltener eintreffenden Schiffe der Gesellschaft boten viel Raum für Hoffnungen, Ängste, Mutmaßungen und Gerüchte, die in der Börsenküche für Feuer sorgten. Die Phantasie spielte eine große Rolle, zumal die Schiffsladungen, wenn sie denn kamen, ungeheure Gewinne abwerfen konnten. Während die Schiffe unterwegs und keine verlässlichen Informationen zu erlangen waren, gaben Gerüchte über Wetterverhältnisse und Piratenüberfälle reichlich Stoff für wilde Spekulationen. Die dabei auftretenden Kursschwankungen dokumentiert am besten ein zeitgenössischer Bericht vom Ende des 17. Jahrhunderts.

1688 traf in Amsterdam ein Bericht des Gouverneurs am Kap der Guten Hoffnung ein, dass in den indischen Besitzungen der Ostindien-Kompagnie alles bestens stehe und reich beladene Schiffe nach Holland unterwegs seien. Natürlich begannen daraufhin die Kurse zu steigen, doch wenig später verbreitete sich plötzlich Unruhe an der Börse und in den umliegenden Cafés, in

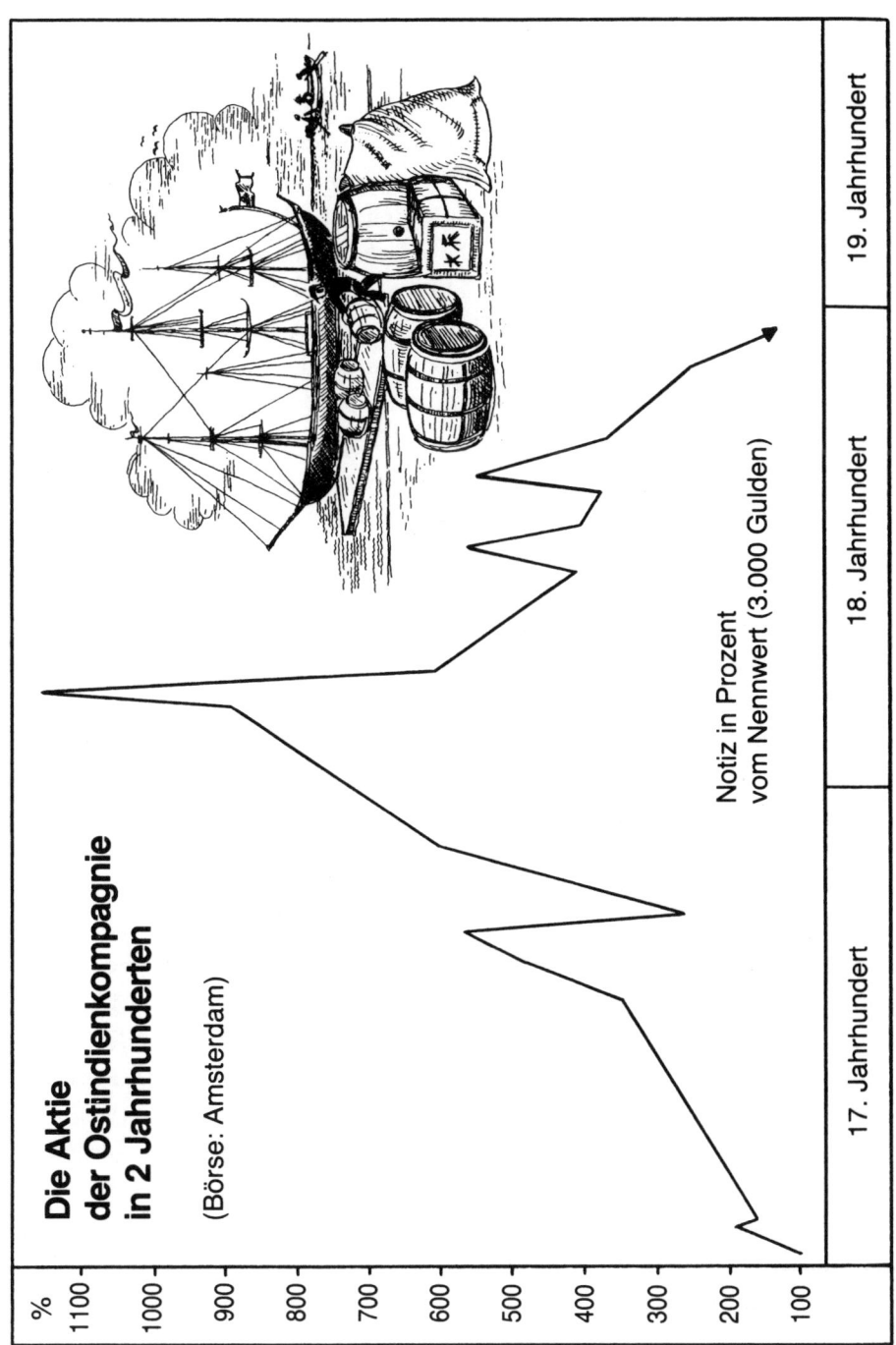

**Die Aktie
der Ostindienkompagnie
in 2 Jahrhunderten**

(Börse: Amsterdam)

Notiz in Prozent
vom Nennwert (3.000 Gulden)

%
1100
1000
900
800
700
600
500
400
300
200
100

17. Jahrhundert
18. Jahrhundert
19. Jahrhundert

denen die Großspekulanten das Börsengeschehen verfolgten. Angeblich sollte das ganze Geschwader mit allen Schätzen an Bord auf eine Sandbank gelaufen und verloren sein. Mitten in die auf dieses Gerücht folgenden Kursstürze platzte aber die nächste Nachricht, nach der die Schiffe außer Gefahr wären und sogar mehr Segler zu erwarten wären als zunächst angenommen. Die Hausse kehrte zurück und tatsächlich lief kurz darauf die Flotte wohlbehalten in den Hafen ein. Die Börse schwelgte in Optimismus und wurde sogleich enttäuscht. Als nämlich die Direktoren der Gesellschaft die mitgebrachten Geschäftsbücher lasen und die Ladung inspizierten, stellten sie fest, dass man für die Waren bestenfalls 34 Tonnen Gold erlösen würde gegenüber den gut 50 Tonnen des Vorjahres, mit denen die Börsianer wieder gerechnet hatten. Das war nun wieder Wasser auf die Mühlen der Baissiers, die auf fallende Kurse spekulierten. Um die Aktionäre richtig in Panik zu versetzen, brachten sie zu allem Überfluss noch das Gerücht in Umlauf, ein Krieg mit dem französischen König Ludwig XIV. stünde unmittelbar bevor. In allen Farben malten sie die Folgen dieser Verwicklungen, wie höhere Steuern, den ängstlich gewordenen Haussiers aus. Tagelang waren die Ostindienaktien kaum noch verkäuflich und die Kurse stürzten steil ab. »Schließlich ging man mit den Aktien förmlich betteln, als ob man vom Käufer ein Almosen verlangte. Es entstand eine solche Panik, eine so unerklärliche Erschütterung, dass die Welt unterzugehen, die Erde zu versinken, der Himmel einzustürzen schien«, beschreibt de la Vega die Tage der Börsenpanik. Erst langsam erholte sich der Markt von diesem Einbruch, in dem sogar »die stärksten Stützen der Börse wie ein schwacher Stab zusammenbrachen«.

Die Gesellschaft aber prosperierte ungeachtet aller Börsenabenteuer noch eine ganze Weile. Im Jahre 1639 erwarb die Kompagnie das indische Madras, ein Vierteljahrhundert später das noch bedeutendere Bombay. Um 1700 legte der Überseetrust in Kalkutta an. Erst ab der Mitte des 18. Jahrhunderts überwogen dann die Rückschläge, als zum Beispiel Robert Clive Indien für die englische Krone eroberte.

Erst 1784, also 182 Jahre nach der Gründung der Gesellschaft, wurden die Direktoren in politischen und militärischen Fragen einer staatlichen Aufsichtsbehörde unterstellt, sie behielten allerdings die Verwaltung der ausgedehnten Kolonialbesitzungen weiterhin allein in der Hand. Erst im Jahre 1858 hob die Regierung dann die Privilegien des Unternehmens nach einem blutigen Aufstand in den Kolonien auf.

Heiße Spekulationen mit Anleihen

Auch andere Spekulationen des 17. Jahrhunderts erreichten große Ausmaße. In den bewegten Zeiten, etwa bei Kriegen oder in politischen Krisen, wurden auch die sonst so soliden Staatsanleihen zum Spielball der Börse. Ein Beispiel für den wilden Zickzackkurs solch einer Obligation soll der Krieg zwischen Holland und Frankreich liefern, der im Jahre 1672 begann. Der Sonnenkönig Ludwig XIV. sah schon lange neidisch auf die wirtschaftliche Blüte der holländischen Nachbarn. Während er sich als großer König des mächtigen Frankreichs, seines aufwendigen Lebenswandels, seiner Bautätigkeit und Kriegen wegen ständig in finanziellen Schwierigkeiten befand, wussten die reichen Amsterdamer Kaufleute kaum, wie sie ihre Millionen sinnvoll unterbringen konnten.

Im Mai 1672 wurde aus dem »kalten« ein »heißer« Krieg. Er wurde mit aller Härte ausgefochten. Da besannen sich die Holländer eines Tricks der Geusen. Zur Verteidigung setzten die Holländer ihr Land einfach unter Wasser, indem sie die Deiche durchstießen. Damit begann ein Wettlauf gegen die Zeit, denn die holländischen Militärs mussten damit rechnen, dass im Winter die überschwemmten Gebiete völlig zufrieren würden. Bevor also die Franzosen über das Eis vorrücken konnten, mussten dringend Bundesgenossen gewonnen werden. Bald schon sagte der Kurfürst von Brandenburg Hilfe zu. Weitere Bündnispartner konnten nur mit klingender Münze gelockt werden. Das sprach nicht gerade für die Beliebtheit der Amsterdamer »Pfeffersäcke«.

Der deutsche Kaiser ließ sich seine militärische Unterstützung fürstlich entlohnen. Man zahlte ihn mit holländischen Staatsobligationen. Deren Kurs wurde für Holland dadurch äußerst wichtig. Nicht verwunderlich nämlich war, dass, je nachdem wie sich das Kriegsglück gerade wendete, die Kurse dieser Papiere stiegen oder fielen. Stiegen nämlich die Kurse, so erwies sich die Bundestreue als äußerst lohnend, denn neben Zinsen konnten die Deutschen auch noch Kursgewinne einstreichen. Sanken aber die Kurse, so wurde die Bundestreue durch drohende Verluste auf eine harte Probe gestellt. In dem möglichen Zusatzgewinn aber bestand für die Deutschen ein wichtiger Anreiz: Würden sie den Holländern zum Siege verhelfen, so würde sich dies reichlich zusätzlich in klingender Münze auszahlen. Indem sich der deutsche Kaiser also auf die Bezahlung mit Staatsanleihen einließ, wurde er in eine Spekulation auf den Ausgang des Krieges verwickelt. War das ein taktisches Kalkül der Holländer?

Einen kleinen Eindruck von den Schrecken, die da den Börsianern einge-
jagt wurden, mag die Kursübersicht »Das Kriegsglück und die holländischen
Anleihen« vermitteln (s. nächste Seite). Die wilden Kursschwankungen der
Staatspapiere mögen überraschen, aber gerade diese großen Gewinnchancen
waren es, die viele Spekulanten anlockten und damit erst den Absatz der
großen Mengen von Anleihen ermöglichten, die zur Finanzierung des Krieges
nötig waren. Dies nutzten die deutschen kaiserlichen Agenten, indem sie immer wieder diejenigen Obligationen auf dem Markt verkauften, die der Kaiser
für seinen Feldzug als Hilfsgelder von den Holländern erhielt. Eine Weltbörse
mit internationalen Beziehungen wie Amsterdam konnte das selbst mitten im
Krieg verkraften.

Das Kriegsglück und die holländischen Anleihen

Staatsobligationen der Provinz Holland an der Börse von Amsterdam

Ereignis	Kurs der Staatsobligation
Vor Kriegsausbruch im Mai 1672.	100 %
Die Franzosen marschieren in Holland ein, die Deiche werden durchstochen.	80 %
Nach einem Gerücht will Prinz Wilhelm Utrecht verteidigen (Ende Juni 1672).	92 %
Das Gerücht stellt sich als falsch heraus.	fast 0 %
Anfang September beginnt sich eine Armee der Brandenburger und des deutschen Kaisers zu bilden.	60 %
Am 22. September 1672 steht diese Armee bereit.	75 %
Anfang Oktober marschiert das Entsatzheer.	95 %
Die heranmarschierende Armee schwenkt überraschend nach Süden ab.	83 %
Erste kleinere Scharmützel mit den Franzosen.	86 %
Die holländischen Verbündeten weichen erneut den Franzosen nach Süden aus.	80 %
Die Franzosen stoßen Ende Dezember 1672 über das Eis gegen Amsterdam vor.	52 %
Mitte Januar 1673 setzt Tauwetter ein.	76 %
Anfang Februar 1673 liegen die Verbündeten immer noch im Winterlager fest.	70 %
Am 5. Februar 1673 marschieren die Verbündeten nach Norden und die Franzosen weichen zurück.	78 %
Anfang März 1673 kommt der Vormarsch zum Stehen, der Kurfürst von Brandenburg scheidet aus dem Bündnis aus, allerdings bewilligt das englische Parlament dem König 70.000 Pfund zur militärischen Unterstützung der Holländer.	70 %
Ende März marschieren die kaiserlichen Truppen zurück nach Franken, trotzdem nimmt der Optimismus der Holländer langsam zu.	75 %
Die Lage ist unverändert, aber der Krieg schleppt sich nur noch mühsam dahin.	80 %
Im Frieden von Nimwegen wird 1678 der Holländisch-Französische Krieg beendet, Frankreich erhält Südflandern.	Normalisierung des des Handels

Quelle: Leopold von Ranke, Französische Geschichte, Stuttgart 1852–1861, zitiert in: Ludwig Samuel, Die Effektenspekulation im 17. und 18. Jahrhundert, Berlin 1924, Seite 49/50; verschiedene geschichtliche Quellen

IV.

Die Spekulanten als Blumenfreunde

»Edelleute, Kaufleute, Handwerker, Schiffer, Bauern, Torfträger, Schornsteinfeger, Knechte, Mägde, Trödelweiber, alles war von gleicher Sucht befallen.«

Bericht einer zeitgenössischen Schilderung »do opkomst en ondergang van Flora, Amsterdam 1643« über die Tulpenmanie in Holland

»Das Land gab sich der trügerischen Hoffnung hin, dass die Leidenschaft für Tulpen immer andauern würde; und als man erfuhr, dass selbst das Ausland von dem Fieber ergriffen wurde, glaubte man, dass der Reichtum der Welt sich an den Ufern der Zuydersee konzentrieren und die Armut hinfort in Holland zur Sage werden würde.«

Aus einer Beschreibung des Spekulationsfiebers von John Francis, der seine Bücher um die Mitte des 19. Jahrhunderts schrieb

»Das ganze schwindlerische Börsenspiel war schon damals mit all seinen Pfiffen und Kniffen in Schwung. Die Aktie hieß damals ›Tulpe‹; das war der ganze Unterschied.«

Aus einer Schilderung des Krisenforschers Max Wirth, die er unter dem Titel »Die Tulpenmanie in den Niederlanden« im Volkswirtschaftlichen Lesebuch für Kaufleute veröffentlichte, das 1905 in Frankfurt erschien

In der Geschichte hat es immer wieder Perioden gegeben, in denen ganze Länder oder gar Kontinente in einen turbulenten Wirbel der Spekulation gerissen wurden. Anscheinend ist das Spekulationsfieber mindestens genauso ansteckend wie andere große Seuchen. »Spekulant ist derjenige, welcher nach wahrscheinlichen Berechnungen des Erfolgs Unternehmungen wagt, deren Ausgang noch das Dunkel der Zukunft umhüllt, deren Erfolg noch von der Zukunft abhängt«, definierte ein gewisser Meisner 1811 in seinem Buch »Die Spekulationswissenschaft für denkende Geschäftsmänner«. Dieses »Dunkel der Zukunft« ist es, das die Spekulation so interessant macht. Jeder für sich kann in der Hoffnung auf märchenhafte Gewinne sein ganz privates Luftschloss aufbauen. Wird dieser Wunderglaube noch von allen Seiten bestärkt, weil auch der Nachbar, der Chef oder der Untergebene den gleichen Illusionen nachhängt, dann erfasst der Optimismus langsam die gesamte Bevölkerung einer Stadt oder eines ganzen Landes. Aus welchem Stoff diese Träume gemacht sind, das ist weitgehend egal. Im folgenden Kapitel war es eine harmlose Blume, die die Holländer verrückt machte, die Tulpe.

Die Tulpe kam aus dem Morgenland

Im Jahre 1554 sah ein Naturforscher namens Busbeck im türkischen Adrianopel eine ihm unbekannte Blume, die ihm ausgesprochen gut gefiel. Als er sich nach dem Namen erkundigte, nannten ihm seine Gastgeber das türkische Wort für »Turban«, denn dieser orientalischen Kopfbedeckung sah die Blüte etwas ähnlich. Die Tulpe wurde von Busbeck nach Mitteleuropa importiert, wo sie sich besonders in Holland bald großer Beliebtheit erfreute. Jahrelang zierte jedoch die hübsche Blume auch im Land der Grachten lediglich die Vorgärten der Bürgerhäuser. Es wurden neue Arten gezüchtet und nur die Gartenliebhaber interessierten sich für die Tulpenzwiebeln. Mit der Zeit wuchs die Nachfrage nach den ansehnlichen Pflanzen, aber die Preise hielten sich noch im vernünftigen Rahmen.

Kein Mensch weiß heute noch genau, was schließlich die große Spekulationsmanie in Gang setzte. Im benachbarten Deutschen Reich tobte gerade der Dreißigjährige Krieg. Der Versuch des Schwedenkönigs Gustav Adolf, das große Ringen um Glauben und Einflusssphären zugunsten der Reformation zu entscheiden, war durch seinen Tod in der Schlacht bei Lützen 1632 fehlgeschlagen. Nachdem 1588 die stolze spanische Armada mit ihren 160 Schiffen im Kampf gegen die englischen Geschwader unter Francis Drake und die stürmische See vor Schottland verloren gegangen war, konnten die Meere auch von anderen Ländern gefahrloser befahren werden. Die Engländer und Holländer nutzten diese Chance besonders intensiv. Vor dem Tribunal der Inquisition schwor Galileo Galilei seinen ketzerischen Vorstellungen von der Erde als Kugel ab. In Frankreich verbot Kardinal Richelieu auf kirchlichen Rat hin den Verkauf und Genuss von Tabak. Weitab vom großen Weltgeschehen wurde von Lord Baltimore die nordamerikanische Kolonie Maryland gegründet.

In diesen bewegten Zeiten schufen im kleinen, aber ausgesprochen wohlhabenden Holland Maler wie van Dyck, Franz Hals, Rembrandt und Rubens Bilder, die sich heute jedes Museum als Kunstschatz erster Güte Millionen kosten lassen würde. In den stolzen Bürgerhäusern der geschäftstüchtigen Mijnheers sammelten sich gewaltige Vermögen an, mit deren Hilfe dieser Aufschwung der schönen Künste möglich wurde. Zeigte sich auf den Gemälden der großen Meister oft noch das pralle Leben, das in den Bürgervierteln von Amsterdam oder Rotterdam den Alltag bestimmte, bemühten sich die zu viel Geld gekommenen Kaufherren darum, es dem vornehmen Adel nachzutun. Bald gehörte es auch zum guten Ton, einen Garten mit den erlesensten Blumen zu besitzen. Man versuchte, sich nicht nur mit besonders schönen Häusern und ausgewählter Kleidung, sondern auch mit ansehnlichen Tulpenbeeten gegenseitig zu übertrumpfen. Die Tulpe wurde zu einer ausgesprochenen Modeblume.

Mit der Zeit kam dabei die Preistreiberei in Gang, die als »Tulpenmanie« in die Finanzgeschichte eingegangen ist. Die Zentren dieses eigenartigen Schauspiels bildeten die Städte Amsterdam, Utrecht, Alkmaar, Leyden, Vianen, Enkhuisen, Haarlern, Rotterdam, Horn und Medenblick. Hatten die Gärtner untereinander die Tulpenzwiebeln noch im Dutzend zu annehmbaren Preisen verkauft oder gar nur getauscht, bemächtigte sich ab 1634 die Spekulation der unscheinbaren Zwiebeln. Um den Handel professioneller zu gestalten, wurden sie nun nach Gewicht, nach »Assen«, verkauft. Mit der Goldwaage bewertete man die kostbaren Tulpenzwiebeln auf den großen Auktionen, bevor man sie an den Interessenten mit dem höchsten Gebot versteigerte. Bereits seit eineinhalb Jahrhunderten gab es in Amsterdam eine Börse und seit drei Jahrzehnten die ersten Aktien, sodass die Tricks und Kniffe der Börsenspekulation von findigen Geschäftemachern leicht auf den Tulpenhandel übertragen werden konnten.

Das Tulpenfieber greift um sich

Rasch wandelte man Dorfgasthöfe in hektische Tulpenbörsen um, wo bald fast die gesamte Bevölkerung am Spekulationstaumel teilnahm. Anders als die abstrakten Aktien oder Anleihen war das Spiel mit den Tulpen für jedermann anschaulich und greifbar. So eine Zwiebel konnte auch der kleine Mann in die Hand nehmen und in seinem eigenen Garten einpflanzen, die Blüte genießen und verdienen. Entsprechend war das Interesse breitester Bevölkerungs-schichten am Tulpenhandel schnell geweckt. Nach einem Büchlein mit den treffenden Titel »Floras Aufstieg und Niedergang« aus dem Jahre 1643 sollen Handwerker, Schiffer, Bauern, Torfträger, Knechte und Mägde, Trödelweiber, Schornsteinfeger, aber auch Kaufleute und Adlige der Tulpenmanie erlegen sein. So war es nicht verwunderlich, dass die »Kurse« der Tulpen stiegen und diese immer neue Käufer anzogen, die möglichst schnell und möglichst ohne Arbeit reich werden wollten.

Schon nach kurzer Zeit war die Zwiebel nicht mehr als Grundstock für ein adrettes Blumenbeet von Interesse, sondern nur noch als Objekt der Spe-kulation. Bald hatten sich auch die Juristen der Tulpe bemächtigt. Es gab spitzfindige Advokaten, die die schnell geschaffenen Regeln und Gesetze zur Tulpenspekulation auslegten. Ein Heer anderer Spezialisten und Schreiber war vollauf beschäftigt, die vielen Transaktionen im Lande abzuwickeln. Bei großen Handelsabschlüssen wurde anschließend ein üppiges Fest gefeiert. Der Verkäufer konnte sich in aller Regel über einen beachtlichen Gewinn freuen und der Käufer erhoffte ein weiteres Steigen der Preise und damit reichen Er-trag seiner Investition. Wie in allen großen Spekulationsperioden wanderten bald auch zahlreiche Abenteurer aus den Nachbarländern zu, die von den reichlichen Gewinnen angelockt wurden.

Nach einiger Zeit gab es auch so etwas wie einen Tulpenkurszettel. Die Sor-ten Admiral van Eyck, Admiral Liefken und Semper Augustus galten als die besten Anlagemöglichkeiten, während sich der kleine Mann beim Tauschhandel im Wirtshaus mit weniger bekannten Tulpenzwiebeln behelfen musste. Ob in den vornehmen Grachten von Amsterdam, im Schankraum eines Dorfgast-hauses oder auf den großen Tulpenauktionen, verdient wurde überall glänzend, denn die Preise stiegen und stiegen ohne Unterbrechung. Für eine Zwiebel konnte man schließlich 2500 Gulden herausholen, wenn man geschickt verhan-delte. Für so einen stolzen Betrag bekam man damals zwei Wagenladungen Weizen, vier Wagenladungen Heu, vier Mastochsen, vier Mastschweine, ein Dutzend schlachtreife Schafe, vier Fässer Bier, zwei Fässer Butter, 1000 Pfund Käse, ein Bett, einen Anzug und einen Silberbecher, wie eine andere Tulpentransaktion belegt. Eine einzige holländische Stadt soll während der Spekulationszeit Tulpen im Wert von zehn Millionen Gulden umgesetzt haben. Das war durchaus kein Pappenstiel, denn etwa so viel hätte auch die Ostindien-Kompagnie damals an der Börse gekostet, der mächtigste Kolonialtrust dieser Zeit.

Auch sonst schien ganz Holland außer Rand und Band geraten zu sein. Die Stadt Alkmaar versteigerte 1637 zugunsten des Waisenhauses der Gemeinde über 120 Tulpenzwiebeln. Der Raum der für die Versteigerung vorgesehen war, quoll vor lauter Interessenten über. Von überall her war man angereist. So fand die Versteigerung schließlich auf dem Platz vor dem Waisenhaus statt. Die Interessenten schoben und drängten. Ein jeder wollte sich zumindest eine Gewinn verheißende Tulpenzwiebel ersteigern, um sie hernach vielleicht in einer Woche oder zweien mit kräftigem Aufschlag wieder zu verkaufen. Die ersten Tulpen fanden schnell einen neuen, glücklichen Besitzer, der sogleich den Neid der anderen auf sich zog. Noch aber waren genügend Tulpen zu haben. Doch als eine nach dem anderen versteigert war, kam Panik unter denen auf, die noch leer ausgegangen waren. Nun überschlugen sich die Gebote, deren Preise einzig durch das Geld, welches die Bieter bei sich trugen, begrenzt war. Unter der Hand verkauften die ersten erfolgreichen Bieter ihre Tulpen an die Nebenstehenden mit Gewinn, um sogleich ihr leichtsinniges Verhalten zu bedauern und sich erneut in die Käuferschar einzureihen. Man grölte die Gebote in die Masse, schob und stieß. Tumult kam auf. Schließlich musste die Polizei gerufen werden, welche nur unter Mühen die Versammlung aufzulösen vermochte. Das Waisenhaus nahm schließlich 90.000 Gulden ein. Die Waisen werden noch lange die Weitsicht ihrer Wohltäter gepriesen haben, denn wenige Wochen später brach der Tulpenboom zusammen.

Nach dem Tulpenboom kam der Krach

Immer mehr hatte das Spiel mit Tulpen auch auf die normalen Geschäfte des Landes übergegriffen. Kaufleute verramschten ihre Waren, um mit dem Erlös Tulpenzwiebeln kaufen zu können. Wo so viel Reichtum winkte, wurden natürlich auch große Kredite aufgenommen und bei der Spekulation eingesetzt. Selbst die ärmsten der Armen schlossen sich in Klubs zusammen, um sich mit den bescheidensten Mitteln am Kauf einer Zwiebel zu beteiligen. Wegen ihrer besonderen Leidenschaft für Tulpen hießen die Bürger von Haarlern allgemein nur noch die »Blumisten«. Wie immer in solchen Spekulationsepochen kannte der Optimismus keine Grenzen. Jeder hielt an seinem Tulpenbesitz eisern fest in der Hoffnung, schon bald dafür ein kleines oder besser gar ein großes Vermögen eintauschen zu können. Niemand fragte sich hingegen, was er eigentlich mit seiner Zwiebel groß anfangen konnte, wenn ihm niemand dafür die erhofften 2000 oder gar 3000 Gulden zahlen wollte.

Ebenso plötzlich wie das Spekulationsfieber ausgebrochen war, brach es in sich zusammen. Erst versuchten vermutlich nur einige misstrauische Kaufleute, ihren Tulpenschatz zu Geld zu machen. Angeblich soll der Verkäufer bei einer Auktion weniger als erhofft erlöst haben. Die Nachfrage flaute offenbar ab. Diese Nachricht verbreitete sich danach wie ein Lauffeuer. Andere Tulpisten zogen mit Verkäufen nach und mussten feststellen, dass die Transaktionen nicht mehr so glatt über die Bühne gingen. Das Angebot nahm rasch zu und langsam kam Unruhe in den zu Tulpenbörsen umfunktionierten Gasthäusern auf. Plötzlich fragten sich vorsichtige Zeitgenossen, ob die Preise gerechtfertigt seien. Wer auf Kredit spekuliert hatte, war besonders schlecht dran. Während die Preise für seine Zwiebeln laufend fielen, musste man seine Schulden und die fälligen Zinsen bezahlen. Was eben noch ein glänzendes Geschäft zu werden versprach, konnte nun innerhalb von wenigen Tagen der Ruin sein.

Nun kam bei den in die Ecke gedrängten Spekulanten Panik auf. Die Tulpen, für die noch kurz zuvor Käufer Schlange standen und Haus und Hof hergegeben hätten, waren plötzlich völlig unverkäuflich. Man kann sich die Tumulte in den Gasthäusern vorstellen, wo noch die Tulpennotare und Schreiber mit ihren Goldwaagen saßen, auf denen sie das Gewicht der Zwiebeln Ass für Ass bestimmt hatten. Plötzlich konnte man eine ganze Wagenladung kaufen, ohne dafür ein Vermögen ausgeben zu müssen. Die professionellen Tulpenhändler veranstalteten große Reklameversammlungen, wo sie Punkt für Punkt nachwiesen, welchen hohen Wert die Tulpen angeblich besaßen. Man hörte interessiert zu, einige Tulpisten schöpften wohl auch etwas Hoffnung, den Preisen aber half das nicht mehr auf die Sprünge. Die Tulpen blieben, was sie waren, einfache Gartenblumen. So mancher Besitzer der einst so teuren Tulpenzwiebeln mag wohl noch lange ärgerlich an den Blumenbeeten vorbeigegangen sein, in denen seine Tulpen nun nicht mehr der Vermögensanlage, sondern der Erbauung der Passanten dienten.

Noch lange litt das Land unter den Nachwehen dieses Krachs, denn der Optimismus vieler Kaufleute war erst einmal dahin und viele kleine Leute waren noch ärmer als vorher. Selbst in London und Paris, wohin die Spekulation schließlich auch noch übergegriffen hatte, war die Stimmung auf den Nullpunkt gesunken. Es ist interessant, dass es nicht so sehr auf das Objekt der Spekulation ankommt, sondern vielmehr auf die Illusionen, die sich die Spekulanten machen. Ihre Hoffnungen auf schnellen Reichtum treiben die Kurse, nicht so sehr, was eigentlich hinter all den Argumenten und Überlegungen steckt. Bei den Tulpenzwiebeln fiel dieser Umstand nur besonders stark auf, weil sie so offenkundig auch nicht annähernd den Wert hatten, den ihnen die Käufer im Spekulationsfieber zumaßen. Haben die Spekulanten erst einmal richtig Blut geleckt, dann steigt der Stoff ihrer Träume so lange im Preis, bis er weit über jedes vernünftige Ziel hinausgeschossen ist. Oft genügt dann ein kleiner Anstoß, um das ganze Riesengebäude der Kurse wieder zum Einsturz zu bringen. Dieses Grundschema großer Spekulationen wird uns in den folgenden Kapiteln noch oft begegnen.

V.

Die Spekulanten träumen von den Kolonien

»Ich bin nicht reich genug, um mich zu ruinieren.«

Der Herzog von Savoyen auf die Frage, ob er Aktien
von John Laws Mississippigesellschaft kaufen wolle

»Finde verdrießlich, dass man kein Golt mehr sieht, lautter
Zettel.«

Liselotte von der Pfalz in einem Brief aus dem Jahre 1720
über das von John Law ausgegebene Papiergeld

»Es ist ein Handel, auf Betrug gegründet, von Täuschung
getragen, durch Listen, Betrügerei, Schmeichelei, Fälschungen,
unwahre Gerüchte und alle Arten von Blendwerk genährt.«

Daniel Defoe in einem 1719 verfassten Pamphlet
gegen den Aktienhandel in England

Fast gleichzeitig kam es zu Beginn des 18. Jahrhunderts in England und Frankreich zu zwei großen Spekulationswellen, die fast die gesamte Bevölkerung ergreifen sollten. Spekulationen, von denen sich die Akteure bequem Reichtum erhofften und die doch nur Enttäuschung und Armut brachten. Es waren die Spekulationen der französischen Mississippi-Kompagnie des John Law und die der Londoner South Sea Company.

Der Finanzkünstler aus Schottland

Im Jahre 1681 wurde der Schotte John Law als Sohn eines Goldschmieds und Bankiers in Edinburgh geboren. Bereits in seiner Jugend machte er sich auf, um an Ort und Stelle das Bank- und Börsenwesen der großen Finanzmetropolen kennen zu lernen. Entgegen der üblichen Vorstellung von einem Schotten, aber ganz ins Bild eines Spekulanten passend, verdiente er sich dabei seinen Lebensunterhalt meist an Spieltischen. Auch sonst war seine Biografie nicht gerade die, die man als vorbildlich hätte bezeichnen können. Zum Beispiel erschoss er in London im Duell einen Rivalen und floh nach seiner Verhaftung unter abenteuerlichen Umständen aus dem Tower. Ansonsten aber war Law ein Mann, der gut aussah, charmant plaudern konnte und weltgewandt alle Feinheiten der komplizierten Etikette souverän beherrschte. Auch als Finanzmann konnte er sich durch seine vielen Reisen auf ein breites Wissen stützen. Im Jahre 1705 veröffentlichte er sogar ein Buch über Banknotenwesen mit dem Titel »Money and Trade considered«. Wer sich damals also auf den Weg machte, Finanzgeschichte zu schreiben, hatte vielerlei Talente. Sie einzusetzen sollte er bald Gelegenheit haben.

Als Ludwig XIV. am 1. September 1715 für immer die Augen schloss, war die Finanzlage Frankreichs katastrophal. Dem Vormund des noch ganz jungen Nachfolgers, dem Herzog Philipp von Orleans, hinterließ der Sonnenkönig ein aufgeblähtes Beamtenheer und einen riesigen Schuldenberg von knapp 2,5 Milliarden Livre. Die darauf jährlich zu entrichtenden Zinsen von 90 Millionen fraßen über 56 Prozent der gesamten Staatseinnahmen auf. Man riet dem Regenten, einfach den Staatsbankrott zu erklären, so verzweifelt war die Lage. Auch der Versuch, die Steuern anzuheben, hatte nur einen sehr bescheidenen Erfolg. Ein Sondergericht, das Steuerhinterziehungen schwer ahndete und immerhin 4470 Personen bestrafte, machte sich schnell so unbeliebt, dass es wieder abgeschafft werden musste.

In dieser prekären Situation traf John Law in Paris ein. Den regierenden Herzog von Orleans kannte er seit Jahren vom Spieltisch her und angesichts der desolaten finanziellen Lage fand er bei ihm offene Ohren. Schon am 2. Mai 1716 wurde daher mit allerhöchster Erlaubnis die »Banque Generale« gegründet, deren Leitung Law selbst übernahm. Die Bank hatte ein Kapital von sechs Millionen Livre, von denen drei Viertel in Form von Staatsanleihen und ein Viertel in Bargeld eingezahlt werden musste. Die Banknoten, die das Institut ausgab, waren bald allgemein beliebt. Sie erleichterten den Transport größerer Summen und konnten jederzeit in Edelmetalle eingewechselt werden. Solange Vertrauen in die neue Einrichtung herrschte, konnte so ein System positive Auswirkungen haben. Tatsächlich vergab die Banque Generale billige Kredite, die das Zinsniveau auf sechs, später sogar nur noch vier Prozent sinken ließen, während Wucherer vorher Sätze von 30 Prozent forderten und erhielten. Die niedrigen Zinsen belebten die Wirtschaft. Bald waren die neuen Banknoten allgemeines Zahlungsmittel. Die Einnahmen der Provinzen wurden in Papiergeld gezahlt, ebenso wie die Steuern.

Law entdeckt die Kolonien

Bald hatte die Bank mit 60 Millionen Livre zehnmal so viel neues Papiergeld ausgegeben, wie sie an Eigenkapital besaß. Da das System dennoch glänzend funktionierte, störte dieses Missverhältnis niemanden. Die eigentliche Stabilität in die Währung war das Vertrauen, das man ihr allgemein entgegenbrachte. Schon die erste Halbjahresdividende der Banque Generale betrug stolze 7,5 Prozent. Das festigte das Vertrauen.

Zu dieser Zeit sollte ein Großobjekt gestartet werden. Der Geschäftsmann Antoine Crozat hatte eine Konzession für den Handel mit der französischen Kolonie Louisiana erhalten. Viel war daraus allerdings nicht geworden und im August 1717 war er froh, dass er die Konzession an die Regierung zurückgeben konnte. Damit war es möglich, der neu gegründeten Compagnie d'Occident Laws 24 Jahre das Recht zu übertragen, die Kolonie nach Belieben auszubeuten. Zur Organisation des Handels wurde die neue Gesellschaft mit einem Kapital von 100 Millionen Livre ausgestattet.

Wer Aktien erwerben wollte, musste zunächst Staatsanleihen kaufen und mit diesen die Aktien bezahlen. So erhielt der Staat durch den Verkauf der Staatsanleihen Geld und die Gesellschaft bekam die Staatsanleihen. Diese Staatsanleihen wurden dann von der Gesellschaft vernichtet, brauchten demnach vom Staat nicht wieder zurückbezahlt und verzinst zu werden. Als Gegenleistung verpflichtete sich die Regierung der Compagnie d'Occident, 25 Jahre lang vier Prozent, also vier Millionen Livre, jährlich zu zahlen. Das Ergebnis: Die Compagnie d'Occident erhielt die Rechte, Louisiana 25 Jahre lang auszubeuten sowie vier Millionen Livre jährlich.

Obwohl die Handelsrechte mit der Kolonie Louisiana ansehnliche Gewinne versprachen, ging der Verkauf der Aktien zunächst nur äußerst schleppend vonstatten. Nur mit Mühe gelang es, die Papiere vollständig unter die Leute zu bringen und den Kurs langsam von 500 auf 530 Livre steigen zu lassen. Die Anleger blieben misstrauisch, weil der als clever bekannte Antoine Crozat zuvor an dem Projekt gescheitert war.

Dann kam ein böser Rückschlag für Law. Die Gebrüder Paris, seit den Tagen des Sonnenkönigs bedeutende Bankiers, gründeten eine Konkurrenzgesellschaft, der die Börse weit größere Chancen einräumte. Während diese neuen Aktien schnell stiegen, brach der Kurs der Compagnie d'Occident, die im Volksmund nur Mississippigesellschaft hieß, um 47 Prozent auf 280 Livre ein. Die Gebrüder Paris forderten damit Law heraus, der sein Monopol dadurch verteidigte, dass er den Wettbewerbern einfach die Konzession entziehen ließ.

Inzwischen war die Bank Laws, die Banque Generale, zur Banque Royale ernannt worden, die selbst staatlich garantierte (tatsächlich königlich garantierte) Banknoten herausgeben durfte. Law besaß damit faktisch das Recht zum Gelddrucken. Aus diesem Anlass ließ sich Law zu seiner Geschäftspolitik vernehmen, wobei er auch vorsichtig andeutete, wie gefährlich sein System sein konnte: »Der sichere Vorteil, der daraus hervorgeht, dass durch reichlichen Kredit Arme beschäftigt werden und der Handel erweitert wird, wiegt die Gefahr auf, dass die Bank alle zwei bis drei Jahre ihre Zahlungen eventuell nicht voll leisten könnte.« Wie sich später zeigen sollte, würde Law mit der Prognose von zwei bis drei Jahren Recht behalten.

Vorläufig aber lief alles glatt. Mit der königlichen Garantie für die Noten der Banque Royale im Rücken konnte der Schotte den Umlauf von Papiergeld ganz erheblich ausweiten. Nun kam langsam auch Schwung in seine Kolonialgeschäfte. Die Mississippigesellschaft fusionierte mit der Senegal-Compagnie, bereits im Mai 1719 sollten zusätzlich die ostindische und die chinesische Handelsgesellschaft übernommen werden. Angesichts dieser Nachrichten kletterten die Aktien auf 750 Livre und lagen damit erstmals deutlich über dem Ausgabekurs. Die Mississippigesellschaft bekam nun für 50 Millionen Livre das Münzrecht übertragen und wuchs immer mehr in die Dimension eines Staates im Staate hinein, zumal das Konkurrenzunternehmen ausgeschaltet worden war. Bei steigenden Kursen fiel es Law nicht sonderlich schwer, immer neue Aktien seiner Gesellschaft auszugeben und somit seine Finanzkraft immer weiter zu steigern.

Um diese Kapitalerhöhung dem Publikum schmackhaft zu machen und die Kurse auf ihrem Höhenflug zu halten, wurde mächtig die Werbetrommel gerührt. Heute würde man sagen, die Mississippigesellschaft verfügte über einen riesigen Werbeetat und eine hervorragende Public-Relation-Abteilung. Man versprach den Aktionären und potenziellen Siedlern sagenhafte Gewinne. Für diesen gigantischen Schatz gab es angeblich schlüssige Beweise und es wurde sogar eine Prämie für die Entdeckung ausgesetzt. Mit dem Geld der Compagnie finanzierte Law auch eine Flut von Flugblättern und Büchern, in denen die Autoren Louisiana als ein wahres Eldorado anpriesen. In Paris und in der Provinz stellte die Gesellschaft nun immer größere Auswanderertrupps zusammen, die mit der Bergung der reichen Gold- und Silbervorkommen rasch ein Vermögen machen wollten. Diese Franzosen gründeten unter anderem auch Neu-Orleans, das heutige New Orleans.

Law verstand es, dem Spekulationsfeuer immer wieder neue Nahrung zu geben, indem er ständig neue große Geschäfte prospektierte und mit allerlei Tricks die Phantasie der Spekulanten anregte. Im Sommer 1719 hatte die Mississippigesellschaft relativ vorsichtig mit der Aktienausgabe begonnen. Anfangs konnten die neuen Papiere nur schleppend, zu 550 Livre losgeschlagen werden. Dann kam Law auf die geniale Idee, dass junge Aktien nur noch gegen Vorzeigen von vier alten Stücken gekauft werden konnten. Da gleichzeitig die Zukunftsaussichten in Louisiana in den herrlichsten Farben ausgemalt wurden, kaufte das Publikum umgehend zu rasch steigenden Kursen Altaktien, um bei zukünftigen – und sicherlich profitablen – Neuemissionen mit von der Partie sein zu können.

John Laws Kasse war also gut gefüllt. In dieser Situation versprach er dem Regenten, alle leidigen Finanzprobleme des Staates auf einen Schlag zu lösen.

Seine Gesellschaft wollte die gesamte Staatsschuld von 1,5 Milliarden Livre übernehmen. Auf dieses Riesendarlehen der Compagnie de Occident sollte dann die Regierung im Gegenzug jährlich drei Prozent Zinsen zahlen. Die für diese Supertransaktion ausgegebenen 300.000 neuen Aktien wurden der Gesellschaft vom Börsenpublikum aus den Händen gerissen. Für die Papiere mit einem Nennwert von 500 Livre zahlten die begeisterten Käufer im Schnitt 5000 Livre. Das Schneeballsystem hatte damit ansehnliche Ausmaße angenommen.

Börsentrubel in der Rue Quincampoix

Bei der Aktienausgabe sollen sich bereits wilde Szenen abgespielt haben. Angeblich war das Gedränge vor den Schaltern der Mississippigesellschaft so groß, dass oftmals Anleger zu Tode gedrückt wurden. Die eng zusammengedrängte Menge schob die bedauernswerten Opfer dann mit zerbrochenen Gliedern mit sich nach vorne, bis sie schließlich tot am ersehnten Schalter anlangten. Ob diese makabren Geschichten wirklich der Wahrheit entsprechen, lässt sich heute nicht mehr nachprüfen, auf jeden Fall aber muss der Andrang atemberaubend gewesen sein – ebenso wie der Rummel um die Person Laws. Aus den Briefen Liselottes von der Pfalz, die mit dem Regenten Philipp von Orleans verheiratet war, lässt sich der Trubel erahnen: »Der gute Monsieur Law ist vor wenigen Tagen recht krank geworden vor Qual und Verfolgung; man lässt ihm weder tags noch nachts Ruhe, dass er krank drüber geworden. Man kan nicht mehr Verstandt haben, als Monsieur Law hatt. Ich wollte aber nicht ahn seinen Platz sein vor aller Welt gut; denn er ist geplagt wie eine verdampte Seel.«

Die Zudringlichkeit muss groteske Ausmaße angenommen haben. So ließ eine Dame von Stand vor Laws Haus ihre Kutsche umstürzen, um seine Aufmerksamkeit zu erregen und ihn um Aktien anzugehen.

Noch wilder ging es allerdings in der Rue Quincampoix zu, wo sich die Straßenbörse von Paris befand. Aus Paris, der französischen Provinz und aus ganz Europa strömten hier die Spieler, Abenteurer und Geschäftemacher zusammen. Aus Amsterdam waren alle Formen des Termingeschäfts übernommen worden. In seinem Tagebuch schrieb der Marquis de Dangerau: »Der Großhandel in Aktien der Indischen Compagnie findet seit einigen Monaten in der Rue Quincampoix statt; es herrscht dort ein solches Gedränge, dass man etwas Ordnung hineinbringen wollte. Es wurden daher an den Straßenenden Posten aufgestellt; es wurde strengstes Verbot erlassen, sonntags oder an Feiertagen dorthin zu gehen; für die Wochentage will man durch Tamboure oder durch Glockenläuten die neunte Abendstunde verkünden lassen, wo alles sich zurückzuziehen hat.« Aus den Aufzeichnungen geht weiter hervor, dass an dieser Straßenbörse täglich 15 Stunden lang gehandelt wurde.

Doch waren keineswegs alle von der Spekulationswelle erfasst. Es gab durchaus auch Warner und Mahner. So antwortete der Herzog Saint-Simon dem Regenten, als der ihn fragte, warum er keine von Laws Bestechungsaktien annehmen würde: »Seit der Fabel von Midas habe ich noch von niemandem gehört, der alles, was er anfasste, in Gold verwandelte. Ich glaube, dass auch Law diese Kraft nicht besitzt.« Noch geistreicher kleidete der Herzog von Savoyen seine Kritik in die Worte: »Ich bin nicht reich genug, um mich zu ruinieren.« Aber wer von den Spekulanten, die täglich an der Börse neue Höchstkurse sahen, konnte oder wollte es sich leisten, derart abseits zu stehen? Wie schnell damals Vermögen gemacht wurde, demonstriert die Sage von einem Diener, der von seinem Herrn zur Börse geschickt wurde, um dessen Aktien zu verkaufen. Als er in der Rue Quincampoix ankam, notierte das Papier bereits 2000 Livre höher, als der Anleger für die zu veräußernden Aktien überhaupt haben wollte. Der Diener steckte die Differenz von einer halben Million Livre in die eigene Tasche, spekulierte ein wenig weiter und war innerhalb weniger Tage ein reicher Mann.

Noch besser erging es den berufsmäßigen Spekulanten, die teilweise mit halsbrecherischen Mitteln arbeiteten. So waren hohe Spielkredite an der Börse üblich, deren Zinsen bis zu einem Prozent in der Stunde betragen haben sollen. Immerhin, solange die Kurse derart rasant stiegen, konnten solche hohen Zinskosten den Spekulanten nichts anhaben. Es sollte sich bis heute immer wieder zeigen, dass die Börsenspieler auch die horrendsten Zinsen akzeptieren, wenn sie sich von der Börse noch höhere Kursgewinne versprechen. In einem 1885 in Berlin erschienenen Buch eines gewissen Alexi wurde die Erfolgsbilanz eines Spekulanten aus der Rue Quincampoix vorgestellt, der im Laufe des Jahres 1718 Mississippiaktien für insgesamt 17.500 Livre erwarb, die er Ende 1719 für 584.500 Livre verkaufen konnte. Bei einem Gewinn von über 3000 Prozent in gut einem Jahr brauchte man sich über Kreditzinsen von 100 Prozent wirklich keine Gedanken zu machen. Derartig astronomische Gewinne lockten immer neue Börsenspieler an, sodass zeitweise sogar die Straßen nach Paris von neu ankommenden Glücksrittern total verstopft gewesen sein sollen.

Das ganze System schien ausgezeichnet zu funktionieren. Durch die Rückzahlung der Staatsschulden kam das Geld in Bewegung und der Staat schien saniert. Gleichzeitig gab die Banque Royale unter dem Kommando von John Law immer mehr Papiergeld aus. Allein von Juli bis Dezember 1719 wurden 890 Millionen Livre gedruckt und in den Verkehr gebracht. Da man sich in der Eile mit der Gestaltung der neuen Scheine nicht allzu viel Mühe geben konnte, sollen noch einmal 50 Millionen an Fälschungen umgelaufen sein. Kein Wunder, dass bei solch einer Flut von frischem Geld die Kurse der Mississippiaktien stiegen und stiegen, zumal Law alles tat, um die Spekulation weiter anzuheizen. Bald kletterten nicht mehr nur die Börsenkurse, sondern auch die Löhne und Mieten in die Höhe. Die Preise für Luxusgüter aber explodierten förmlich, denn die schnell reich gewordenen Börsenspieler wollten ihren neu errungenen Wohlstand auch genießen. Aufgrund der vielen neuen Kutschen kam es immer häufiger zu einem Verkehrschaos in Paris. Angeblich soll zwischen 1716 und 1720 die Bevölkerung der Seinestadt durch Zuwanderung um ein Drittel gestiegen sein.

Statt der zunächst erwarteten zwölf Prozent Dividende konnte Law im Herbst 1719 einer außerordentlichen Hauptversammlung seiner Aktionäre eine Ausschüttung von 40 Prozent ankündigen. So war es kein Wunder, dass die Kurse zur Jahreswende 1719/20 immer neuen Höchstständen zustrebten. Nun konnte sich auch Law, der in seinem Leben nie die sprichwörtliche Sparsamkeit der Schotten gekannt hatte, den Lebenswandel eines Königs leisten. Allerdings war das damals durchaus nicht so etwas Besonderes, denn viele neureiche Spekulanten warfen mit dem einfach »verdienten« Geld nur so um sich. Einer dieser Börsenspieler soll über 60 Pferde und fast 100 Bedienstete verfügt haben.

Auch wenn es nicht direkt um die Börse und die Mississippiaktien ging, spielte Geld keine Rolle. An der Rue Quincampoix stiegen die Mieten teilweise auf mehr als das Hundertfache. Ein Buckliger stellte seinen Rücken als Schreibunterlage zur Verfügung, erhielt als eine Art Maskottchen dafür reichliche Trinkgelder und zog sich als gemachter Mann zurück. Ein Schuster vermietete Stühle an Damen der Gesellschaft, die sich neugierig das Spektakel anschauen wollten, und wurde ebenfalls reich. Die Reihe solcher Anekdoten ließe sich lange fortsetzen; doch zurück zur Geschichte.

John Law erreichte den Höhepunkt seiner Laufbahn, als die Aktie ihrem

Kursgipfel zustrebte. Das noch gut zwei Jahre zuvor für 500 Livre mühsam untergebrachte Papier wurde nun für 18.000 Livre gehandelt. Andere Quellen wollen sogar von Kursen nahe der 20.000-Livre-Marke wissen. Genau lässt sich das unmöglich feststellen, da es keine offizielle Börsennotierung gab, sondern ein jeder das zahlte, was er an der Rue Quincampoix an Kursen hörte.

Die Superhausse beginnt zu stocken

Parallel zu den Kursen stieg auch das Ansehen Laws, das ohnehin schon äußerst hoch war. Anfang 1720 ließ er sich umtaufen, da man in Frankreich nur als Katholik in höchste Staatsämter gelangen konnte. Die ließen danach auch nicht lange auf sich warten, sodass der Schotte zu einem französischen »Generalkontrolleur der Finanzen« ernannt wurde. Allerdings begann sein Imperium bereits unmerklich zu bröckeln. Das zeigte sich daran, dass Law jetzt eine märchenhafte Dividende von 200 Prozent versprach, deren Zahlung unmöglich seriös finanziert sein konnte. Man hat die Einnahmen der Gesellschaft später auf etwa 90 Millionen Livre pro Jahr geschätzt, wobei teilweise schon die optimistischen Annahmen Laws zugrunde gelegt wurden. Eine Superdividende von 200 Prozent aber hätte 600 Millionen Livre erfordert. John Law, der mittlerweile zum Ehrenmitglied der französischen Akademie der Wissenschaften ernannt worden war, versuchte demnach mit solchen Versprechen verzweifelt, sein System vor dem Zusammenbruch zu retten. Sein schwerstes Geschütz im Kampf gegen den von ihm befürchteten Kurseinbruch und Vertrauensschwund war die Ausgabe immer neuer Banknoten, von denen schließlich Scheine im Gesamtwert von rund drei Milliarden Livre umliefen. Trotz allem begann jedoch der Aufschwung zu stocken, vermutlich weil es den gewitzteren Börsianern langsam klar wurde, dass es mit der Hausse unmöglich im alten Tempo weitergehen konnte.

Nach den modernen Verfahren der Aktienanalyse gemessen, waren die Mississippiaktien außergewöhnlich teuer. Heute bewertet man ein Papier zum Beispiel mit dem so genannten Kurs-Gewinn-Verhältnis. Dabei wird der jeweilige Börsenkurs durch den geschätzten Jahresgewinn pro Aktie dividiert. Ein dadurch erhaltener Wert von zehn bis 14 gilt als normal, bei über 20 muss das untersuchte Papier hingegen schon ganz außergewöhnlich gute Zukunftschancen besitzen. Laws Kolonialgesellschaft aber bewertete man auf dem Höhepunkt des Kursbooms mit dem 130fachen Gewinn pro Aktie. Auch die Rendite von einem Prozent, wobei die Dividende noch nicht einmal wirklich verdient worden war, konnte kaum noch einen Anleger oder Spekulanten beeindrucken. Das einzige Werbeargument für das Papier waren demnach die immer höher steigenden Kurse: Die Hausse nährte die Hausse. In dem Moment, als die ersten Käufer zu zögern begannen und der Kursaufschwung zum Stillstand kam, als all jene, die Geld hatten oder Kredite und willens waren, Aktien zu kaufen, bereits Aktien gekauft hatten, wo es also keine Käufer mehr geben würde und die losgetretene Lawine demnach keine Nahrung mehr finden würde, da musste das ganze Kursgebäude mit lautem Knall zusammenbrechen. Im Januar 1720 war dieser Punkt erreicht.

Anfangs versuchten nur wenige Großanleger, Kasse zu machen. Ein Mitglied des Hochadels stieß seine Papiere an die vielen noch wild kaufenden Mitläufer ab und brauchte drei Wagenladungen, um seinen Gewinn von der Börse mitzunehmen. Etwa zu dieser Zeit kamen auch die ersten enttäuschten Auswanderer aus Louisiana zurück. Sie berichteten, dass das Land jenseits des Atlantiks zwar weiträumig und wohl auch fruchtbar sei, dass aber von Bergen von Gold und Silber keine Rede sein konnte. Die Mississippiaktie begann langsam abzubröckeln. Von 20.000 fiel sie auf 15.000, später auf 12.000 Livre. Bei 9000 Livre versuchte Law, den Kurs zu stützen. Er richtete ein Büro ein, das zu diesem Preis alle angebotenen Papiere ankaufen sollte. Binnen kurzer Zeit boten entnervte Spekulanten diesem Stützungsfonds 100.000 Aktien an, worauf der Ankauf eingestellt werden musste. Mit einem erneuten Werbefeldzug versuchte Law, der Spekulation wieder auf die Beine zu helfen. Er fuhr selbst zur Börse, um dort beruhigende Statements abzugeben, die darauf folgende Erholung aber währte nur kurz.

Genauso kritiklos, wie die Börsianer vorher gekauft hatten, warfen sie nun die Papiere zu jedem Preis auf den Markt. Um der Panik, der Flucht aus den Aktien, Einhalt zu gebieten, verbot die Regierung den Besitz von Gold und Silber. Damit wollte die Regierung verhindern, dass Spekulanten ihre Aktien verkaufen, um den Erlös in wertbeständige Edelmetalle zu tauschen.

Insgeheim wurde trotzdem weiter gehortet, zusätzlich aber warfen sich die Aktienverkäufer nun auf andere Sachwerte wie Grundstücke, Schmuck oder wertvolle Stoffe. Die Preise solcher Anlagen stiegen rasant und schnell wurde klar, dass es viel zu viel von Laws Banknoten der Banque Royale gab, sodass auch die mit in den Abwärtsstrudel gerissen wurden. Daraufhin wollte nie-

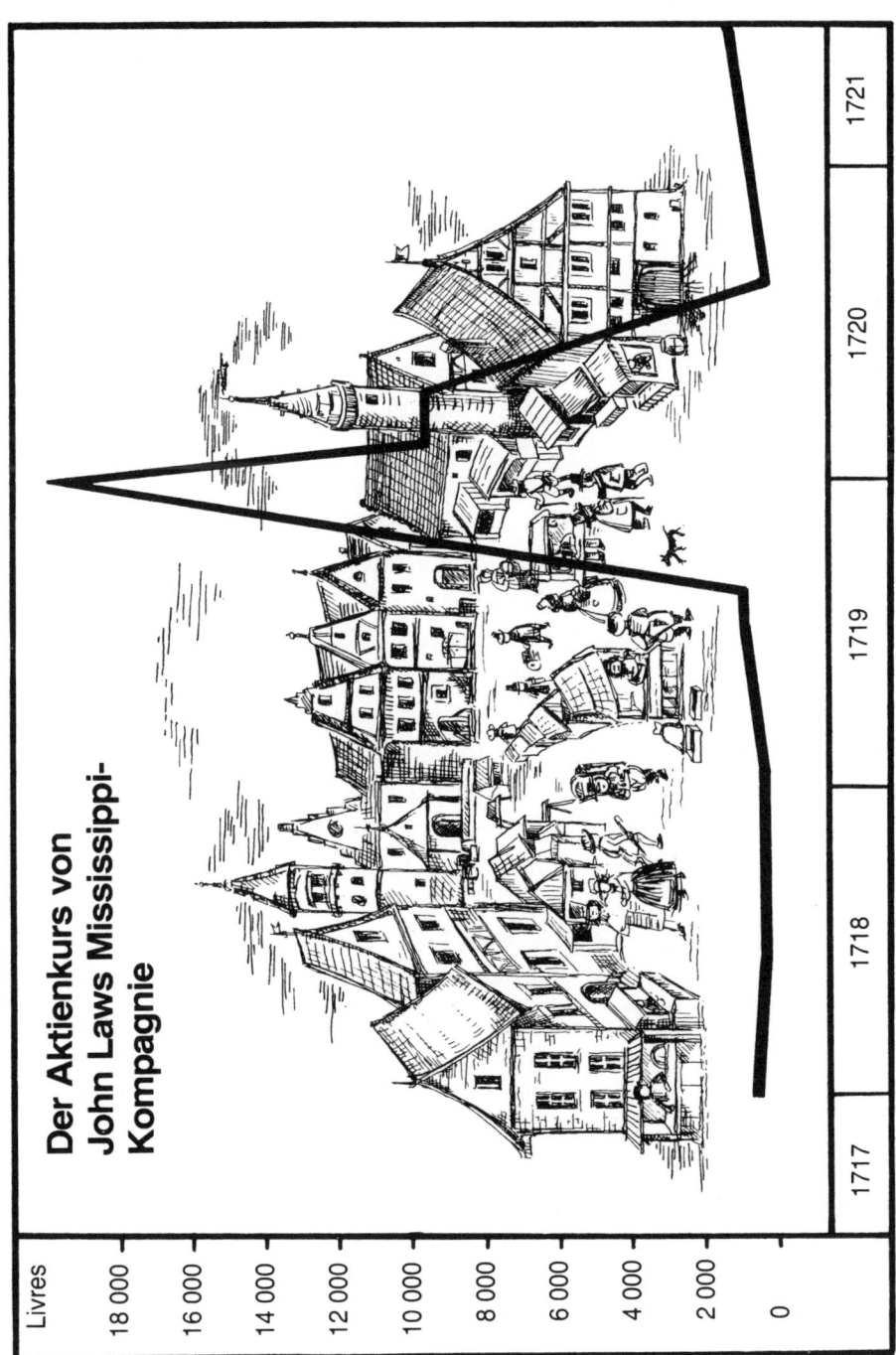

Der Aktienkurs von John Laws Mississippi-Kompagnie

mand mehr Aktien der Mississippigesellschaft und auch nicht mehr das
Papiergeld haben.

Verzweifelt wehrte sich Law mit Erlassen der Regierung: Das Tragen von
Schmuck wurde verboten, der Terminhandel in Aktien untersagt, schießlich
die Börse in der Rue Quincampoix auf Regierungsbeschluss hin geschlossen.
Die Mississippigesellschaft und die Banque Royale fusionierten, doch auch
darin sahen die Spekulanten und Anleger nur mehr eine Verzweiflungstat. Ein
königlicher Erlass verkündete bald darauf, dass der Wert der Mississippiaktie
ganz offiziell in Stufen von 8000 auf 5000 Livre herabgesetzt wurde. Gegenüber dem Höchststand hatte sich das Papier damit fast geviertelt.

Der ganze Volkszorn entlud sich nun über den einstmals gefeierten, nun
verschmähten Schotten John Law. Er musste ins Palais des Regenten flüchten,
um vor der Volksmenge Schutz zu suchen. Schließlich hatte die Gesellschaft
430.000 ihrer gut 600.000 Aktien zurückgekauft, davon alleine 100.000 zum
stolzen Kurs von 9000 Livre aus dem Portefeuilles des Regenten Philipp von
Orleans. Trotzdem war der Niedergang von Laws System unaufhaltsam.
Zwar blieb der Schotte noch das ganze Jahr 1720 Direktor der Mississippigesellschaft, aber das Papiergeld entwertete sich mit rasanter Geschwindigkeit
und die Aktien standen bereits Anfang August 1720 nur noch bei 500 Livre.
Schon einen Monat später zahlte man an der Börse nicht einmal mehr 200,
zeitweise gar nur noch 155 Livre für das Papier.

Man kann daher die Verbitterung der Pariser verstehen, denen Law im
Dezember 1720 nur mit knapper Not entgehen konnte, als ihn eine aufge-
brachte Menge lynchen wollte. Kurz vor Weihnachten verließ er die Seinestadt und entfloh fast mittellos nach Brüssel. Mit fast 2,5 Millionen Livre
1716 in der französischen Hauptstadt angekommen, verließ er sie mit ganzen
800 Livre. Anscheinend vertraute er selbst bis zuletzt seinem System, denn im
Reisegepäck befanden sich auch inzwischen völlig entwertete Banknoten des
von ihm gegründeten Bankinstituts. Mit einem falschen Pass durfte er den
Herrschaftsbereich des Regenten heimlich und unerkannt verlassen, dem er
durch seine Finanztricks einen Schuldenberg von 2,5 Milliarden Livre abgenommen und dem er zu märchenhaften Spekulationsgewinnen für dessen
Privatschatulle verholfen hatte. Etwa vier Jahre lebte Law in London, dann
siedelte er nach Venedig über, wo er sich als Spieler und Spekulant nur mühsam über Wasser halten konnte. Dort starb er 1729 als armer Mann. In Paris
wurde aus Anlass dieser Nachricht die satirische Grabinschrift veröffentlicht:

»Hier ruht der berühmte Schotte, der Rechner ohnegleichen, der mit den Regeln der Algebra Frankreich an den Bettelstab brachte.«

Mit der Flucht Laws Weihnachten 1720 war übrigens das Spekulationsspiel in den Aktien der Mississippigesellschaft noch nicht ganz vorüber. Viele Jahre hofften die Börsianer noch, dass es mit dem Unternehmen schließlich wieder aufwärts gehen würde. Diese Hoffnung schien auch begründet zu sein, denn als die Firma 1723 das Monopol des Tabak- und Kaffeeverkaufs erhielt, waren immerhin Dividenden von 100 Livre ausgeschüttet worden. Der Kurs zog daraufhin stark an und erreichte zeitweise einen Spitzenstand von über 1200 Livre. Der Handel spielte sich nun in der Rue St. Martin ab, wo in sämtlichen Häusern Büros eingerichtet wurden, in denen Geschäfte abgeschlossen werden konnten. Die Gesellschaft befasste sich jetzt auch mit Tätigkeiten wie der Organisation einer Lotterie und der Kurs stieg vorübergehend auf 3000 Livre. Um die wilden Börsenspiele auf der Straße etwas zu kanalisieren, wurde im September 1724 offiziell durch königliches Dekret die Pariser Börse ins Leben gerufen. Formal gilt das als ihre Geburtsstunde.

Die Aktie der Mississippigesellschaft führte noch fast ein halbes Jahrhundert später ein eher ruhiges Leben, bis sie angeblich 1772 in aller Stille aufgelöst wurde. Eine gewisse Erinnerung an den Law'schen Aktienrummel im Jahre 1720 findet sich übrigens auch noch in Goethes Faust Teil II (1. Akt, Szene im Lustgarten), wo es heißt: »Zu wissen sei es jedem, der's begehrt: / Der Zettel hier ist tausend Kronen wert, / Ihm liegt gesichert, als gewisses Pfand, / Unzahl vergrabenen Guts im Kaiserland.« Die Zeitgenossen haben natürlich alles Übel des wilden Aktienspiels dem Schotten Law in die Schuhe geschoben und nicht ihrer Gier nach schnellem und mühelosem Gewinn.

Dass derartige Maßlosigkeit den Spekulanten das finanzielle Genick – und nicht nur ihnen, sondern auch Unbeteiligten – brechen kann, diese Erfahrung mussten die Menschen zur gleichen Zeit auch im Nachbarland England machen.

Großkredite statt Negersklaven

»South Sea Bubble« nannten schon die Zeitgenossen die große Aktienspekulation in England, die etwa zur Zeit von Laws Mississippigesellschaft die Londoner Börse in Aufruhr versetzte. Diese Südsee-Seifenblase war mit dem wilden Börsenspiel in Paris sehr gut zu vergleichen, denn die sonst eher als nüchtern bekannten Engländer stürzten sich mit gleichem Eifer in die Börsenspekulation wie die temperamentvollen Franzosen. Auch hier ging es um die Ablösung drückender Staatsschulden und genau wie Law köderten die Direktoren der Südseegesellschaft das Anlegerpublikum mit dem Traum von fernen Schätzen in den Kolonialgebieten. Der einzige Unterschied bestand darin, dass Law wahrscheinlich an sein System glaubte und Paris als armer Mann verließ, während die Drahtzieher auf der anderen Seite des Ärmelkanals angetreten waren, sich mit dunklen Machenschaften am Vermögen ihrer Mitmenschen zu bereichern.

Die South Sea Company war im Jahre 1711 gegründet worden und sozusagen ein Vorgriff auf die von Law später in Frankreich verwirklichten Ideen. Offensichtlich lagen diese Pläne damals in der Luft, denn Law hatte sich schon früher damit beschäftigt, andererseits dürfte ihn die Gründung in London zu seinen Projekten auch angeregt haben. Auf jeden Fall floss das Gründungskapital der Südseegesellschaft als Kredit an den englischen Staat. Im Gegenzug erhielt die Südseegesellschaft diverse Privilegien für den Handel mit Südamerika. Für den Fernhandel mit diesen Gebieten räumte die englische Regierung dem Unternehmen zusätzlich ein Monopol ein. Dieses Monopol erhielt dadurch vertragliches Gewicht, dass jedes Schiff, welches unberechtigterweise in dieser Region gesichtet wurde, beschlagnahmt werden sollte. Wobei von dem Wert ein Viertel der englischen Krone, ein Viertel dem Denunzianten und die Hälfte der Südseegesellschaft zustanden. Um ihre Rechte auch durchsetzen zu können, durfte sie sogar eigene Truppen unterhalten und Forts oder sonstige Befestigungen anlegen.

Die Gesellschaft kassierte anfangs jedoch nur ihre sechs Prozent Zinsen auf den von der Regierung eingeräumten Kredit. Mit dem äußerst verwickelten Vertragswerk des Friedens von Utrecht erhielten die Engländer auch den so genannten Asiento[3] von Frankreich. In der Generalversammlung vom 2. Juni 1713 erklärte der Präsident Graf Oxford den erfreuten Aktionären, dass die Südseegesellschaft diesen Asiento erworben habe und dass dies der Gesellschaft glänzende Zukunftsaussichten eröffnen würde. Sie erfuhren, dass

---

[3] Asiento ist ein Monopol, das der spanische König vergab, Negersklaven in die südamerikanischen Kolonien zu liefern. Es wurde zuerst von Karl V. 1516 einer Genueser Gesellschaft zuerkannt.

gegen Zahlung eines Viertels der Gewinne an die spanische Krone in Zukunft jährlich 4800 Sklaven in deren südamerikanische Kolonien geliefert werden dürften. Die Regierung in London schenkte der South Sea Company zudem ein paar Schiffe, sodass mit dem Menschenhandel begonnen werden konnte. Der An- und Verkauf von Negersklaven im großen Stil galt damals als lukratives Geschäft. Schon bis zum Jahr 1700 sollen rund zwei Millionen Sklaven von geschäftstüchtigen Portugiesen, Spaniern, Holländern, Franzosen und Engländern über den Atlantik nach Amerika verschifft worden sein. Dabei kam auch das berühmte Dreiecksgeschäft Metallwaren und Textilien nach Afrika, Sklaven von dort nach Amerika und Plantagenprodukte aus der Neuen Welt zurück nach Europa zustande, das den beteiligten Ländern und Firmen erheblichen Gewinn einbrachte.

Die großen Gewinne aus dem Sklavenhandel blieben für die South Sea Company jedoch aus. Die spanische Krone sabotierte nämlich zunächst alle Expeditionen, wo sie nur konnte. Auch war 1717 der Krieg der Spanier gegen europäische Länder dem Handel nicht förderlich. Auch als die spanische Flotte bei Messina von den Engländern vernichtend geschlagen wurde, kam der Sklavenhandel nicht richtig in Schwung. Immer mehr besannen sich die Direktoren der Gesellschaft bei der Suche nach einträglichen Geldquellen auf das schon bei der Gründung begonnene Geschäft mit Krediten an den Staat. Auch im Londoner Regierungsviertel war man solchen Transaktionen keineswegs abgeneigt, zumal seit 1719 aus Paris Nachrichten kamen, wie elegant John Law dort das französische Schuldenproblem löste. Man forderte daher die Südseegesellschaft, die bereits einige kleinere Darlehen gewährt hatte, zu einem größeren Kredit an die Regierung auf.

Zwar trat die Bank von England als starker Konkurrent gegen die Angebote der Gesellschaft an, schließlich aber erhielten die eng mit der Regierung verbundenen Direktoren der South Sea Company doch den Zuschlag. Immerhin hatte die Südseegesellschaft der Regierung ein Darlehen von 7,5 Millionen Pfund zugesichert, um die Konkurrenz der Bank von England auszustechen. Einige Lords des Oberhauses warnten, dass »das Volk vom reellen Handel und fleißiger Betriebsamkeit abgewendet werde«. Doch vergebens, die gebotenen Bestechungsgelder vermochten Zweifler offenbar zu überzeugen. Bei diesen rigiden Methoden hätte deutlich werden müssen, dass gewisse Drahtzieher ihre große Chance witterten und dabei in der Wahl der Mittel nicht zimperlich waren. Im April 1720 konnten die ersten Aktien ausgegeben werden, aus deren Erlös das Darlehen an die Regierung bereitgestellt werden sollte.

Das schlechte Beispiel schreckt nicht

War der Kurs der Südseeaktien schon beim Bekanntwerden der Pläne zur Übernahme der Staatsschulden auf 128 Prozent gestiegen, hatte die Spekulation das Papier mittlerweile auf 300 bis 320 Prozent hochgetrieben. Zu diesem Zeitpunkt fielen in Paris die Aktien von Laws Mississippigesellschaft schon seit über drei Monaten. Da die englische Regierung das spekulative Treiben in Frankreich sehr aufmerksam verfolgt hatte, konnte ihr dieser Umstand eigentlich nicht verborgen geblieben sein. Wie bei einem Blick in die Kristallkugel ließ sich aus den Berichten von Laws Debakel schon für Monate im Voraus die Zukunft des Londoner Spekulationsrummels absehen. Davon wussten die kleinen Spieler der Börse allerdings nichts, und denen, die diese Zusammenhänge erahnten, erklärte man wie immer bei solchen Gelegenheiten, dass sich der Fall hier doch ganz anders verhalten würde. Und wer wirklich Bescheid wusste, der mischte entweder aktiv beim Aktienspiel mit oder wurde durch ein reichlich bemessenes Schweigegeld zufrieden gestellt. Auf diese Weise abgeschottet, konnte das Pariser Schauspiel in London erneut aufgeführt werden.

Auch John Law soll übrigens versucht haben, die Spekulation in London zu verhindern. Ob er nur daran dachte, dass die Aussicht auf große Gewinne in England die Geldgeber von seinem Projekt abziehen würde, oder ob er vielleicht auch für die Mississippigesellschaft lukrative Spekulationsgeschäfte machen wollte, ist nicht klar. Auf jeden Fall kaufte der Schotte in Frankreichs Diensten zu niedrigen Kursen Aktien der Südseegesellschaft im Wert von über 1,5 Millionen Pfund über Mittelsmänner an der Börse auf. Vielleicht wollte er diesen Posten bei hohen Kursen schlagartig verkaufen und so das Konkurrenzunternehmen zum Einsturz bringen. Obwohl er mit seinem Aktienengagement durchaus noch Gewinne einstreichen konnte, musste er die Papiere jedoch vorzeitig verkaufen, als sein eigenes System zerfiel.

Für die Initiatoren der Südseespekulation liefen die Geschäfte hingegen zunächst ungeachtet des Krachs in Paris gut. Schon die erste Emission von Aktien wurde ein voller Erfolg und konnte sogar wegen der großen Nachfrage noch aufgestockt werden. Mit dem Werberummel um die Papiere aber wurden auch die Geschäftemacher und Spekulanten angelockt, die auf eigene Rechnung schachern wollten. Während sich die Drahtzieher der Südseegesellschaft gegenseitig Tausende und Hunderttausende Pfund zuspielten, wollten auch die kleinen Gauner nicht zurückstehen. An der Londoner Börse in Change Alley spielten sich unbeschreibliche Szenen ab. Genau wie vorher in Paris stürzten sich auch hier Tausende von Aktienkäufern in ein wildes Getümmel.

Phantasievolle Gründungsprojekte im England des Jahres 1720

- Pukles Schießmaschine mit Namen »die Schutzwehr« (die Maschine sollte mit runden und eckigen Kugeln schießen und den Krieg revolutionieren)
- Gesellschaft, um Hospitäler für uneheliche Kinder zu bauen
- Gesellschaft zur Verwandlung des Quecksilbers in ein geschmeidiges und feines Metall
- Gesellschaft für die Umwandlung von Salz- in Süßwasser
- Gesellschaft zu einer besseren Art, die Abtritte zu entleeren und zu reinigen
- Gesellschaft zu einem sich ständig bewegenden Rade (Perpetuum mobile)
- Gesellschaft zur Entschädigung der Herren wegen der durch die Bediensteten verursachten Schäden
- Erdkugelscheine (eine Spielkarte, auf der ein Stempel des Weinhauses »Zur Erdkugel« zu sehen war. Diese Scheine sollten das Anrecht auf noch auszugebende Aktien einer Segeltuchfirma sichern)
- Gesellschaft zum Handel mit Menschenhaaren
- Gesellschaft, um die Trümmer, die an den Küsten von Irland gefunden werden, aufzufrischen und zu verwerten
- Gesellschaft zum Fortbringen der Seidenwürmer
- Eine Gesellschaft zur Beschäftigung der Armen
- Gesellschaft zu einer Unternehmung, die erst später bekannt gemacht werden sollte
- Gesellschaft zum Einkauf einer gewissen Anzahl von großen Eselhengsten aus Spanien
- Gesellschaft zum Ankauf verfallener Güter
- Gesellschaft zur Verbesserung des Soldes der Seeleute
- Gesellschaft zur besseren Heilung der venetianischen (venerischen) Krankheiten

Quelle: Max Wirth, Geschichte der Handelskrisen, Frankfurt 1874, Seite 49 ff. (Wirth hat 202 Gründungen in der Spekulationsperiode von 1720 ausgemacht)

Es gab Gründer von Gesellschaften, die in Change Alley nur für einen Tag einen Stand mieteten, um dort neue Aktien zu verkaufen. Schon 24 Stunden später war das eingezahlte Geld verschwunden und die neuen Aktionäre mussten sich ihrerseits einen dummen Käufer suchen.

Schon die Zeitgenossen nannten diese Neugründungen »Bubbles«, also Seifenblasen. Wie Seifenblasen zerplatzten sie denn auch häufig. Trotzdem nahmen die Aktienausgaben kein Ende. Der Krisenforscher Max Wirth hat in seinem 1874 erschienenen Buch »Geschichte der Handelskrisen« über 200 solcher Gründungen aufgezählt. Bereits der Aufgabenbereich dieser Gesellschaften war häufig so utopisch, dass jeder kritische Aktienzeichner schon daraus die betrügerische Absicht hätte erkennen können. Allerdings störte das offenbar niemanden, solange man die an sich wertlosen Aktien spielend an andere Dumme weiterverkaufen konnte. Wie beim Spiel »Schwarzer Peter« war allerdings abzusehen, dass die letzten Käufer das Nachsehen haben würden.

Vorerst war es jedoch noch nicht so weit, denn der große Leitwert, die Aktie der Südseegesellschaft, stieg unaufhörlich. Die zweite Aktienemission konnte bereits zu 400 Prozent untergebracht werden. Anfang Juli 1720, also nur drei Monate später, notierte das Papier schon bei über 800 Prozent. Die Erstkäufer, die die Papiere noch hielten, hatten ihren Einsatz also schon verachtfacht. Auch die anderen Aktien stiegen, aber nicht so stark und so schnell. Die Papiere der Bank von England kletterten von 150 im Januar 1720 auf 260 im Juni. Im Juli wurde eine neue Riesenemission der Südseegesellschaft von fünf Millionen zu 1000 Prozent durchgeführt. Die Stimmung an der Börse war nun bis zum Äußersten angeheizt. Das London Journal hatte kurz zuvor geschrieben: »Das Getümmel unserer Schaumschläger an der Börse ist diese Woche so groß gewesen, dass es alle bisher gekannte Ausmaße übertraf. Es war nur noch ein Rennen von einem Kaffeehaus zum anderen, von einer Taverne zur nächsten, um Aktien zu zeichnen, zu unterschreiben, ohne die Prospekte zu prüfen. Der allgemeine Ruf lautete: Lasst uns um Gottes willen zeichnen und unterschreiben, es ist ja gleichgültig, was! So scheffelten die Hintermänner dieser Seifenblasengesellschaften das Geld.«

Wie leicht das war, zeigen zwei Beispiele besonders dreister Gründungsprospekte. In einem wurde zum Kauf der Aktien einer Gesellschaft aufgerufen, deren Zweck noch geheim gehalten werden sollte. Den Regeln der Zins- und Zinseszinsrechnung hohnsprechend, versprach ein anderes Unternehmen, jedem Aktionär später eine jährliche Rente von 1000 Pfund auf seine

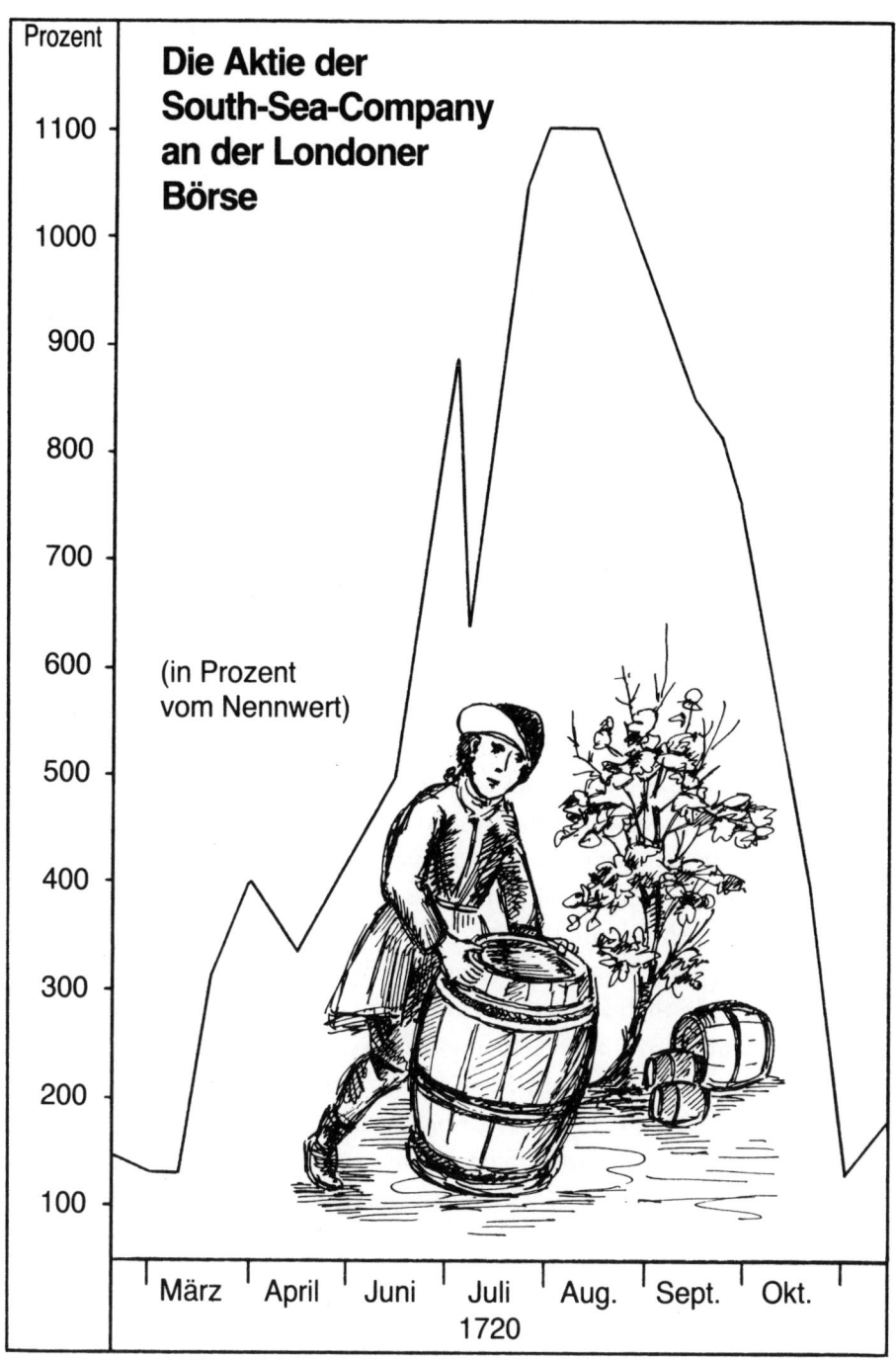

Prozent

1100

1000

900

800

700

600

500

400

300

200

100

**Die Aktie der
South-Sea-Company
an der Londoner
Börse**

(in Prozent
vom Nennwert)

März   April   Juni   Juli   Aug.   Sept.   Okt.

1720

Aktie. Um sich diesen sonnigen Lebensabend zu verschaffen, brauchte man
nur lumpige zwei Pfund pro Aktie einzubezahlen. Innerhalb von wenigen
Stunden sollen über 1000 dieser Papiere verkauft worden sein.

Auf dem Höhepunkt des Gründungsfiebers erreichte der gesamte Kurswert
aller englischen Aktien astronomische Höhen. Nach verschiedenen Quellen soll
er irgendwo zwischen 300 und 500 Millionen Pfund gelegen haben. Um eine
Vorstellung von der Größenordnung dieser Summe zu gewinnen: 500 Millionen
Pfund sollen etwa dem Fünffachen des gesamten in Europa umlaufenden Bar-
geldes entsprochen haben. Der Kurswert war seiner Zeit weit voraus. Es sollte
über ein Jahrhundert dauern, bis die Aktien des damals mächtigsten Industrie-
lands England wieder den Wert von 1720 erreichten sollten.

Ein Ende mit Schrecken

Auch viele führenden Männer Englands steckten offenbar tief im Morast der halt-
losen Spekulationsgeschäfte. So sollte es angeblich ein »Prince of Wales Bubble«
gegeben haben. Danach war der Kronprinz selber Chef einer ungesetzlich gegründeten Gesellschaft und verdiente daran angeblich 40.000 bis 60.000 Pfund.
Sogar der König mischte beim Aktienspiel kräftig mit und seine Minister, die
Parlamentarier und der Hochadel wollten ihm natürlich nicht nachstehen.

Mit glänzenden Nachrichten aus Amerika, als Gerüchte gezielt ausge-
streut, trieb man die Spekulation im Sommer 1720 schließlich auf den Höhepunkt. Die Kurse der Südseeaktien blieben bei einem Kurs von 1100 Prozent
stecken. Möglicherweise sind die Aktien im Handel an der Straßenbörse noch
höher umgesetzt worden, ein Autor spricht sogar von 2000 Prozent. Der Aufschwung hatte deutlich an Kraft verloren. Es fanden sich mit der Zeit immer
mehr Spekulanten, die ihre Gewinne sicherstellen wollten. Besonders die
cleveren Großspekulanten mit ihren guten Beziehungen zur Südseegesellschaft und ihrem Insiderwissen begannen Kasse zu machen.

Außerdem hatten die Drahtzieher des Spekulationsbooms einen schweren
taktischen Fehler begangen. Nicht zuletzt auf ihr Betreiben sollte nämlich das
Parlament ein Gesetz gegen unseriöse Neugründungen verabschieden. Auf
diese Weise wollten die Chefs der Südseegesellschaft die lästige Konkurrenz
um die Kapitalien der Spekulanten loswerden. Tatsächlich hatte die Verord-
nung einen durchschlagenden Erfolg, die »Bubbles« platzten mit lautem

Knall. Viele der beteiligten Aktionäre wurden schlagartig ruiniert. Hatte jedoch die South Sea Company gehofft, dass sich danach das Interesse wieder voll auf ihre Aktien konzentrieren würde, trat genau das Gegenteil ein. Viele Käufer, die vorher ohne nachzudenken alle Papiere bezahlt hatten, begannen sich nun Fragen zu stellen. Wenn zum Beispiel selbst die Welsh Copper Company, die lange Zeit unter der Führung des Kronzprinzen gearbeitet hatte, nun öffentlich angeklagt wurde, konnte dann nicht auch die Südseegesellschaft unseriös sein? Vorsicht war angeraten. Und mit der beginnenden Skepsis rutschte nun auch der Kurs der Aktiengesellschaft, die lange Zeit bei steigenden Preisen so reißenden Absatz gefunden hatte.

Schon einen Monat nach dem Höchststand hatte das Papier rund ein Drittel ihres Wertes eingebüßt. Zwei Monate später war die Südseeaktie gar nur noch ein Zehntel dessen wert, was die Spekulanten noch im Juni dafür geboten hatten. Mancher Börsenspieler, der mit großen Krediten arbeitete, wurde unter dem zusammenstürzenden Aktienkurs begraben. Daraufhin waren viele Kredite ohne Deckung und diverse Banken mussten ihre Zahlungen einstellen und selbst die Bank von England war vorübergehend in Schwierigkeiten.

Ganz nach dem Pariser Vorbild schäumte das geprellte Börsenpublikum vor Wut und forderte die Köpfe der Schuldigen. Ungeheure Schiebungen kamen ans Licht. Ein vom Parlament eingesetzter Untersuchungsausschuss durchleuchtete die Bücher der Südseegesellschaft und stellte dort haarsträubende Zustände fest. So fehlten viele Seiten, Radierungen waren keine Seltenheit und findige Angestellte hatten belastende Dokumente kurzerhand vernichtet. Vieldeutig erklärte ein Sekretär: »Wenn ich alles enthüllen würde, was ich weiß, so müsste es eine Szene geben, dass alle Welt überrascht wäre.«

Wo viele mitschuldig sind, da gibt es ebenso viele, die kein Interesse an einer Aufklärung haben. Dies war wohl der Grund dafür, dass bei den Vernehmungen nicht viel ans Tageslicht kam. Im Parlament saßen schließlich die gleichen Leute, die vorher an den Machenschaften der Südseegesellschaft kräftig verdient hatten, und vielen wird bewusst gewesen sein, dass alles mit den Krediten begonnen hatte, die sie entgegen der Kritik genehmigt hatten. Nicht zu vergessen die Korruption, die bis in die höchsten Kreise reichte und zur Verschwiegenheit beigetragen haben dürfte. Immerhin: Anfang 1721 wurden schließlich die Vermögen von 33 leitenden Direktoren der Gesellschaft beschlagnahmt. Die betrogenen Aktionäre hatten sogar die Hinrichtung dieser Leute gefordert, tatsächlich aber gelang es einigen Beschuldigten sogar, mit allerlei Tricks die Gewinne aus den Manipulationen zu behalten. Auch die Südseegesellschaft war nicht so schlecht gefahren, wie es nach dem gewaltigen Kurssturz zunächst den Anschein hatte. Sie verfügte noch immer über einen großen Teil der englischen Staatsschuldverschreibungen, verfügte also über substanzielles Vermögen. Nach den anschließenden Sanierungsmaßnahmen fristete sie noch gut 100 Jahre ein erfolgloses Leben, bevor sie Mitte des 19. Jahrhunderts ihre Tätigkeit aufgab. Selbst bei diesem letzten Kapitel tat sie es damit Laws Mississippigesellschaft gleich.

Die beiden großen Aktienspekulationen in London und Paris hinterließen bei den Zeitgenossen ein tiefes Unbehagen gegenüber der Börse. So wetterte etwa Daniel Defoe, der 1719 seinen berühmten Abenteuerroman »Robinson Crusoe« veröffentlicht hatte, gegen die Spekulation: »Anfangs bestand der Effektenhandel aus der einfachen und gelegentlichen Übertragung von Aktien, aber durch die Emsigkeit der Börsenmakler, welche das Geschäft in die Hand bekamen, wurde es ein Handel, und zwar einer, der vielleicht mit den größten Intrigen und Listen betrieben wurde, die nur je unter der Maske der Ehrlichkeit zu erscheinen wagten.« Man verglich die Börse in Flugschriften häufig mit einer Lotterie oder einem Spielkasino und Börsenmakler mit Gaunern und Halunken. Selbst ein Diplomat, Lord Chatham, urteilte 1760 wenig diplomatisch über die Börse und ihre Makler: »Die elenden Jobber der Change Alley sind gleich verachtenswert wie die Diebe der Leadenhallstreet. «

Nur wenige Kritiker sahen auch die andere Seite der Medaille. Zwar bedienten sich die Börsenprofis damals Tricks, die sie heute ins Gefängnis bringen würden, aber die Kunden mit ihrer Raffgier waren auch nicht ganz unschuldig am Ruin vieler Spekulanten. Sie setzten Haus und Hof auf Termingeschäfte, bei denen schon der kleinste Kursrückgang das Eigenkapital aufzehren konnte. Im Aktienhandel waren damals Praktiken die Regel, wie sie heute nur bei heißen Warentermingeschäften üblich sind. Etwas ausgewogener urteilte ein gewisser John Houghton, der in der ersten Hälfte des 18. Jahrhunderts in England eine Zeitung für Handel und Landwirtschaft herausgab. In seiner ersten Ausgabe verteidigte er den Aktienhandel, indem er feststellte, dass wohl einige Missstände in diesem Geschäft eingerissen seien, dass man aber nicht die Auswüchse mit dem Börsenhandel gleichsetzen sollte. »Das sei ebenso, als wenn man alle Menschen als Teufel bezeichnen würde, nur weil einige unter ihnen schlecht seien.« Nach dem Debakel mit der Südseegesellschaft wird dieses abgewogene Urteil bei vielen Zeitgenossen allerdings auf wenig fruchtbaren Boden gefallen sein.

VI.

Frankreich »revolutioniert«
sein Geld

»Ist es nicht merkwürdig, dass unter der großen Zahl
talentierter Leute, die auf den Konvent so großen Einfluss
hatten, und unter den Staatsbeamten so wenige waren, die
wirklich etwas von Finanzen verstanden?«

Gabriel Julien Ouvrard, Großspekulant und Financier
über die Revolutionszeit in Frankreich

»Die Menschen lassen sich ein Eingreifen in ihr Vermögen
weit weniger gefallen als ein Eingreifen in die Angelegenheiten
ihrer Person.«

Niccolò Machiavelli (1469–1527). Beziehungsreich im Hinblick
auf die Tatsache, dass die Franzosen eher gegen die Assignaten
als gegen die Guillotine rebellierten

Die Revolution verzehrt nicht nur ihre Kinder, sondern auch ideelle, moralische und finanzielle Werte. Sie trat an, alles anders zu machen, was jedoch nicht bedeutete, auch alles besser machen zu können. Insbesondere gehört zum erfolgreichen Wirtschaften nicht nur der Wille, sondern auch Können. In vielen Fällen ist die Politik nicht halb so gut, wie sie vorgibt zu sein, und so sind es oft gerade die Mängel, die behoben werden sollen, die das Scheitern einläuten. So zumindest war es bei dem Geld der Revolution.

Die Revolution verschafft sich ihr Geld

»Nichts«, schrieb König Ludwig XIV. von Frankreich am 14. Juli 1789 in sein Tagebuch. Dabei hatte an diesem Tag, der noch heute im Nachbarland links des Rheins ausgiebig gefeiert wird, das Volk von Paris die Bastille erstürmt und die Französische Revolution begann. Allzu bedeutsam erschien dieses Ereignis anfangs allerdings wirklich nicht. Die Bastille, damals schon über 400 Jahre alt, diente als Gefängnis für prominente Gegner des Königshauses und missliebige Schriftsteller oder Journalisten und beherbergte bei der Erstürmung ohnehin nur noch ganze sieben Gefangene. Die durften immerhin ihre eigenen Möbel mitbringen, um es sich in den Zellen wohnlich zu machen, und aßen gelegentlich zusammen mit dem Festungskommandanten. Für wie unbedeutend die Regierung dieses Nobelgefängnis hielt, bezeugt auch die Tatsache, dass sie nur von einer Hand voll Soldaten bewacht wurde, von denen viele sogar noch invalide waren. Diese Besatzung zeigte denn auch wenig Lust, sich ernsthaft zur Wehr zu setzen, sodass die »Erstürmung« sich in eher begeisterter und frohsinniger Form vollzog. Hätte man nicht dem Festungskommandanten de Launey im revolutionären Übereifer den Kopf abgeschlagen, wäre der ganze Aufruhr eher mit einem Volksfest zu verwechseln gewesen. Trotzdem wurde dieser »Sturm auf die Bastille« zum Fanal für die Revolution.

Wieso aber begehrte ganz Frankreich gegen den schwachen und an der Jagd viel mehr als an Politik interessierten König auf? Während der gesamten Revolution bis zu seiner Enthauptung im Januar 1793 befand er keines der umwälzenden Ereignisse für wert, in seinem Tagebuch zu notieren. Gründe für den Aufstand des maroden »Ancien Regime« gab es allerdings genug. Da war zunächst einmal die kolossale Misswirtschaft des Staates. Etwa ein Zehntel des gesamten Jahreseinkommens der Nation ging für die Hofhaltung in Versailles drauf. Alleine in den Stallungen des Königs sollen knapp 1500 Personen beschäftigt oder zumindest etatmäßig besoldet worden sein. Die horrenden Ausgaben für Armee und das Beamtenheer fraßen große Löcher in den Haushalt, die nur mit Schulden gestopft werden konnten, doch diese kosteten Zinsen, die weitere Finanzlöcher aufrissen. Woher sollten die benötigten gewaltigen Summen genommen werden?

Da der gesamte Adel, die Geistlichkeit und auch viele andere Würdenträger von Steuern ganz befreit waren, musste der »kleine Mann« kräftig zur Ader gelassen werden. Doch das reichte nicht. Um zu Geld zu kommen, verfiel die Finanzverwaltung auf abenteuerliche Ideen. Gegen hohe einmalige Barzahlungen konnten sich ganze Städte, wie beispielsweise Grenoble und Bordeaux, von Steuern loskaufen. Beamtenposten wurden meistbietend verhökert, sodass für Geschäftemacher aller Art mit guten Beziehungen zum Hofe eine regelrechte Hochkonjunktur herrschte.

Schließlich befand sich das Finanzwesen wegen der immer neuen Kredite jedoch in einer Sackgasse, aus der man mit herkömmlichen Mitteln keinen Ausweg mehr finden konnte. Immerhin hatte die Regierung ihren laufenden Geldbedarf praktisch durch die Verpfändung zukünftiger laufenden Einnahmen gedeckt. Die Einmalzahlungen gaukelten große Einkommen vor, durch die jedoch laufende Einnahmen in der Zukunft ausblieben. Schon alleine dadurch wuchs das Defizit von Jahr zu Jahr. Northcote Parkinson, Managern und Beamten hauptsächlich durch die Parkinson'schen Gesetze von der automatischen Aufblähung großer Bürokratien bekannt, schrieb zur Französischen Revolution: »Die alte Ordnung brach nicht zusammen, weil sie tyrannisch oder grausam, nicht einmal, weil sie überholt war. Sie brach zusammen, weil sie bankrott war.«

In letzter Minute hatte der König den cleveren Finanzminister aus dessen Exil in der Schweiz zurückgeholt. Der Bankier Jacques Necker wollte zur Sanierung der Staatsfinanzen auch den Adel besteuern und seine Rechte beschneiden. So ein Mann war naturgemäß für die herrschenden Kreise untragbar und konnte seine Vorstellungen nicht gegen den Widerstand des Adels umsetzen. Also nahm der Bankrott seinen Lauf. Die vom Adel betriebene Absetzung Neckers war schließlich der Tropfen, der das sprichwörtliche Fass zum Überlaufen brachte und den Anlass für den Volksaufstand und die Erstürmung der Bastille lieferte. In Necker hatte das Bürgertum die letzten

Hoffnungen gesetzt, das System sozusagen von innen heraus zu moder-
nisieren. Es war nämlich nicht das Proletariat, das da den Aufstand probte,
sondern die Bürger rebellierten. Fast die Hälfte aller Abgeordneten in der
1789 zusammengerufenen Volksvertretung, in der die Menschenrechte mit
den Schlagworten »liberté, egalité, fraternité« ausgerufen wurden, entstamm-
ten dem Bürgerstand.

Die Ordnung des alten Systems war in Frankreich 1789 zusammengebrochen, alles schwelgte – mit Ausnahme des entmachteten Adels natürlich – in optimistischen Erwartungen für die Zukunft. Es war einerseits verständlich, dass die Revolutionäre die neue Zeit nicht sogleich mit höheren
Steuern belasten wollten. Andererseits waren die Staatskassen gähnend leer
und gewisse Ausgaben und Schulden mussten beglichen werden, sollte das
Vertrauen in die neue Regierung nicht schweren Schaden nehmen. Damit kam
auch ein Staatsbankrott bei einer bürgerlichen Revolution nicht in Betracht.
So fiel der begehrliche Blick auf den Besitz der vertriebenen Adligen und des
französischen Klerus.

Mit dem Vermögen dieser Gruppe waren alle Finanzprobleme des Revo-
lutionsstaates durch eine einzige große Transaktion zu beheben. Schon über
zwei Jahrzehnte gab es damals in Frankreich ein Papiergeld, die so genannten
Diskontkassenscheine. Diese Scheine wurden durch ein neues Papiergeld
ersetzt, welches mit dem beschlagnahmten Immobilienvermögen besichert
wurde. Die so in die Welt gesetzten ersten Assignaten[4] wurden bis Mitte
1790 ausgegeben. Einem Gesamtbetrag von 400 Millionen Livre standen
Sicherheiten in Form von Grundbesitz gegenüber, die mehr als das Zwan-
zigfache diese Wertes besaßen, sodass die Bürger anfangs zu Recht großes
Vertrauen in diese Scheine hatten. Zudem gab es darauf sogar noch eine
kleine Verzinsung von zunächst fünf und später drei Prozent. Die Assignaten
waren also anfänglich eher Anleihen als Papiergeld. Das änderte sich allerdings schon nach wenigen Monaten. Bereits im September 1790 entfiel bei
allen neuen Scheinen die Verzinsung, die Revolution besaß damit ihr eigenes
Geld.

---

[4] Unter Assignat verstand man bei den Juristen damals die Rentenbelastung eines
Grundstücks.

Der Leidensweg der Assignaten

Doch auch die Revolutionäre vermochten nicht seriös zu wirtschaften. Auch sie gaben schließlich mehr aus, als sie einnahmen, und wagten es nicht, die Fehler zu korrigieren oder der Bevölkerung durch Steuern die Lasten vollständig aufzubürden. Per Gesetz griff man deswegen bald der Revolutionswährung unter die Arme: Es wurde eine Geldannahmepflicht verordnet, um so dem Zahlungsmittel Geltung zu verschaffen. Doch Vertrauen in eine Währung lässt sich auch per Dekret nicht verordnen.

Wer informiert war, der wusste: Die in den revolutionären Tagen viel bewunderten Vereinigten Staaten von Amerika hatten von 1777 bis 1780 bereits eine Papiergeldinflation erlebt. Auch in Frankreich begannen bald die Preise zu steigen.

Im September 1792 erzwang die französische Armee nach der Kanonade von Valmy den Rückzug der Preußen und Österreicher. Tief beeindruckt von dieser Wende schrieb der »Schlachtenbummler« Johann Wolfgang von Goethe: »Von hier und jetzt geht eine neue Epoche der Weltgeschichte aus.« Er wird damit nicht die dunkle Epoche gemeint haben, die nun in Paris begann. Tag für Tag erfüllte dort die Guillotine ihren Zweck. Auch der entschlusslose König war verhaftet worden und hatte erstmals eine Ahnung von seinem bevorstehenden schrecklichen Ende. Während die Revolutionsheere mit dem Lied »Singend öffnet uns der Sieg die Schranken« in Belgien einmarschierten, versank die französische Hauptstadt im Blut der Opfer.

All das aber kostete Unmengen von Geld, denn trotz aller revolutionären Begeisterung wollten die Truppen ausgerüstet, ernährt und besoldet sein. Gleichzeitig nahm die Geldverschwendung wegen der chaotischen Bürokratie und der staatlichen Misswirtschaft kein Ende und die Steuereinnahmen reichten weiterhin nicht aus. Eine 1793 durchgeführte Zwangsanleihe brachte trotz harter Repressalien nur 20 Prozent der erhofften Summe von einer Milliarde ein. Da die Rechnungen bezahlt werden mussten, ließ man die Druckerpressen arbeiten, die immer neue Assignaten ausspuckten. Dieser Geldflut standen jedoch keine produzierten Waren oder Dienstleistungen gegenüber, weswegen zwangsläufig die Preise steigen mussten. Ein Pfund Fleisch, das man unter dem König noch für fünf bis sechs Sous bekommen konnte, kostete bereits 1793 etwa 20 Sous. Wieder antworteten die Revolutionäre mit Gesetzen und Verordnungen. Ein Höchstpreisdekret wurde verabschiedet, das alle Spekulanten bei

Überschreitungen mit harten Strafen bedrohte. Während die Revolution nach außen siegte, wurden die Verhältnisse im Innern immer schlechter.

Da begannen die ärmeren Bevölkerungsschichten zu rumoren. Also wurde eine Höchstpreisverordnung erlassen. Wer aber wollte für wertloses Geld produzieren? Kaum jemand. Deswegen wurden die Waren knapp – auch Lebensmittel. Knappe Waren aber sind begehrte Waren, weswegen der Schwarzhandel seine Chance sah und üppig wucherte. Da sich noch nie eine Regierung freiwillig der Misswirtschaft und praktizierter Unfähigkeit bezichtigte, schob auch die jetzige die Schuld für die immer raschere Geldentwertung den finsteren Machenschaften der Spekulanten und Preistreiber in die Schuhe. Ohne Einsicht aber wurden die Ursachen der Fehlentwicklungen nicht behoben, im Gegenteil, sie konnten sich wuchernd vermehren.

Das alles konnte nicht folgenlos bleiben. Ein Zeitgenosse berichtete in einem Brief über die Zustände in Paris: »Der Handel ist vernichtet.« Die Revolutionäre, die rasche Arbeit der Guillotine vor Augen, sahen offenbar gegen die Inflation nur radikale Mittel. Ein gewisser Herr Buissart schrieb an seinen Freund Robespierre, den damals starken Mann Frankreichs: »Mitten im Überfluss sterben wir vor Hunger. Ich glaube, man muss die kaufmännische Aristokratie umbringen, wie man die des Adels und der Geistlichkeit umgebracht hat.« Aus Lyon schrieb Ende 1793 ein Beobachter: »Hier sind nicht Lebensmittel genug für zwei Tage.« Einige Tage darauf ergänzte er: »Unsere Lage ist, was Lebensmittel angeht, verzweifelt.«

Erstaunt erlebten die Herren des Konvents, wie sämtliches Hartgeld völlig aus dem Verkehr verschwand, wohingegen kaum noch jemand die ehemals hoch gelobten Assignaten haben wollte. Der Metallwert der Münzen wurde offenbar als höher erachtet als der eingeprägte Wert. So hortete man die Münzen, wo immer man ihrer habhaft werden konnte. Deswegen mussten schließlich selbst für Pfennigbeträge wie 50, 25 oder gar zehn Sous Geldscheine gedruckt werden. Die Regierung wollte per Beschluss die Anerkenntnis der Währung erzwingen: Wer die Assignaten nicht zum vollen Wert annehmen wollte, dem drohte die Todesstrafe. Die Guillotine hatte Hochbetrieb. Für den Denunzianten wurde eine Prämie von 100 Livre für jeden Tipp ausgesetzt. Es half jedoch alles nichts, der Überlebenswille der Franzosen siegte über ihre Angst. Schon 1795 sanken die Assignaten auf nur noch ein Zehntel ihres aufgedruckten Wertes. Angeblich sollen bis dahin die Druckerpressen Papiergeld für 7,3 Milliarden Franc ausgespuckt haben. Bereits ein Jahr darauf war der Umlauf auf über 30 Milliarden angeschwollen. Andere Schätzungen lauten sogar auf 45 Milliarden, doch entsprach bereits die niedrigere Annahme dem Fünfzehnfachen der Geldmenge vor der Revolution. Die neuen Machthaber setzten die Misswirtschaft des Königreichs in Finanzdingen also nahtlos fort, nur die Bezeichnung der Währung hatte sich geändert.

Im Jahre 1796 war schließlich das Maß endgültig voll. Die Assignaten waren mittlerweile nur noch etwa ein Prozent ihres Nominalbetrags wert und in der ganzen Bevölkerung verhasst. Am 19. Februar wurden die Druckstöcke unter begeisterten Ovationen der Volksmenge mit Hämmern zertrümmert und alle brennbaren Werkzeuge auf Scheiterhaufen geworfen. Das nach der Auflösung des Konvents an die Macht gekommene Direktorium wollte sich nicht mit der Hypothek der unbeliebten Assignaten belasten.

Auf ein Neues

Lange dauerte die Freude allerdings nicht an, denn auch die neue Regierung hatte kein Geld in den Kassen. Deshalb wurden die Assignaten einfach im Verhältnis von 30 zu eins in so genannte Mandaten umgetauscht. Nicht nur die Bezeichnungen »Assignaten« und »Mandaten« hatten einen ähnlichen Klang, sondern auch das Schicksal des neuen Papiergelds glich dem des alten. Die Mandaten entwerteten sich sogar noch viel schneller als ihre Vorgänger. Das war nicht weiter verwunderlich, denn man hatte sofort 2,4 Milliarden Mandaten in Umlauf gebracht. Bereits am 4. Februar 1797 wurde daher alles Papiergeld für ungültig erklärt. Nur noch einen Monat lang konnten die unglücklichen Besitzer ihre wertlosen Scheine zu einem Prozent des aufgedruckten Wertes bei Zahlungen an öffentlichen Kassen verwenden.

Damit war das Vertrauen in die Finanzpolitik der französischen Regierung auf lange Zeit erschüttert. Erst die nachhaltigen militärischen Erfolge Napoleons, in deren Folge Geld auch die französische Staatskasse füllte, vermochten einen Wandel zu bewirken.

Wie bei den meisten großen gesellschaftlichen Umschichtungen wurden aus dem Zwang der Umstände heraus auch gerade die Missstände wieder aufgegriffen, für deren Abschaffung die Revolutionäre eigentlich angetreten waren. Anfangs hatte man zum Beispiel die von Adel und Klerus beschlagnahmten Güter wirklich an Bürger verkaufen wollen. Man teilte die teilweise

riesigen Ländereien in kleinere Einheiten auf und ließ den Käufern für die Bezahlung über ein Jahrzehnt Zeit. Bald aber brauchte der Revolutionsstaat so
dringend Geld, dass er die Großgüter schnellstens veräußerte. Die Neubesit-
zer mussten dann das Land – oft mit Fremdgeldern finanziert – rasch und
rücksichtslos ausbeuten, damit sich ihr Kauf auszahlte. Wie riskant das Geschäft war, dass zeigte sich bald, als nämlich der Konvent ein ganze Reihe von
Großpächtern verhaftete und unter das Messer der Guillotine schickte. Die
Folge der allgemeinen Unsicherheit war natürlich, dass sich die wirklich
reichen Geschäftsleute lieber zurückhielten und Staatsaufträge nur noch an
Hasardeure vergeben werden konnten, die mit riesigen Krediten, aber auch
mit horrenden Gewinnspannen arbeiteten.

Auch von einer Bevorzugung der kleinen Leute und einer Abschaffung von
Hunger und Armut konnte keine Rede sein. Kaufleute mit Geschick und Einsicht in die Zusammenhänge begannen frühzeitig Goldmünzen zu horten und
konnten später ihre Schulden mit entwertetem Inflationsgeld zurückzahlen.
Sie verdienten also eher noch an der Revolution, während der einfache Bürger
seine Einkünfte in Form von immer wertloseren »Mandaten« bezog. Auch der
Spekulation stand ein weites Betätigungsfeld offen. Clevere Geldleute kauften
auf Kredit Waren auf, wobei sie gleich zweifach gewannen. Auf der einen Seite
stiegen die Preise der knappen Güter und auf der anderen Seite wurde es für sie
von Tag zu Tag einfacher, ihre entwerteten Schulden zu begleichen.

Im Jahre 1797 wollte sich das Direktorium dann doch noch an die Tilgung
der Staatsschulden heranwagen. Wieder einmal reichte es jedoch nur zu einem
Finanztrick. Für zwei Drittel der Darlehen an die Regierung erhielten die
Kreditgeber so genannte Zwei-Drittel-Scheine, die prompt so gut wie nichts
mehr wert waren. Der Rest sollte in ein Schuldenbuch eingetragen und mit
fünf Prozent verzinst werden. Erst ganz langsam besserten sich die finanziellen Verhältnisse etwas, als mit den Siegen des im Auftrag des Direktoriums in
Italien kämpfenden Napoleon wieder einiges Geld in die Kassen kam.

Erstmals begann sich der Krieg für Frankreich zu rentieren. Das Vertrauen
in die Pariser Regierung war jedoch zutiefst erschüttert und dieses Misstrauen
sollte sogar in den glanzvollen Tagen des napoleonischen Kaiserreichs erhalten bleiben. Trotz aller großen Siege waren auch in dieser Epoche nur einige
wenige Großfinanciers wie etwa Gabriel Julien Ouvrard in der Lage, mit
ihrem guten Namen für den Staat die notwendigen Millionen zu borgen.

Das Vertrauen in die Finanzpolitik Frankreichs war für lange Zeit erschüttert.

VII.

Blitzkarriere einer Bankiersfamilie

»Das Haus Rothschild spielt in Frankreich eine größere Rolle als irgendeine fremde Regierung, vielleicht mit Ausnahme der englischen.«

Der österreichische Kanzler Fürst Metternich in einem
Brief an seinen Gesandten in Paris im Jahre 1845

»Der alte Amschel ... ein kleines, mageres, eisgraues Männchen, der Älteste seines Stammes, aber ein armer Mann in seinem Palast, kinderlos, Witwer, betrogen von seinen Leuten ... Der mir gefällt, weil er eben ganz Schacherjude ist und nicht anderes vorstellen will.«

Otto von Bismarck in einem Brief vom 26. Juni 1851 über den
in Frankfurt lebenden Maier Amschel Rothschild

»Das Geld ist der Gott unserer Zeit, und Rothschild ist sein Prophet.«

Heinrich Heine, der in Paris oft und gerne
bei den Rothschilds zu Gast war

»Zur Zeit des Königs David hatten alle Juden nur einen König, jetzt aber haben alle Könige nur einen Juden.«

Wilhelm Hauff, auf die Macht der Familie Rothschild durch ihre
Kredite an diverse europäische Regierungen anspielend

Bei fast allen großen Geldtransaktionen, Anleihen oder Staatskrediten des 18. Jahrhunderts, kurz, immer wenn es um sehr viel Geld ging, spielte der Name einer Familie eine Rolle – der der Rothschilds. Innerhalb weniger Jahrzehnte führte der Weg dieser Gelddynastie aus einem ärmlichen Haus in der Frankfurter Judengasse bis in prachtvolle Palais in Paris und London. Den üppigen Palast in der Pariser Rue Lafitte nannte Heinrich Heine »das Versailles der absoluten Geldherrschaft«. Die Brüder des Maier Amschel Rothschild verdienten ihr Geld anfangs noch als Trödler auf einem Frankfurter Hinterhof, ihr Neffe Nathan hingegen galt bereits als König der Londoner Börse. Da Mitglieder der Familie Rothschild noch in mehreren der folgenden Kapitel eine Rolle spielen werden, soll ihre Millionärskarriere hier kurz erzählt werden. Auch die wohl berühmteste Spekulation der Rothschilds soll natürlich nicht verschwiegen werden: Nach der Niederlage Napoleons bei Waterloo trickste Nathan die ganze Londoner Börse aus.

Es begann in der Judengasse

Im 14. Jahrhundert mussten sich die Juden in Frankfurt in einer Gasse zusammendrängen, die bei Nacht und an Sonn- und Feiertagen nicht verlassen werden durfte. Jährlich wurden nur zwölf Eheschließungen zugelassen, um die Zahl der jüdischen Familien bei etwa 500 zu halten. Für ihr Verbleiben in der Stadt mussten sie an die Bürger eine Art »Schutzgeld« zahlen und die feineren Straßen Frankfurts durften von Juden nicht betreten werden.

In dieser Judengasse ging ein »Handelsjude« seinen eher bescheidenen Geschäften nach. An seinem Haus hatte er, sozusagen als Markenzeichen, ein rotes Schild angebracht. Dieses Markenzeichen färbte mit der Zeit auf die ganze Familie ab und Kunden, aber auch die Nachbarn nannten sie schlicht nur noch die Rothschilds. In diesem bis unter das Dach mit Handelswaren voll gestopften Haus wurde 1743 der kleine Maier Amschel geboren, dem eine atemberaubende Karriere zum Bankier der europäischen Fürstenhäuser bevorstehen sollte. Der Junge kam im väterlichen Geschäft schon früh mit dem kniffligen Wechsel und diversen in Deutschland umlaufenden Münzen in Berührung. Die Numismatik sollte lebenslang sein Hobby bleiben und ihm zudem zu seiner ersten großen Geschäftsbeziehung verhelfen.

Zunächst sah ihn der Vater für eine Laufbahn als Theologe vor und schrieb ihn an der damals berühmten Fürther Talmudschule ein. Nach dem Tod des Vaters wechselte der Jungtheologe Maier Amschel zum Bank- und Handelshaus Oppenheimer in Hannover. Dort lernte er das Geldgeschäft und stieg nach einigen Jahren zum Manager auf. Durch die Geschäfte traf der junge Rothschild dort den General von Estorff, der zufällig auch Münzen sammelte und sich bald glänzend mit dem Hobbynumismatiker Maier Amschel verstand.

Der General erwies sich für den Jungbankier als interessante Bekanntschaft, denn Baron Otto August Estorff verfügte über ausgezeichnete Beziehungen zum Hof des Prinzen Wilhelm von Hessen. Dessen Familie konnte über Geldmangel – im Gegensatz zu anderen Fürstenhäusern – nicht klagen, denn er verkaufte die Landeskinder zu guten Preisen als Söldner ins Ausland. Nach der Fürsprache des Generals durfte Rothschild bei Hofe erscheinen, gab dem Prinzen beim Schach den spielentscheidenden Tipp, plauderte über Münzen und schon war er im Geschäft mit ihm. Der Prinz bemerkte nach der Audienz gegenüber dem General Estorff: »Sie haben mir da wirklich keinen Dummkopf empfohlen.«

Der clevere Maier Amschel ließ sich die Chance nicht entgehen. Er pflegte den Kontakt zum Fürstenhof und gewann mit dem gewonnenen Renommee bald auch andere hochkarätige Kunden für seinen schwunghaften Münzhandel. Bereits im Alter von 26 Jahren hatte er eine für einen Juden in dieser Zeit erstaunliche Karriere hinter sich. An seinem Haus prangte stolz das Schild »M. A. Rothschild – Fürstlich Hessen-Hanauischer Hoffaktor«. Hoffaktoren gab es zwar in reichlicher Menge, für Rothschild aber war der Titel Gold wert, denn er nahm ihm das Image des armen Hinterhofbankiers. Ganz nebenbei brachte ihm seine Karriere auch noch eine hübsche Frau mit stattlicher Mitgift ein, deren Familie von Rothschilds Kontakten zu den höchsten Kreisen sehr beeindruckt war.

Ganz langsam gelang dem zähen Münzhändler in der Judengasse auch der Aufstieg zum Bankier, wobei ihm zu Hilfe kam, dass sein fürstlicher Geschäftspartner inzwischen zu einem der reichsten Herrscher in Europa geworden war. Wie sein Vater verkaufte er Söldner, die er aber zuvor ordentlich ausbildete und gut ausstattete. Für den englischen König, mit dem der Prinz verwandt war, konnten sie dank ihrer Qualitäten in Übersee für Ruhe und Ordnung sorgen. Wie ein Kaufhaus auf seine Schaufensterpuppen, so legte auch der adlige Soldatenhändler auf das Aussehen seiner Truppe höchsten Wert. Selbst für die gefallenen Söldner erhielt er noch ansehnliche Entschädigungen. Im Jahre 1785 starb dann sein Vater und hinterließ dem Prinzen sein Vermögen. In den Kellergewölben der Kasseler Burg lagen Barreserven von oft über einer Million Talern. Einen Teil der Zahlungen für die gemieteten Söldnerheere beließ der zum Landgrafen avancierte Wilhelm gleich in London, wo sie für ihn in Staatsanleihen angelegt wurden. Zudem war Landgraf Wilhelm nicht nur mit dem ganzen europäischen Hochadel verwandt, sondern hatte auch viele Schuldner unter den auf großem Fuß lebenden Fürsten.

Weil aber solche Geldgeschäfte unter Edelleuten nicht gerade standesgemäß waren, zumal wenn es sich um Darlehen handelte, bediente man sich in der Regel gewandter Agenten, die die Transaktionen vorbereiteten und durchführten. Viel hing dabei vom richtigen Umgang mit dem Landgrafen, vor allem aber seinen Beamten ab und Bestechungen und schöne Geschenke waren allgemein üblich. Bald mischte auch der geschickte Rothschild bei diesem Spiel ums große Geld mit. Ihm war damit der Sprung vom kleinen Münzgeschäft zu internationalen Finanztransaktionen gelungen. Das war ein Einstieg, aber die wirklich großen Geschäfte mit dem Kapital des Landgrafen machten immer noch die etablierten Bankiers.

Die Rothschilds werden »sechste Großmacht«

Im Jahre 1789 erstürmte in Paris das Volk die Bastille. Damit begannen für die Fürstenhäuser des ganzen Kontinents unruhige Zeiten (s. Kap. VI im Abschnitt »Die Revolution verschafft sich ihr Geld«). In diesem Zusammenhang musste Landgraf Wilhelm in Kassel einen Aufruf an seine Soldaten zur Kenntnis nehmen, in dem es hieß: »Lasst den Tyrannen und Tiger im Stich, der euer Blut verkauft, um seine Schatzkammer zu füllen.« Es gelang zwar, die französischen Truppen wieder zu vertreiben, doch Wilhelm hatte nun begriffen, dass die neue Ordnung die alte Ordnung bedrohte. Er kämpfte deswegen als preußischer Generalfeldmarschall gegen die neue Ordnung. Das war zu Zeiten, in denen Napoleons Stern über Europa aufzugehen begann, ein riskanter Weg.

Doch auch das sollte sich als Glück für die Rothschilds erweisen, die für den inzwischen zum Kurfürsten aufgerückten Wilhelm einige bedeutende

Anleihen arrangiert und dabei ein beachtliches Vermögen sowie das Vertrauen des adligen Geschäftspartners erworben hatten. Das zahlte sich aus, als Wilhelm vor den siegreichen Armeen Napoleons ins Exil gehen musste. Die Verwaltung seines Riesenvermögens überließ der Exilant zum großen Teil dem wendigen Maier Amschel und dessen Sohn Nathan, der sich mittlerweile im Finanzzentrum London etabliert hatte. Der Kurfürst floh derweil nach Prag, wo ihn ein kurzes Schreiben Napoleons erreichte, in dem lapidar festgestellt wurde: »Das Hessen-Kasselsche Haus hat seit vielen Jahren seine Untertanen in England verkauft und dadurch große Schätze angesammelt. Dieser schmutzige Geist stürzt nun das Haus – es hat aufgehört zu regieren.« Zur gleichen Zeit schwebte in Frankfurt Rothschild in Lebensgefahr, weil er das Barvermögen des abgesetzten Kurfürsten zum Teil in seinem Keller verborgen hatte und die Franzosen eifrig danach fahndeten.

Aber Maier Amschel war zu clever, als dass er so große Kapitalien nutzlos herumliegen ließ. Er fand Mittel und Schleichwege, die Gelder zu seinem Sohn Nathan nach London zu schaffen. Auch sonst liefen die Geschäfte in den Wirren der napoleonischen Kriege für die Familie Rothschild ganz erfolgreich. So konnten die Söhne Maier Amschels nach (dessen Tod und) der Niederlage Napoleons bei Leipzig dem Kurfürsten sein ganzes Vermögen samt Zinsen zurückgeben. Der war hocherfreut, glaubte er doch, sein Riesenkapital zumindest zum Teil verloren zu haben; zudem war er von seinen übrigen Agenten offenbar längst nicht so vorteilhaft bedient worden. Nathan konnte sich rühmen: »Den Betrag verwandte ich so erfolgreich, dass der Kurfürst mir einige Jahre darauf seine sämtlichen Vorräte an Wein und Leinen schenkte.«

Als Dank rührte der Kurfürst an den Fürstenhöfen kräftig die Werbetrommel für seine ehrlichen Bankiers. Genau das war es wohl, worauf die Rothschilds gehofft hatten. Natürlich hätten sie im allgemeinen Durcheinander leicht etwas mehr vom Geld ihres wichtigsten Kunden für sich abzweigen können, aber es ging ihnen offenbar nicht so sehr um schnellen Profit, sondern um den Aufbau langfristiger Geschäftsbeziehungen.

Die Söhne des alten Maier Amschel, der 1812 in Frankfurt aus dem Leben geschieden war, standen nun glänzend da. Noch auf dem Sterbebett hatte ihnen der Vater das Versprechen abgenommen, immer zusammenzuhalten, Geschäfte gemeinsam auszuführen und möglichst innerhalb der Familie zu heiraten. Jeder für sich war bald eine Finanzmacht, aber durch ihre enge

Kooperation beherrschten sie die Börsen Europas. Nathan galt in London als
»König der Börse«, in Paris residierte James in der Rue Lafitte, Karl vertrat die
Familie in Neapel, Salomon agierte in Wien und Amschel hielt in Frankfurt
die Stellung. So war die Szenerie, als Napoleon noch einmal kurz von Elba in
die Weltgeschichte zurückkehrte und seine Armee auf die kleine Ortschaft
Waterloo in Belgien zumarschierte.

Der Coup von Waterloo

Um das Jahr 1800 hatte Nathan Rothschild das Reisefieber gepackt. »Es war
in der Stadt Frankfurt nicht genug Raum für uns alle«, erzählte er Jahre später einmal. Ohne ein Wort Englisch sprechen zu können, ging er nach England, von wo die Rothschilds Waren bezogen. Die englische Industrie war damals die leistungsfähigste in ganz Europa und der wendige Nathan, dessen
Wahlspruch lautete: »Was ein anderer kann, das kann ich auch«, machte bald
ausgezeichnete Geschäfte. 1806 transferierte Vater Maier Amschel das Geld
des Kurfürsten Wilhelm nach London und Nathan wechselte aus der Indus-
triestadt Manchester in die Hauptstadt über. Mit dem Geld des Kurfürsten im
Rücken konnte er sich nun auf bedeutendere Spekulationen einlassen. Als die
Ostindische Kompagnie eine bedeutende Menge Gold verkaufte, griff Nathan
sofort beherzt zu. Zur gleichen Zeit brauchte der Herzog von Wellington, der
von Portugal aus gegen Napoleon kämpfte, dringend Bargeld für seine Truppen. Rothschild brachte das Kunststück fertig, sein Gold im Auftrag der englischen Regierung zu Wellington zu bringen, und erhielt dafür natürlich einen
saftigen Gefahrenzuschlag.

Die guten Beziehungen zur Londoner Regierung sollten sich in den folgenden Jahren noch auszahlen. Vorerst aber stand das Reich der Rothschilds
noch vor einer schweren Belastungsprobe. Mit gut 1000 Mann war Napoleon
von seinem Exil in Elba nach Frankreich übergesetzt und die ihm entgegen-
geschickten Truppen liefen sofort zum Kaiser über. Wie schnell sich die Lage
in Frankreich wandelte, demonstrierten die Überschriften der Zeitung
»Moniteur«. Als Napoleon in Südfrankreich an Land ging, schrieb das Blatt
noch: »Das Ungeheuer hat seine Höhle verlassen.« Wenig später fiel Lyon
kampflos den anrückenden Truppen zu und die Reporter gaben sich schon
etwas vorsichtiger, als sie verkündeten: »Der Tyrann hat Lyon berührt.« Kurz

darauf hieß es in diesem Blatt: »Bonaparte nähert sich mit Riesenschritten, wird aber niemals in Paris einziehen ...« Und schließlich berichtete eine Sonderausgabe: »Seine Majestät hat gestern inmitten Ihrer Getreuen in den Tuillerien Einzug gehalten.« Die Lage schien bedrohlich, zumal die preußischen und englischen Truppen unter üblen Finanzkalamitäten litten. So musste zum Beispiel Blücher Wechsel ausstellen und in Namur weit unter Wert verkaufen. Die Brüder Rothschild, für die nun große Summen auf dem Spiel standen, reagierten blitzschnell. Nathan machte in London Gelder flüssig, Salomon schoss Preußen die nötige Kriegskasse vor. Wie dankbar man dafür in Berlin war, zeigt die Tatsache, dass man den Juden aus dem Frankfurter Ghetto bald darauf zum Preußischen Kommerzienrat ernannte.

Mit Rothschilds Geld konnten Wellington und Blücher in die Schlacht ziehen. Die politische Hochspannung erreichte ihren Höhepunkt, als schließlich die Heere bei der kleinen Ortschaft Waterloo aufeinander prallten. Man schrieb den 18. Juni 1815 und die Chancen für Napoleon standen gar nicht schlecht. Bei Ligny hätte er um ein Haar die Preußen vernichtet, doch im letzten Moment entkam das schwer angeschlagene Heer des alten Haudegen Blücher. Der zur Verfolgung abkommandierte Marschall Grouchy sollte den preußischen Truppen nun den Rest geben. Napoleon selbst griff Wellington an. Stundenlang stürmten die Franzosen über die vom Regen aufgeweichten Felder gegen die englischen Stellungen an. Die besten Regimenter Wellingtons begannen bereits zu weichen, da setzte Napoleon seine Garde ein. Für eine Weile hing das Schicksal der englischen Armee und damit auch der meisten anderen europäischen Fürstenhäuser am seidenen Faden. Da plötzlich, um vier Uhr nachmittags, griffen die Preußen wieder ins Geschehen ein. Sie hatten den verfolgenden Grouchy getäuscht und entschieden nun die Schlacht zugunsten der Allianz.

Während die Garde Napoleons, die sich nicht ergeben wollte, obwohl sie von den Engländern völlig eingeschlossen worden war, zusammengeschossen wurde, saß in London Nathan Rothschild wie auf heißen Kohlen. Er hatte auf die englische Karte gesetzt und nun allerhand zu verlieren. Die Legende schreibt ihm sogar zu, dass er selbst auf einem Hügel der Schlacht beiwohnte und dann noch in der Nacht über den sturmgepeitschten Kanal fuhr. Tatsächlich war die Geschichte wahrscheinlich etwas weniger spektakulär, aber dafür nicht weniger eindrucksvoll. Möglicherweise hatte Nathan den Kapitänen, die öfters den Kanal überquerten, eine stolze Prämie für das Überbringen wichtiger Nachrichten versprochen. Zu einer Zeit, in der Neuigkeiten noch per Boten überbracht wurden, konnten eine schnelle Überfahrt und gute Pferde einen entscheidenden Vorsprung verschaffen. Vielleicht war es auch ein gewisser Mister Rothworth, der eine noch druckfrische Ausgabe der holländischen »Gazette« erwerben konnte, in Ostende ein Schiff bestieg und am nächsten Morgen Nathan die so heiß ersehnte Nachricht überbrachte. In jedem Falle war es schließlich zumindest ein Agent Rothschilds, der das Rennen um die Nachricht vom Ausgang der Schlacht bei Waterloo gewann.

Der war genau der richtige Mann, um aus dieser Information Kapital zu schlagen. Als guter Staatsbürger begab sich Nathan allerdings zuerst ins Londoner Regierungsviertel, wo er viele Stunden vor dem Kurier Wellingtons die Siegesmeldung überbrachte. Man glaubte ihm zwar im Moment nicht so recht, aber später trug ihm dieser Informationsvorsprung bei der Regierung viel Anerkennung und Bewunderung ein. Nun hatte er seine Pflicht als loyaler Engländer erfüllt und konnte sich seinen eigenen Geschäften zuwenden.

Seit Tagen herrschte im Saal der Londoner Börse große Nervosität. Die Luft schwirrte von Gerüchten, jeder Spekulant wusste es besser, aber im Grunde wusste niemand etwas. Die englischen Staatsanleihen, die so genannten Consols, spiegelten diese totale Verwirrung wider, jedermann saß auf dem Sprung, alles zu verkaufen oder ganz groß einzusteigen. Die Furcht der Börsianer hatte sich noch vergrößert, als die erste Niederlage Blüchers bekannt geworden war. Diese Unruhe wurde nun durch den traurigen Anblick verstärkt, den Nathan Rothschild, der »König der Börse«, den ängstlichen Spekulanten bot. Er stand nervös und übernächtigt an der Säule, die sein Stammplatz bei allen Börsenbesuchen war, und begann mit bitterer Miene zu verkaufen. Immer größere Posten von Consols stieß er ab. Sofort glaubten die Börsianer, das Ende sei nahe, ihre bösen Ahnungen schienen sich zu bewahrheiten, auch den abstrusesten Gerüchten wurde plötzlich Glauben geschenkt. Die Verbündeten mussten die Schlacht verloren haben, sonst würde Rothschild nicht verkaufen.

Aus der Unruhe wurde Furcht, aus der Furcht Panik, die ganze Londoner City geriet in Aufruhr. Erst fielen nur die Kurse der Consols, dann stürzten sie und mit ihnen die gesamte Börse. Und Nathan verkaufte weiter, auch seine Agenten warfen riesige Anleihenpakete auf den Markt, selbst die großen Banken gerieten ins Wanken.

Am nächsten Tag wusste jeder vom Sieg bei Waterloo, die Börsenkurse explodierten förmlich und der Andrang der Käufer war enorm. Und Nathan? Er stand an seiner Säule und beobachtete gelassen das Börsengetümmel. Was er am Vortag scheinbar zu jedem Preis losgeschlagen hatte, wurde von seinen Mittelsmännern zugleich wieder aufgekauft und noch große Posten Wertpapiere hinzu. Diese Papiere verkaufte er nun mit Riesengewinnen. Ein geflügeltes Wort aus diesen Tagen besagte: »Die Verbündeten gewannen die Schlacht von Waterloo, in Wahrheit aber gewann Rothschild allein.« Tatsächlich waren die Rothschilds glänzend aus dem Zwischenspiel der Hunderttageherrschaft Napoleons hervorgegangen. Sie hatten lukrative Verbindungen zu Preußen geknüpft, ihr Ruf als Bankiers war ausgezeichnet und Nathan hatte mit seinem Börsencoup von einem Tag auf den anderen etwa eine Million Pfund gewonnen. Das war kein Pappenstiel, wenn man bedenkt, dass der Finanzminister Preußens zur gleichen Zeit eine Zahlung von 200.000 Pfund als »Unterstützung größten Stils« bezeichnete.

Bald nach diesen glücklichen Zeiten mussten die Rothschilds allerdings erkennen, dass auch für sie die Bäume nicht in den Himmel wuchsen. Im Krieg hatte man sie allerorts dringend gebraucht, jetzt aber, nachdem Napoleon sicher auf Sankt Helena verwahrt wurde, regte sich die Konkurrenz wieder. Es bedurfte allen Geschicks der Finanzdynastie, ihre europäische Spitzenstellung zu halten. Wie gut ihnen das gelang, davon wird in den folgenden Kapiteln noch einige Male die Rede sein.

VIII.
Eisenbahnspekulanten unter Dampf

»Die große Schwierigkeit liegt in der Konstruktion der Räder. Da die Räder keine besondere Bewegung haben, so kann auch die Bahn keine Krümmung ertragen … Aus diesem Grund sind nur kaum merkbare Biegungen einer Eisenbahn für Dampfwägen gestattet … Sollte die geringste Unvorsichtigkeit stattfinden und die Maschine etwas schneller in die Biegung kommen, so springt sie entweder heraus oder zerreißt die Bahn, oder zerbricht die Räder, denn einer dieser Gegenstände muss der Dampfkraft weichen.«

Aus einem kritischen Gutachten Baron Ludwig von Pereiras
zum Bau der österreichischen Kaiser-Ferdinand-Nordbahn im Jahre 1836

»Schneller reisen, immer noch schneller. Man setzt die Reisenden bequem in eine Kanone und versendet sie von dort aus so schnell wie Kanonenkugeln nach jeder ihnen beliebigen Richtung. Zweifellos hätte damit die Zivilisation einen großen Fortschritt gemacht. Wir gehen dieser glücklichen Zeit entgegen, die den trennenden Raum besiegt haben wird, aber nicht besiegt haben wird sie die Langeweile, wächst doch dann täglich die Notwendigkeit, die leeren Stunden auszufüllen, die bisher durch das Kommen und Gehen einigermaßen ausgefüllt worden sind.«

Der französische Maler der Romantik Eugène Delacroix 1854
ironisch über das Eisenbahnfieber

»… alle Häuser in der Nähe der Bahn werden in Brand gesteckt, das Getreide reift nicht mehr, die Wiesen verdorren, die Kühe hören auf zu weiden, Hühner werden keine Eier mehr legen, die Vögel in der Luft ersticken, Fuhrleute und Kutscher müssen samt ihren Pferden verhungern, der Luftdruck tötet die Passagiere …«

Aus einem englischen Flugblatt gegen die Eisenbahn

Angesichts der oft auch betrügerischen Machenschaften rund um die Börse rümpften viele Zeitgenossen die Nase über Börsenspekulanten – und waren doch selbst mit von der Partie. Ohne ihre Risikobereitschaft, ohne den Glauben an den Erfolg und damit ohne ihr Geld aber wäre die technische Entwicklung, wäre die wirtschaftliche Revolution nicht halb so schnell abgelaufen, wie sie tatsächlich vonstatten ging. Das wird unter anderem am Siegeszug der Eisenbahn deutlich. Deutlich aber wird auch, was an der Börse geschieht, wenn die Phantasie, der Zukunftsglaube und die Gier der Anleger den tatsächlichen Gegebenheiten weit vorauseilen. Dann kommt nach dem Jubel der Siegesfeier unverhofft der Katzenjammer, die Ernüchterung, dann kommt es zum Krach.

Das Dampfzeitalter beginnt

Bereits im 17. Jahrhundert war die Idee in Gelehrtenkreisen diskutiert worden, irgendwie die Dampfkraft nutzbar zu machen. De Caus, Galilei und Torricelli hatten erste Untersuchungen in dieser Richtung angestellt. Im Jahre 1685 konnte der Hofmechaniker Sir Samuel Morland seinem König in einer Eingabe Hoffnungen machen: »Wenn Wasser von Feuer verdampft wird, erfordert der Dampf mehr Raum, etwa zweitausendmal so viel wie das Wasser zuvor. Eher sprengt der Dampf ein Geschütz, als dass er sich der Gefangenschaft aussetzt. Wird er aber gesteuert, trägt er seine Last friedlich, wie brave Pferde, und kann für den Menschen äußerst nützlich sein ...« Es überrascht die Weitsichtigkeit des Hofmechanikus, denn es wurde zwar in den folgenden Jahren und Jahrzehnten bereits eifrig experimentiert, aber bis zu James Watts bahnbrechender Dampfmaschine sollten noch gut 80 Jahre vergehen. Entgegen der landläufigen Meinung war Watt allerdings nicht der Erfinder dieser keuchenden Ungetüme. Schon 1712 hatte Thomas Newcome eine mit Dampf betriebene Maschine entwickelt, die zur dringend benötigten Entwässerung der Stollen von Bergwerken genutzt wurde. Watt verbesserte nur den Wirkungsgrad dieser Feuermaschinen ganz erheblich. Als 1781 die Vereinigten Kohleminen von Cornwall sieben Newcome-Maschinen durch fünf Watt'sche Dampfmaschinen ersetzten, brauchten die bei gleicher Leistung jährlich nur 6100 Tonnen Kohle gegenüber zuvor 19.000 Tonnen.

1804 wurde dann auch eine Idee in die Tat umgesetzt, die für mehrere Jahrzehnte die ganze Welt in Atem halten sollte und als Grundlage für die größte Spekulation des 19. Jahrhunderts dienen sollte – die Eisenbahngesellschaften. In diesem Jahr zog eine einzylindrische Lokomotive fünf Wagen mit mehreren Dutzend abenteuerlustigen Passagieren über die Gleise einer Kohlenzeche in Wales. 1825 war es dann die »Locomotion No. 1«, die den ersten offiziellen Personenzug der Welt mit mehreren hundert Reisenden zog. Sie hatte bereits zwei Zylinder und fuhr mit einer Geschwindigkeit von 13 Stundenkilometern. Ihr Erbauer war ein gewisser George Stephenson, der jahrelang als der »Papst« der Eisenbahningenieure galt. Das Wichtigste aber war, dass bei den Fahrten der dampfenden »Eisenrösser« nur etwa die Hälfte der Kosten entstanden, die beim Transport mit Pferden anfielen. Dieser Umstand sollte nicht nur die Wirtschaft revolutionieren und Investoren anlocken, sondern ebenso Spekulanten auf den Plan rufen. Von dem Augenblick an, als die ersten Eisenbahnaktien auf dem Markt erschienen, gehörten sie zu den Lieblingen der Börse.

England, die noch jungen USA, Frankreich, Österreich und Deutschland, sie alle hatten ihre wilden Spekulationen in Eisenbahnpapieren. Für uns heute ist ein Bahnhof oder eine Lokomotive fast schon etwas Altmodisches, zumindest aber Altbekanntes, für unsere Vorfahren zu Beginn des 19. Jahrhunderts hingegen war die Eisenbahn etwa so revolutionär wie im 20. Jahrhundert die Raumfahrt. Noch atemberaubender für damalige Verhältnisse aber war das Tempo der Entwicklung. Seit Menschengedenken machte nichts dem Pferd den Ruf als schnellstes Transportmittel streitig und nun plötzlich sollte sich das Verkehrswesen grundlegend ändern. 1825 wurde in England die erste Strecke von Stockton nach Darlington eröffnet, bereits ein Vierteljahrhundert später existierte weltweit ein Streckennetz von fast 40.000 Kilometern, das bis 1880 auf 380.000 Kilometer anwachsen sollte. Schon nach einem Jahrhundert war das Netz so ausgebaut, dass es per saldo bis heute nicht mehr wesentlich verändert werden musste. Ohne das Geld der Spekulanten, ohne die Hoffnung auf reichlichen Gewinn wäre das nicht zu schaffen gewesen.

Die Geschichte der Eisenbahnspekulationen ist so bunt und vielfältig, dass in einigen Abschnitten von den Börsenabenteuern in den einzelnen Ländern berichtet werden soll. Den Auftakt macht das älteste Industrieland, in dem der Eisenbahnbau auch seinen Anfang nahm: das Königreich Großbritannien.

Die Engländer als Eisenbahnpioniere

Als Stephenson die Lokomotive für die erste offizielle Eisenbahnstrecke von Stockton nach Darlington baute, war man keineswegs überall vom Wert dieser Neuerung überzeugt. Der Eisenbahnexperte Nicola Wood erklärte: »Ich bin weit davon entfernt, in der Welt zu verbreiten, dass die lächerlichen Erwartungen oder, besser gesagt, Prophezeiungen der enthusiastischen Spekulanten zur Wirklichkeit werden können und dass wir Dampfwagen mit zwölf, sechzehn oder gar zwanzig Meilen in der Stunde fahren sehen werden. Niemand könnte dem Bau oder dessen allgemeiner Verbesserung mehr schaden als die Verbreitung solchen Unsinns.« Man kann sich die Verwunderung der Öffentlichkeit vorstellen, als dieser »Unsinn« schon wenig später Wirklichkeit wurde. 20 Meilen hatte Wood noch 1825 für reine Utopie gehalten, doch schon vier Jahre später erreichte Stephensons »Rocket« bei einer Wettfahrt mit anderen Lokomotiven die stolze Geschwindigkeit von über 22 Meilen (zirka 36 Kilometer) pro Stunde. Allerdings waren die Züge anfangs noch durch ein Gesetz gehandikapt, das vorschrieb: »50 Schritte vor der Lokomotive hat ein Postillion zu reiten und die Bewohner der Umgebung vor dem herannahenden Zug zu warnen.«

Überraschenderweise verschliefen die großen Herren der Börse und Banken die neue Entwicklung zunächst weitgehend. Bankfirmen wie Baring Brothers und Ricardo, ja selbst der ansonsten äußerst gewitzte Nathan Rothschild konnten sich mit der jungen Eisenbahn nur sehr langsam anfreunden. Es waren eher Geldgeber der zweiten und dritten Garnitur, die rechtzeitig auf den anfahrenden Zug aufsprangen. Allerdings zeigte sich die Regierung in Bezug auf die Eisenbahnen ausgesprochen weitsichtig, was bei den Herrscherhäusern auf dem Kontinent keineswegs der Fall war. Immerhin hatte die Regierung Ihrer Majestät zur wichtigen Verbindung von Liverpool nach Manchester, die im September 1830 eröffnet wurde, eine Anleihe von 100.000 Pfund beigesteuert. Außerdem nahm der Herzog von Wellington, zu dieser Zeit gerade Premierminister, an der Eröffnungsfahrt der neuen Eisenbahnlinie teil. Das festliche Ereignis wurde allerdings von einem Unglück überschattet, als William Huskisson, ein ebenfalls mitfahrender Politiker, durch seine Leichtsinnigkeit von einer Lokomotive erfasst wurde und noch am selben Abend seinen Verletzungen erlag.

Aber auch viel schlimmere Unfälle durch Gleisbrüche und explodierende Kessel konnten den Siegeszug der Eisenbahn nicht mehr aufhalten. Sie war die zukunftsweisende Lösung der Transportprobleme, billiger und schneller als Pferd und Wagen. Sie passte ideal in die beginnende Industrialisierung Englands. In den Dreißigerjahren des 19. Jahrhunderts wurde hier Friedrich List zu seinen Überlegungen für ein deutsches Eisenbahnnetz angeregt. Aber auch in England selbst hatte die Eisenbahn viele Freunde gefunden. Schon im Gründungsboom der Jahre 1824/25 entstanden 20 Eisenbahngesellschaften mit einem Kapital von 13,5 Millionen Pfund Sterling. Man ging dabei allerdings wohl etwas zu übereifrig zu Werke, denn 1825 kam es zu einer heftigen Krise und sogar zu einer ersten Pleitewelle. Allein im Oktober dieses Jahres brachen in deren Folge fünf Provinzbanken in England zusammen, was 70 weitere Bankrotte nach sich zog. Die Zahl der Konkurse stieg von 1231 im Jahre 1824 auf 3301 zwei Jahre danach.

Die Krise zog bald auch das Ausland in Mitleidenschaft, weil damals England die führende Industrienation der Welt war. In seinem Buch »Das Kapital« meinte Karl Marx, dass die Überproduktionskrise von 1825 den Reigen der immer wiederkehrenden und sich ständig verschärfenden Krisen des Kapitalismus eröffnet hätte. Dieser Pessimismus war aus der Sichtweise Marx' verständlich, denn in den Jahrzehnten, die er für seine Konjunkturbeobachtungen heranzog, zeigte sich der Kapitalismus tatsächlich nicht von seiner besten Seite. Boomjahre mit rasch steigenden Preisen und scharfe Krisen mit Massenentlassungen wechselten einander ab.

Das Geschäftsleben glich einem modernen Raubrittertum und die Arbeiter mussten in unbeschreiblichen Verhältnissen leben. Fast jede Schufterei war möglich, wenn es darum ging, die unwissende Bevölkerung auszubeuten. Das ganze 19. Jahrhundert hindurch wurden sagenhafte Schwindelunternehmen ins Leben gerufen, ohne dass die Regierungen irgendwie eingriffen. Ein gewisser MacGregor gab für die angebliche Gründung einer Kolonie mit dem Namen Poyais Anleihen über 200.000 Pfund aus. Um den Schwindel glaubhaft zu machen, überredete er sogar Leichtgläubige, sich nach dieser geplanten Kolonie einschiffen zu lassen. Natürlich sahen die Anleihenkäufer nicht einen Pence von ihrer Investition wieder. Doch auch in der Welt der honorigen Geschäftsleute wehte ein rauer Wind und nicht umsonst nannte man noch Jahrzehnte später ein besonders rücksichtsloses Geschäftsgebaren »Manchestertum«.

Spekulanten haben Hochkonjunktur

Doch in einem solch rauen Klima gediehen auch die Gründer und Spekulanten besonders gut, die die Industrialisierung zäh und unerbittlich vorantrieben. Einer von ihnen war der englische Eisenbahnkönig George Hudson. In Yorkshire geboren, begann er im Alter von 28 Jahren nach einer Tuchhändlerlehre mit einer kleinen Erbschaft seine Karriere als Gründer und Finanzkünstler. Er fand geradezu ideale Verhältnisse vor, denn zwischen 1830 und 1845 wurden mehrere hundert Millionen Pfund in den Eisenbahnbau gesteckt. Allein im Jahre 1846 machten Spekulanten und Anleger 132 Millionen Pfund für Eisenbahnaktien und -obligationen locker. Da ließen sich von einem gewitzten Gründer leicht ein paar Millionen auftreiben, um eine neue Linie zu eröffnen. Hatte Hudson seine Laufbahn mit rund 30.000 Pfund begonnen, belief sich sein Vermögen zwölf Jahre später schon auf das Zehnfache. Möglicherweise war er jedoch auch wesentlich reicher, denn beim Gründerrummel verschwand auch eine ganze Menge Geld in Kanälen, die vor dem Fiskus und der Öffentlichkeit verborgen blieben. Angeblich soll sich Hudson bei der Verschmelzung der Newcastlelinien auf dunklen Wegen gut 10.000 Aktien beschafft haben, woran er über 140.000 Pfund verdient hätte. Ihm wurden auch noch diverse andere Unsauberkeiten zur Last gelegt, aber mit solchen Kleinigkeiten ging man damals nicht sonderlich penibel um. Der Eisenbahnkönig durfte sich sogar im Parlament rechtfertigen und an eine strafrechtliche Verfolgung dachte kaum jemand.

England war viel zu sehr mit dem Eisenbahnfieber beschäftigt, als dass es sich um einige tausend Pfund kümmerte. An der Börse ging es immerhin um Zigmillionen. An einem einzigen Tag, dem 16. Juli 1845, wurden 65 Eisenbahngesellschaften mit einem Kapital von über 13 Millionen Pfund und 600 Meilen Streckenlänge konzessioniert. Es entstand ein Engpass an Druckern und Lithografen, weil so viele Aktien und Anleihenzertifikate neu gestaltet und gedruckt werden mussten. Eine Druckerei ließ 400 hoch qualifizierte Angestellte in Belgien anwerben, die in der Nacht an ihren Arbeitsplätzen schliefen, um der gewaltigen Nachfrage Herr werden zu können. 1847 hatte sich der Zinsfuß der Bank von England bereits auf zeitweise über sieben Prozent verdoppelt, weil die Spekulationen und Neugründungen große Geldmengen benötigten und dadurch den Preis für Geld, die Zinsen, in die Höhe trieben. Da 1845 eine Missernte die Preise in die Höhe trieb, hatten sich Spekulanten nicht nur in Eisenbahnpapieren, sondern auch in Getreide engagiert.

Bald jedoch war der Bogen überspannt und es folgte die schwere Krise von 1847. In seinem 1874 erschienenen Buch »Geschichte der Handelskrisen« beschrieb Max Wirth dieses Debakel folgendermaßen: »Auch Privatleute, welche mit dem Handel in keiner direkten Verbindung standen, mussten ihre Zahlungen einstellen, wie zum Beispiel ein Graf mit 600.000 Pfund suspendierte und den Gläubigern seine sämtlichen Güter gegen eine Jahresrente von 500 Pfund abtrat. Selbstmorde wurden verübt und wohlhabende Familien kamen ins Armenhaus.« Die Krise griff auf ganz Europa über. Ähnlich wie man im 19. Jahrhundert oft sagte: »Wenn Amerika hustet, bekommt Europa die Grippe«, galt dies im 19. Jahrhundert für England. Alleine in Hamburg gab es im Gefolge der zusammengebrochenen Spekulationen 128 Konkurse. An der Londoner Börse erwischte es die Eisenbahnpapiere besonders hart, die Kurse fielen im Schnitt um über ein Viertel und viele Neugründungen überlebten nicht einmal ihr erstes Jahr.

Schon ein Jahrzehnt später war die nächste große Krise fällig. Marx und Engels, die aufgrund ihrer Theorien besonders aufmerksame Beobachter der Zusammenbrüche waren, berichteten eifrig über alle Zusammenbrüche des ihnen verhassten Kapitalismus. Im Jahre 1857 schrieb Engels in einem Brief: »Bei dieser Krise ist die Überproduktion so allgemein gewesen wie noch nie, sie ist auch in den Kolonialwaren unleugbar und ebenso im Korn. Das ist das Famose und muss kolossale Folgen haben.« Ganz so »famos« werden die Arbeiter die »kolossalen Folgen« nicht gefunden haben, denn sie traf jede Krise besonders hart. In einem zeitgenössischen Bericht ist davon die Rede, dass 1862 von den in Lancashire und Cheshire wohnenden Baumwollarbeitern elf Prozent voll, 38 Prozent teilweise beschäftigt und 51 Prozent arbeitslos waren. Viel besser ging es allerdings dem großen Wirtschaftsdenker Marx auch nicht, in einem Brief an Freund Engels beschrieb er die Lage: »Hier im Haus sieht es düsterer und trostloser aus denn je. Da meine Frau noch nicht einmal den Kindern ein Weihnachtsfest bereiten kann, stattdessen von allen Seiten mit Mahnzetteln gehudelt ist und nach der Stadt in die Pfandhäuser laufen muss, ist die Stimmung außerordentlich düster.«

Trotz aller Krisen, schon 1866 war die nächste fällig, wurden ständig riesige Summen in den Eisenbahnbau gesteckt. Alleine von 1861 bis 1865 flossen fast 1,9 Milliarden Pfund in die Errichtung neuer Strecken. Was das für eine gewaltige Summe war, lässt sich an der Tatsache ermessen, dass zum Beispiel der Krimkrieg England »nur« 69,3 Millionen Pfund kostete. Ganz langsam aber wurden die Aktien der Eisenbahnen von einer Spekulation zu einer soliden Anlage. Dabei lag die einfache, aber bis zur Erfindung des Autos und Flugzeugs durchaus richtige Überlegung zugrunde, dass man zur Reise oder zum Transport über weite Strecken schließlich immer die Eisenbahn benutzen musste. Den Verdienst, die kostspieligen Streckennetze ermöglicht zu haben, konnten sich jedoch eindeutig die Spekulanten zurechnen. Schon 1880 hatten die Eisenbahnlinien in England eine Länge von zusammen fast 30.000 Kilometern. Dieses dichte Verkehrsnetz ermöglichte erst die Industrialisierung im großen Maßstab. Mögen die Methoden beim Aufbau des Eisenbahnwesens auch rau gewesen sein, die Spekulanten hinterließen ein Werk, das auch nach heutigen Maßstäben eine gewaltige Kraftanstrengung darstellt.

Die Rothschilds entdecken die Eisenbahn

Das Haus Rothschild hatte das Gewinnpotenzial im Zusammenhang mit dem neuen Verkehrsmittel schlicht verschlafen. Nathan – in London – war der neuen Erfindung gegenüber zu lange skeptisch gewesen. Als er die finanziellen Chancen richtig erkannte, war es bereits zu spät. Doch der kluge Bankier hielt nicht an seinen anfänglichen Vorurteilen fest. Hatte der Einstieg in England nicht geklappt, wozu saßen nun seine Brüder in Paris und Wien? Besonders beeindruckt von den Berichten Nathans zeigte sich der österreichische Zweig des Rothschildclans. Salomon – in Wien – waren diese Gedankengänge nicht neu. Ein gewisser Franz Xaver Riepel, seines Zeichens Professor und Fachmann im Montanwesen, hatte ihm bereits den Plan einer sehr lukrativen Eisenbahnverbindung vorgelegt. Prompt war dieser fähige Kopf von Rothschild nach England in Marsch gesetzt worden, um dort das Eisenbahnwesen näher zu studieren und seine Vorschläge konkretisieren zu können. 1832 übernahm Salomon zunächst einmal die missglückte Unternehmung einer Pferde-Eisenbahn. Die hatte ein Ingenieur Zola bauen wollen, übrigens der Vater des berühmten Emile Zola. Im Jahre 1835 schließlich wurde die ganze Sache konkreter, als der mächtige Fürst Metternich seine Unterstützung zugesagt hatte. »Das ehrfurchtsvoll und unterthänigst unterzeichnete Wechselhaus« des Salomon Rothschild fragte beim österreichischen Kaiser um eine Konzession nach.

Die öffentliche Meinung in Wien war dem Projekt gegenüber alles andere als positiv eingestellt. Angeblich sollten die Atemwege des Menschen eine Geschwindigkeit von fünf Meilen in der Stunde unmöglich aushalten können. Nach den Ausführungen der »Fachleute« sollte Reisenden das Blut aus Nase, Mund und Ohren austreten. In einem Tunnel würden alle Mitfahrer unweigerlich ersticken und sogar die Zuschauer könnten bei der rasenden Geschwindigkeit der Lokomotiven wahnsinnig werden. Im Grunde disqualifizierten sich die so genannten Fachleute mit diesem Unsinn selber, denn in England fuhren ja längst Züge mit wesentlich höheren Geschwindigkeiten, aber dennoch stellte diese eifrige Gegenpropaganda ein ernst zu nehmendes Hindernis für den Rothschild-Plan dar. Glücklicherweise konnte es sich ein fast allmächtiger Kanzler Metternich damals leisten, die öffentliche Meinung auch einmal zu ignorieren. Ein Gutachten wurde angefertigt und schon am 4. März 1836 stellte man Rothschild die Privilegiumsurkunde aus. Der schickte Professor Riepel noch einmal nach England, damit der dort seine Kenntnisse auf den letzten Stand bringen konnte, dann begann Salomon mit der Finanzierung der neuen Bahnlinie.

Zwei Drittel der 12.000 Aktien übernahm Rothschild selbst, der Rest wurde vom Börsenpublikum siebenfach überzeichnet. Offensichtlich gab es also doch nicht nur Kritiker des Projekts. Der Erfolg war so groß, dass auch sofort der erste Konkurrent zur Tat schritt und ebenfalls eine Konzession beantragte. Mit einem Trick hatte Salomon allerdings bald wieder die Nase vorn, denn er kam um die Erlaubnis nach, der neuen Linie den Namen Kaiser-Ferdinand-Nordbahn geben zu dürfen. Dank der tatkräftigen Mithilfe Metternichs wurde dieses Ansinnen auch wohlwollend beschieden, womit das Projekt sozusagen offiziell abgesegnet war. Nachdem die Zeitungen noch kurz zuvor orakelt hatten, dass die weiblichen Fahrgäste der sexuellen Raserei verfallen würden, wagte bald kaum noch jemand, gegen die mit dem Namen des Landesherrn gezierte Bahn vorzugehen. Die Kritik, vom Konkurrenten Freiherr Sina heimlich finanziell unterstützt, setzte nun bei technischen Fragen an. Angeblich hatte man sich in den Berechnungen geirrt und die Rentabilität des Projekts wurde in Zweifel gezogen.

Ein Gutachten folgte dem anderen, am Ende aber entschied eine eindrucksvolle Demonstration Rothschilds auf der Generalversammlung der Aktionäre die ganze Angelegenheit. Er bot ihnen an, alle Aktien wieder selbst zu übernehmen und die angefallenen Spesen allein zu tragen. Von 83 stimmberechtigten Aktionären erklärten sich daraufhin 76 für den Bau der Bahn. Damit konnte der Kaiser-Ferdinand-Nordbahn endgültig grünes Licht gegeben werden. 1839 war ein Teilabschnitt der Bahnlinie fertiggestellt. Bei der ersten Fahrt auf der Strecke von Wien nach Brünn kannte der Jubel keine Grenzen, aber schon die Rückfahrt brachte einen Zusammenstoß und damit das erste Eisenbahnunglück auf dem Kontinent. Erst 1858 wurde der Bau vollständig abgeschlossen, aber bereits 1845 stand die Aktie bei 228 Gulden, während man noch 1842 nicht einmal 100 Gulden für das Papier bezahlen musste.

Rothschild baut ein Spielzeug für die Pariser

Nathan riet den Rothschilds nach den ersten Erfolgen der englischen Bahnlinien dringend dazu, sich intensiv im Eisenbahngeschäft zu engagierten. Neben dem Wiener Haus schaltete sich vor allem James Rothschild in Paris in das Geschäft ein. Auch dort hatte es anfangs eine große Abneigung der Öffentlichkeit gegen die »fauchenden Ungeheuer« gegeben. Neben den schon aus England und Österreich bekannten Schauermärchen wurde etwa vermutet, dass »das Feuer der Lokomotiven Wälder und Saaten in Brand setzen werde«. Zudem argwöhnte man, dass Viehherden rasend gemacht und die an die Bahn angrenzenden Häuser vom Lärm unbewohnbar würden.

Zur Eingabe der Rothschilds für eine Eisenbahnkonzession meinte der Regierungschef Adolphe Thiers 1835 nur: »Man muss dies den Parisern wie ein Spielzeug geben, aber das wird niemals einen Reisenden oder ein Gepäckstück transportieren.« Eine Teststrecke von Paris nach Saint Germain erwies sich jedoch bald als so erfolgreich, dass für die Strecke nach Versailles bereits ein Konkurrent auftrat, Achilles Fould, der spätere Finanzminister und Partner Pereires. Noch aber baute ebendieser Emile Pereire im Auftrag der Rothschilds die Strecke am rechten Seineufer. Auf dem linken Ufer aber entstand Foulds Konkurrenzbahn. Aus diesem Wettbewerb um eine Eisenbahnverbindung sollte später der erbitterte Kampf um die finanzielle Vorherrschaft in Frankreich werden, der zwischen dem Credit Mobilier und dem Haus Rothschild entbrannte.

Vorerst aber behielt James Rothschild im Eisenbahngeschäft die Nase vorn, denn es gelang ihm, die Regierung von dem Plan abzubringen, selbst eine Nordbahn zu bauen. Dazu war es nötig, entsprechende »Überzeugungs-arbeit« zu leisten: Von den bald darauf ausgegebenen 300.000 Aktien zu 500 Franc wurden alleine 15.000 für die Mitglieder der beiden Kammern be-reitgestellt. Auch die Presse bedachte man reichlich. Je nach Bedeutung er-hielten die Redakteure zwischen 70 und 150 Aktien und nur eine einzige Zeitung soll eine »großherzige Spende« dieser Art zurückgewiesen haben. Schließlich konnte James Rothschild das Mammutprojekt in eigener Regie durchführen. Am 21. Juli 1845 konnte dann die neue Bahn in Betrieb genom-men werden und jahrzehntelang gehörte die »Chemins de Fer du Nord« zu den wertvollsten Besitzungen im weitläufigen Rothschildimperium.

Die französischen Bahnen waren es auch, die zum ersten Mal den militä-rischen Wert der neuen Eisenbahnlinien schlagartig vor Augen führten. Im Jahre 1859 reisten die Truppen Napoleons III. bequem und schnell auf der Eisenbahn nach Norditalien, wo sie die Österreicher in den Schlachten von Magenta und Solferino schlagen konnten. Solche Erfahrungen waren es, die wenige Jahre später Graf von Moltke sagen ließen: »Unser Generalstab ist so sehr von der Initiative bei Beginn des Krieges überzeugt, dass er den Bau von Eisenbahnen der Anlage von Festungen vorzieht.« Ähnliche Überlegungen gab es überall in Europa, sodass die Bahnlinien nun nicht mehr alleine eine wirtschaftliche, sondern immer stärker auch eine strategische Angelegenheit waren.

Ein Konkurrent tritt auf

Die Rothschilds spielten noch einmal bei einer heißen Eisenbahnspekulation in Österreich eine wichtige Rolle. Im Jahre 1853 war in Paris von einem Jour-nalisten namens Emile Pereire eine »Volksbank« gegründet worden. Dieser Credit Mobilier entsprang einer Mischung von Sozialromantik und eiskaltem Geschäftssinn. Man gab 120.000 Aktien au,s und zwar mit einem Nennwert von 500 Franc, sodass sich auch die kleinen Leute beteiligen konnten. Bereits in der ersten Woche sprangen die neu an der Börse eingeführten Papiere von 500 auf 1600 Franc. Eine bessere Reklame konnte es für den Credit Mobilier kaum geben und das Geld der Sparer strömte dem neuen Institut nur so zu. Mit guten Verbindungen zu Kaiser Napoleon III. und ausgezeichneten Kon-takten zum Finanzminister im Rücken konnte es sich Pereire sogar leisten,

den mächtigen Rothschilds Paroli zu bieten. Auf politischem, gesellschaft-
lichem und finanziellem Parkett zog Pereire gegen die Bankiersfamilie zu
Felde. Einige Anleihen hatte er den Rothschilds schon vor der Nase weg-
geschnappt, nun sollte in Wien ein neuer großer Schlag folgen.

Österreich befand sich wieder einmal in argen Finanzkalamitäten und man
war daher in Wien auf eine einfache, aber millionenschwere Idee verfallen.
Außer den beiden Bahnlinien von Rothschild und seinem alten Widersacher,
des Freiherrn Sina, befanden sich alle Strecken im Staatsbesitz. Dieses Eisenbahnnetz sollte nun privatisiert werden. Fast automatisch waren natürlich die
finanzkräftigen Rothschilds Anwärter auf diesen fetten Happen, jedoch fand
sich diesmal eine starke Konkurrenz zusammen. Der Credit Mobilier wollte
dem Bankhaus Sina unter die Arme greifen und dadurch die Kontrolle über
die österreichischen Bahnen erlangen. Der Zeitpunkt für einen Angriff auf die
Finanzmacht Nummer ein war ideal gewählt. Der alte Rothschild-Freund
Metternich verfügte in Wien nicht mehr über die Macht, der Bahnkonkurrent
Salomon war inzwischen fast 80 Jahre alt und führte die Wiener Geschäfte
zum Teil von Paris aus und schließlich konnte sich der Credit Mobilier auf
reichlich fließende Finanzquellen und politische Prominenz aus höchsten
Kreisen stützen. Nach einigen Gefechten hinter den Kulissen brachten Pereire
und Sina das Riesengeschäft zum Abschluss und die Rothschilds waren für
den Moment ausgebootet.

Im Jahre 1855 befand sich Emile Pereire auf dem Höhepunkt seiner Macht.
Er hatte die Rothschilds in Frankreich stark zurückgedrängt, kontrollierte
einige österreichische Bahnen, hatte Konzessionen für den Bau von Eisenbahnlinien in Russland erworben und sein Credit Mobilier verteilte eine Dividende von stolzen 47 Prozent. Auf der anderen Seite waren hintereinander
gleich drei der Rothschildbrüder gestorben. Zuerst starb Carl in Neapel, dann
schieden Salomon und schließlich Amschel, der Chef des Frankfurter Hauses,
aus dem Leben. Völlig überraschend ging jedoch jetzt der Rothschildclan zum
Angriff über. In Wien wurde mit der Creditanstalt ein Gegenstück zum Credit
Mobilier gegründet und die Bankiersfamilie erwarb eine Eisenbahn in Italien
sowie die Konzession für eine neue österreichische Bahnlinie. Gleichzeitig
wurde der Kampf gegen Pereire auch an die Börse getragen.

Zugleich hatte Pereire aufs falsche Pferd gesetzt. Er spekulierte auf den Erfolg des französischen Abenteurers in Mexiko und den Sieg der Österreicher
über Preußen, indem sein Institut massiv in mexikanischen und österreichi-

schen Anleihen engagiert war. Als im Juli 1866 die Schlacht von Königgrätz durch Österreich verloren war, fielen mit den österreichischen Obligationen auch die Kurse der Credit Mobilier. Im Dezember 1866 standen deren Aktienkurse nur mehr bei 600 Franc. Einige Monate später musste dann das Institut überraschend einen Verlust von acht Millionen Franc bekannt geben und das Papier rutschte auf 350 ab. Kurz zuvor war der wichtigste Partner Pereires, der Finanzminister Achilles Fould, endgültig zurückgetreten. Er war es gewesen, der die enge Verbindung zu Napoleon III. hergestellt hatte, und als nun auch der Kaiser wieder ins Lager der Rothschilds überschwenkte und sich von Pereire abwandte, war das Schicksal des Credit Mobilier praktisch besiegelt.

Eine mexikanische Notabelnversammlung hatte am 10. Juli 1863 beschlossen, Maximilian die Kaiserkrone anzutragen. Maximilian nahm an. Pereire setzte auch auf den Erfolg dieses mexikanischen Abenteurers Ferdinand Joseph Maximilian. Die Karten schienen günstig verteilt. Napoleon III. nämlich war durch den Vertrag von Miramare verpflichtet, Maximilian mit seinen Truppen von 25.000 Mann zu schützen. Damit hätte Maximilian seine Position erst festigen und später ausbauen können – zum Vorteil auch von Pereire und seinen finanziellen Interessen. Doch auf Drängen der USA brach Napoleon III. den Vertrag von Miramare und zog seine Truppen ab. Den Truppen seiner Gegner, der republikanischen Partei unter Präsident Juarez konnte Maximilian so nicht standhalten und gelang nach Verrat durch Oberst Lopez in Gefangenschaft. Infolge eines Kriegsgerichtsurteils wurde Maximilian am 19. Juni 1887 erschossen. Damit war auch die Spekulation Pereires nicht aufgegangen. Statt einen Gewinn zu erzielen, musste er nun hohe Verluste verkraften. Bereits im Oktober 1867 waren die Aktien des einst so mächtigen Bankhauses Credit Mobilier auf nur noch 140 zusammengebrochen.

Die Schwäche der Credt Mobilier stärkte die Rothschilds. Auch schon in den Jahren zuvor hatten sie gegen die kräftige Konkurrenz von Pereire ihren Eisenbahnbesitz in Österreich noch erheblich ausweiten können. Ein Konsortium aus den Pariser, Londoner und Wiener Rothschilds kaufte die mit Staatsgeldern gebaute Südbahn, erwarb die Bahnen von Mittelitalien und stellte zwischen beiden Streckennetzen eine Verbindung her. Zusammen mit der Kaiser-Ferdinand-Nordbahn war das ein ansehnliches Eisenbahnimperium, über das die Bankiersfamilie somit in Österreich-Ungarn gebot.

Die Eisenbahn kommt zur richtigen Zeit

Wir gehen in der Zeit einige Jahrzehnte zurück, um unser Augenmerk auf Deutschland zu richten. Es hatte ein Jahrzehnt gedauert, bis das Beispiel der ersten Eisenbahn in England auch in deutschen Landen Schule machte. 1835 fauchte zum ersten Mal eine Lokomotive über die relativ kurze Strecke von Nürnberg nach Fürth. Natürlich hatte es auch in Deutschland viele Mahner und Warner gegeben, aber die Eisenbahn erfreute sich doch in den höchsten Kreisen von Anfang an einer gewissen wohlwollenden Beachtung. Bei der Eröffnung der Bahn Berlin–Potsdam im Jahre 1838 hatte der preußische König Friedrich Wilhelm IV. vorausschauend ausgerufen: »Diesen Karren, der durch die Welt rollt, hält kein Menschenarm mehr auf.« Es war Friedrich List gewesen, der nach seinen Erfahrungen mit englischen Bahnen kräftig die Werbetrommel gerührt hatte. Ihm schwebte schon ein deutsches Eisenbahnnetz vor, als selbst in England die Züge nur einige Dutzend Kilometer weit ratterten. Optimistisch schrieb er in einem Aufruf für den Bau einer Bahnstrecke von Leipzig nach Dresden: »… unser Einkommen und unsere Bevölkerung werden sich in kurzer Zeit verdoppeln.« Schließlich fügte er hinzu: »Durch seine mineralischen Schätze wie durch seinen Gewerbefleiß berufen, in dieser großen Nationalangelegenheit das Panier zu tragen, wird Sachsen seine Bestimmung erfüllen, wenn es nur nach Kräften tut, was sein eigenes, wohl verstandenes Interesse erfordert.«

Solche Töne hörte das wohlhabende Bürgertum dieser Zeit äußerst gerne. Wenn es galt, »große Nationalangelegenheiten« mit ansehnlichen Gewinnen für die eigene Kasse zu verknüpfen, öffneten sich die Sparstrümpfe. Zudem waren es durchaus gute Nachrichten, die von den finanziellen Erfolgen der neuen Eisenbahnen aus England in die deutschen Biedermeierstuben drangen. Der Industrielle Friedrich Harkort meinte daher auch nicht ohne Grund: »Im Schoß der Zeit schlummert der Keim so großer Entwicklungen, dass wir die Resultate nicht zu ahnen vermögen.« Dabei war man in Deutschland eher ein Spätstarter, denn während 1836 nur das »Zügle« auf der Strecke Nürnberg–Fürth fuhr, wurden in den noch jungen USA alleine im Staat New York Konzessionen für 60 neue Eisenbahnunternehmen bewilligt.

Der Bau von Eisenbahnen war in den Dreißigerjahren des 19. Jahrhunderts auch dringend überfällig, wenn nicht die langsam einsetzende Industrialisierung gleich wieder versanden sollte. Ein Beispiel für die schlechten Trans-

portverbindungen war die Kohle, die als Energierohstoff und als Reduktions-
mittel für die Eisen- und Stahlindustrie dringend gebraucht wurde. Bis zum
Ende des 18. Jahrhunderts hatten im Ruhrgebiet sogenannte »Kohlentreiber«
den Transport durchgeführt. Diese Unternehmer besaßen einige Pferde, auf
deren Rücken eine Last von zweieinhalb Zentnern Kohle in Säcken geladen
wurde. Mehrere Treiber bildeten dann so etwas wie eine Karawane. Und wie
eine Festschrift zum hundertjährigen Bestehen der Firma Matthias Stinnes
bemerkt, galt es dann, »unter unzähligen Flüchen und Schlägen und bei be-
trächtlichem Schnapsverbrauch diese Karawane den meistens mehrere Meilen
entfernten Hämmern zuzutreiben«. Erst mit der Regulierung der Ruhr im
Jahre 1780 und dem Bau der ersten Landstraßen des Ruhrgebiets zwischen
1788 und 1794 besserten sich die Transportverhältnisse für viele Gruben
etwas. Immerhin, wo nicht der Wasserweg vor der Tür lag, war das einzige
Verkehrsmittel noch immer das Pferdefuhrwerk. Als die ersten Eisenbahnen
aufkamen, kostete der Kohletransport zu Pferde etwa 40 Pfennig pro Kilometer und Tonne. Mithilfe der neuen »Eisenrösser« konnten diese Kosten auf
etwa ein Drittel gesenkt werden. Die Bahn erwies sich also als Standortfaktor
von hoher gesamtwirtschaftlicher Bedeutung.

Doch nicht nur für die Industrie, sondern auch für Privatleute war die
Eisenbahn trotz aller Kinderkrankheiten ein wahrer Segen. Im Jahre 1800
waren nämlich die Landstraßen in einem jämmerlichen Zustand. Ein durch
Kursachsen reisender Prinz wurde allein auf diesem Stück seiner Reise von
25 Radbrüchen aufgehalten. Vorsorglich hatte der adlige Reisende aber schon
einen ganzen Wagen voller Ersatzräder mitgenommen. Auch nach Einführung
eines Schnellpostverkehrs mit Kutschen konnte man in den Zwanzigerjahren
des 19. Jahrhunderts noch kaum mehr als 17 Meilen am Tag zurücklegen. Diese Strecke schafften die Dampfungetüme auf den neuen Schienenwegen immerhin in einer Stunde. Kein Wunder, dass man sich nach anfänglicher Skepsis
bald für die Eisenbahnen zu begeistern begann.

Mit dieser wachsenden Begeisterung trat auch die Spekulation an der Börse in Erscheinung. Hatte die preußische Ministerialbürokratie anfänglich noch
an der Rentabilität der Strecken gezweifelt und daher den Bau privaten Gesellschaften überlassen, stellte sich bald heraus, dass sich mit den Eisenbahnaktien gute Gewinne machen ließen. Um 1845 wurde schon kräftig an der
Berliner Börse spekuliert. Wie weit sich das Spiel mit Bahnpapieren damals
bereits ausgebreitet hatte, demonstriert eine kleine Anekdote aus dieser Zeit.

Ein Fremder kletterte in eine Berliner Droschke und ließ sich zur Börse im Lustgarten kutschieren. Schon nach wenigen Minuten kam er wieder aus dem Börsengebäude heraus und meinte: »Ich habe gerade für 4000 Taler Magdeburg-Leipziger gekauft.« Ohne mit der Wimper zu zucken soll ihm darauf der Droschkenkutscher geantwortet haben: »Die hätten Se von mir ooch kriejen können.« Im Jahre 1849 wurden an der Berliner Börse bereits vier Dutzend Eisenbahnaktien amtlich notiert.

Wilde Jahre der Berliner Börse

Zu diesem Zeitpunkt hatte der Markt schon die erste große Spekulationswelle hinter sich. 1842 gab der preußische Staat eine Garantie für eine Mindestverzinsung der in Eisenbahnen angelegten Kapitalien. Augenscheinlich wurde damit den Anlegern jedes Risiko genommen, aber zugleich große Chancen auf Gewinne geboten. Chancen ohne Risiko, der Traum eines jeden Spekulanten gab den Startschuss zu einer Börseneuphorie mit so genannten Quittungsbogen. Diese Quittungsbogen waren Einzahlungen auf Wertpapiere. Nach Zahlung der letzten Rate bestand das verbriefte Recht, Aktien von Eisenbahngesellschaften gegen die Quittungsbogen einzutauschen. In diesen Rechten wurde halsbrecherisch spekuliert. Der Bericht eines Zeitgenossen schildert die Verhältnisse sehr anschaulich: »Hier zogen Kaufleute einen großen Teil ihrer bis jetzt anderen Geschäften gewidmeten Kapitalien heraus und spekulierten damit in Quittungsbogen; dort gaben Warenhändler ihr Geschäft, das sie und ihre Familien ernährte, gänzlich auf und spekulierten in Quittungsbogen. Doktoren, Gelehrte, Gutsbesitzer, Offiziere, Fabrikanten, Handwerker, alles spekulierte; und wo noch Männer zögerten, wurden sie von den leidenschaftlich für die Farobank der Agiotage schwärmenden Frauen dazu angetrieben. Man kümmerte sich nicht darum, dass dadurch vielfach die ruhige, friedliche Ehe, die Ordnung der Häuslichkeit gestört wurde, dass hier der Berufseifer erkaltete, dort die eigentliche Erwerbsquelle zu versiegen drohte ... Mit dämonischer Gewalt herrschte der schwindelhafte, gleißnerische Geist der Agiotage über die Gemüter, mit täuschenden Bildern die Menschen umgaukelnd, dass diese, geblendet, das Unheil und Verderben nicht zu erblicken vermöchten, welches ringsumher die eine Hand sähte, während die andere durch Goldstücke reizte.«

Solche wilden Orgien der Spekulation wiederholten sich in den folgenden vier Jahrzehnten immer wieder und die Gründer von Eisenbahnlinien hatten Hochkonjunktur. Der wohl bekannteste deutsche »Eisenbahnkönig« war dabei ein gewisser Henry Bethel Strousberg. Als er 1855 in Berlin auftauchte, hatte der angehende Finanzmagnat schon ein recht bewegtes Leben hinter sich. In Neidenburg in Ostpreußen geboren, sammelte er lange Zeit in England Erfahrungen, das damals als Mekka der Eisenbahnanhänger galt. Dort ließ sich der Jude Strausberg taufen und änderte seinen Namen in das etwas angelsächsischer klingende »Strousberg« um. Seinen Lebensunterhalt verdiente er bei verschiedenen Zeitschriften als Journalist und besaß am Ende sogar selbst eine Publikation mit Namen »London Magazine«. So war er bereits mit etwas Vermögen ausgestattet, als er sich für die wilden Eisenbahnspekulationen an der Berliner Börse zu interessieren begann.

Zunächst arbeitete Strousberg noch im Auftrag englischer Geldgeber und baute dabei die Tilsit-Insterburger sowie die Ostpreußische Südbahn, sozusagen um das notwendige Know-how zu erwerben. Dabei sah der durchaus gewitzte Geschäftsmann, wie problemlos diese Bahnen finanziert wurden und wie viel Geld dabei in die eigenen Taschen zu lenken war. Risikobereite Unternehmer waren damals gefragt, denn mit vorsichtiger Zurückhaltung hätte man das riesige Streckennetz nicht annähernd so schnell konzipieren und bauen können. Bald war Strousberg so ein wagemutiger Gründer und baute eine Bahn nach der anderen. Damit nicht genug, legte er sich auch Landbesitz zu und kaufte eine Lokomotivfabrik. Natürlich ging solch rasche Expansion über eine solide Finanzbasis weit hinaus. Immer öfter musste der Eisenbahnkönig daher zu ungewöhnlichen Maßnahmen greifen, um weiterbauen zu können. So bezahlte er zum Beispiel seine Lieferanten von Holz und Eisen mit Aktien der geplanten Bahnen. Das konnte natürlich nur so lange gut gehen, wie kein Zweifel an seinen Erfolgen aufkam.

Strousberg tat alles, um seine Firmen so stabil und solide aussehen zu lassen wie nur irgend möglich. In den Verwaltungsräten saßen schließlich mehr Adlige, als man auf manchem Hofball zu sehen bekommen konnte. In den Zeitungen ließ er sich als »wagender Unternehmer mit grandiosem Weitblick« feiern. Schließlich übernahm er sich trotz seines »grandiosen Weitblicks« beim Bau einer rumänischen Bahnlinie und konnte die Kupons der dabei emittierten Papiere nicht einlösen. Hinzu kamen noch die allgemeinen wirtschaftlichen Schwierigkeiten infolge des Gründerkrachs 1873 (s. Kapitel X). Zudem wurde der eben noch von Grafen und Baronen umgebene Strousberg im preußischen Abgeordnetenhaus durch Eduard Lasker unter Feuer genommen. Der Parlamentarier deckte zahlreiche Ungereimtheiten bei den diversen Strousberg-Gründungen auf. Allerdings gelang es dem Finanzkünstler noch einmal trotz dieser Enthüllungen seine Papiere auf Haussekurs zu steuern. Darauf bezieht sich auch das kleine zeitgenössische Gedicht, das in mehreren Strophen letzte Zuckungen der Hausse schildert: »Die kleinen Aktien, die ganz erschreckt / Sich vor dem bösen Lasker versteckt, / Haben über Nacht / Ganz sacht, ganz sacht / Frühlingsahnend die Köpfchen hochgereckt.«

1875 kam dann die endgültige Pleite und sie erreichte fast europäische Dimensionen, denn Strousberg musste in Preußen, Österreich und Russland Konkurs anmelden. Die Russen waren es auch, die den Bankrotteur in Moskau verhafteten und nach einem längeren Prozess in die Verbannung schickten. Allerdings konnte er zwei Jahre nach dem Zusammenbruch seiner Unternehmungen nach Berlin zurückkehren, wo er 1884 in äußerst bescheidenen Verhältnissen starb. Der Gründerkrach hatte auch andere Eisenbahnen hart getroffen und viele junge Gesellschaften machten gleich wieder dicht. So schrieb die satirische Zeitschrift Ulk 1874 über ein gescheitertes Projekt: »Der Bau, er will und will sich nicht entwickeln. / Drum muss die Arbeitspferde man vernickeln.« Der Volksmund spottete über den Gründerrummel im Nachhinein: »Welche Papiere finden jetzt noch Zeichner? – Nur die illustrierten Witzblätter.«

Einige Jahre später ging die Spekulation in Eisenbahnaktien zu Ende. Der Deutsch-Französische Krieg von 1870/71 hatte besonders augenfällig den strategischen Wert der Eisenbahnen demonstriert. Nicht ganz wohl war den Militärs dabei, dass sich so wichtige Verkehrs- und Nachschublinien im Privatbesitz befanden. Die allgemeine Konjunkturflaute, die ungünstigen wirtschaftlichen Aussichten und die durch die Strousberg-Pleite offensichtlich zutage getretenen Risiken privatwirtschaftlicher Lösungen legten Überlegungen zur Verstaatlichung nahe. Bismarck konzentrierte sich zunächst auf die Verstaatlichung der preußischen Bahnen. Er rechtfertigte diesen Entschluss: »… ihre Dividende so hoch als möglich zu schrauben, ohne Rücksicht auf das Volk und seinen Verkehr. Das war das System der Privatbahnen und durch die Verstaatlichung haben wir dem Staate wiedergegeben, was ihm gehört.«

Bei dieser Verstaatlichung ging es ohne alle Dramatik ab, denn kein Aktionär verlor bei der Aktion sein Kapital. Zur gleichen Zeit entstanden viele

neue Industrien, an denen es sich zu beteiligen lohnte. Das private Risiko-
kapital fand demnach sofort wieder neue Betätigungsfelder, während der Staat
bald fast alle bedeutenden deutschen Bahnlinien betrieb. Für die Spekulanten
war die Eisenbahn ein hervorragendes Geschäft gewesen. Sie hatten den Aufstieg zum wichtigsten Verkehrsmittel vorhergesehen und ihr Kapital auf das
richtige Pferd gesetzt. Selbst die Verstaatlichung erwies sich am Ende als
Glück für sie, denn es sollte gar nicht mehr so lange dauern, bis sich die Gewinne im Eisenbahngeschäft in erhebliche Defizite verwandelten.

Von Dampfbooten und Stahlrössern

Am lebendigsten und abenteuerlichsten aber verlief die Geschichte der Eisenbahnspekulation in den Vereinigten Staaten. Die neue Erfindung schien für
das weite Land wie gemacht zu sein, denn mit Verkehrsmitteln wie Pferd und
Wagen auf den Straßen oder Ruderbooten auf den Flüssen wären die Territo-
rien des »Wilden Westens« wohl kaum nachhaltig zu erschließen gewesen.
Auf jeden Fall hätte es entschieden länger gedauert, diesen riesigen Raum zu
besiedeln. Der Stahlindustrielle Charles M. Schwab hat einmal über die USA
gesagt: »Dieses Land kann nicht stillstehen.« Dieser Geist des rastlosen Vor-
wärtsdrängens äußerte sich besonders bei der Kultivierung der weiten Ebenen
des Westens. Zuerst kamen die Trapper und Fallensteller, die durchaus noch
mit den Indianern gemeinsame Sache machten, Handel mit ihren Fellen trieben und jagten. Ihnen folgten die Farmer und Viehzüchter, die unter Rückendeckung der Armee das Land besetzten, während die Eisenbahn die Anbin-
dung der neuen Bundesstaaten an die Wirtschaft der Ostküste gewährleistete.
Der Eisenbahnspekulation ging ein Börsenspiel voraus, das den Börsianern
sozusagen den Mund wässrig machte. Im Jahre 1807 führte ein gewisser
Robert Fulton auf dem Hudson ein von ihm gebautes Dampfboot vor. Weder
hat Fulton das erste Mal eine Dampfmaschine auf ein Schiff montiert, noch
hat er irgendwelche bahnbrechenden Neuerungen eingeführt, sein Boot war
einfach bessere Ingenieurarbeit als das seiner Konkurrenten. Die »Clermont«
brachte ihm das Monopol für Dampfschiffe für den Transport auf dem Hudson und in der New Yorker Bucht ein. Zwar wurde das Monopol bald wieder
per Gerichtsurteil aufgehoben, aber da hatte Fulton bereits seinen Schnitt gemacht. Für die Passagiere konnten damals die Dampfboote übrigens fast so

gefährlich werden wie für die Geldgeber, denn in den Anfangszeiten ging
nicht selten ein Kessel in die Luft und mit ihm das stolze Schiff unter. Trotzdem liebte die noch junge Börse in der Wallstreet die Aktien der Steam Ship
Companies und bereits 1824 gab es Dampfbootpapiere im gesamten Gegenwert von 52 Millionen Dollar.

Dabei waren die Dampfschiffe damals noch äußerst wacklige Nussschalen,
die rein optisch keinen Vergleich mit den viel eleganteren Seglern standhielten.
Der Steuermann stand vor Wind und Wetter ungeschützt über der Dampf-
maschine und klopfte mit einem Stock von Zeit zu Zeit auf den Boden, um
seinem Ingenieur die Fahrbefehle zu geben. Ein Schlag bedeutete »Volle
Fahrt voraus«, mit zwei Schlägen legte er sozusagen den Rückwärtsgang ein.
Der bedeutendste Unternehmer in diesem Transportgeschäft war Cornelius
Vanderbuilt, ein rauer Bursche, fast Analphabet, der sich im Kampf mit der
Konkurrenz für keine Teufelei zu schade war. Er selbst hörte den Spitznamen
»Commodore« gerne, bei vielen seiner Zeitgenossen war aber auch der Begriff
»Pirat« für ihn weit verbreitet. Sein großer Gegenspieler hieß Daniel Drew.
Beide werden bei der Eisenbahnspekulation wieder als Schlüsselfiguren auf-
tauchen. Beliebt waren zum Beispiel Wettfahrten, um nachzuweisen, dass man
über das schnellste Schiff verfügte.

Diese Unsicherheit steigerte sich noch, als das Zeitalter der Eisenbahn begann, denn nun wollten die Dampfboote anfangs mit der Geschwindigkeit der
»Stahlrösser« konkurrieren. Am 4. Juli 1828 legte Charles Carrol of Carrolton,
der letzte damals noch lebende Mitunterzeichner der Unabhängigkeitsurkun-
de, den Grundstein für die »Baltimore & Ohio Railroad«-Linie. Bald gewöhn-
ten sich die Fahrgäste der Eisenbahnen so an die hohen Reisegeschwindig-
keiten, dass sie auch auf dem Wasser die schnellste Verbindung wählen wollten.
Die Gesellschaften kamen diesem Bedürfnis nach, indem sie mit immer neuen
Wettfahrten Reklame machten. Dabei ging es abenteuerlich zu. Manch ein
Kapitän überreizte seine Karten, denn wenn man die Sicherheitsventile der
Dampfmaschinen blockierte, fuhr der Kahn zwar schneller, aber oft wurde für
diesen Vorteil mit faustgroßen Beulen am Kessel oder gar mit einer Kessel-
explosion bezahlt. Es kam bei diesen wüsten Rasereien auch vor, dass ein Kapitän den Konkurrenten auf eine Sandbank drängte. Eine besonders abenteuerliche Neuerung führten einige Dampfboote für ihre Passagiere ein. Sie legten
nicht mehr an den Landeplätzen an, sondern die Reisenden mussten bei kaum
verminderter Fahrt aus einem mitgeschleppten Beiboot schnell an Land sprin-

gen. Oftmals landeten dabei weniger sportliche Zeitgenossen im Wasser. Nachdem jedoch tragischerweise mehrere Passagiere während so eines Manövers ertranken, wurde ein Gesetz gegen diese unsanfte Form des Aussteigens erlassen.

Im Börsenkrach von 1837 wurde dann eine ganze Reihe von Dampfschifffahrtsfirmen aus dem Rennen geworfen. Dieser Kollaps hinterließ bei den Börsianern einen ausgesprochen bitteren Nachgeschmack, der so nachhaltig war, dass es in Wallstreet nie mehr ein Schifffahrtspapier geben sollte, das zu den Lieblingen der Spekulation gezählt werden konnte. Die Börsenspieler aber verlegten sich nun völlig auf die neuen Eisenbahnaktien, die bis zum Ende des Jahrhunderts die Spekulation beflügelten.

Die ersten Eisenbahnkönige

Bald betraten auch in Amerika die ersten Großspekulanten die Bühne von Wallstreet. Die Bevölkerungsexplosion, ausgelöst durch die starke Einwanderungswelle (alleine von 1820 bis 1840 nahm die Bevölkerung der USA von neun auf 17 Millionen Menschen zu), die beginnende Industrialisierung, aus der ein erhöhter Güterumschlag resultierte, sowie der konkurrenzlos schnelle und preiswerte Transport waren dafür ausschlaggebend.

Die neuen Vorhaben benötigten sehr viel Geld, welches jedoch nur schwer aufzutreiben war. So waren die meisten Bahnen wacklig finanziert, weshalb es zu ungeheuren Kursschwankungen kam, denn die Gesellschaften befanden sich wegen der dünnen Kapitaldecke auf einem sehr schmalen Grad zwischen Konkurs und Prosperität. Diese Schwankungen versuchten die cleveren Börsianer ebenso auszunutzen wie verbrecherische Betrüger. Außerdem herrschte in Wallstreet eine »Wildwestatmosphäre«, die fast jede Schiebung auf Kosten der kleinen Mitläufer möglich machte.

In den zwei Jahrzehnten nach 1826 verfünffachte die amerikanische Industrie ihr Anlagekapital und daneben wurden riesige Summen für den Bahnbau ausgegeben. Kein Wunder, dass jedes Mittel recht schien, das fehlende Geld für neue Projekte zusammenzubekommen. Die Bundesstaaten etwa ließen sich in halsbrecherische Finanzabenteuer ein, nur um ihr Gebiet mit einer Bahnlinie an das Verkehrsnetz anzuschließen. Der Staat Illinois zum Beispiel, der jährlich nur rund eine Viertelmillion Dollar einnahm, gab Schuldscheine für knapp zwölf Millionen Dollar aus. Hinzu kamen gewaltige Landschenkungen an die Eisenbahngesellschaft in der Umgebung der neuen Strecken. Diese wiederum gaben Parzellen an Siedler weiter, um sie als potenzielle Kunden heimisch zu machen.

Die Eriesee-Bahn war schon beim Bau ein Spielball der Börse gewesen. Fast wäre die Bahnlinie überhaupt nicht fertig geworden, denn nachdem die halbe Strecke zum Eriesee fertig gestellt war, ging der Gesellschaft das Geld aus. Es waren Engländer, die der Gesellschaft zu Hilfe kamen, als die amerikanischen Geldgeber der Mut verließ. Später machte die Erie ausgesprochen gute Geschäfte und die Aktien und Anleihen der Bahn wurden auch an der Londoner Börse zu einem beliebten Spekulationsobjekt. Weniger Glück hatten oft die Fahrgäste in den verlotterten Wagen. Da im Direktorium eine Menge Leute saßen, die wesentlich mehr an den Aktien als am Fahrbetrieb interessiert waren, zog man sehr oft hohe Dividenden dem Erhalt der Strecken und des Wagenparks vor. Bald waren die Schienen und die Wagen in einem so jämmerlichen Zustand, dass es bei den diversen Entgleisungen in den Zeitungen nur noch lapidar hieß: »Wieder eine Erie-Katastrophe.«

Diese New-York- und Eriesee-Bahn war das erste Lieblingskind der Eisenbahnspekulation. Mit diesem Papier machten Spekulanten wie Daniel Drew, Jay Gould und Jim Fisk, die auch noch im folgenden Kapitel eine Rolle spielen werden, einen großen Teil ihres Vermögens. Von Daniel Drew, der 1857 sogar Finanzdirektor der Erie wurde, stammt eine kleine Anekdote. Drew war ein wichtiger Mann in Wallstreet, wenn nicht sogar ihr heimlicher Herrscher. Immerhin war er mit seiner Lieblingsaktie Erie so eng verbunden, dass er der Bahn 1854 ein Darlehen von 1,5 Millionen Dollar gewährte. Die großen »Börsenkönige« wie Drew oder später Gould wurden von den Kleinspekulanten argwöhnisch, aber auch bewundernd beobachtet. Jede ihrer Gesten galt als wichtiges Indiz für große Transaktionen und Börsenmanöver. Der clevere Dan Drew wusste das genauso zu nutzen wie Jahre zuvor Nathan Rothschild nach der Schlacht von Waterloo. Einmal zum Beispiel ließ er »versehentlich« einen Orderzettel aus seiner Brieftasche fallen und sorgte dafür, dass dies ein Makler wie zufällig sehen konnte. Der las die Order zum Kauf größerer Mengen Erie-Aktien, und das Gerücht, dass der große Drew wieder einmal einsteigen wollte, machte schnell die Runde. Der konnte dann am nächsten Tag seine Papiere zu hohen Kursen losschlagen, die zuvor niemand mehr haben wollte.

Mit der Zeit hatten sich die Eisenbahnen nach den Worten von Dan Drew »verbreitet wie die Masern in der Schule« und eine ganze Gruppe von Großspekulanten wie Drew, Vanderbuilt, Gould, Fisk und eine Reihe anderer Größen feilschten um die größten Stücke vom Kuchen. Einige verschwanden allerdings um diese Zeit auch wieder von der Bühne der Aufsehen erregenden Spekulationen, manche ganz ruhig, indem sie sich nach einigen Verlusten mit dem Rest ihres Vermögens zurückzogen, andere aber auch mit lautem Knall. Da gab es zum Beispiel einen gewissen William Marston, der eines Tages das größte Festessen gab, das New York bis dahin gesehen hatte. Alles, was Rang und Namen hatte, wurde von ihm eingeladen und labte sich auf seine Kosten an den teuersten Delikatessen. Am nächsten Morgen machte er mit einem Schuldenberg von einer halben Million Dollar Bankrott.

Der Börsenkrach von 1857

Die erste ganz große Börsenkatastrophe erschütterte Wallstreet im Jahre 1857, nachdem es zuvor unter Schwankungen einen Boom gegeben hatte, der die Kurse fast zwei Jahrzehnte unter Schwankungen in immer neue Höhen trieb. Von den neuen Fundstätten in Kalifornien und Australien floss ein breiter Strom aus Gold in alle Welt und regte die Wirtschaftstätigkeit mächtig an. Der daraus resultierende Optimismus musste bei einer jungen Nation, die sich mitten im Aufbruch befand, auf besonders fruchtbaren Boden fallen. So blühte bald auch die Börsenspekulation. Der »New York Herald« schrieb dazu: »Reich werden, ohne zu arbeiten, das ist jetzt das große Ziel der Masse. Schöne Häuser, schöne Equipagen, schöne Kleider, das sind die Triebfedern des sozialen Lebens.« Die gleiche Zeitung gewährte an anderer Stelle Einblicke in die Geschäftsmoral und das allgemeine Klima, welches in jenen Tagen herrschte: »… Unsere Gesetze sind Spinnengewebe; Geld macht alles: besticht den Richter, wirbt selbst die Polizei als Helfershelfer. Fälschungen selbst in Staatsämtern sind an der Tagesordnung.«

Wie solche Geschäfte mit Bestechungen und Börsenkniffen durchgeführt wurden, hat knapp zwei Jahrzehnte später Max Wirth beschrieben. Als besonders abschreckendes Beispiel erzählte er in seinem 1874 erschienenen und bereits zitierten Buch die Geschichte der La-Crosse- und Milwaukee-Eisenbahn. Ein Komitee der gesetzgebenden Versammlung des Staates Wisconsin untersuchte nach dem Börsenkrach die Geschäftspraktiken rund um diese Eisenbahnlinie und kam dabei zu einer ganzen Reihe von erschreckenden Ergebnissen. Fast eine Million Dollar hatte die Gesellschaft nur für Bestechungen ausgegeben, die vom Gouverneur bis hinab zum kleinen Zeitungsredakteur reichten. Die Liste der Bestechungssummen liest sich wie ein Kurszettel für das Wohlwollen von Beamten.

Ein Gouverneur à 50.000 Dollar	50.000 Dollar
Ein Vizegouverneur à 10.000 Dollar	10.000 Dollar
Ein Staatskontrolleur (Finanzminister) à 10.000 Dollar	10.000 Dollar
Ein Privatsekretär des Gouverneurs à 5.000 Dollar	5.000 Dollar
Ein Ungenannter	10.000 Dollar
51 Abgeordnete à 5.000 Dollar	255.000 Dollar
Acht Abgeordnete à 10.000 Dollar	80.000 Dollar
13 Senatoren zusammen	175.000 Dollar
Erster Sekretär des Abgeordnetenhauses	5.000 Dollar
Zweiter Sekretär des Abgeordnetenhauses	10.000 Dollar
Herausgeber des Douglas/Demokratischen Blattes	5.000 Dollar
Herausgeber des Buchanan-Blattes	10.000 Dollar
Redakteur des Sentinel	10.000 Dollar
Redakteur der Milwaukee News	1.000 Dollar
Zahlungen an Angestellte der Gesellschaft, Makler, Agenten, Richter und andere Leute	236.000 Dollar
Zusammen	872.000 Dollar

Zitiert aus: Max Wirth, Geschichte der Handelskrisen, Frankfurt 1874

Die Bestechungen in Wisconsin waren keineswegs ein Einzelfall, wie sich aus einem Artikel der »New York Times« aus dem Jahr nach der Krise entnehmen lässt. Darin hieß es: »Im Grunde genommen ist in allen amerikanischen Eisenbahnverwaltungen, vom obersten Präsidenten bis zum letzten Achsenschmierer hinab, der gröbste, schamloseste Betrug an der Tagesordnung gewesen. Jeder Bedienstete besaß ein besonderes, sehr elastisches Eisenbahngewissen neben einem vielleicht sehr spröden Privatgewissen.« Bei so viel Morast war es nicht verwunderlich, dass eines Tages alles darin versinken

musste. Doch vorerst gab man das Geld ebenso leicht aus, wie man es verdiente, und trieb damit die Konjunktur an: Eine umfangreiche Berechnung
aus dieser Zeit ergab, dass für Luxusgüter wie Seidenwaren, Stickereien,
Juwelen, Spirituosen fast 55 Millionen Dollar im Ausland ausgegeben wurden.
Einige Verfasser beeilten sich zu bemerken, dass die »törichten Putzgelüste
des weiblichen Geschlechts« mehr als dreimal so viel Geld verschlangen wie
die Laster der Männer.

Im Hochsommer 1857 begann der Anfang vom Ende des goldenen Zeit-
alters des schnellen Geldverdienens. Die Banken, im festen Optimismus, dass
die Spekulationswelle sich noch lange fortsetzen würde, hatten einen großen
Teil ihrer flüssigen Mittel selbst in Eisenbahnaktien angelegt. Das Geld wurde daraufhin immer knapper und die Zinsen begannen zu steigen. Es ist immer schwer zu sagen, was endgültig den Anstoß für einen Börsenkrach gibt,
eine einzelne Katastrophe, die den Spekulanten unverhofft die Augen öffnet,
oder eine kaum beachtete Nebensache, die unerwartet ihre Kreise zieht. Ein
solches Ereignis, das schließlich die Panik auslöst, war im Jahre 1857 ein
Gerücht. Es besagte, dass sich die Ohio Life Insurance & Trust Company
angeblich in Schwierigkeiten befände. Dieses Gerücht entbehrte keineswegs
einer Grundlage, denn tatsächlich hatte sich das Institut bei Spekulationen mit
Eisenbahnaktien in eine prekäre Lage gebracht. Hoffnungslos aber wurden
die Probleme erst dadurch, dass am 24. August 1857 die Kunden aufgrund der
fatalen Gerüchte die Kassen stürmte, und ihre eingezahlten Gelder zurück-
verlangten. Dazu ist anzumerken, dass keine Bank der Welt alle eingezahlten
Gelder auf einen Schlag auszahlen könnte, denn sie werden an Dritte weiter-
verliehen. Das galt auch für die Ohio Life Insurance & Trust Company. Die
Angst der Kunden zwang das Geldinstitut in den Bankrott. Aber waren andere Banken sicherer? Plötzlich mangelte es überall an Vertrauen in die Banken. Das Misstrauen grassierte wie eine ansteckende Krankheit und griff nach
dem Bankrott der Ohio Life schnell auf andere Banken über, die daraufhin
ebenfalls ihre Zahlungen einstellen mussten. Allein am 13. Oktober 1857 stellten 18 Institute ihre Zahlungen ein.

Der Liquiditätsbedarf zwang die Banken dazu, ihre Aktien auf den Markt
zu werfen. Allein schon die Angst davor genügte, um die Kurse stürzen zu
lassen. Die beliebten Erie-Aktien, die noch im Januar mit 64 Dollar notiert
worden waren, sanken im Oktober des gleichen Jahres bis auf 18 Dollar herab.
Und jeder Punkt, den die Papiere nachgaben, verschärfte die Krise, denn die

meisten Banken und Kaufleute waren irgendwie mit der Eisenbahnspekulation verbunden, sei es direkt als Aktionäre, als Kreditgeber, der die Aktien belieh, oder als Kreditnehmer, der die Aktien als Sicherheit für Kredite zur Verfügung stellte. Bis sich die Geschäftslage etwas besserte, sollten rund 5000 (!) Firmen in den USA und Kanada zusammenbrechen. Die Krise von 1857 trieb auch den ersten großen »Börsenkönig« Jacob Little in den Bankrott. Bei einer Spekulation mit über 100.000 Erie-Aktien wurde er auf dem falschen Fuß erwischt und so machte er zum vierten und nunmehr letzten Mal Pleite. Es sollte Jahre dauern, bis sich Wallstreet von den Folgen des Börsenkrachs erholte.

Kampf bis aufs Messer

Neun Jahre später spielte sich in Wallstreet eine der größten Börsenschlachten des vorletzten Jahrhunderts ab. Streitobjekt war wieder einmal die Eriesee-Bahn, bei der Daniel Drew als Direktor das Sagen hatte und an deren Aktien er kräftig verdiente. Von den üppigen Börsengewinnen Drews angelockt, trat 1866 ein mächtiger Gegenspieler, der »Commodore« Cornelius Vanderbuilt, gegen ihn an. Öffentlich erklärte er, dass er die Erie in seinen Besitz bringen und Börsianer wie Drew an weiteren Manipulationen hindern werde. Das war eine offene Kriegserklärung und nur ein »Börsenkönig« wie Vanderbuilt konnte sich so eine Kampfansage gegen Dan Drew leisten. Der nahm den Fehdehandschuh sofort auf und verbündete sich mit den »Börsenhaien« Jimmy Fisk und Jay Gould, den er sogar in den Verwaltungsrat der Eriesee-Bahn aufnahm. Nun waren die Fronten geklärt und der Börsenpoker konnte beginnen.

Vanderbuilt hielt sich nicht lange mit einem Vorgeplänkel auf, sein Plan war ebenso simpel wie erfolgversprechend. Mit seinen beachtlichen Finanzmitteln würde er einfach alle erreichbaren Aktien der Eriesee-Bahn aufkaufen. Damit begann er sofort im ganz großen Stil, seine Makler erwarben jedes Papier, das ihnen angeboten wurde, und akzeptierten dabei auch stark anziehende Kurse. Der »Commodore« ließ sich außerdem von einem Richter, der durch ein hübsches Sümmchen überzeugt worden war, eine Verfügung des Obersten New Yorker Gerichtshofs ausstellen, nach der Daniel Drew von seinem Amt als Erie-Direktor zurücktreten müsse. Doch war der in juristischen Fragen auch nicht ganz unbewandert. Im kleinen Ort Binghampton trieb er seinerseits einen ihm gewogenen Richter auf, der eine gegensätzliche Verfügung unterzeichnete, womit der Kampf wieder unentschieden war. Blieb das weite Feld der Börsentricks. Inzwischen kaufte Vanderbuilt unentwegt weiter Erie-Aktien auf und überraschenderweise bot sie ihm Drews Clique sogar bereitwillig zum Kauf auf Termin[5] an. Schließlich besaß der »Commodore« sogar mehr Anrechte auf Aktien, als die Gesellschaft überhaupt ausgegeben hatte. Damit war Vanderbuilt seiner Sache sicher. Denn seine Gegenspieler würden die Aktien am Stichtag nicht liefern können, was nach den Regeln der Mathematik deren Ruin bedeuten musste.

Doch die Regeln der Mathematik sind nicht die der Börse, vor allem nicht, wenn es ums Ganze geht. Der »Börsenfuchs« Daniel Drew nämlich hatte rechtzeitig vorgesorgt und sich ein Hintertürchen offen gelassen. In seiner langen Zeit als Direktor war eine große Anleihe von zehn Millionen Dollar im Voraus genehmigt worden, die man bei Bedarf in Aktien umwandeln konnte! Diese Obligationen mit Optionen wurden nun ausgegeben und in einer Nacht-und-Nebel-Aktion vollständig von Drews Clique übernommen. Die anderen Aktionäre bekamen von diesem Papier erst gar nichts zu sehen. Praktisch über Nacht hatte das Spekulantentrio schon so viele neue Erie-Aktien, dass sie die Mehrheit behielten. Völlig überraschend waren damit wieder genügend Aktien vorhanden, um dem »Commodore« die geschuldeten Papiere liefern zu können. Es blieb sogar noch ein beachtlicher Posten übrig, den die Clique zu traumhaft hohen Kursen an Vanderbuilt verkaufte, sodass dem langsam das Geld auszugehen drohte. Vanderbuilt raste vor Wut, hatte er doch einen bedeutenden Teil seines Vermögens in diese Spekulation gesteckt und war nun scheinbar kurz vor dem Ziel durch den Trick des Trios vor der gesamten Wallstreet blamiert.

Während das Trio Drew, Fisk und Gould noch seine Gewinne zählte, brachte ein Bote die Nachricht, dass der »Commodore« nun eine neue Verfügung wegen Missachtung des Gerichts erwirkt habe und sie, so seine Worte, »alle ins Loch bringen wollte, bevor die Sonne unterging«. Offensichtlich nahmen die drei Sieger der Börsenschlacht diese Drohung äußerst ernst, denn sie packten sofort ihr ganzes Geld in eine Kutsche und begaben sich auf die

---

[5] Das bedeutete, dass die Aktien zu einem bestimmten Termin zu liefern waren. Damit war es möglich, Aktien zu verkaufen, die man (noch) nicht besaß, schließlich aber doch liefern musste.

andere Seite des Hudson Rivers ins Taylors Hotel, wo sie sich jenseits der Stadtgrenze vor dem Zugriff Justiz, die Vanderbuilt gewogen war, sicher fühlten. Gerüchten zufolge plante der »Commodore« inzwischen, mit 50 Revolvermännern in das Hotel einzudringen und sich Drew und seine Kompagnons zu holen. Die heuerten daraufhin ebenfalls ein paar Dutzend Männer an und ließen ihre Zuflucht rund um die Uhr bewachen. Sogar drei Zwölfpfünderkanonen wurden aufgeboten, um vor der Wut des »Commodore« geschützt zu sein. Insgesamt aber befanden sich beide Gruppen nun in einem Patt, denn Vanderbuilt war durch die Verluste geschwächt und konnte sein Eisenbahnimperium nur mit Mühe halten, und das Drews-Trio saß fern der New Yorker Börse fest, unfähig geschäftlich zu handeln. Schließlich einigte man sich auf einer friedlichen und für alle Beteiligten günstigen Basis. Der »Commodore« erhielt sein Geld – aus den Kassen der Eriesee-Bahn – zurück, sodass am Ende die Aktionäre die Zeche durch Substanzverlust bezahlten. Drew behielt seine ansehnlichen Gewinne aus der Börsenschlacht, musste aber auf Drängen von Fisk und Gould seinen Posten als Direktor der arg gerupften Eriesee-Bahn aufgeben, die in Zukunft von den beiden alleine kontrolliert wurde.

Die Finanzmethoden der damaligen Zeit schienen im Rückblick ungewöhnlich abenteuerlich gewesen zu sein, hatten aber immerhin durch die diversen Börsenmanöver sozusagen nebenbei riesige Eisenbahnprojekte auf die Beine gestellt. In den USA wurden 320.000 Kilometer Bahnstrecke gebaut, mit deren Hilfe das Land erschlossen wurde und die Grundlage für den wirtschaftlichen Aufstieg der USA waren. Für das Schienennetz mussten etwa 160 Millionen Schienen verlegt und gut 4,6 Milliarden Nägel eingeschlagen werden. Da auf jeden Nagel wiederum drei Hammerschläge fielen, kann man den Reporter verstehen, der euphorisch vom Bau der Union Pacific berichtete: »Ein großer Chor von Hammerschlägen braust über die Plains ...«

Große Projekte und große Spekulationen

Das Projekt der Union Pacific/Central Pacific stellte sozusagen den Höhepunkt des amerikanischen Eisenbahnfiebers dar. Zum ersten Mal wollte man die Weiten des Westens durchqueren, um Ost- und Westküste miteinander zu verbinden. Veteranen des Bürgerkriegs, importierte Chinesen, Iren und andere Einwanderer legten die Schienen. Sie verdienten für ihre Plackerei ein paar

Dollar, die sie bei den »Damen« des Eisenbahntrosses oder beim Whiskey meist gleich wieder ausgaben. Währenddessen zweigten einige hundert oder tausend Meilen weiter östlich emsige Geschäftsleute einen großen Teil des Millionensegens aus den Aktienverkäufen bereits in ihre Taschen ab, bevor auch nur ein Nagel davon angeschafft wurde. Ein großer Teil dieser Finanzmittel kam aus den Staatskassen und auch sonst ließ sich »Uncle Sam« nicht lumpen. Gut 21 Millionen Morgen Land bekamen die Gesellschaften geschenkt, das ist etwas weniger als die Fläche Bayerns. Ein Senator erklärte dazu 1862: »Was sind schon 75 oder 100 Millionen Dollar, wenn wir damit den Weg frei machen können für eine Eisenbahn, die über einen Kontinent hinweg die am Atlanik und Pazifik wohnenden Völker verbindet? Nichts! Ich missgönne ihnen dieses Land bestimmt nicht.«

Da das ganze Projekt von nationaler Bedeutung war, bekamen die Initiatoren für jede Meile Schienenstrang vom Staat Kredite. Das reizte natürlich dazu, die Strecke möglichst lang werden zu lassen und so schnell, wie es irgend ging, zu bauen, damit man rasch an die vielen Millionen der Regierung kam. Einige der Direktoren gründeten noch nebenbei eine Baugesellschaft, die beim Eisenbahnbau kräftig mitmischte und noch ein paar Millionen zusätzlich einbrachte. Von 1862 bis 1869 wurde an der Strecke gehämmert, dann endlich wuchsen die vom Pazifik und Atlantik aus gleichzeitig gebauten Schienenstränge zusammen. Die feierliche »Vermählung der Schienen« fand am 8. Mai 1869 unter Glockengeläut und Hurrarufen statt. Der bei dieser Gelegenheit eingeschlagene letzte und goldene Nagel trug die Inschrift: »Möge Gott die Einheit unseres Landes bewahren, wie diese Eisenbahn die großen Ozeane der Welt verbindet.« Natürlich wurde dieser goldene Nagel sofort nach dem Ende der Feierlichkeiten wieder aus der Schwelle entfernt, um ihn vor Diebstahl zu schützen. Man hätte besser auf die Kassen und Konten der Gesellschaft aufgepasst, denn am Ende soll der Bau aufgrund der vielen Schiebungen mindestens doppelt so teuer wie eigentlich nötig geworden sein.

Damit aber war das große Geldverdienen der Finanzkünstler am Bau und den Aktien der Union Pacific noch längst nicht abgeschlossen. Vier Jahre nach der Eröffnung der neuen Strecke kam es zur weltweiten Wirtschafts- und Börsenkrise von 1873. Auch die Papiere der Union Pacific fingen erst an zu bröckeln, dann zu stürzen. Der »Börsenhai« Jay Gould begann sich nun für die Bahn zu interessieren und kaufte zu den gedrückten Kursen in aller Stille 200.000 Aktien auf. Bald stieg das Frachtaufkommen wieder und Gould konnte die Tarife drastisch anheben, um mit der Bahnlinie gutes Geld zu verdienen. Mithilfe der Union Pacific gelang es ihm, eine ganze Reihe angrenzender Bahnen unter seine Kontrolle zu bringen, die er dann gehörig ausschlachtete, indem er jeden verfügbaren Cent als Dividende ausschüttete. Als er schließlich unter dem Druck seiner Gegner und der Öffentlichkeit bei der Union Pacific ausschied, konnten die Nachfolger nur staunen, wie gründlich »das Stinktier von Wallstreet« die Bahn ausgeplündert hatte. Acht Jahre später starb er im Alter von 56 Jahren und hinterließ ein Erbe von zusammengerafften 125 Millionen Dollar.

Nun begann die Geschichte der Eisenbahn ganz langsam auch in etwas geruhsameren Bahnen zu verlaufen. Die Linien waren in der Hand von fünf großen Kapitalgruppen und der Staat bemühte sich inzwischen darum, gesetzliche Regelungen zu formulieren, um wenigstens die schlimmsten Auswüchse bei der Tarifgestaltung in den Griff zu bekommen. 1887 wurden die Bahnen der »Interstate Commerce Commission« unterstellt, welche die Tarife überwachte und vor allem eine Monopolisierung des gesamten Eisenbahnwesens durch einen Großspekulanten verhinderte, wie sie etwa E. H. Harriman vorschwebte. Zwischen ihm und John Pierpont Morgan kam es im Jahre 1901 zum großen Börsenkampf mit Eisenbahnaktien.

Es ging dabei um die Kontrolle über die Northern Pacific Railway. Harriman kontrollierte unter anderem die Union Pacific, die durch die Ausgabe von Obligationen in Höhe von 60 Millionen Dollar eine ansehnliche Kriegskasse anlegt hatte. Er wusste außerdem den Ölmagnaten Rockefeller hinter sich, sodass er für eine Schlacht mit dem Amerikas Finanzwelt beherrschenden Bankier Morgan gewappnet schien. Der hatte aus einer Sanierungsaktion noch ein großes Paket Northern Pacific in Besitz, das ihm die Herrschaft über die Bahn sicherte. Nun begann Harriman mit seinen Käufen und trieb den Kurs langsam, aber sicher in die Höhe. Völlig arglos nutzte der sonst so gerissene Morgan zunächst die hohen Notierungen, um einen Teil seiner Papiere abzustoßen. Als Harriman die Aufkäufe begann, stand der Kurs von Northern Pacific bei etwa 100 Dollar, bei 150 Dollar gab Morgan einige Papiere ab, dann reiste er wie alljährlich zur Kur nach Europa. Wenig später erreichten die Notierungen 200, dann sogar 300 Dollar. Nun erst roch der alte »Börsenfuchs« Morgan Lunte. Er gab von seinem Kurort Aix-les-Bains telegrafisch Order, rund 150.000 Aktien zu jedem Kurs zu kaufen – das waren mehr als doppelt so viele Papiere, als zu dieser Zeit am Markt noch umliefen. Der Kurs explodierte daraufhin förmlich und erreichte am 9. Mai 1901 einen absoluten Rekordstand von 1000 Dollar. Erst jetzt hatten nämlich einige Spekulanten ihren Fehler eingesehen und versuchten um jeden Preis, noch Northern-Pacific-Papiere an der Börse aufzutreiben. Warum? Sie hatten Aktien, die sie noch gar nicht besaßen, verkauft und ihre Lieferung zu einem bestimmten Termin vertraglich zugesagt (Termingeschäft). Sie wollten die zugesagten Aktien später billiger kaufen und dann wie versprochen liefern. Die Preisdifferenz wäre ihr Gewinn gewesen. Da jedoch der Markt durch Morgans radikale Käufe leer gefegt war, konnten die (Baisse-)Spekulanten die zugesagten Aktien nicht erwerben, also auch nicht liefern. Damit waren sie ruiniert. Aber auch Harriman hatte den Kampf am Ende verloren, denn es war ihm nicht gelungen, die Mehrheit der Northern Pacific zu erwerben, der clevere Morgan hatte gerade noch rechtzeitig geschaltet. Schließlich vermittelte das Investmentbankhaus Kuhn Loeb & Co. zwischen den beiden Kontrahenten und die Bahnlinie blieb im Besitz von Morgan. Einige Monate hielt der die Aktien noch auf ihrem hohen Stand, um die Baissespekulanten auszuquetschen, dann ließ er den Kurs rasch wieder auf 100 Dollar zurückfallen.

Nach dem Ersten Weltkrieg versuchte noch einmal eine Spekulantengruppe aus Cleveland, mit der Rückendeckung der Morgan-Bank, ein größeres Spiel mit Eisenbahnaktien. 1931 stellte eine Parlamentsuntersuchung fest, dass diese Gruppe ein Netz von 28.000 Meilen kontrollierte und damit zum größten amerikanischen Eisenbahnimperium aufgestiegen war. Die Gebrüder Schweringen konnten allerdings ihr riesiges Sammelsurium von Beteiligungen nicht erfolgreich konsolidieren und hatten auch mit den staatlichen Behörden viel Ärger. Ihr Eisenbahnnetz, das sich um die Chesapeake & Ohio Railway Company gruppierte, fiel daher in den Jahren der Depression, die auf den Börsenkrach von 1929 folgten, in die Hände eines Börsenmaklers namens Robert Ralph Young. Eine von ihm erworbene Finanzgesellschaft besaß zwar nur etwa sechs Prozent des Chesapeake-Aktien, was aber zur Kontrolle ausreichte, weil die übrigen Papiere im Publikum breit gestreut waren. 1954 konnte sich Young ebenfalls mit einer kleinen Beteiligungsquote die Kontrolle über die New York Central Railroad sichern, obwohl die Verwaltung in der entscheidenden Hauptversammlung 2000 Hühnerdiners auffahren ließ, um die Aktionäre für sich und gegen Young einzunehmen.

Doch trotz dieser Spekulationsmanöver spielten die Eisenbahnaktien an der Börse keine große Rolle mehr. Die berühmten Namen, die man aus jedem

Wildwestfilm kennt, wie Union Pacific, Santa Fe Railway oder Norfolk &
Western Railway, führen nur noch ein Schattendasein im Kurszettel. Oft sind
es lediglich die Überbleibsel der großen Landschenkungen an die Bahngesell-
schaften, die heute noch für die Aktionäre interessant sein können, weil unter
ihrem Boden teilweise wertvolle Rohstoffe lagern. Ansonsten kamen die
Eisenbahnpapiere nur noch einmal in die Schlagzeilen, als 1970 die Penn
Central zusammenbrach, wovon im Kapitel XV über den Aufstieg und Fall
der IOS noch kurz die Rede sein wird.

IX.

Die Goldverschwörung
des Jay Gould

»Wenn sie reden, lügen sie; wenn sie sich still verhalten,
stehlen sie.«

Ein Senator der Vereinigten Staaten über Geschäftsleute
wie Jay Gould und Jim Fisk

»Man kann der Regierung alles und zu jedem Preis verkaufen,
den man zu fordern die Frechheit hat.«

Jay Goulds Partner beim Gold-Coup »Jimmy« Fisk

»Ich habe mit einer einzigen Ausnahme niemals irgendetwas
mit Jay Gould zu tun gehabt, noch beabsichtige ich, jemals mit
ihm in Berührung zu kommen, es sei denn, um mich gegen
ihn zu verteidigen. Auch habe ich meinen Freunden stets
angeraten, sich niemals mit ihm einzulassen. Ich kam zu diesem
Entschluss, nachdem ich seine Gesichtszüge einer genauen
Prüfung unterzogen habe.«

Der auch nicht besonders feinfühlige »Commodore«
Cornelius Vanderbuilt in einem Brief an mehrere Zeitungen

Im 19. Jahrhundert galten auch im New Yorker Finanzdistrikt rund um die Wallstreet die rauen Sitten des Wilden Westens. Zwar wurde hier nicht oder nur sehr selten mit Revolvern gekämpft, aber auf finanziellem Gebiet schien so gut wie alles erlaubt zu sein. Dementsprechend waren auch die Charaktere der Akteure dieser Börsenszenen. Besonders die ebenso raffinierten wie niederträchtigen Großspekulanten, an der Börse als »der innere Kreis« bekannt, bedienten sich aller Tricks und Kniffe, um die ahnungslosen Mitspieler auszuplündern. Über Daniel Drew hieß es zum Beispiel im Volksmund: »Dan Drew würde ein Haus anstecken, um sich ein paar Eier zu backen.« Dieser kleine Zirkel von Spekulanten konnte den Markt in einer Weise beeinflussen, wie man sich das heute kaum mehr vorstellen kann. Daniel Drew sagte einmal, als er nicht mehr zu diesem Spekulantenring zählte: »Wenn man an der Wallstreet spekulieren will und nicht mehr im Ring ist, ist das ungefähr so, als ob man eine Kuh bei Kerzenlicht kaufen wolle.« Drew wusste, wovon er sprach, denn bei seinem Bankrott als Achtzigjähriger betrug sein Vermögen noch ganze 530 Dollar und bestand nur noch aus Kleidungsstücken und Büchern.

Der »innere Kreis« der Wallstreet

Im Jahre 1869, von dem dieses Kapitel handelt, gehörten zum »Ring« als führende Börsianer Jim Fisk und der verhasste Jay Gould. Fisk war ein ehemaliger Hausierer aus Vermont, der es in Wallstreet zu einem eher zwielichtigen Ruf gebracht hatte. Als Chef der Fall-River-Dampfschifffahrtsgesellschaft lief er oft und gerne in einer Admiralsuniform herum. Besonders sein aufregendes Privatleben gab den teilweise recht gottesfürchtigen Kaufleuten dieser Zeit viel Gesprächsstoff. Sein Geschäftspartner Daniel Drew, der selbst ein theologisches Seminar gestiftet hatte und auch sonst den Segen des Herrn auf alle seine trüben Geschäfte herabflehte, ermahnte Fisk einmal: »Diejenigen, die der Sünde nachgeben, sind Knechte der Sünde. Die Sünde sollte keine Gewalt über dich bekommen, Jimmy.« Er spielte damit hauptsächlich auf Fisks Leidenschaft für Damen zweifelhaften Rufes an. Der aber antwortete trocken: »Ich bin der Gänserich und kann mit allen Gänsen fertig werden. Ich treib's, wie ich gewachsen bin, und ich mache keinen Hehl daraus, dass diese Frauen mir gut gefallen.«

Sein Partner Jay Gould hielt wenig vom wilden Leben Fisks. Er war mehr der Drahtzieher hinter den Kulissen und beide ergänzten sich im Grunde prächtig. Gould stammte wie viele Selfmademillionäre dieser Jahre aus kleinsten Verhältnissen. Sein Vater war ein armer Farmer im Bundesstaat New York und der junge Jay musste kräftig auf dem Hof mitarbeiten. Trotzdem bemühte er sich um eine gewisse Bildung, obwohl er nur sehr unregelmäßig am Schulunterricht teilnehmen konnte. Schon im Alter von 25 Jahren kam er in die Wallstreet, bereits nicht mehr ganz ohne eigenes Vermögen, denn im Verlauf einer bewegten Karriere als Geometer, Kartenzeichner, Schriftsteller und Teilhaber einer Gerberei hatte er manchen »schnellen Dollar« verdienen können. Mit Eisenbahnspekulationen machte er an der Börse rasch sein Glück, galt aber bald wegen seiner Rücksichtslosigkeit als einer der bestgehassten Männer der damals keineswegs zart fühlenden Wallstreet. Bezeichnend für diesen Mann war der Umgang mit seinen ehemaligen Partnern der Firma »Smith, Gould & Martin«. Hatte ihm die Partnerschaft mit Smith und Martin anfangs gute Dienste geleistet, wuchs Gould bald über seine Kompagnons hinaus und löste nach einigen Jahren die Geschäftsverbindung mit den beiden. Martin ging schließlich Bankrott und starb als erklärter Feind Goulds im Irrenhaus, und auch Smith erging es nicht viel besser, denn seine Firma brach nach einer Börsenschlacht mit dem alten Partner Gould zusammen.

Besser klappte hingegen das Zusammenspiel zwischen Gould und Fisk. Das Team hatte schon in so mancher Börsenschlacht die übrigen Marktteilnehmer ausgebootet, als es im Jahre 1869 seine Aktivitäten an den Goldmarkt verlegte. Dafür gab es gute Gründe. Die ersten Anfänge der ganzen Geschichte lagen 1869 bereits über ein Jahrzehnt zurück. Im Zuge besonders wilder Spekulationen mit Eisenbahnaktien war 1857 die Ohio Life Insurance & Trust Company zusammengebrochen. Mit Ausnahme der Chemical Bank konnten danach alle New Yorker Banken ihren Zahlungsverpflichtungen nicht mehr nachkommen. Die Krise griff dadurch schnell auf die Provinz über. Am Ende hatten über 1400 Banken den traurigen Gang zum Konkursrichter antreten müssen. Das ganze Finanzwesen des Landes war daher schwer angeschlagen und konnte sich auch bis zum Ausbruch des Bürgerkriegs nur sehr langsam erholen.

Am 14. April 1861 begann der Sezessionskrieg mit der Beschießung des unbedeutenden Fort Sumter durch General Pierre Gustave Beauregard. Die Südstaaten Mississippi, Florida, Alabama, South Carolina, Georgia, Louisiana und Texas entfesselten damit den grausamsten und mit Ausnahme des Kampfes gegen Napoleon auch teuersten Krieg des 19. Jahrhunderts. Von der Begeisterung mitgerissen, schlossen sich nach der Mobilmachung der Nordstaaten auch die zunächst skeptischen Bundesstaaten Virginia, North Carolina, Arkansas und Tennessee den Konföderierten an. In diesen Ringen zwischen Nord und Süd ging es übrigens nicht nur um die publikumswirksame Abschaffung der Sklaverei, wie einige rhetorische Zungenschläge glauben machen wollten, sondern um einen Interessenkonflikt zwischen den jungen Industriezentren der Ostküste, die Schutz für ihre Produktion durch Einfuhrzölle forderten, und den Plantagenbesitzern des Südens, die am Freihandel interessiert waren. Sie wollten schließlich ihren Tabak und ihre Baumwolle ungehindert (auch nach Europa) verkaufen. Protektionismus und Freihandel standen sich also im Krieg gegenüber. Schon 1864, also mitten im Krieg, hoben die Nordstaatler die Zölle auf den Rekordstand von 47 Prozent an. Es ging also um handfeste wirtschaftliche Interessen.

Schon vor den kriegerischen Auseinadersetzungen fand Abraham Lincoln zu seinem Amtsantritt im März 1861 recht desolate Staatsfinanzen vor. Er half sich – wie fast alle Politiker in einer solchen Situation – indem er Kredite aufnahm. Trotz des großen Misstrauens gegenüber Krediten billigte der Kongress dieses Vorgehen. Das Gold, das damals als Deckung für Banknoten diente, reichte schon bald nicht mehr aus, die geforderte Golddeckung für die nun steigende Geldmenge sicherzustellen. Klammheimlich wurde dieses Manko toleriert. Die Regierung gab sogar selbst Papiergeld aus und unterhöhlte die Golddeckung damit weiter. Die neuen Geldscheine der Regierung, mit der grünen Rückseite, die so genannten »Greenbacks«, flatterten bald immer zahlreicher durch Amerika. Im Jahre 1862 waren es noch 150 Millionen, im folgenden Jahr bereits 450 Millionen Dollar.

Der Coup wird vorbereitet

Wo so viel ungedecktes Geld gedruckt wird, muss es schließlich zur Inflation kommen, und tatsächlich kletterten von 1861 bis 1866 die Großhandelspreise in den USA um über 36 Prozent. Erst 1868 gelang es dann, die Geldschwemme etwas einzudämmen, jedoch blieb das Gold in Relation zur Geldmenge weiterhin ziemlich knapp. Diese Ausgangsposition ließ den gerissenen Jay

Gould nicht ruhen. Wie konnte man Gewinn daraus schlagen? Man müsste, so überlegte er, den Goldmarkt ebenso »cornern« können wie die Aktienbörse. Ein Corner ist sozusagen das Meisterstück eines Großspekulanten. Dabei versucht er, eine Aktie oder eine Ware so weit aufzukaufen, dass auf dem Markt ein extremer Mangel davon herrscht und er den Käufern, wie ein Monopolist, die Preise diktieren kann.

Einige berühmte Corner

1869 in Gold, Teilnehmer: Jay Gould, Jim Fisk (teilweise gelungen)

1888 in Kaffee, Versuch der Firma Theodor Schmidt (fehlgeschlagen)

1925 in Getreide, Teilnehmer: Arthur Cutten, Julius Barnes, die Gebrüder Armour von der Armour Grain Company, Kanadischer Weizenpool (gelungen)

1980 in Silber, Teilnehmer: Nelson Bunker und Lamar Hunt sowie arabische Millionäre (fehlgeschlagen) (siehe auch Kapitel XVI) Armour Grain Company, Kanadischer Weizenpool (gelungen)

Als Schutz vor der Inflationierung des Geldes setzten vorsichtige Zeitgenossen, aber auch viele Spekulanten auf den Glanz des »gelben Metalls« und kauften verstärkt Gold. Zwar galt der Kauf dieses Edelmetalls unter Kaufleuten als unpatriotisch, weil man damit ja sozusagen das Misstrauen in die eigene Regierung demonstrierte, doch bald gab es einen lebhaften Börsenhandel mit Gold. Während der Kurs noch im April 1862 bei 101 Dollar notierte, stieg er bis auf 285, als das Kriegsglück der Nordstaaten sehr zu wünschen übrig ließ. Nach dem Sieg über die Konföderierten aber sackte die Notierung auf unter 150 ab. In dieser Kursregion pendelte der Goldpreis jahrelang auf und ab, wobei die Geschäfte äußerst rege waren. In einer so genannten Abendbörse wurde teilweise bis Mitternacht eifrig gehandelt.

1869 verschaffte sich Gould umfangreiches Datenmaterial über die an verschiedenen Stellen vorhandenen Goldbestände und hatte herausgefunden, dass an der Börse Gold für rund 20 Millionen Dollar umging. Bestände von weiteren 75 bis 100 Millionen Dollar befanden sich im Besitz der amerikanischen Bundesregierung und mit zusätzlichen Lieferungen aus Europa war bei einer raschen Spekulation nicht zu rechnen, denn auch die schnellsten Schiffe brauchten für die Überfahrt doch viele Tagen. Jay Gould, schon damals ein

schwerreicher Mann, überlegte sich, dass es möglich sein müsste, die »freien«
20 Millionen an der Börse aufzukaufen. Die einzige Unbekannte in der Glei-
chung stellte die Regierung dar, denn wenn sie plötzlich verkaufte, musste die
ganze schöne Spekulation zusammenbrechen. Vor dieser Gefahr musste er
also gewappnet sein. Aufgrund seiner bisherigen Tätigkeiten hatte er bereits
erfahren, dass Richter und Politiker gegen klingende Münze durchaus bereit
waren, manche wichtigen Dienste zu leisten. Warum sollte es bei seinem
nächsten Coup nicht ebenso sein?

Von Minderwertigkeitsgefühlen war der Börsenspieler offensichtlich nicht
geplagt, denn er machte sich sogleich an die Regierung der Vereinigten Staaten heran, um sie für seine Geschäfte einzuspannen. General Ulysses Sidney
Grant war im Bürgerkrieg Oberbefehlshaber der Unionstruppen gewesen. Er
war zwar nicht gerade dumm, hatte aber von großer Politik und Finanzen nur
wenig Ahnung und verließ sich daher gerne auf den Rat von Freunden, Rat-
gebern und Interessenvertretern. Gould sicherte sich als Fürsprecher einen
gewissen Abel Corbin, der eine Karriere als Spekulant, Anwalt und so genannter Wandelgänger hinter sich hatte und mit der Schwester des Präsidenten verheiratet war. Wandelgänger nannte man damals die Lobbyisten, die in
den Wandelgängen des Parlaments die Kongressabgeordneten von irgendwelchen Anliegen ihrer Klienten zu überzeugen versuchten. Corbin hatte also
Erfahrungen und glänzende Beziehungen und war demnach genau der richtige Mann für die Absichten Goulds. Für seine Bemühungen sollte er an der
Spekulation großzügig beteiligt werden.

In aller Ruhe begann der kleine Kreis um Gould nun damit, Gold am
Markt aufzukaufen. Bei den wichtigen Gesprächen mit der Regierung aber
musste man äußerst behutsam zu Werke gehen, denn selbst der arglose General musste sich schließlich fragen, warum gerade solche Börsenhaie wie Gould
und seine Freunde so oft über die Vorteile eines steigenden Goldpreises für die
Nation sprachen. Bei einer großen Gesellschaft auf dem Dampfer von Jim
Fisk wurde auch der Präsident eingeladen und im Sinne der Goldlobby bearbeitet. Grant antwortete auf kritische Fragen nur ausweichend und zeigte
wenig Neigung, sich in dieser ihm wenig vertrauten Problematik festzulegen.
Die zurückhaltenden Antworten »wirkten wie ein nasses Tuch auf ein glim-
mendes Feuer«, wie Jay Gould später einmal einem Freund anvertraute, aber
er war keineswegs der Mann, der sich von solchen Kleinigkeiten entmutigen
ließ, vielmehr wartete er ruhig ab und kaufte weiter Gold auf.

Der Plan wurde immer mehr perfektioniert und geschickt ins Werk gesetzt. Die Spekulantengruppe um Gould hievte einen ihr genehmen Mann auf den wichtigen Posten des Hilfsschatzmeisters von New York. Der hatte die Goldtransaktionen der Regierung durchzuführen und saß sozusagen an der wichtigsten Schaltstelle, um Informationen liefern zu können. Auch die »Public Relation« wurde ausgebaut, wozu man Dominick Henry, einen englischen Finanzfachmann, anheuerte, der wissenschaftlich untermauerte Artikel in den Zeitungen lancieren sollte. In ihnen wurde die Notwendigkeit eines höheren Goldpreises für das Allgemeinwohl dargelegt. Wer immer mit dem Präsidenten zusammentraf, wurde von Goulds Leuten im Sinne der Spekulanten bearbeitet. Bald zeigte sich Grant von dieser vielfältigen Propaganda beeindruckt, obwohl ihm bei einer Unterredung mit Jay Gould doch einmal erhebliche Bedenken gekommen waren. Trotzdem schrieb er seinem Schatzsekretär eine Anweisung, nicht ohne besondere Rücksprache mit ihm Gold am Markt zu verkaufen. Ein Schwager des Präsidenten verriet den Inhalt dieses Briefes an Goulds Goldlobby und kassierte dafür prompt 25.000 Dollar.

Jay Gould täuscht alle

Jetzt konnte Gould endlich im ganz großen Stil an die Sache herangehen. Nachdem er anfangs noch Käufe zu 130 Dollar getätigt hatte, stand der Goldkurs am 22. September 1869 bereits bei 137, am nächsten Tag schon auf 143 Dollar. Wenig später notierte das »gelbe Metall« sogar 160, bald darauf über 165 Dollar. Schließlich hatte das Spekulantenteam mehr effektives Gold und Gold auf Termin gekauft, als bei allen New Yorker Banken in den Tresoren lagerte. Gold auf Termin zu kaufen bedeutete in diesem Falle, dass die Verkäufer des Goldes verpflichtet waren, zu einem bestimmten, festgelegten Termin Gold zu liefern. Dieses Gold hatten viele aber noch nicht. Sie hätten es sich demnach bis zum Stichtag, wie sie hofften, billiger beschaffen müssen und damit den Preis weiter in die Höhe getrieben. War nun, wie in diesem Falle, überhaupt nicht genügend effektives Gold vorhanden, so wären diese Verkäufer Gould und seinen Mannen zum Stichtag der Lieferung auf Gedeih und Verderb ausgeliefert gewesen.

Trotz dieser für Gould komfortabel scheinenden Situation stand die Spekulation auf des Messers Schneide, denn es hatten sich doch nicht alle Ver-

trauten des Präsidenten schmieren lassen. Ein gewisser General Porter erzählte Grant sogar von solch einem vergeblichen Bestechungsversuch. Der Präsident war in Finanzfragen zwar nicht sehr gewitzt, aber er war auch nicht
dumm. Allmählich dämmerte ihm, was da gespielt wurde, und er schrieb daher an seinen Schwager Corbin, der den Kontakt Goulds zu ihm angeknüpft
hatte, dass er sich sofort aus der Spekulation zurückziehen solle. Der bekam
tatsächlich kalte Füße und stieg aus.

Damit war die Gould-Clique plötzlich von den für sie so wichtigen Informationen abgeschnitten. Ohne jede Vorwarnung konnten jetzt die Gold-
mengen der Regierung überraschend auf den Markt geworfen werden und die
Preise und somit die Spekulation würde zusammenbrechen. Gelang es andererseits, die hohen Preise durchzuhalten, bis die Baissespekulanten das Gold
liefern mussten, das sie nicht besaßen, konnte die Gould-Gruppe Riesen-
gewinne einstreichen. Jay Gould jedoch war viel zu gerissen, als es auf ein
solches Vabanquespiel ankommen zu lassen, in aller Eile wurde der Schlachtplan umgestellt. Man heckte nun eine Teufelei aus, die den Wildwestmethoden
dieser Jahre alle Ehre machte.

Der wendige Jimmy Fisk wurde beauftragt, am nächsten Tag an der Börse
den Kurs um jeden Preis bei 160 Dollar zu halten. Er sollte seine Kauforders
auf möglichst viele Maklerfirmen verteilen und – das war äußerst wichtig –
nur mündliche Aufträge erteilen. Tatsächlich geriet die ganze Börse in Aufruhr, als die Käufe der Goldlobby bekannt wurden, und es fanden sich viele
Mitläufer, die es Gould nachmachen wollten. Am Abend dieses hektischen Tages hatte die Goldbörse den ersten großen Sturm überstanden, aber er war nur
ein laues Lüftchen im Vergleich zu dem, was am folgenden »Schwarzen Freitag« passieren sollte. An diesem 4. Oktober 1869 war Jim Fisk schon frühzeitig im Börsensaal und bot Wetten darauf an, dass das Gold weiter im Preis steigen würde. In der Tat machten die Mitglieder der Baissepartei lange Gesichter
und mussten erleben, wie der Kurs in der Spitze auf 169 Dollar kletterte.
Währenddessen blieb Gould die Ruhe selbst, angeblich soll er den ganzen
Vormittag Papier in kleine Schnitzel zerrissen haben, wogegen sein Partner
Fisk emsig bemüht war, immer neue Kauforders zu geben.

Aus Washington war der Befehl gekommen, dem wilden Treiben an der
Goldbörse Einhalt zu gebieten. Die Regierung begann plötzlich Gold zu verkaufen. Das Spekulationsgebäude stürzte mit lautem Krach zusammen. Diejenigen, die darauf warteten, dass die Preise endlich fielen, konnten zwar auf-

atmen, in der Börsenhalle aber war nun der Teufel los: Innerhalb von wenigen Minuten fiel der Kurs des noch eben so heiß begehrten Metalls um knapp 20 Prozent zurück. Viele Goldkäufer, die erst in letzter Zeit mit extrem hohem Fremdkapital Gold gekauft hatten, waren dadurch sofort bankrott.

Und Jay Gould? Der Initiator des ganzen Spiels war am Vortag mit erheblichen Gewinnen ausgestiegen, wie sich jetzt herausstellte. Während sein Freund Fisk mit auffälligen Kauforders für Unruhe sorgte, war der Gould'sche Goldschatz klammheimlich abgestoßen worden. Die übrigen Börsianer hatten sich von der Tatsache blenden lassen, dass ein Mitglied der Clique so aggressiv kaufte. Die Makler, die auftragsgemäß handelten, stellten ihre Rechnungen, die Gould-Gruppe aber leugnete eiskalt, die (mündlichen) Kauforders gegeben zu haben. Schriftliche Bestätigungen konnte keiner von ihnen vorlegen, sodass diese armen Teufel ihre Vertrauensseligkeit mit dem Konkurs bezahlen mussten. Angeblich sollen sie dafür von Gould eine lebenslange Rente erhalten haben, vielleicht waren sie aber auch nicht ganz so ahnungslos, wie sie später behaupteten. Diese Betrugsmanöver waren juristisch zwar etwas windig und die öffentliche Empörung äußerst groß, aber die von der Clique bezahlten Richter und Politiker deckten den Rückzug von Gould, Fisk und Konsorten.

Später wurde die ganze Affäre in den Untersuchungen des Kongresses noch einmal aufgewärmt, aber am Ende auch begraben. Gould, den einige geprellte Börsianer nach seinem Coup aufhängen wollten und der nur mit knapper Not durch eine Hintertür entkam, trieb noch fast ein Vierteljahrhundert sein Unwesen in Wallstreet. Er kontrollierte bedeutende Aktienpakete in den Branchen Eisenbahnen und Telegrafenwesen und machte mit trüben Geschäften noch manche Million. Wie es dabei zuging, das würde noch einmal ein ganzes Buch füllen, auf jeden Fall scheute er vor absolut keiner Gaunerei zurück. Ein Senator charakterisierte Eisenbahnkönige seines Schlags einmal so: »Wenn sie reden, lügen sie; wenn sie schweigen, stehlen sie.« In diesem Sinne muss Gould der König der Eisenbahnkönige gewesen sein. Als er sich einmal in Europa aufhielt und um einen Termin bei den mächtigen Rothschilds bat, ließen die bestellen: »Mister Gould, Europa ist nicht zu verkaufen.«

Seinen Kollegen und Vertrauten Jimmy Fisk ereilte das Schicksal im Jahre 1872, als ihm auf dem Weg zu einer galanten Verabredung ein Nebenbuhler aus einer Frauengeschichte gegenübertrat und ihm mit einem Revolver in den Bauch schoss. Fisk, der wegen seiner vielen Spekulationen in den Aktien der

Eriesee-Bahn an der Wallstreet auch »Fürst Erie« genannt wurde, starb nach einer qualvollen Nacht in einem Hotelzimmer, wohin man ihn in der Eile gebracht hatte. In einem Sonderzug wurde der Sarg zu seinem Heimatort Brattleboro überführt. Auf dem Grab errichtete man ein Monument, das von vier Statuen eingerahmt wurde, die den »Handel«, die »Schifffahrt«, das »Drama« und den »Eisenbahnbetrieb« symbolisieren sollten. Im gleichen Jahr wurde auch die wichtigste politische Stütze der Fisk-Gould-Clique verhaftet. William Tweed hatte jahrelang die dunklen Machenschaften der Gruppe gedeckt, solange er als einflussreicher Politiker in New York eine fast unangreifbare Stellung besaß. Das Gefängnis auf der Insel Blackwell sollte er lebend nicht mehr verlassen. Auch der alte Daniel Drew, der Fisk und Gould in die Feinheiten von Wallstreet eingeführt hatte, starb ohne nennenswertes Vermögen. Vom »inneren Kreis« konnte demnach nur Gould seine Spekulationsgewinne bis zu seinem natürlichen Tod im Jahre 1892 behalten und mehren.

X.

Die Gründerjahre:
Hochkonjunktur für Spekulanten

»Es amüsierte mich, zu beobachten, wie mein Kastellan den
Kurszettel studierte und ihn auswendig kannte. Jeden Tag hörte
ich von neuen Transaktionen; immer wurde sein Kapital größer.
Das Endresultat aber war doch der Verlust seiner ganzen
Ersparnisse.«

Aus den Memoiren des »Eisenbahnkönigs« Strousberg,
der 1875 selbst Bankrott machte

»Doch knistert schon laut ein Balken und kracht,
als nage der Wurm am Tempel,
doch siehe, die Pleite kommt über Nacht
und ehe noch einer daran gedacht,
bricht donnernd zusammen der Krempel.«

Aus einem Spottgedicht über die Gründerjahre,
zitiert in: Oskar Stillich, Die Börse und ihre Geschäfte, Berlin 1909

»Wenn aus den Reihen unseres eigentlich zur politischen
Führerschaft prädestinierten Adels einzelne Träger gefeierter
Namen ihre Würde so weit vergessen können, dass sie sich an
nichtsnutzigen Gründungen beteiligen, so könnte uns das an
und für sich gleichgültig sein, wären nicht die Folgen eines solchen Treibens für Österreich zu bedenken.«

Aus der Wiener »Deutschen Zeitung« zur Beteiligung
des Adels bei zwielichtigen Gründungen vor 1873

Jede neue Epoche machende Erfindung gibt der Gesellschaft einen neuen Schub, eröffnet nicht nur neue Wege und wälzt nicht nur die Wirtschaft um, sondern bietet auch dem Kapital neue Möglichkeiten der Beteiligungen. Herrscht dann ungebremste visionäre Zuversicht und blinder Zukunftsglaube, so dauert es nicht lange und Euphorie bestimmt das Handeln der meisten Börsianer, die nun nicht mehr zu unterscheiden vermögen und allem, was den Anschein von Neuem hat, eine glänzende Zukunft prophezeihen. Erst der unweigerlich folgende allgemeine Krach trennt die Spreu vom Weizen und bringt die Geblendeten auf den Boden der Tatsachen zurück. Auf diesem gesunden Fundament erst können sich dann Teile des Neuen beweisen und werden schließlich zum Bewährten.

Mit einem Krieg fing es an

Im Juli 1870 herrschte in den Hauptstädten Europas gespannte Erwartung und von London bis Rom fragte man sich, ob es zum Krieg zwischen Frankreich und Preußen oder gar ganz Deutschland kommen werde. Vorangegangen waren diplomatische Verwicklungen, bei denen es um die Kandidatur eines entfernt mit dem preußischen König verwandten Prinzen für den Thron von Spanien ging. Wie so oft bei Kriegen kam es zu einer Eigendynamik der Ereignisse, die schließlich von beiden Seiten nicht mehr unter Kontrolle gebracht werden konnte. Ein winziger Funke genügte, um das Pulverfass zur Explosion zu bringen. Auf der Kurpromenade von Bad Ems ereignete sich ein angeblich peinlicher Auftritt des französischen Botschafters, der den König von Preußen um eine Unterredung angegangen war, Bismarck manipulierte etwas an der berühmten »Emser Depesche« und schon war der Anlass zum Krieg da. Die Börse in Berlin reagierte trotz aller Siegeszuversicht äußerst verstimmt auf diese sich zuspitzenden Nachrichten; so verloren in der zweiten Julihälfte die Aktien der Darmstädter Bank 37 Prozent, der Diskontogesellschaft 40 Prozent und selbst die 4,5-prozentige Preußenanleihe sackte um gut 15 Prozent im Kurs ab.

Während rechts des Rheins das Lied »Es braust ein Ruf wie Donnerhall, wie Schwertgeklirr und Wogenprall …« ertönte, ging es in Frankreich nicht weniger patriotisch zu. Allerdings klappte dort die Propaganda wesentlich besser als der Truppenaufmarsch, denn während nach zehn Tagen von den geplanten 350.000 Mann der Rheinarmee nur knapp 200.000 mobilisiert waren, hatte der deutsche Generalstabschef Graf Moltke über das gut ausgebaute Eisenbahnnetz eine halbe Million Soldaten an die Front geworfen. Eine Woche darauf waren die Franzosen auf dem Rückzug und am 1. September, einanhalb Monate nach Kriegsbeginn, kapitulierte Napoleon III. und mit ihm die Festung Sedan. Das Geld der Eisenbahnspekulanten hatte also indirekt einen guten Teil des Kriegserfolgs ermöglicht.

Der Kaiser ergab sich, nicht aber Frankreich, die deutschen Truppen hatten es nun mit der Dritten Republik zu tun. Für einige Wochen lag sogar ein europäischer Krieg in der Luft, denn laut Gerüchten glaubte man zu wissen, dass die Österreicher nun Rache für Königgrätz (Entscheidungsschlacht des Deutschen Krieges von 1866: Die preußische Armee obsiegte gegen die österreichische Armee und das kgl. sächsische Korps) nehmen würden. In Russland arbeitete eine starke Partei für einen Krieg gegen Preußen und nur Zar Alexander stand diesen Bestrebungen im Weg. England befürchtete eine Verschiebung des Gleichgewichts auf dem Kontinent. Trotzdem beeindruckte der schnelle Vormarsch der Deutschen, und alle Großmächte hielten still. Paris wurde eingeschlossen und der neue starke Mann Frankreichs, Leon Gambetta, konnte nur noch mit dem Ballon aus der Hauptstadt fliehen, um von der Provinz aus den Widerstand zu organisieren. Die glänzende Metropole Paris aber wurde trotz der eilig aus dem Boden gestampften Volksheere durch Artilleriebeschuss und vor allem den Hunger in die Knie gezwungen. Am Rande dieser Kämpfe schuf Otto von Bismarck in Versailles die Einigung des Deutschen Reiches.

All diese Ereignisse nahm die Börse nach der anfänglichen Schwäche in Berlin überraschend gelassen hin. Beim Friedensschluss waren die Kurse auch nicht höher als nach dem Erfolg von Sedan und am Tag dieser guten Nachricht war die Tendenz sogar schwächer. Dabei konnte Reichskanzler Bismarck für das neue Deutsche Reich als Morgengabe die Provinz Elsass-Lothringen und eine riesige französische Kriegsentschädigung einbringen. Alfons Rothschild musste als Finanzbeauftragter der besiegten »Grande Nation« die Forderungen der Deutschen entgegennehmen. Als die Verhandlungen um die Milliardensumme nicht recht vorankamen, herrschte der stattliche Bismarck den schmächtigen Geldfürsten an: »Wenn der Herr Baron keine Neigung hat, die gewünschten Vorschläge zu machen, müssen wir eben zusehen, wie wir sonst fertig werden!« Rothschild aber ließ sich nicht einschüchtern, so sprach er beispielsweise nur Französisch, obwohl ihn Bismarck des Öfteren an die deutsche Herkunft seiner Familie und an die guten Beziehungen der Preußen zur Frankfurter Rothschildfiliale erinnerte. Beide Seiten waren viel zu sehr auf den Milliardär angewiesen, als dass ihn jemand hätte ausbooten können. Nur seine Familie konnte die gigantische Summe von fünf Milliarden Franc garantieren, die das junge Deutsche Reich von Frankreich forderte.

Noch während die deutschen Truppen auf den Champs-Élysées paradierten, begannen die Pariser und Londoner Rothschilds damit, das Milliardengeschäft zu arrangieren. Keine andere Bankengruppe war damals zu so einer gewaltigen Transaktion in der Lage. Zunächst aber musste Alfons Rothschild erst einmal sein Leben retten, denn die Kommune hatte sich der leidgeprüften Stadt Paris bemächtigt. Die neue Regierung unter Adolphe Thiers befahl von Versailles aus die zweite Belagerung der Metropole. Mit stattlichen Lösegeldern an die Führer des Aufstands erkaufte sich Rothschild das Überleben. Selbst der greise Erzbischof von Paris wurde später als Geisel erschossen, Rothschilds Stadtpalais aber schützten bewaffnete Revolutionäre vor dem Mob. Die Bankiersfamilie bewies wieder einmal ihr Geschick, mit fast allen Machthabern irgendwie zurechtzukommen. Schließlich wurde der Aufstand der Kommune von Regierungstruppen blutig niedergeschlagen.

Der Milliardenstrom fließt nach Deutschland

Doch bald war dieses Zwischenspiel der Kommune Geschichte und die Zahlung der riesigen Kriegsentschädigung an Deutschland konnte beginnen. Die misstrauischen Unterhändler Bismarcks hatten die Begleichung dieser Schuld vollständig in Gold, Silber und Devisen verlangt. Max Schinkel, später Leiter der Discontgesellschaft, berichtet in seinen Memoiren von den Schwierigkeiten dieser Transaktionen. Ganze Wagenladungen von Fässern mit silbernen Fünf-Franc-Stücken wurden per Pferdegespann oder Eisenbahn von Paris aus nach Deutschland geschickt. Da aber die Banken, bei denen die Regierung in Berlin diese Gelder unterbrachte, mit Tonnen von Silbermünzen nicht viel anfangen konnten, ging die ganze Fuhre postwendend nach Paris zurück, um dort Zinsen für das Geld zu verdienen. Nach gefahrvollen Transporten landete das Silber also wieder da, wo es hergekommen war, und konnte erneut auf die Reise geschickt werden. Max Schinkel begleitete so einen Transport und konnte sich das sicherlich interessante Schauspiel, wie die Münzen einem Beamten der Banque de France in Paris einzeln vorgezählt wurden, ansehen. Übrigens passierte dies nach den Erinnerungen Schinkels im Beisein einer »etwas turbulenten Volksmenge«.

Diese fünf Milliarden Franc aber waren es, die ganz wesentlich zu einer der größten Spekulationswellen in Deutschland und zum Teil auch in Österreich beitragen sollten. Überall wirkten die technischen Errungenschaften, verlangten, begünstigten und forderten Umstrukturierungen goßen Ausmaßes. Der Technik und ihrem Siegeszug schienen keinerlei Grenzen mehr gesetzt zu sein. In England hatte man zum Beispiel die »Great Eastern« gebaut, einen Dampfer, der etwa acht- bis zehnmal so groß war wie die gewaltigsten Schiffe seiner Zeit. Zwar endete das Ungetüm nach vielen Unglücken und Irrfahrten schließlich ruhmlos als Hotelschiff in Amerika, aber der Optimismus seiner Erbauer spiegelte den Zeitgeist wider, der damals allerorten herrschte. Im Jahre 1869 war auch der Sueskanal eröffnet worden, für die damaligen technischen Mittel ein gigantisches Bauwerk. In den USA glückte zu Beginn der Siebzigerjahre des 19. Jahrhunderts das ehrgeizige Vorhaben, den Atlantik und den Pazifik durch eine Eisenbahnlinie miteinander zu verbinden. Stolz meinte ein Schriftsteller dieser Zeit: »Nichts wird mehr für unmöglich gehalten. Das beweisen die Pläne für eine Verbindung Englands mit dem Kontinent durch den Kanal und Schwedens mit Dänemark durch den Öresund ...«

Der technische Fortschritt war umwerfend: Professor Landes' Berechnungen besagten für England im Jahre 1870: Die Kapazitäten alleine der Dampfmaschinen entsprächen etwa vier Millionen Pferdestärken, was etwa der Kraft von 40 Millionen Männern entsprach, wobei die tatsächliche Bevölkerung nur zirka 31 Millionen Männer umfasste. Der Einsatz der Maschinen erlaubte es demnach, den Menschen die biologischen Grenzen zu sprengen.

Die Verbindung von grenzenlosem Optimismus und einer Menge Geldes hat noch immer die Spekulationen auf den Plan gerufen. Das war in Deutschland 1871 nicht anders. Ein neues Reich, eine starke Regierung, ein unüberwindlich scheinendes Heer, fünf Milliarden Franc Kriegsentschädigung und eine technische Revolution, da musste sich Optimismus breit machen. Er wurde schier grenzenlos, als die Regierung in Berlin sich beeilte, die Milliarden unter das Volk zu bringen. Anleihen wurden vorzeitig zurückgezahlt, Riesenaufträge gegeben, allein in den Festungsbau flossen 216 Millionen Mark, die einem Mehrfachen der heutigen Kaufkraft entsprachen. Sofort be-

gann ein wahres Gründerfieber und neue Unternehmen schossen wie Pilze
aus dem Boden. Eine Bankgründung folgte der anderen. Allein im Jahre 1871
entstanden in Berlin 26 neue Banken und Baugesellschaften, ein Jahr später
waren es schon 50. Banken und Immobiliengesellschaften konnte man kaum
noch auseinander halten, weil viele Institute als so genannte Baubanken
geführt wurden und sich hauptsächlich mit der Grundstücksspekulation
befassten.

In einem Büchlein mit dem Titel »Die Aussprüche Jerobeams oder das Geschäft mit den Aktien« hieß es zur Qualität dieser Kreditinstitute abschätzig:
»Wenn man sein Geld und seine Fähigkeiten verwerten will, so unternimmt
man etwas in der Landwirtschaft, der Industrie oder dem Handel. Wenn man
entweder mit seinem Geld oder mit seinen Fähigkeiten arbeiten will, so fängt
man an zu spekulieren. Hat man weder das eine noch das andere, so wird man
Bankier, und das bringt am meisten ein.« Tatsächlich wurde in der Phase
konjunktureller Überhitzung prächtig verdient, insbesondere mit Aktien,
denn das Geld des spekulativen Börsenpublikum saß locker und wurde
gerne in neue, wie man meinte, zukunftsträchtige Aktiengesellschaften investiert. Ein zeitgenössischer Schriftsteller charakterisierte das so: »Eine Gesellschaft gründen bedeutet für die meisten Leute, von bestimmten Personen, so
genannten Aktionären, zu erhalten, was man beim Staat nicht erhalten konnte: ein schönes, gut geheiztes und hell erleuchtetes Bureau, mit einem guten
Klubsessel und fetten Gehältern.« Ein solches Treibhausklima zog ständig
mehr Abenteurer an, wodurch die Gründungen immer riskanter und verwe-
gener wurden.

Die Regierung tat nichts gegen die konjunkturelle Überhitzung, die oftmals mit Schwindel verbunden war. Die Unredlichkeit, die um sich griff, war
der Regierung wohl bekannt, doch die sie eindämmende Moral offenbar nicht
wert, verteidigt zu werden, denn: Im Jahre 1873, auf dem Höhepunkt des
Booms, erklärte Reichsstaatssekretär Delbrück: »Der Staat kann die Dummen
nicht daran hindern, ihr Geld loszuwerden.« Im sittenstrengen Preußen hielt
sich die Korruption dabei noch in Grenzen. Immerhin wurde jedoch auch hier
der Wortführer der konservativen Partei im preußischen Abgeordnetenhaus
angeklagt, Konzessionen für Eisenbahnen bei der Regierung beschafft und
gegen Provision weiterverkauft zu haben. Die Welt war auf den Kopf gestellt:
Zeitgenossen beklagten, dass im Parlament Börsengeschäfte und in der Börse
Politik betrieben wurde. Noch enger war die Verbindung von Geld und poli-

tischer Macht zu jener Zeit in Wien. Auch dort grassierte das Gründerfieber. In der Donaumonarchie fischten Mitglieder des Hochadels in äußerst trüben Aktiengeschäften. Der Ausspruch eines preußischen Abgeordneten traf offenbar den Kern der Sache: »Wenn die Dilettanten eingreifen, machen sie's gewöhnlich noch schlimmer als die berufsmäßigen Schwindler.« Allein in den Verwaltungsräten der Eisenbahnen wurden 13 Fürsten, ein Landgraf, 64 Grafen, 29 Barone und 41 andere Adlige gezählt – als ob der Adelsstand durch Geburt bereits über die gebotene Kompetenz verfügt hätte.

Von großen und kleinen Schwindlern

Wie in jeder langen Hausse erfasste mit der Zeit grenzenloser Optimismus die Börsenspekulanten, aber bald auch breite Bevölkerungsschichten. Täglich lasen die kleinen Leute in der Zeitung von raschen Börsenerfolgen, explodierenden Grundstückspreisen und neuen gigantischen Spekulationen. Und wo sogar die großen, illustren Namen der Hochfinanz und des Hochadels im Spiel waren, sollte man da zurückstehen und auf das leicht zu verdienende Geld verzichten? Die Situation schilderte der einige Jahre später in Konkurs geratene einstmalige Eisenbahnkönig Strousberg in seinen Memoiren: »Meine Dienstboten selbst, die sich mit den Jahren einige hundert Taler erspart hatten, waren trotz meiner Warnungen nicht zu halten, und merkwürdigerweise beteiligten sich die armen Leute fast immer an den allerfaulsten Unternehmungen.« So merkwürdig war das eigentlich gar nicht, denn natürlich wurde gerade für diese Projekte am lautesten Propaganda gemacht, um die Börsenlaien zu übertölpeln und ihnen das Geld aus den Taschen zu ziehen. Schließlich erfasste der Spekulationsboom die gesamte Bevölkerung. In einem Spottgedicht hieß es entsprechend: »Es jobbert der Jude, es jobbert der Christ, es jobbern die Krämer und Schreiber, es jobbert der Gastwirt, der Prokurist, der Rechtsanwalt und sein Kopist, es jobbern die Kinder und Weiber.«

Die berühmte »Dienstmädchenhausse« begann sich zu entfalten. Besonders 1872 und auch noch in den ersten Monaten des Jahres 1873 hatten die Optimisten Hochkonjunktur. Allein in Preußen wurden 1872 fast 500 neue Unternehmen ins Leben gerufen. Dabei war es keine Seltenheit, so wird berichtet, dass die Gründer Fabriken für ein- bis zweihunderttausend Mark kauften und darauf ein Aktienkapital von einer Million ausgaben. Solange sich

immer neue Käufermassen auf diese neuen Papiere stürzten und dadurch die
Kurse permanent stiegen, störte solche Überkapitalisierung niemanden. Was
kam es schon auf ein paar Prozent Dividende mehr oder weniger an, wenn
man mit halsbrecherischen Termingeschäften sein Geld in wenigen Wochen
spielend verdoppeln oder gar verdreifachen konnte? Das ging so: Man
brauchte nur einen Bruchteil des tatsächlichen Wertes eines auf Termin erworbenen Aktienpakets zu bezahlen (einschießen), konnte aber an dem Gesamtwert teilhaben (Termingeschäft). Betrug der Einschuss zehn Prozent
(1000 Gulden) vom Gesamtwert (10.000 Gulden) und stiegen die Papiere nur
um 20 Prozent (20 Prozent von 10.000 = 2000 Gulden), so waren 100 Prozent
des eingesetzten Geldes verdient.

Nun war es keineswegs so, dass sich die Spekulation abseits jeder Grundlage abspielte. Die Industrie befand sich immerhin dank des überbordenden
Baubooms, der großen Staatsausgaben und des großen Optimismus in einem
kräftigen Aufschwung. So stieg zum Beispiel in Deutschland von 1870 bis
1873 die Roheisenproduktion um 60 Prozent. Nur leider eilte die Spekulation
auch diesen an sich sehr guten Zahlen noch meilenweit voraus. Das zeigte sich
am deutlichsten in der Baubranche. Dank steigender Löhne und immer größerer Zahl von Arbeitern in den Städten, bestand durchaus Interesse und Bedarf
an neuen Wohnungen. Die neu gegründeten Baufirmen beeilten sich dann
auch, die Beseitigung der Wohnungsnot zu ihrem ureigensten Anliegen zu
machen. So zumindest hieß es in ihren Anzeigen und Gründungsprospekten.
Die Wirklichkeit sah allerdings etwas anders aus. Es ging alleine um das Ab-
kassieren. Ein Zeitgenosse berichtete: »Hatte irgendeine Baugesellschaft an
irgendeinem unzugänglichen Punkte der Umgebung Wiens einige tausend
Quadratklafter Baugrund zu fabelhaften Preisen erworben, so wurde sofort
eine neue Baugesellschaft gegründet, deren Aktionäre dieselben zu doppelten
und dreifachen Preisen aufgehalst wurden.« Durch die hohen Kosten brachte
die Spekulation die Mieten am Ende auf eine derartige Höhe, dass die in Wien
erscheinende »Deutsche Zeitung« monierte, die Baufirmen würden Paläste
bauen, »als wäre die Majorität der Wiener Bevölkerung aus der glücklichen
Kaste der Millionäre«.

Die gleiche Zeitung berichtete auch oft und ausführlich von den Tricks der
gerissenen Großspekulation, die ihre faulen Papiere auf die ahnungslosen
Kleinanleger ablud. Dabei half die Presse kräftig mit. Die Gründer hatten
extra Agenten, die reichliche Geldzuwendungen an die maßgeblichen Journa-

listen zahlten, um Stimmung im Sinne der Spekulation zu machen. Die »Deutsche Zeitung« bemerkte dazu mit Blick auf die Kollegen viel sagend, »dass die schwierige Aufgabe dieses Mannes nicht darin bestand, die Journalisten von der Vortrefflichkeit einer speziellen Finanzoperation zu überzeugen, sondern darin, sich der Zudringlichkeit jener zu erwehren, die auch überzeugt sein möchten«.

Wenn erste Adressen plötzlich für wertlose Sandgründe in der Umgebung von Berlin mehr als für die besten Weinberge an Rhein und Mosel zahlten und ein Wiener Gärtner seinen wenige Jahre zuvor für 10.000 Gulden erworbenen Gemüsegarten für 145.000 Gulden losschlagen konnte, dann wollten natürlich auch zwielichtige Existenzen bei ihren Machenschaften nicht zurückstehen. In München versprach eine gewisse Adele Spitzeder kleinen Leuten 20 Prozent Zinsen und sammelte damit über drei Millionen Gulden ein. Mit diesem Geld leistete sie sich ein aufwendiges Leben und dachte überhaupt nicht daran, Anlagen für die Geldgeber zu tätigen. Das hätte wohl auch wenig Sinn gehabt, denn selbst auf dem Höhepunkt des Gründerbooms, als das Geld knapp zu werden begann, wurden in Berlin Hypothekenzinsen von nur sechs Prozent gezahlt. Ein entlassener österreichischer Offizier namens Pracht war sogar noch großzügiger als die Spitzeder und stellte gleich Zinsen von 40 Prozent in Aussicht. Rund 1600 Sparer vom Koch bis zur Gräfin wurden von ihm ruiniert. Ein zeitgenössischer Berichterstatter meinte dazu: »Jeder Mensch, der seiner Sinne mächtig ist, hätte wissen müssen, dass ein Zins von 40 Prozent nicht mit rechten Dingen zugehen kann.« Im spekulativen Treibhausklima dieser Jahre aber hielten gerade die kleinen Leute anscheinend so gut wie alles für möglich.

Der Krach beginnt in Wien

Natürlich konnte dieser Superboom nicht ewig so weitergehen. Die Spekulation funktionierte schließlich nach dem Prinzip, dass jeder Käufer für sein Grundstück oder seine Aktie einen Abnehmer finden musste, der einen noch höheren Preis zu zahlen bereit war, als man selbst gezahlt hatte. Solange das klappte, lief alles wunderbar und jeder konnte sich mit dem schnell und leicht verdienten Geld in neue gewagte Transaktionen stürzen. Irgendwann aber mussten die Preise so hoch gestiegen sein, dass kaum einer sie bezahlen konnte und noch weniger Menschen daran glauben konnten, dass die Preise noch höher steigen könnten. Dann würde ein nichtiger Anlass genügen, um das ganze aufgeblähte Spekulationsgebilde zum Einsturz zu bringen. An Mahnern fehlte es durchaus nicht. Satirisch nahm es die Zeitschrift »Ulk«: »Nie ist der Mensch ganz hoffnungslos, / Mein Sohn das merke dir! / Trifft einmal dein Papier ein Stoß, / Verkauf den Stoß Papier.«

Dass eine mächtige Hausse oft ganz plötzlich und ohne große Vorwarnung zusammenbricht, lässt die Zeitgenossen nach Anlässen und Gründen suchen, die den »überraschenden« Trendumschwung erklären sollen. Auch über das Ende des Gründerbooms gibt es eine Menge solcher Geschichten. Eine nette Anekdote dieser Art spielt in den hektischen Tagen der Wiener Börse. Als der Vertreter der Rothschilds im dicksten Getümmel der Makler erschien, bestürmten ihn die Börsianer mit einer Vielzahl von angeblich todsicheren Aktientipps. Schließlich wurde ihm von einem besonders wild gestikulierenden Spekulanten ein Aktienpaket für eine halbe Million Gulden angeboten. »Eine halbe Million?«, fragte darauf der Agent der angesehenen Rothschilds. »So viel sind alle neu gegründeten Banken zusammen nicht wert.« Die Geschichte machte die Runde und verursachte einen gehörigen Katzenjammer.

Aber es waren nicht solche kleinen Anlässe allein, die zum großen Zusammenbruch führten, sondern die Baisse hatte sich schon lange Zeit vorher angekündigt: Überall begann das Geld knapper zu werden und die Kauffreudigkeit war gehemmt. Auch die Lagerbestände schwollen langsam an. Vielerorts hatten sich Industrie und Handel in ihrem Optimismus verkalkuliert und am Markt vorbeidisponiert: Die Gewinne sanken. Am 1. Mai 1873 sollte in Wien die Weltausstellung eröffnet werden, was damals immer ein Ereignis von allererstem Range war. Unter äußerster Anspannung des Kredits hielt man daher die angehäuften Warenbestände noch auf Lager in der Hoffnung, sie anlässlich des Großereignisses verkaufen zu können. Aber auch die Weltausstellung konnte keine Wunder bewirken, die Geldknappheit beseitigen und Kaufanstöße geben.

Am 5. Mai 1873 begannen in Wien die Kurse der spekulativen Aktien zu sinken. An diesem Tag »hatte der ganze Boden der Börse wie in einem Erdbeben gezittert«, beschrieb ein zeitgenössischer Buchautor die Szenerie. Der unmittelbare Anlass für die Marktschwäche war folgender: Eine kleine Bank in Ungarn forderte auf ihre Aktien eine Nachzahlung. Innerhalb weniger

Minuten sank das Papier daraufhin von 98 auf 88. »Der Ungarischen Franko-bank blieb der Ruhm, den Reigen der in aller Nacktheit sich bloßstellenden Kreditinstitute und ihres unheimlichen Totentanzes eröffnet zu haben«, beschrieb der »Österreichische Ökonomist« wenige Tage später die Entwicklung. Der Optimismus war verflogen. Kurz darauf stellte eines der angesehensten Wiener Bankhäuser, Mayersberg & Russo, seine Zahlungen ein.

Schon am nächsten Tag war die Börsenschlappe durch den Telegrafen im gesamten österreichischen Kaiserreich und den anderen Finanzzentren bekannt. Der ganze 6. Mai brachte nun Konkurs auf Konkurs, allerdings waren diese Bankrotte noch auf die eher als schwächlich bekannten Firmen beschränkt. Doch allmählich erfasste die vorher so grenzenlos optimistischen Börsianer die nackte Angst und mit ihnen alle kleinen Leute, die ebenfalls auf ein Steigen der Kurse spekuliert hatten. Hinzu kam, dass das heiße Termingeschäft damals an allen wichtigen Börsen stark verbreitet war. Wer mit wenig Eigenkapital eine große Menge Aktien bewegt, der verdient als Käufer in einer Hausse zwar phänomenal, in der Baisse ist allerdings in kürzester Zeit das gesamte Eigenkapital aufgezehrt und weitere Kurssenkungen treffen den Lebensnerv des Spekulanten. Es war demnach nicht verwunderlich, dass mit dem Kurssturz die Haussespekulanten wieder einmal ihre Papiere um jeden Preis zu Geld machen wollten, um zu retten, was noch zu retten war.

Einen Tag später brach die »Kommissionsbank« zusammen und gleichzeitig wurden fast 100 Börsianer zahlungsunfähig. Viele wussten nicht, ob sie am nächsten Tag nicht schon gezwungen sein würden, den Gang zum Konkursrichter anzutreten. Das betraf keineswegs nur Spekulanten, deren Aktien kaum noch verkäuflich waren. Auch Händler, Handwerker und Produzenten bangten um ihre Existenz, denn woher wollten sie wissen, ob ihre Außenstände nicht wertlos waren, weil ihre Schuldner schon alles verloren hatten? »Die Wiener Börse stand unter der Herrschaft des Schreckens«, schrieb ein Chronist dieser Tage. Es kam zu regelrechten Tumulten im Börsensaal und am 10. Mai 1873, also fünf Tage nach Beginn des Kurssturzes, proklamierte die Börsenkammer ganz offiziell den Börsenbankrott. Die Zahlungen wurden eingestellt und die Aktiengeschäfte vorübergehend ausgesetzt. Das Vertrauen, das vorher grenzenlos schien, war mit einem Schlag völlig dahin. Die Aktie des angesehenen »Bankvereins« etwa, die vor dem Krach mit über 350 notiert wurde, fiel innerhalb eines Monats um ein Drittel im Kurs. Im Herbst, also rund fünf Monate später, wurde sie nur noch mit 92 und damit 75 Prozent unter ihren Spitzennotierungen gehandelt.

Die Verwirrung war groß und erfasste nicht nur die Börsen und Banken, sondern griff auch auf die gesamte Industrie und den Handel von Österreich über. Die Zeitungen waren voller tragischer Geschichten über Menschen ohne Auswege: Offenbarungseide, Selbstmorde, Familientragödien ...

Aber selbst aus dieser Situation versuchten gewisse Schlitzohren Kapital zu schlagen: Sie fingierten zum Beispiel ihren Freitod. Sie klaubten den Rest ihres Vermögens zusammen, ließen Hut und Mantel mit ihren Papieren an einer Brücke zurück und versuchten auf Nimmerwiedersehen zu verschwinden. Herzzerreißende Abschiedsbriefe wurden geschrieben, deponiert und gefunden. Die Zurückgebliebenen versuchten Lebensversicherungen zu kassieren, lehnten aber das Erbe, welches ohnehin nur aus lauter Schulden bestand, ab. Doch mancher angebliche Selbstmörder wurde durch die Gläubiger irgendwo quietschvergnügt aufgestöbert.

Vormals angesehene Mitglieder der Hocharistokratie, die in den Verwaltungsräten der Schwindelbanken saßen, mussten sich in den Aktionärsversammlungen manche Beschimpfung anhören. Aber schon bald begann sich der Börsensturm wieder zu legen. Selbst das renommierte Haus Rothschild erklärte, dass nunmehr die schlimmsten Tage vorüber seien. Dann jedoch

Der Sturz der Kurse an der Wiener Börse

Datum	Bodenkredit	Bankverein
2. Januar 1873	278	368
1. April 1873	297	374
1. Mai 1873	294	356
8. Mai 1873	290	335
12. Mai 1873	280	260
5. Juni 1873	283	238
27. Juni 1873	383	178
25. Juli 1873	–	163
27. August 1873	250	179
13. Oktober 1873	165	92
28. Oktober 1873	–	43

Quelle: Albert Schäffle, Gesammelte Aufsätze, Tübingen 1886

wurde bekannt, dass der Kassierer der Kreditanstalt mit der stattlichen Summe von 437.000 Gulden geflohen sei. Wie angestoßene Dominosteine fielen daraufhin weitere Banken um.

Nach einem kurzen Zwischenspiel im August und September, in dessen Verlauf die Spekulanten wieder etwas Mut fassten und vor allem die Bauaktien erneut zu steigen begannen, kam es zu weiteren Kursstürzen, die bis weit in den Herbst andauerten. Auch qualitativ erstklassige Papiere wurden nun an der Börse für ein Butterbrot verschleudert. Die Zeitschrift »Aktionär« bezifferte schließlich den Verlust der Anleger in der Zeit von April bis Oktober 1873 auf die für damalige Verhältnisse gigantische Summe von gut 700 Millionen Gulden. Die Wiener Börsianer hatten damit für ihren ehemals überschwänglichen Optimismus einen hohen Preis zahlen müssen, aber ihren Kollegen erging es keineswegs besser.

Die Krise springt über

Es dauerte immerhin vier Monate, bis die Wiener Krise auf die anderen Börsen übersprang. Zunächst wurde der New Yorker Aktienmarkt in Mitleidenschaft gezogen. Dort war die Lage durch eine überbordende Spekulation in Eisenbahnpapieren ohnehin äußerst angespannt gewesen. Besonders gefährlich sah es beim führenden Bankhaus Jay Cooke & Co. in Philadelphia aus, das sich stark beim Bau der Northern-Pacific-Eisenbahn engagiert hatte. Mitte September 1873 stiegen die kurzfristigen Zinsen bereits auf 25 Prozent.

Trotz dieser extrem hohen Zinssätze wurde es zunehmend schwieriger, größere Geldmittel aufzutreiben. Das bedeutete das Todesurteil für die angeschlagene Cooke Bank. Am 18. September brachte ein Lehrjunge am Hauptportal des Bankgebäudes einen Aushang an, in dem es lapidar hieß: »An das Publikum! – Wir bedauern, mitteilen zu müssen, dass die Firma wegen unerwarteterweise an sie herangetragenen Forderungen die Zahlungen einzustellen genötigt ist.« Die Nachricht schlug wie eine Bombe ein. Bei der Northern Pacific, deren Anleihen im gesamten amerikanischen Anlegerpublikum breit gestreut waren, standen 100 Millionen Dollar auf dem Spiel. Die Krise weitete sich von Philadelphia nach New York aus. 35 Banken und Maklerfirmen mussten noch am gleichen Tag Konkurs anmelden. Die Börse wurde vorübergehend geschlossen und zehn Tage später kamen die Börsianer nur zusammen, um sich eine lange Liste der Bankrotte verlesen zu lassen. Es sollte fünf Jahre dauern, bis sich die amerikanische Industrie und Finanzwelt völlig von dieser Krise erholt hatten. Schon drei Monate nach dem Cooke-Konkurs waren 182.000 Männer arbeitslos.

Da die päpstlichen Anlageberater schon damals wenig Vertrauen in die italienische Wirtschaft hatten, waren von ihnen bedeutende Finanzmittel bei amerikanischen Bankiers untergebracht worden. Besonders die Spenden aus Nord-, Mittel- und Südamerika legte die Kurie am New Yorker Geldmarkt an. Durch die Gründerkrise, die auch New York erfasst hatte, geriet selbst die Finanzverwaltung des Heiligen Stuhls in arge Bedrängnis. So meldete die »Allgemeine Zeitung«: »Der Vatikan soll in großer Bestürzung und Aufregung sein. Bedeutende Summen des Peterspfennig scheinen unwiederbringlich verloren zu sein.«

Der Schatten der Krise fiel auch auf Berlin, wo im Oktober 1873 die Quistorpsche Vereinsbank zusammenbrach, die besonders stark in zwielichtige Spekulationen größten Stils verstrickt war. Sie zog ein gutes Dutzend der eigenen Neugründungen mit ins Verderben. In den nächsten Wochen hatten die Konkursrichter in ganz Deutschland alle Hände voll zu tun. Schließlich schloss sich im November auch noch England der mittlerweile weltweiten Konjunkturflaute an und selbst im ägyptischen Alexandria und in Buenos Aires kam es zu schwerwiegenden Bankkrisen. Jedes Mal, wenn die Telegrafen eine neue Hiobsbotschaft rund um den Globus schickten, war wieder irgendwo eine Neugründung zusammengebrochen.

Nicht alle Börsianer nahmen die dem Börsenkrach folgende schwere Wirtschaftskrise mit Humor, doch gerade in Berlin war an Galgenhumor und Witzen kein Mangel. Zwei Beispiele sollen hier vorgestellt werden: »Tulpenthai: Sie sind in diesem Jahr regelmäßig zur Börse gegangen, was haben Ssie verdient? – Veilchenthal: Prügel. Was gemacht werden kann, wird gemacht, sagte der Gründer – da machte er Pleite.« In der Satirezeitung »Ulk« waren folgende fiktive Fragen an den Börsenvorstand zu lesen: »Welches sind die Gründe für die in Aussicht genommene Erweiterung des Börsengebäudes? Wird es für notwendig erachtet, weil für die Spekulation gegenwärtig kein Raum vorhanden ist oder weil die Herren Gründer so stark in die Enge getrieben sind oder aber, weil jetzt so viele Leute an der Börse das Weite suchen?«

Folgende kleine Tabelle gibt den schnellen Sturz der Kurse wieder:

Aktienkurse an der Berliner Börse 1873

Aktie	1.4.1873	10.10.1873
Allg. Häuserbau	131 1/4	75-
Baltischer Lloyd	72 3/4	42 3/4
Vereinsbank Quistorp	191-	25 1/4
Bau-Ges. Westend	190 1/4	31-
Chemnitzer Union	94 3/4	27-
Waggonfabrik Westfalia	144 3/4	61-
Bergwerk Mägdesprung	110	37-

Quelle: Max Wirth, Geschichte der Handelskrisen, Frankfurt/Main 1874

Die Depression sollte in den einzelnen Ländern noch etwa bis 1878/79 andauern, bevor die allgemeine Niedergeschlagenheit einer optimistischeren Sichtweise wich. Bis dahin fielen zum Beispiel in England die Preise für Roheisen innerhalb von zwei Jahren um gut ein Drittel. Die Eisenproduktion ging um über elf Prozent zurück. Viele Unternehmer, am Rande der Pleite produzierend, begannen mit umfangreichen Entlassungen und Lohnkürzungen. Durch den Geldmangel der Konsumenten erfasste die Krise daraufhin alle Branchen. Das Jahr 1873 war damit so etwas wie eine Generalprobe für die noch stärkere Depression der Weltwirtschaftskrise in den Dreißigerjahren des 20. Jahrhunderts.

XI.

Zwei Milliarden Franc verschwinden im Dschungel

»Seefahrende Leute lachen über das Hunger- und Sparsystem am Boden kriechender Nationalökonomen, wohl wissend, dass die See an guten Dingen unerschöpflich ist und dass man nur Mut und Kraft haben dürfe, sie zu holen.«

Mit diesen Worten preist Friedrich List in seinem »Hymnus auf die See«
die Chancen, die im Fernverkehr stecken (veröffentlicht: 1850)

»Gluthitze und tägliche wolkenbruchähnliche Regenfälle machen das ganze Land bodenlos. Die Menschen werden sofort von zahllosen Schwärmen von Moskitos angefallen, sodass sie nur unter dichten Gazeschleiern arbeiten können.«

Aus einer Beschreibung der Landenge von Panama
in einer zeitgenössischen amerikanischen Zeitung

»Die Gesellschaft hat jahrelang wie ein Spieler immer höhere Einsätze gewagt und verloren. Dabei hat sie sich nicht gescheut, einen Teil des Parlaments, Senatoren und gar Minister glatt zu bestechen. Auf der Wallstatt geblieben sind fast eine Million harmloser, betrogener Franzosen.«

Aus der Parlamentsrede Georges Clemenceaus über die Panamakanalgesellschaft,
die der Anlass für den Zusammenbruch des Unternehmens wurde

Ein alter Traum wird wahr

Um verstehen zu können, warum das französische Bürgertum für ein so abenteuerliches Projekt wie den Bau des Panamakanals zwei Milliarden Franc riskierte und verlor, muss man die Schlüsselfigur des ganzen Dramas näher kennen. Diese Hauptfigur war Ferdinand Vicomte de Lesseps, Diplomat, Weltmann und der Erbauer des Sueskanals. Und auch die Geschichte des Baus dieses »Jahrhundertwerks« sollte vorausgeschickt werden, damit zu verstehen ist, warum die sonst eher misstrauischen Kleinbürger aus der französischen Provinz einem Mann so viel Geld für einen Kanalbau im zigtausend Kilometer entfernten Panama anvertrauten, obwohl er weder Ingenieur noch ein erfahrener Financier war.

In einer Zeit, in der große Weltreiche wie das Britische Empire, aber auch das Französische Kaiserreich ihre Kraft ganz wesentlich aus den weit entfernten Kolonien schöpften und der Welthandel immer mehr an Bedeutung gewann, mussten die Seewege von großer Bedeutung sein. Wirtschaftlich noch wichtiger konnten sie werden, wenn die Seewege selbst verkürzt werden konnten. Eine Verkürzung um 11.000 Kilometer in den Fernen Osten und nach China würde ganz erheblich Zeit und Geld sparen. Schon die Pharaonen Sethos I. und Ramses II. (um 1400 v. Chr.) im alten Ägypten begannen vom Nil bis zum Roten Meer einen Kanal zu bauen, der unter Darius Hystapes etwa 100 Jahre später (nach Herodot) beendet wurde und 120.000 Menschenleben kostete. Dieser Kanal wurde von Ptolemäus II. (285–247 v. Chr.) erweitert und blieb bis 767 in Funktion; damals wurde er zugeschüttet.

Im 18. Jahrhundert plante der Malukenchef Ali Bei eine Verbindung des Roten Meeres mit dem Mittelmeer, verwarf den Plan, der aber von Napoleon Bonaparte wieder aufgenommen wurde (Ägypten stand unter französischem Direktorium).

Auf Veranlassung Metternichs wurde 1847 eine internationale Baukommission eingesetzt, die das Kanalvorhaben planen sollte. Am 5. Januar 1856 erhielt schließlich Ferdinand von Lesseps eine Konzessionsurkunde mit einer Laufzeit von 99 Jahren für eine noch zu bildende Gesellschaft, dessen neuerliche internationale Kommission das Vorhaben erneut prüfte und die später umgesetzten Pläne erarbeitete.

In London sah man es nicht gerne, dass ein solches strategisch äußerst wichtiges Bauwerk nicht von Engländern, sondern von Franzosen in Angriff genommen wurde. Lord Palmerston bezeichnete das Projekt im Unterhaus als ein »Attentat auf die Leichtgläubigkeit der Kapitalisten«.

Zuvor schon hatte sich der englische Ingenieur Stephenson, Sohn des Lokomotivenerfinders, dahingehend geäußert, dass der Plan aus technischen Gründen undurchführbar sei, weil der Kanal sofort wieder versanden würde. So war es also kaum verwunderlich, dass sich die Londoner Börse kaum mit ihrem Kapital an der Finanzierung des Kanals beteiligte, aber auch die Amerikaner, Russen und Österreicher gaben kein Geld. Hinzu kamen die politischen Intrigen der Engländer, die mit allen Mitteln Druck ausübten, um die Einstellung der Bauarbeiten zu erreichen.

Nicht zu unterschätzen waren auch die technischen Probleme bei der Arbeit in den öden Wüstengegenden. 1862 wurden täglich 1600 Kamele allein dazu eingesetzt, das Trinkwasser heranzuschaffen. Das änderte sich später, als ein Süßwasserkanal vom Nil angelegt werden konnte. Anfänglich arbeiteten 30.000 bis 40.000 Fellachen am Kanal, die von der ägyptischen Regierung des Khediven wegen der hohen Sterblichkeit eingestellt wurden. Als Wiedergutmachung für die Todesfälle wurden alleine 38 Millionen Franc bezahlt. Später wurde der Maschineneinsatz verstärkt, da die Heere von billigen Arbeitskräften auf englischen Druck zurückgezogen werden mussten. Immerhin dauerte der Bau trotz aller Schwierigkeiten nur zehn Jahre und sieben Monate vom ersten Spatenstich bis zur prunkvollen Eröffnung im Jahre 1869.

Für die Größe der Aufgabe und die technischen Mittel der Zeit war dieses Jahrzehnt verhältnismäßig kurz, den Geldgebern hingegen erschien die Wartezeit fast endlos. Etwa die Hälfte der Aktien der Kanalbaugesellschaft hatten Ende 1858 die französischen Sparer gezeichnet. Nur rund zwei Prozent übernahmen Ausländer, den Rest hielt der Khedive. Da man bei den großen Finanztransaktionen die Pariser Hochfinanz zum großen Teil übergangen hatte, gestaltete sich der Kursverlauf der neuen Aktie äußerst abenteuerlich. 1863 war die Aktie, die man fünf Jahre zuvor für 500 Franc ausgegeben hatte, für nur noch 40 Franc zu haben. Dies resultierte insbesondere aus dem immer wieder steigenden Finanzbedarf der Gesellschaft. Die Kosten wurden zunächst mit 200 Millionen Franc veranschlagt, die durch mit fünf Prozent zu verzinsenden Anteilscheinen aufgebracht wurden. Schon ab dem 1. Januar 1871 wurden die Zinsen nicht mehr bezahlt, sondern es wurde stattdessen am 1. Januar 1875 eine Anleihe (40 Millionen Franc) mit einem 4,25-prozentigen Zinskupon ausgehändigt. 1868 wurde der zusätzliche Kapitalbedarf durch eine 166,6665-Millionen-Anleihe und 1871 durch eine weitere von 20 Millionen Franc aufgebracht.

Dennoch, alle diese Probleme waren vergessen, als am 17. November 1869 der Kanal seiner Bestimmung übergeben wurde. Der Kaiser von Österreich, die Kaiserin von Frankreich und der deutsche Kronprinz Friedrich Wilhelm wohnten der Zeremonie bei. Die Teilnehmer wurden vom Zauber der glanzvollen Feste, dieses geschichtsträchtigen Ereignisses, das angeblich 20 Millionen Franc verschlang, vollkommen eingenommen. Der unbestrittene Star dieses Rummels war die französische Kaiserin Eugenie, die über 230 Kleider mit auf die Reise genommen haben soll. Selbst die Engländer erkannten die technische Großtat als solche an und überreichten Lesseps das »Großkreuz des Sterns von Indien« als Anerkennung für seine Leistung. Sie wussten schließlich am besten, mit welchen unnötigen Schwierigkeiten sie den Bau behindert hatten und wie viel zäher Beharrlichkeit es bedurfte, das Werk zu vollenden.

Die Engländer »erobern« den Sueskanal

Die finanziellen Schwierigkeiten waren mit der Eröffnung des Kanals allerdings noch nicht beseitigt, obwohl die wirtschaftliche Notwendigkeit der neuen Verkehrsverbindung schon nach der ersten Kanaldurchfahrt innerhalb von 26 Stunden außer Zweifel stand. Trotzdem war in den ersten Jahren an Dividenden nicht zu denken und selbst der Konkurs konnte nur knapp vermieden werden. Ein hoher deutscher Beamter erklärte nach den Eröffnungsfeierlichkeiten: »Niemand würde solch ein Narr sein und sein Geld in Kanalaktien anlegen.« Besser wussten das allerdings die Engländer, sie waren gegen den Kanal unter französischer Kontrolle, aber ganz und gar nicht gegen einen solchen unter englischer Obhut. Im Gegenteil, dem Britischen Empire, der See- und Handelsmacht, war die Bedeutung des Bauwerks für einen florierenden Handel mit Indien durchaus bewusst. Wie war die Eroberung zu bewerkstelligen? Im Londoner Regierungsviertel war man sich schnell über den richtigen Weg einig: Der einfachste und gefahrloseste Weg war es, die Mehrheit der Aktien zu erwerben. Dazu sollte sich bald eine günstige Gelegenheit bieten.

Im Londoner Haus Lionel Rothschilds erfuhr Benjamin Disraeli anlässlich eines Diners, dass der fast bankrotte ägyptische Khedive seine Sueskanalaktien der französischen Regierung angeboten habe. Die Politiker in Paris zeigten sich zögerlich. Statt die Schlagader des Welthandels völlig in ihren Besitz zu bringen und die so erworbene Monopolstellung zu nutzen, feilschten sie um den Preis wie in einem orientalischen Basar. Disraeli war da nicht so begriffsstutzig. Als er die Preisvorstellungen des Khediven aus Paris gekabelt bekam, immerhin die runde Summe von 100 Millionen Franc, was damals vier Millionen Pfund ausmachte, ließ er ausrichten: »Wir akzeptieren.«

Eile war ebenso geboten wie striktes Stillschweigen. Denn es galt zu verhindern, dass andere Regierungen von der geplanten Transaktion Wind bekommen und möglicherweise den Preis in letzter Sekunde überbieten würden. Doch wie sollte die Regierung das Geld aufbringen? Das Parlament war in Ferien, jede Bank hätte erst einmal langwierige Verhandlungen begonnen und Disraelis Regierung selbst hatte die nötigen Mittel nicht zur Verfügung. Wieder einmal boten die Rothschilds die Lösung. Nachdem das Kabinett den englischen Premier zum Kauf der Kanalaktien ermächtigte, wurde unverzüglich ein Bote zu Lionel Rothschild geschickt, der dem Bankier den offiziellen Kreditwunsch der Regierung überbrachte. Der antwortete ähnlich knapp wie Disraeli am Vortag: »Soll sie haben.« Damit war der Handel praktisch perfekt und London kontrollierte nun dieses wichtige Nadelöhr auf dem Weg nach Indien. Auch unter rein finanziellem Aspekt erwies sich der Kauf als glänzendes Geschäft, denn der Kurswert der Aktien schwoll bis 1905 von vier auf 25 Millionen Pfund an und nebenbei wurden ansehnliche Dividenden verteilt, die zum Beispiel im Jahre 1903 immerhin 26 Prozent erreichten. Ein deutscher Schriftsteller um die Jahrhundertwende meinte dazu: »Wie so oft, so hat auch hier Albion es verstanden, ziemlich mühelos zu ernten, wo andere gesät haben.«

Zwar hatten sich viele hervorragende Männer beim Bau des Sueskanals große Verdienste erworben, wie etwa der technische Leiter, der Österreicher Ritter Alois von Negrelli, der Ruhm aber fiel allein Vicomte Lesseps zu. Dieser begann sich nun für ein anderes gigantisches Werk zu interessieren, für den Panamakanal. Durch die Überwindung einer Landenge von nur 68 Kilometern ließ sich in Panama ein gefahrvoller Seeweg um das Kap Hoorn von über 8000 Meilen ersparen. Fast schien es zwangsläufig, dass Lesseps nun auch diese Aufgabe anpacken müsse. Hatte nicht gerade erst das Beispiel des Sueskanals gezeigt, dass kleingläubige Einwände vor wegweisenden Visonen und hartnäckige Zielstrebigkeit keinen Bestand haben konnten? Und der Vicomte, inzwischen immerhin bereits 74 Jahre alt, nahm die Herausforderung an.

Erste Millionen für Panama

Im Jahre 1879 meldeten die Pariser Zeitungen eines Tages: »Ferdinand de Lesseps hat die Leitung der Panamakanalgesellschaft übernommen«, und elektrisierte die Menschen. Vor dem Verwaltungsgebäude des Unternehmens an den Champs-Élysées wurde die Marseillaise gesungen, ganz Frankreich war fasziniert. Was für eine Nachricht! Diesmal würde man, ohne mit anderen teilen zu müssen, das ganz große Geld verdienen. Ein wahrer Begeisterungssturm erfasste die Nation. Hier ließ sich eine heroische nationale Tat zugleich mit hohen Dividenden entgelten. Diese Kombination behagte den wohlhabenden Bürgern der Belle Époque, aber auch die kleinen Leute wollten am sicheren Gewinn partizipieren.

Nur wenige ahnten, auf welches Abenteuer sich der Vicomte in Panama eingelassen hatte. Diesmal sollte es nicht die Politik, sondern die Technik sein, die dem Erbauer des Sueskanals das Leben schwer machen würde. Der Plan eines Kanals durch die Landenge von Panama war so genial und verlockend, dass ihn nicht erst die Franzosen im 19. Jahrhundert fassten. Schon Karl V. hatte sich 1529 mit solchen Gedanken getragen, das Projekt dann aber wegen ungelöster Probleme fallen lassen; Probleme mit Felsgestein, Schlingpflanzen und Mückenschwärmen. Sollten sie wirklich die moderne Technik und jene Männer zurückhalten können, die schon ein Jahrzehnt zuvor beim Bau des Sueskanals ihre Stärke bewiesen hatten?

Aufmerksame Zeitgenossen hätten allerdings eine Vorstellung von der Größe der Aufgabe gewinnen können, denn schon seit 15 Jahren gab es in Panama eine Eisenbahnlinie, die den Atlantik und den Pazifik miteinander verband. Die vielen Chinesen, die beim Bau dieser Bahn an Fieberkrankheiten starben, hätten den französischen Ingenieuren durchaus als Warnung dienen können. Nicht umsonst ging bei den amerikanischen Erbauern das Wort um: »Unter jeder Schwelle liegt ein Arbeiter begraben.« Wenn schon eine Eisenbahnlinie so gewaltige Schwierigkeiten aufwarf, welch gigantischen Aufwand musste dann ein relativ breiter und tiefer Kanal mitten durch den Urwald verursachen? Dazu aber waren Erdbewegungen beachtlichen Ausmaßes notwendig, denn es mussten die Kordilleren überwunden werden, die an dieser Stelle immerhin eine Höhe von rund 100 Metern erreichen.

Die allgemeine Zuversicht und insbesondere das Vertrauen in den Namen Lesseps ließen Kritikern insbesondere bei den kleinen Leuten kaum eine

Chance. So waren in erster Linie sie es, die bei der Emission von Aktien im Wert von 300 Millionen Franc zeichneten. Dafür sprach der relativ niedrige Durchschnittsbetrag von unter 3000 Franc pro Aktionär. Hier war nicht der Geldadel am Werk, der die Safes aufschloss, sondern die Sparstrümpfe vieler Sparer wurden geplündert. Fürs Erste zumindest hatte die Panamagesellschaft das nötige Kapital beisammen und konnte mit der Arbeit beginnen.

Bevor jedoch auch nur der erste Spatenstich getan wurde, standen die ersten Gewinner bereits fest: Eine Gruppe von Spekulanten hatte sich nämlich rechtzeitig die Konzession zum Bau eines Kanals in Panama gesichert, die ihr Lesseps zunächst für zehn Millionen Franc abkaufen musste. Zudem brauchte er die Eisenbahnlinie zum Transport von Maschinen, Arbeitern und Nachschub. Diese kostete die horrende Summe von 40 Millionen Franc. Ein Sechstel des Aktienkapitals war damit bereits ausgegeben, bevor der erste Arbeiter überhaupt an der Baustelle eingetroffen war. Doch ein Mann wie Lesseps ließ sich nicht so einfach irritieren. Er war selbst nach Panama gereist, um dort den symbolträchtigen ersten Spatenstich zu tun, und verbreitete in seinen Briefen nach Paris strahlenden Optimismus. Nach seinen Berechnungen sollte der Kanal nun 800 Millionen Franc kosten und innerhalb von sieben Jahren fertig werden.

Tatsächlich schien die Zuversicht begründet zu sein, denn bei dem Bau wurde ein stürmisches Tempo vorgelegt. In Paris hörte man von solchen Berichten gerne und sofort wurde eine neue Baugesellschaft gegründet, die noch einmal 300 Millionen Franc an Aktienkapital auflegte. Demnach stand der Bau gemäß den Kostenvoranschlägen Lesseps auf äußerst solidem Fundament: Den Baukosten von 800 Millionen Franc standen nun 600 Millionen Franc an Eigenkapital gegenüber.

Die mächtige Begeisterung für den Kanalbau musste um jeden Preis erhalten werden, denn mit der Zeit gingen in der Konzernzentrale an den Champs-Élysées immer häufiger Berichte aus Panama ein, die erst von zunehmenden, später ernsten und schließlich gewaltigen Überschreitungen der Kostenvoranschläge sprachen und mit der Bitte um weitere Millionen endeten. Lesseps war nun ein Gefangener seines gigantischen Projekts, der, um den Bau nicht scheitern zu lassen, immer neues Geld auftreiben musste. Er hetzte von einem Vortrag zum nächsten, um seine Zuhörer von den phänomenalen Aussichten des Kanals zu überzeugen. Die Mittel, um die nötigen Kapitalien für den Weiterbau aufzutreiben, wurden mit der Zeit immer abenteuerlicher. Die »Compagnie du Canal de Panama« gab Aktien aus, emittierte Anleihen, warb für Lose mit einem Hauptgewinn von einer Million Franc, und für alle Versprechungen stand der greise Vicomte gerade, der mit für sein Alter beeindruckender Schaffenskraft zu immer neuen Werbereden eilte. Doch auf Reden alleine mochte man sich nicht mehr verlassen. Mancher Journalist, der dem Panamakanal nicht ganz so positiv gegenüberstand, wie seine Erbauer es gerne sehen wollten, erhielt einige überzeugende Argumente in Form von klingender Münze überreicht.

Millionennachschub für den Kanal

Viel trauriger noch als die Lage der Finanzen waren die Zustände auf der Baustelle in Panama. Der mächtigste Feind der Panamagesellschaft war nicht etwa der Fels, sondern eine kleine unscheinbare Mücke. Nachts stieg sie aus den umliegenden Sümpfen auf und drang in die Quartiere der Kanalarbeiter ein. Für sie waren die kleinen Tierchen eine lästige Plage. Dass sie gefährliche Krankheiten wie Malaria und das gefürchtete Gelbfieber übertrugen, davon ahnten die Franzosen nichts, und statt nachts unter Mückennetzen zu schlafen oder die Fenster zu schließen, ärgerten sie sich lediglich über die lästigen Plagegeister. Man stellte die Beine der Krankenhausbetten in kleine Wasserschälchen, damit nicht Ameisen zu den Fieberkranken hinaufkriechen konnten, doch genau in diesem Wasser brüteten die Mücken, die dann Malaria übertrugen. Tausende Arbeiter starben und ihr Tod verzögerte den Bau. Aber immer wieder brachten die Schiffe neue Arbeiter, die von den hohen Löhnen, die die Gesellschaft zahlte, angelockt wurden.

Eine Reihe von Jahren verging, nach den ursprünglichen Planungen sollte der Kanal eigentlich fertig sein, jedoch waren die Kordilleren immer noch nicht überwunden. Eine Regierungskommission wurde nach Panama geschickt und kam zu dem Schluss, dass nun doch teure Schleusen gebaut werden mussten, um den beachtlichen Niveauunterschied zu überwinden. Immerhin, ein Zurück konnte, ja durfte es für alle Beteiligten nicht mehr geben. Die Regierung wurde eingeschaltet, sie sollte eine neue große Anleihe garantieren, für die letzte große Kraftanstrengung, wie es hieß. Ein breiter Strom von Bestechungsgeldern begann in die Taschen von Beamten, Parlamentariern, Politikern und Ministern zu fließen, um das Vorhaben zu sichern.

Dem Vicomte de Lesseps waren solche Methoden zuwider, aber auch er konnte nun nicht mehr zurück, schließlich steckte das Geld von Hunderttausenden kleiner Sparer in seinem Projekt. Eine runde Milliarde Franc war bereits in einen bisher völlig nutzlosen Graben im Urwald von Panama verbaut, der zudem viele tausend Menschenleben kostete. Gelang es nicht, bis zum Pazifik vorzustoßen, konnte man diese Investitionen abschreiben. Eine riesige Lotterie sollte die gewaltigen Kapitalien für den Weiterbau aufbringen und als Sachverständigen sandte die Pariser Regierung den berühmten Ingenieur Gustave Eiffel, den Erbauer des nach ihm benannten Turms der Weltausstellung 1889, zur Baustelle in Panama. Eiffel war ein guter Freund des Vicomte, riet allerdings schon seit Jahren, endlich Schleusen in den Kanal einzubauen, was nun ja geschehen sollte. Der geniale Ingenieur ahnte sogar den Grund für die vielen Fiebererkrankungen. Da nach seinen Beobachtungen die meisten Erkrankten in der Nähe der Sümpfe gearbeitet hatten, empfahl er, diese idealen Brutstätten der Mücken zuzuschütten.

Sein Urteil, die schlichte Notwendigkeit, den größten Bankrott dieser Jahre abzuwenden, und nicht zuletzt die ansehnlichen Bestechungssummen überzeugten fast alle einflussreichen Politiker. Noch einmal lief die Propagandamaschinerie an, um die angeblich nun noch notwendigen 720 Millionen Franc zusammenzubekommen. Innerhalb von zwei Jahren wollte man nun endgültig den Kanal fertig stellen, die Aktien der Panamagesellschaft begannen an der Pariser Börse wieder etwas zu steigen. Die Lotterieanleihe wurde im Parlament genehmigt, jetzt warf die französische Republik ihr ganzes Prestige mit in die Waagschale. Besonders groß war dieses Ansehen allerdings schon lange nicht mehr, zwar wussten nur wenige Bürger um das ganze Ausmaß der gewaltigen Bestechungen und Schiebungen rund um das Panamaprojekt, aber nach diversen Skandalen ahnte die Öffentlichkeit so allerlei. Später sprachen Eingeweihte von über 100 Millionen Franc, die in dunkle Kanäle geflossen sein sollen, ohne je an der Baustelle in Panama anzukommen.

Schließlich war auch der Zeitraum von zwei Jahren verstrichen, den man bei der großen Lotterieanleihe, die immerhin 850 Millionen Franc in die Kassen der Gesellschaft geschwemmt hatte, der Öffentlichkeit als endgültige Bauzeit genannt hatte. Wieder einmal war das ganze Geld bis auf einen bescheidenen Rest aufgezehrt und ein Ende der Kanalbauarbeiten noch immer nicht in Sicht. Der Verwaltungsrat glich nun völlig einem Kreis von Spielern, die immer wieder ihren Einsatz verdoppeln, um vielleicht durch einen Gewinn in der nächsten Runde die erlittenen Verluste doch noch auszugleichen. Man entschloss sich, die Regierung erneut um die Genehmigung für eine Anleihe anzugehen. Genau die gleichen Argumente wie zwei Jahre zuvor wurden ins Feld geführt. Im Alter von 84 Jahren brach Lesseps noch einmal nach Panama auf, um dort die Arbeiten zu beschleunigen. Selbst die Vorbereitungen für die Anleihe liefen nicht schlecht an. In bewährter Art wurden die einflussreichen Politiker und Presseleute mit Hunderttausenden von Franc »überzeugt«.

Der letzte Akt des Dramas

Nervös schwankten die Börsenkurse der Panamaaktien vor der entscheidenden Sitzung des Parlaments auf und ab. Die Beteiligten spürten, dass der Fortgang der Kanalarbeiten auf des Messers Schneide stand. Die vielen Jahre des Wartens, die immer neuen Geldnachforderungen, der langsame Baufortschritt, das alles zerrte an den Nerven der Anleger und Politiker. Da trat der Führer der Monarchisten, General Boulanger, ans Rednerpult des Parlaments. Er griff die zur Abstimmung stehende Anleihe scharf an. Das musste das Ende der Panamagesellschaft sein. Da plötzlich schleuderte ein Attentäter eine Bombe in den Saal. Vor lauter Panik ergriffen Politiker und Zuschauer die Flucht. Eine Stunde wurde ohne jede weitere Beratung über die Anleihe abgestimmt. Eine knappe Mehrheit war für die Transaktion. Auch die öffentliche Diskussion, die der General bei seiner Parlamentsrede über »den Sumpf der Korruption rund um die Panamagesellschaft« entfachen wollte, wurde sofort im Keim erstickt, als man einen von ihm geplanten Militärputsch aufdeckte. Dieser gefürchtete Gegner des Panamaprojekts konnte nur mit Mühe aus Frankreich fliehen und erschoss sich später in Brüssel am Grab seiner Geliebten.

Das aber sollte an dem Ende der Panamagesellschaft nichts mehr ändern. Als der inzwischen 88-jährige Lesseps von der Baustelle in Panama nach Paris zurückkehrte, war die Stimmung in der Zentrale der »Compagnie du Canal de Panama« niedergeschlagen. Die Sparer hatten kein Interesse an der neuen Emission. Zudem soll sich Baron Rothschild zu diesem Papier abschätzig geäußert haben: »Das Geld für die Anleihe kann man auch gleich in den Kanal werfen.« Zu allem Überfluss trat wenige Tage darauf Georges Clemenceau ans Rednerpult des Parlaments, galt er doch als unbequemer und vor allem unbestechlicher Politiker. Nun griff dieser Mann die Verantwortlichen der Panamagesellschaft schonungslos an. Ein anderer Abgeordneter präsentierte gar eine Liste mit den Namen der bestochenen Politiker, die immerhin über 100 Eintragungen umfasste. Kurze Zeit später glich die Versammlung einem Tollhaus und schnell wurde aus dem »Panamakanal« der »Panamaskandal«.

Entsetzen packte die vielen kleinen Sparer in der Provinz, die Aktien und Anleihen der Gesellschaft gekauft hatten. Entsetzen packte aber auch die Regierung, die ihr Schicksal so eng mit dem Kanalbau verquickt hatte. Fast alle wichtigen Männer Frankreichs hatten ein Interesse daran, nicht allzu viele Hintergründe des Skandals sichtbar werden zu lassen. Wer wollte schon, dass Licht in die dunklen Kanäle kam, in denen die Bestechungsgelder in die Taschen der Politiker und Journalisten flossen? Selbst wer davon nichts oder nur wenig abbekommen hatte, konnte kein Interesse daran haben, dass die gesamte Elite Frankreichs Schaden nehmen und damit das Ansehen des gesamten Landes leiden sollte. Andererseits wollten die vielen geprellten Anleger einen oder besser noch mehrere Sündenböcke, man musste also einige Köpfe rollen lassen – doch welche?

Ein Minister, der sich offensichtlich besonders auffallend in dunkle Machenschaften verstrickt hatte, wurde zu fünf Jahren Gefängnis verurteilt, doch die meisten Ausschusssitzungen, Gerichtsverfahren und Untersuchungen verliefen bald im Sande. Fast alle bedeutenden Figuren im Spiel um die Millionen konnten sich durch geschickte Winkelzüge aus ihrer gefährlichen Lage befreien. Keiner wollte dem anderen allzusehr wehtun, und hatte nicht vor Jahren einer der einflussreichsten Panama-Verwaltungsräte dem »Saubermann« Clemenceau dessen Zeitung finanziert? Wie nach jedem Orkan glätteten sich auch hier die Wogen schließlich wieder. Zwar hatten rund eine Million Franzosen einen großen Teil ihrer Ersparnisse verloren, zusammen etwa zwei Milliarden Franc, aber auch die penibelste Untersuchung brachte dieses Geld nicht mehr zurück, es war auf Nimmerwiedersehen in den Taschen der Geschäftemacher und im Urwald von Panama verschwunden.

Auch gegen Ferdinand de Lesseps, dessen Sohn Charles und den Ingenieur Eiffel wurde ein Verfahren eingeleitet. Dem greisen Vicomte erließ man zwar wegen seines biblischen Alters die Teilnahme am Prozess, sein Sohn hingegen erhielt wie der ungeschickte Minister fünf Jahre Gefängnis als Strafe. Wegen allerlei Ungenauigkeiten im Prozessablauf wurde einige Wochen darauf allerdings dieses Urteil wieder aufgehoben. In ganz Europa spottete man über die Hintergründe des Skandals. Unter Anspielung auf einige Hauptverantwortliche war zu lesen: »Aus dem Pariser Panama-Rieselfelde. / Ribot, Renault, Rouvier, Reinach, / Erbarmen könnt' es einen Stein, ach: / Bei dieser schmutzigen Affäre, / Wie viele R-re, wie wenig Ehre!«

Bald jedoch war die Affäre vergessen, ein neuer Skandal um den jüdischen Hauptmann Dreyfuß nahm die Aufmerksamkeit der Öffentlichkeit in Anspruch.

Über zwei Milliarden Franc hatten die Franzosen sich auf seinen großen Namen hin das Abenteuer von Panama kosten lassen. Dass es sich dabei um mehr als ein Hirngespinst handelte, sollte sich neun Jahre später zeigen, als die Amerikaner für 40 Millionen Dollar die Konzession, alle möglicherweise noch brauchbaren Gerätschaften, die Berechnungen und Pläne übernahmen. Mit weiteren zehn Millionen wurde die Republik Panama abgefunden. Die Amerikaner schickten, auf die traurigen Erfahrungen der Franzosen aufbauend, erst einmal einen Vortrupp an Ort und Stelle, der die gefährlichen Mückenschwärme außer Gefecht setzte, indem die Larven in den Sümpfen und Seen abgetötet wurden. Dann begannen sie mit dem Bau eines Schleusenkanals, wie er Gustave Eiffel schon ein Jahrzehnt zuvor vorgeschwebt hatte. Im August 1914, sozusagen pünktlich zu Kriegsbeginn, konnte das Bauwerk seiner Bestimmung übergeben werden. Gut zehn Stunden brauchte man für die Durchquerung des Kanals, um vom Atlantik in den Pazifik zu gelangen. In der Einweihungsrede wurde der Name von Vicomte Ferdinand de Lesseps, des Erbauers des Sueskanals, mit keinem Wort erwähnt. Er starb 1894 fast vergessen auf seinem Gut im Alter von 89 Jahren.

XII.
Als die Preise das Laufen lernten

»Schlechtes Geld ist das größte Unglück, das ein Volk treffen kann.«

Alfred Lansburgh, Berliner Bankier

Der Dollar steht bei 600 Mark – Antwort: »Mehr is er aa net wert.«

Der Münchner Komiker Karl Valentin in der Inflationszeit
auf den von Tag zu Tag steigenden Dollarkurs angesprochen

»Staatsbankrott? Ei, was! Der Staat macht nicht Bankrott,
er lässt seine Gläubiger Bankrott gehen.«

Ein Wiener Bankier auf die Frage, ob nicht die Hyperinflation
eine Form des Staatsbankrotts sei

»Die Dorfbewohner, die gewohnt sind, Butter nach Berlin zu
schicken, tun das nicht mehr. Sie haben bereits Körbe wertlosen
Papiergeldes in ihren Häusern stehen. Warum sollen sie noch
mehr davon wollen?«

Der deutsche Korrespondent der »Daily Mail«
am 6. August 1923 in seinem Bericht aus Berlin

»Die Frisöre fordern doppelte Preise.« – »Warum?« –
»Weil die Geschäftsleute so lange Gesichter machen.«

Berliner Witz über die Wirtschaftskrise nach der
Währungsumstellung, die das Ende der Inflation brachte

Die Eskalation der Schulden

Am 18. Januar 1919, genau am 48. Jahrestag der Gründung des Deutschen Reiches, begannen im Spiegelsaal von Versailles die Verhandlungen für den Friedensvertrag der Sieger des Ersten Weltkriegs. Zum ersten Mal seit Jahrhunderten durften die Verlierer des Kriegs an den Friedensverhandlungen selbst nicht teilnehmen, ein Umstand, der ganz wesentlich dazu beitrug, dass der Vertrag in Deutschland als das »Schanddiktat von Versailles« empfunden wurde.

Auf 300 Seiten und 440 Artikeln des Vertragswerks forderten die Sieger die Abtretung der Kolonien, von 87.000 Quadratkilometern Reichsgebiet mit rund sieben Millionen Einwohnern und die Übergabe der gesamten Flotte. Zu alldem sollten auch noch 60 Milliarden Mark in Gold bezahlt werden, wobei man sich auf die endgültige Höhe dieser Reparationen allerdings erst später einigen wollte. Einer Zeitung gegenüber nannte der Leiter der deutschen Delegation in Paris, Graf Brockdorff-Rantzau, den Friedensvertrag: »... unser Todesurteil und die Aberkennung unserer Ehrenrechte.« Am 28. Juni 1919 musste sein Nachfolger in Versailles erneut den Siegern gegenübertreten und dieses »Todesurteil« unter dem Druck der Drohung eines Einmarsches in das Reichsgebiet unterschreiben.

Doch nicht alleine Deutschland war betroffen, auch sonst hatte sich durch den Krieg die Landkarte Europas wesentlich verändert. Das Kaiserreich Österreich–Ungarn wurde in ein kaum lebensfähiges Restösterreich und zahlreiche neue Staaten zerschlagen, das Osmanische Reich schrumpfte auf die heutige Türkei zusammen. Zwischen den Ländern von Mittel-, Ost- und Südeuropa nahm die Länge der Staatsgrenzen dadurch um insgesamt 6000 Kilometer zu.

In der ganzen Welt hatte der Erste Weltkrieg die Staatsfinanzen mehr oder weniger stark in Turbulenzen gebracht. Die Schätzungen, was die Materialschlachten in Flandern und anderen Teilen Europas die Krieg führenden Mächte insgesamt gekostet haben, schwanken zwischen 200 und 300 Milliarden Dollar. Wird angenommen, dass der oft angegebene Betrag von 210 Milliarden Dollar zutreffend ist, dann überstiegen die Kriegskosten den Gesamtwert aller 1910 umlaufenden Wertpapiere knapp um das Doppelte. Natürlich konnten die meisten Regierungen nur einen Teil dieser gigantischen Beträge aus den laufenden Steuereinnahmen decken. Die Defizite konnten nur mittels neuer Kredite und der Arbeit der Notenpresse gedeckt werden.

Ein Krieg auf Pump							
Staatshaushalte wichtiger Teilnehmer am Ersten Weltkrieg							
Land	Posten	1914	1915	1916	1917	1918	1914–1918
Deutschland	Ausgaben	8,8	25,8	27,8	52,2	44,4	159,0
(Mrd. Mark)	Einnahmen	2,5	1,8	2,1	8,0	7,4	21,8
	Defizit	6,3	24,0	25,7	44,2	37,0	137,2
Frankreich	Ausgaben	10,4	22,1	36,8	44,7	56,6	170,6
(Mrd. Franc)	Einnahmen	4,2	4,1	4,9	6,2	6,8	26,2
	Defizit	6,2	18,0	31,9	38,5	49,9	144,5
Großbritannien	Ausgaben	560	1560	2200	2700	2580	9590
(Mio. Pfund)	Einnahmen	230	340	570	710	890	2730
	Defizit	330	1220	1630	1990	1690	6860
Russland	Ausgaben	5,7	11,7	18,1	–	–	35,5
(Mrd. Rubel)	Einnahmen	2,9	2,8	4,0	–	–	9,7
	Defizit	2,8	8,9	14,1	–	–	25,8
USA	Ausgaben	–	–	0,7	2,1	13,8	16,6
(Mrd. Dollar)	Einnahmen	–	–	0,7	1,1	4,2	6,0
	Defizit	–	–	–	1,0	9,6	10,0

Quelle: Gerd Hardach, Der Erste Weltkrieg, München 1973, Seite 168

Genauso aber erging es auch den Franzosen, Engländern und Russen auf der anderen Seite, so wurde im Jahre 1920 schließlich die Verschuldung der großen Industriestaaten auf zusammen 1,02 Billionen Goldmark geschätzt. Schon den Zeitgenossen dämmerte, dass mit diesem Schuldenberg nicht alles gut gehen würde.

In einem Buch mit dem beziehungsreichen Titel »Die Zerrüttung der Weltwirtschaft« hieß es bereits 1921: »Das Ergebnis steht heute vor aller Welt: Europa ist zerstückelt, es blutet, äußerlich und innerlich zerrissen, aus tausend Wunden. In der Kaufkraft mehrerer seiner wichtigsten Länder ist es tödlich getroffen.«

Der Erste Weltkrieg: Teurer als alles zuvor		
Zeitraum	Krieg	Kriegskosten (in Mio. Goldmark)
1793–1815	Napoleonische Kriege	25.000
1825	Russisch-Türkischer Krieg	400
1830–1840	Spanisch-Portugiesischer Krieg	1.000
1848	Europäische Revolutionen	200
1854–1856	Krimkrieg	6.100
1859	Österreich/Frankreich/Italien	900
1861–1865	Nordamerikanischer Bürgerkrieg	14.800
1866	Preußisch-Österreichischer Krieg	400
1870–1871	Deutsch-Französischer Krieg	6.320
1877–1878	Russisch-Türkischer Krieg	3.800
1894–1895	Chinesisch-Japanischer Krieg	220
1899–1902	Südafrikanischer Krieg	400
1900–1901	Kriegszug europäischer Mächte in Ostasien	360
1904–1905	Russisch-Japanischer Krieg	22.000
1914–1918	Erster Weltkrieg	833.220

Quelle: Ernst Schultze, Die Zerrüttung der Weltwirtschaft, Berlin/Stuttgart/Leipzig 1923, Seite 44/45

Die Siegermächte hatten allerdings eine große Hoffnung: »Die Deutschen werden zahlen.« Ähnlich wie Frankreich nach der Niederlage von 1871 mit fünf Milliarden Franc bezahlen musste, so sollten nun auch die deutschen Verlierer die Schäden des Krieges bluten. Ende April 1921 hatte man die Reparationsschulden auf die wahrhaft atemberaubende Summe von 132 Milliarden Goldmark festgesetzt. Eine Last, die Deutschland nicht tragen konnte, dessen männliche Erwerbstätige durch den Krieg um zehn Prozent dezimiert wurden, das Schiffe und Lokomotiven abliefern musste, deren Produktionsanlagen zu großen Teilen demontiert wurden und das die besonders stark industrialisierte Gebiete – wie etwa Oberschlesien – abtreten musste, womit rund ein Drittel der gesamten Kohlenförderung und ein Viertel der Roheisenproduktion ausfielen.

Dennoch bestanden die Siegermächte in vollem Umfang auf ihren Forderungen. Die Politik der »produktiven Pfänder« wurde erfunden. Das Deutsche Reich aber zahlte und zahlte, neben den Reparationen fielen zusätzlich die Kosten für die Besatzungstruppen an. Selbst für die französischen Armeebordelle hatte die Reichsregierung in Berlin aufzukommen. In einer Denkschrift des Finanzministeriums über die Belastungen der Rheinlandbesetzung wurden die Kosten für zwölf dieser Etablissements bis zum Oktober 1921 mit genau 801.942 Mark und 85 Pfennigen angegeben.

1923: Das Jahr der Nullen

Wie sollte das dezimierte Reich den substanziellen Aderlass verkraften? Gab es andere Möglichkeiten als die, die Notenpressen schneller laufen zu lassen? Die Konsequenzen ließen nicht lange auf sich warten: Ein Kilogramm Rindfleisch, das im Juli 1921 noch 24 Mark gekostet hatte, ging im Juli 1922 für nicht weniger als 100 Mark über den Ladentisch, 50 Kilogramm Hausbrandkohle stieg in der gleichen Zeit von 28,50 auf 124,70 Mark, ein Paar Herrenstiefel von 280

Die wilden Jahre der Deutschen Mark						
Jahr	Bargeld- umlauf (in Mio. M)	Kredite der Reichsbank (in Mio. M)	Diskont- satz (in %)	Index der Aktienkurse (1913 = 100)	Devisenkurse	
					Dollar (1 $ = ... M)	Pfund (1 Pf. = ... M)
1890	2.998	1.059	5,5	88	4,18	20,38
1895	3.520	1.271	4,0	89	4,18	20,44
1900	4.107	1.609	5,0	94	4,20	20,46
1905	5.112	1.848	6,0	104	4,20	20,44
1910	6.011	2.072	5,0	103	4,20	20,47
1913	6.552	2.196	5,0	100	4,20	20,47
1918	33.106	27.883	5,0	125	5,92	28,21
1920	81.570	61.277	5,0	205	63,06	227,86
1921	122.913	134.376	5,0	432	104,57	406,53
1922	1.294.748	1.613.629	10,0	2.059	1.885,78	8.490,46
1923	496.585.346 Billionen	610.165.607 Billionen	10,0	4,2 Billionen	534.914 Millionen	2.338.081 Millionen
1924	4.274	2.371	10,0	...	4,20	18,59

Quelle: Deutsches Geld- und Bankwesen in Zahlen 1876–1975,
Herausgeber: Deutsche Bundesbank, Frankfurt 1976, Seite 2–5

auf 650 Mark. Die Zeitgenossen verstanden die Welt nicht mehr. Bis zum 4. August 1914 bestand die Möglichkeit, das Papiergeld bei der Reichsbank in wertbeständiges Gold umzuwechseln. Selbst der Präsident ebendieser Reichsbank, Rudolf Havenstein, meinte zu einem bekannten Nationalökonomen: »Ich wollte mir eigentlich einen neuen Anzug machen lassen, aber jetzt will ich doch warten, bis die Teuerung vorüber ist.« Eigentlich hätte er am besten wissen müssen, was mit der Währung los war, denn der Umlauf der Banknoten hatte sich vom 31. Juli 1914 bis Ende Mai 1922 von 2,9 auf 152 Milliarden Mark erhöht. Zudem wurde bereits in den ersten Monaten des Jahres 1922 klar, dass im Staatshaushalt mit einem Defizit von mindestens 150 Milliarden Mark zu rechnen war. Es war demnach kein Wunder, dass bei der immer höheren Papiergeldflut und bei einem gegenüber der Vorkriegszeit erheblich gesunkenen Nationalprodukt die Preise das Laufen lernten. Die Löhne hielten beim Wettlauf mit dem Preisindex allerdings nicht mit, sodass sich die Menschen immer weniger leisten konnten: Der durchschnittliche Wochenlohn eines Metallarbeiters stieg zwar von Februar bis Oktober 1922 von 634,70 bis 4881,00 Mark, also um 769,02 Prozent, der Durchschnitt aus Butter, Eiern, Kartoffeln und Mehl zum Beispiel um 950,88 Prozent. Verbittert meinte dazu die Wochenzeitschrift »Glocke«: »Jetzt stirbt der deutsche Industriearbeiter an der Niederlage.«

Im Dezember 1922 stellte die alliierte Reparationskommission bei den Holzlieferungen des Reiches einen geringfügigen Fehlbetrag fest und wegen dieses lächerlichen Defizits bei den Reparationen ließ der französische Ministerpräsident seine Truppen ins Ruhrgebiet einrücken. Jetzt wollten sich die Franzosen also holen, was ihnen die Deutschen vorenthielten. Die Antwort des Reichs hieß »passiver Widerstand«. In den Häusern, in die Besatzungssoldaten einzogen, wurden am nächsten Tag Strom und Wasser abgestellt, die Kohlenproduktion ging sofort drastisch zurück. Radikalere Kreise begnügten sich nicht mit diesem »passiven«, sondern leisteten »aktiven« Widerstand. Die nationale Leidenschaft wurde sowohl in Deutschland als auch in Frankreich hochgespielt und die Ruhrbesetzung zu einer Prestigefrage. Am 4. März 1923 schrieb der Sonderberichterstatter des »Daily Chronicle« über die Lage an der Ruhr: »Von keiner Seite erfahren die Franzosen Förderung, alles ist gegen sie. Die deutsche Organisation des Widerstands ist besser als je zuvor.«

Vor diesem Hintergrund desolater Staatsfinanzen, verminderter Kaufkraft und sinkender Produktion brach die deutsche Währung völlig ein: Bereits Anfang März 1923 wurde ein US-Dollar an der Börse für 21.000 Mark gehandelt.

Das Berliner Modegeschäft »Herpich & Söhne« bot in einer Reklame den Sportanzug für 228.000 und einen Filzhut zu 9500 Mark an, »zu soliden Preisen«, wie es dazu im Begleittext hieß. Die »Berliner Börsenzeitung«, der Preis für ihre Abendausgabe lag gerade bei 300 Mark, berichtete von lebhaften Börsensitzungen mit steil steigenden Kursen. Die Aktie der »Harpener Bergbau AG«, die zu Beginn des Jahres 1923 noch zu 59.000 Prozent gehandelt wurde, erreichte Mitte März einen Kurs von 137.000 Prozent für die 1000-Mark-Aktie. Und so ging es nun munter weiter, alle Sachwerte und alle »stabilen« Devisen stiegen rasant im Preis.

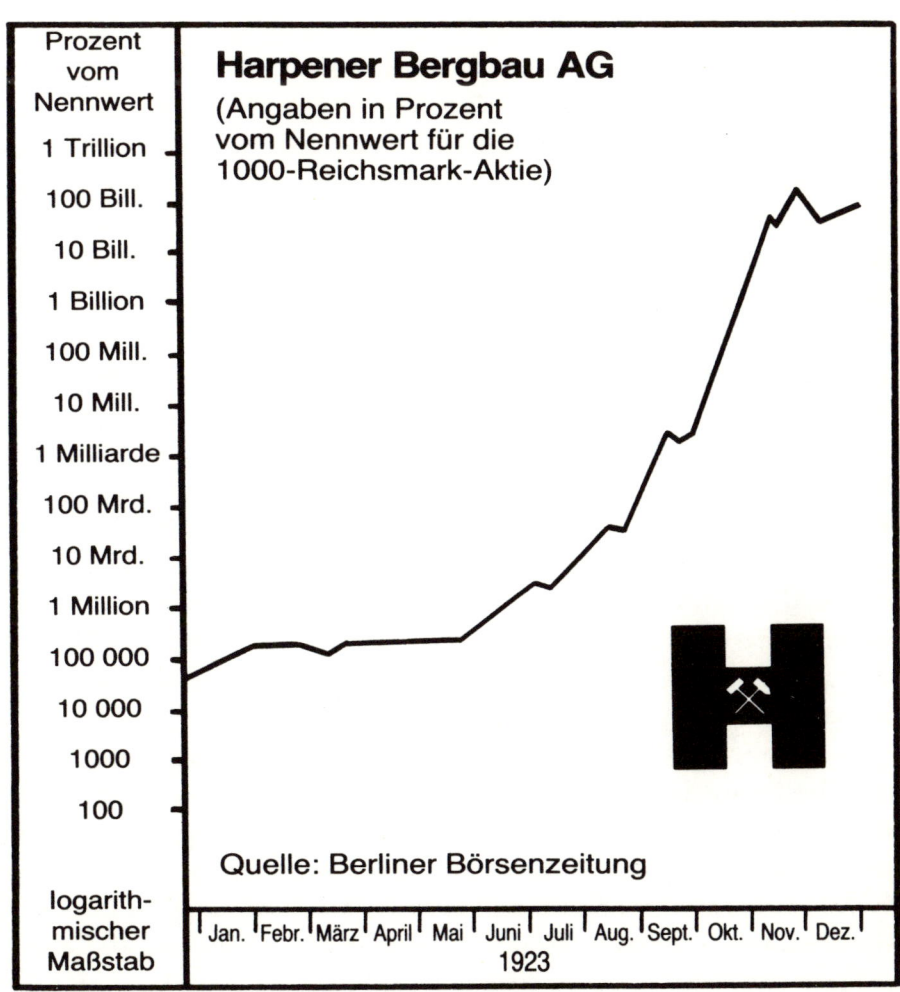

Die Leidtragenden hingegen waren die Sparer und die Empfänger fester Einkommen wie etwa Pensionäre und Rentner. Ersparte 1000 Mark, die zuvor (im Februar 1919) ausreichten, eine fünfköpfige Familie für einen Monat gut zu ernähren, reichten schon bald nicht einmal mehr für eine warme Mahlzeit. Die Rentner lebten in bitterster Armut, da ihre Bezüge nicht annähernd so schnell stiegen wie die Preise. Jeder versuchte, so rasch er nur konnte, sein Geld in wertbeständiges zu tauschen. Der kleine Kaufmann an der Ecke orientierte sich bei seinen Preisen zunehmend an den täglichen Dollarnotierungen. Nur wendige Zeitgenossen konnten sich ohne Verlust der neuen Situation anpassen, für die Masse der kleinen Leute fand der Berliner Volksmund den treffenden Ausspruch: »Det sin Zeiten! Jetzt zählt ma schon mit 'n Kartoffelbauch zu den oberen zehntausend.«

Die Not zwang zu phantasievollen Anpassungen. Den Aktionären der »Sinner AG« zum Beispiel bot sich der Vorzug, ihre Dividende von einem Vierteldollar in Lebensmitteln zu beziehen. Pro Aktie konnten die in 150 Kilometern Umkreis von Karlsruhe wohnenden Anleger etwa drei Pfund Haferflocken oder vier Pfund Gerstengraupen bestellen. So ulkig die Vorstellung von einem Großkapitalisten auch ist, der mit Säcken von Haferflocken aus der Hauptversammlung weggeht, die Aktionäre wussten ihrem Unternehmen solche Ideen zu danken. Als Gegenbeispiel sei die »Dresdner Bank« genannt, die im August 1923 für das vorangegangene Geschäftsjahr eine Dividende von 200 Prozent verteilte. Bei der Auszahlung hätte das Institut seine Ausschüttung mit umgerechnet wenigen hundert Dollar leisten können. Im Juli 1923 lag der Dollarkurs inzwischen bei 85.000 Mark, die Harpen-Aktie hatte die Millionengrenze durchbrochen und war zügig auf eine Notierung von 3,8 Millionen Prozent geklettert. Noch bot »Herpich & Söhne« einen Gummimantel für »nur« 295.000 Mark an, wenig später aber stellte das Geschäft solche Inserate ein, denn nun stiegen die Preise so rasch, dass man jeden Tag die Preisschilder auswechseln musste.

Im Sommer 1923 wurde auch das Klima an der Börse immer heißer, so sprang im August die Harpen-Aktie innerhalb einer Woche von 14 auf 40 Millionen Prozent. Die Abendausgabe der »Berliner Börsenzeitung« kostete nun bereits 15.000 Mark, zwei Wochen später 50.000 und Ende des Monats schon 100.000 Mark. Der teure Ruhrkampf hatte der Mark endgültig das Rückgrat gebrochen, eine Generation von Sparern zahlte jetzt den Krieg und die Kosten der Besatzung. Arbeiter trugen ihren Lohn im Rucksack nach Hause, aber sie

konnte dafür nichts mehr kaufen. Auf den Feldern in der Nähe der Groß-
städte mussten Wachtürme errichtet werden, um die Bauern vor Plünderun-
gen zu schützen. Während auf der Straße Menschen vor Hunger umfielen,
wurden an der Börse im Handumdrehen Vermögen gemacht. Wer sich einen
Kredit verschaffen konnte, kaufte zum Beispiel am 27. August Harpen für
94 Millionen Prozent und stieg am 18. September, also nur gut drei Wochen
später, zu vier Milliarden Prozent wieder aus, das Bankdarlehen wurde dann
sozusagen aus der Portokasse zurückgezahlt.

Eine kleine Geschichte von der Essener Börse illustriert das Klima in diesen hektischen Tagen. Der Vertreter für ein Jahrbuch mit Daten und Adressen
erhielt vom Börsenvorstand die Erlaubnis, im Börsensaal für sein Werk Reklame zu machen. Er kletterte auf einen Stuhl und schilderte von dort beredt
die Vorzüge seines Buches. Als sich eine kleine Gruppe interessierter Makler
um ihn herum gebildet hatte, fragte einer aus dieser Runde nach dem Preis für
ein Exemplar. »Dreihundert«, rief der eifrige Vertreter und ein vorüberhet-
zender Börsianer bot sofort, ohne zu wissen, worum es ging, fünf Mark mehr.
Nach wenigen Minuten hatte sich eine wild gestikulierende Menge gebildet, in
der sich die Makler gegenseitig im Preis überboten. Erst nach einer Weile
konnte sich der Buchvertreter Gehör verschaffen und klärte die Börsianer zur
allgemeinen Heiterkeit auf, dass es hier nicht um eine Aktie gehen würde.

Kein Mensch fragte mehr danach, was er eigentlich für Sachwerte ein-
handelte, wenn er nur bloß sein Papiergeld möglichst schnell los wurde. Selbst
biedere Familienväter machten Jagd auf Devisen, deren Besitz längst verboten
war. So verkaufte auf dem Potsdamer Platz in Berlin ein Betrüger angeblich
neue Geldscheine der Stadt Danzig, die tatsächlich aus eigener Produktion
stammten, der Absatz soll äußerst gut gewesen sein. Stolz meldete der »Hamburger Polizeibericht«, dass die Beamten bei einer Großrazzia 77 britische
Pfund, 769 Dollar, 311 Franken und überraschenderweise auch 30 Piaster beschlagnahmt hätten. Während man irgendwelchen armen Schluckern ein paar
Dollar abnahm, wurden an anderer Stelle gigantische Summen verdient. Der
Kurs der Mark konnte an der New Yorker Devisenbörse vor Nullen kaum
noch ausgemacht werden, so lautete zum Beispiel am 28. September 1923 die
Schlussnotiz auf 0,00000068 Dollar für eine Papiermark. Damit war jedoch
der Höhepunkt der Inflation immer noch nicht erreicht.

Nach den Milliarden mussten sich die Deutschen nun auch noch an die
Billionen gewöhnen. In der »Berliner Börsenzeitung«, deren Einzelexemplar

mittlerweile drei Millionen Mark kostete, hieß es im Börsenteil: »An sämtliche Kurse bitte neun Nullen anhängen.« Inzwischen arbeiteten in ganz Deutschland 2000 Druckerpressen Tag und Nacht, um den Bedarf an neuen Banknoten decken zu können. Ein kurzer Hinweis in der Zeitung lautete: »Neuer Brotpreis 120 Milliarden Mark.« Rechnerisch musste ein Arbeitnehmer für ein Pfund Margarine neun Stunden an der Drehbank arbeiten. Schließlich gelang am 15. November 1923 die Umstellung auf die neue »Rentenmark«. Für eine Billion alte Reichsmark gab es nun eine neue Rentenmark. Der Umlauf dieser jungen Währung wurde strikt auf 2,4 Milliarden Mark begrenzt. Fassungslos lasen die Menschen die neuen Preisschilder. Zur Silvesterfeier des Jahreswechsels 1923/24 lud beispielsweise das Restaurant »Prisma« für ganze 20 Rentenmark ein. Die meisten Leute konnten sich eine so teure »Begrüßung des neuen Jahres mit Überraschung und Tanz« allerdings schon nicht mehr leisten, denn nachdem noch einige Wochen zuvor selbst eine Streichholzschachtel Milliarden gekostet hatte, war nun jede einzelne Mark rar und schwer zu verdienen.

Die Gehälter waren niedrig, niemand kaufte mehr Waren. Geld, eben noch im Überfluss vorhanden, wurde zur Mangelware. Sachgüter, Devisen und Aktien, eben noch als Kaufkraftsicherung begehrt, wurden nun zu Geld gemacht, um die notwendigsten Ausgaben bestreiten zu können. Die Kurse rutschten entsprechend ab, bald fielen sie rasant. Es hieß zum Beispiel: »Was kracht denn da so im Radioapparat? Antwort: Ach, das sind nur die letzten Börsenkurse.« Als Witz ging an der Börse der Ausspruch um: »Um die Aktien endlich wieder einmal steigen zu lassen, baue man aus ihnen einen Drachen für die Kinder.« Viele Zeitgenossen hatten allerdings wenig Anlass für solchen Humor, denn nach dem Ende der Inflation waren etwa 3,5 Millionen Menschen in Deutschland arbeitslos und weitere 2,5 Millionen arbeiteten kurz. Die Gewerkschaft errechnete, dass Ende 1923 der Reallohn eines Arbeiters im Schnitt um 77,5 Prozent unter dem Lohnsatz der Vorkriegszeit lag.

Hugo Stinnes nutzt die Inflation

In diesen turbulenten Zeiten wurden große Vermögen vernichtet und neue geschaffen. Ernst Neckarsulmer bemerkte in seinem Buch aus dem Jahr 1925 mit dem Titel »Der alte und der neue Reichtum« dazu: »In der Periode des furchtbaren Niedergangs der deutschen Währung, des Dahinschwindens großer Teile des deutschen Volksvermögens, traten neue Finanzmächte auf den Plan, von denen man vorher nie vernommen.« Eine solche »Finanzmacht« war der Großindustrielle Hugo Stinnes. Bei Ausbruch des Ersten Weltkriegs war er mit einem Vermögen von rund 30 Millionen Mark bereits ein reicher Mann, bei seinem Tod im Jahre 1924 aber galt er als der mächtigste Industriemagnat Europas. In den Wirren von 1914 bis 1924 konnte er sein Vermögen auf zirka eine Milliarde Goldmark verdreißigfachen. Wie war das möglich?

Stinnes konnte seinen Konzern so explosionsartig ausweiten, weil er die Zeichen der Zeit richtig erkannte und mit Weitblick und Konsequenz auf eine Entwertung der Mark spekulierte und gewann. Kurz nach Kriegsende setzte er seine in lukrativen Rüstungsgeschäften erworbenen Millionen zum Kauf ausländischer Unternehmen ein, denn anfangs war die Reichsmark an den Devisenbörsen noch einiges wert, sodass der Stinnestrust jenseits der deutschen Grenzen rasch wuchs.

Im Grunde hatte Stinnes nur erkannt, was mit der Reichsmark nach einem verlorenen Weltkrieg, bei riesigen Staatsschulden und horrenden Reparationsverpflichtungen passieren musste. Dieses Wissen hatte er konsequent umgesetzt. Da ausländische Devisen – wegen ihrer Wertbeständigkeit – in Deutschland sehr begehrt waren, konnte er mit seinen im Ausland verdienten Geldern in Deutschland einerseits preiswert Sach- und Produktionsvermögen erwerben. Andererseits nahm er in Deutschland große Kredite auf, die er später mit entwertetem Geld, also billiger, zurückzahlen konnte.

In normalen Zeiten wäre er wahrscheinlich ein erfolgreicher, aber wenig bekannter Millionär geblieben, so aber konnte er sein Milliardenvermögen verdienen. Er setzte immer auf die Strömungen der Zeit und gewann dabei. So propagierte er zum Beispiel während des Ersten Weltkriegs die Angliederung des Hafens von Antwerpen und des Erzbeckens von Briey-Longwy als für das deutsche Volk unverzichtbar, nach der Niederlage aber kaufte er als einer der Ersten wieder Fabriken im »Feindesland« auf. Die Inflation war seine große Zeit und eine einmalige Chance und es ist bezeichnend, dass das Riesenreich nach seinem Tod bei stabiler Währung rasch wieder zerfiel. Schrieb man bei seiner Beerdigung noch »Aus der Wirtschaftsgeschichte der letzten zehn Jahre ließe sich eher jeder andere Name fortdenken als der von Hugo Stinnes«, erinnert heute nur noch der Name einer bedeutenden Tochtergesellschaft des VEBA-Konzerns an den einst mächtigsten Trust Europas.

Es blieb nicht aus, dass das Stinnesreich auch politisch ein Faktor wurde, denn der Aufstieg des Unternehmens erzeugte im Ausland einen beträchtlichen Neid der Konkurrenz. Der französische Wirtschaftspolitiker Francois Delaisi schrieb dazu in einem Artikel des »Manchester Guardian«: »Die letzten zwei Jahre sind hauptsächlich vom Kampf zwischen Schneider Creuzot und Stinnes um die Herrschaft über die europäische Stahlindustrie ausgefüllt. Auf diesen Kampf sind im Wesentlichen die Schwierigkeiten zwischen Frankreich und Deutschland, ja selbst die Ruhrbesetzung zurückzuführen.«

Die zeitgenössischen Bewertungen des Werks dieses Spekulanten, Industriellen und Konzernstrategen Stinnes, der die Inflation wie kein anderer zu nutzen wusste, schwankten zwischen Abscheu und grenzenloser Bewunderung, als Stinnes am 10. April 1924 im Alter von nur 54 Jahren starb. Für die einen hatte er aus dem Ruin von Millionen Sparern und Rentnern heraus ein Milliardenvermögen zusammengerafft, während die anderen euphorisch urteilten: »Mit Hugo Stinnes ist vielleicht die größte kaufmännische Begabung, welche jemals in der Welt, der alten sowohl als der neuen, bestanden hat, abberufen worden.«

Er selbst hätte das in der Bescheidenheit, die er stets zur Schau trug, sicherlich etwas nüchterner gesehen. Sein Leben lang nannte er sich immer nur schlicht »Kaufmann aus Mühlheim an der Ruhr«, ob diese Bescheidenheit allerdings so ganz echt war, steht dahin, denn kurz vor seinem Tod ordnete er noch ein gigantisches Begräbnis an. Wie bei einer Heerschau marschierten vor dem Krematorium in Berlin-Wilmersdorf die Direktoren seiner Unternehmen, die Kapitäne seiner Flotte und Abordnungen der Arbeiter und Bergknappen auf. Zu einer Zeit, in der ein Metallarbeiter durchschnittlich 120 Mark Goldmark im Monat verdiente, kostete angeblich alleine der Blumenschmuck zum Begräbnis über 100.000 Goldmark.

Schon zwei Jahre nach seinem Ableben war die »Siemens-Rheinelbe-Schuckert-Union« auseinander gebrochen. Es ist schwer zu sagen, ob das Imperium besser den Stürmen der Zeit widerstanden hätte, wenn Stinnes länger am Leben geblieben wäre. Er selbst wäre davon vermutlich überzeugt gewesen, denn Friedrich von Siemens zitierte ihn einmal: »Die Hoffnung gebe ich nie auf. Und wenn ich gehängt werden soll und der Strick schon um meinen Hals liegt, dann werde ich denken, dass schon manch ein Strick dabei gerissen ist.« Auch seine Zeitgenossen hätten ihm das zugetraut, das manifestierte sich am besten in einer berühmten Karikatur des »Simplicissimus«

kurz nach seinem Tod. In ihr sieht man Stinnes, wie er in den Himmel kommt, und Petrus erklärt den Engeln: »Stinnes kommt. Jetzt heißt's aufpassen, Kinder, sonst gehört ihm in vierzehn Tagen der ganze Betrieb.«

Russland »revolutioniert« den Rubel

Aber nicht nur in Deutschland, sondern auch in vielen anderen Ländern durchlebten die Währungen äußerst turbulente Zeiten.

Als große Fehlspekulation erwies sich für die vielen tausend europäischen Anlegen auch der Kauf von Anleihen und Aktien des Zarenreichs. Angesichts des weiten, unerschlossenen Landes, mit seinen schier unerschöpflichen Rohstofflagerstätten, hatten sie gehofft, in ähnlicher Weise am Aufbau eines Industriestaats teilzunehmen wie einige Jahrzehnte zuvor in den USA. Allein an der Pariser Börse begab der Zar von 1888, damals verhinderte Bismarck eine Emission auf dem deutschen Kapitalmarkt, bis zum Ersten Weltkrieg 52 Anleihen mit einem Gesamtvolumen von zehn Milliarden Goldfranc. All diese Papiere, die durchaus nicht nur bei Spekulanten, sondern auch bei biederen Familienvätern platziert worden waren, wurden mit der Oktoberrevolution auf einen Schlag wertlos. Auch in England, Amerika, Deutschland und den Beneluxstaaten gingen so Milliardenbeträge verloren. Einschließlich der Kredite, die man dem Zaren zur Kriegsführung gewährt hatte, errechnet sich ein Gesamtverlust von mindestens 60 Milliarden Goldfranken.

Das war die denkbar radikalste »Lösung« der Finanzprobleme der noch jungen UdSSR. Nach den blutigen Jahren der Revolution und den Versuchen zarentreuer Generäle, von Ausländern und Glücksrittern aller Art, die Macht in Russland an sich zu reißen, machte eine Hyperinflation das Bürgertum bettelarm. Aktien, Anleihen und sonstige Wertpapiere hatten die kommunistischen Machthaber sofort für wertlos erklärt und, wo es ging, beschlagnahmt. In Moskau und Nischnij-Nowgorod wurden damit die Öfen der Elektrizitätswerke befeuert, um die Überbleibsel des Kapitalismus doch noch »sinnvoll zu nutzen«, wie es hieß. Aber das reichte nicht, um die nicht ins Ausland geflüchtete Bourgeoisie endgültig ungefährlich zu machen, denn immer noch besaßen die Bürger eine ganze Menge Bargeld.

Es ist damals viel darüber spekuliert worden, ob die kommunistische Regierung absichtlich eine Inflation betrieben hat, um das Bürgertum zu entmachten – immerhin besagte eine These Lenins, dass ein Volk am besten durch die Entwertung seines Geldes zum Bolschewismus bekehrt würde. Es ist aber auch möglich, dass die finanziellen und ökonomischen Umstände die Kommunisten in das Debakel hineintrieben. Auch ihr Krieg gegen Polen, Engländer, Franzosen und Japaner – erst Anfang 1921 beendet – kostete Geld, sehr viel Geld sogar. Zugleich war die Industrieproduktion 1920 auf ein Achtel dessen, was vor dem Krieg erzeugt wurde, geschrumpft. Hinzu kam, dass mögliche Gläubiger nicht mehr bereit waren, den Sowjets Kredite zu gewähren, da sie erst vor kurzem alle Schulden gestrichen hatten und die Gläubiger unentschädigt blieben.

Auch hier sollten die Notenpressen den Ausweg weisen. Jahrelang liefen die Druckerpressen im Auftrag der Notenbank auf Hochtouren, und spuckten sie schon 1919 die atemberaubende Summe von 163 Milliarden nagelneuer Rubel aus, waren es 1920 bereits 855 Milliarden Rubel. Ein Pfund Zucker kostete bald über 100.000 Rubel und mehr. Ende 1921 war die Lage der Werktätigen verzweifelt. Der »Manchester Guardian« sammelte für die hungernden Russen 22.000 Pfund und mit höchstem Erstaunen stellten die Engländer fest, dass mit dieser Summe 100.000 Bauern über vier Monate mit Lebensmitteln versorgt werden konnten. Statistisch lebten demnach vier Russen vier Monate lang von einem einzigen Pfund Sterling, in England hätte zur gleichen Zeit dieser Betrag für einen Menschen nur eine Woche ausgereicht.

Doch ob die Inflation nun gewollt war oder nicht, durch sie wurde das russische Bürgertum seiner Ersparnisse beraubt. Ohne Reserven, ohne ausländische Hilfen, ohne die vertriebene beziehungsweise ermordete Intelligenz mussten die meisten Sowjetbürger zumeist sehr hart arbeiten, um sich überhaupt ernähren zu können. Den Emigranten erging es übrigens kaum besser. Selbst die prominenten Mitglieder des Hochadels blieben von der Verarmung nicht verschont. Als zum Beispiel im Juli 1924 die Witwe des Großfürsten Michael in London vom Gericht den Nachlass ihres Mannes zugesprochen bekam, handelte es sich dabei nur noch um ein Vermögen von ganzen 95 Pfund. Auch andere Romanows starben fern der Heimat in bitterster Armut.

Damit dieses Kapitel aber nicht allzu hoffnungslos endet, soll schließlich auch noch die Geschichte einer erfolgreichen Verteidigung der Währung erzählt werden. Die wichtigsten Schauplätze dieser Handlung sind Paris und die europäischen Devisenbörsen, die Hauptdarsteller ein Präsident der Französischen Republik, ein fast legendärer amerikanischer Bankier und eine große Schar von Spekulanten. Der Titel des Stücks lautet:

Die Schlacht um den Franc

Die Vorgeschichte der Krise des Franc begann wie bei fast allen Währungsproblemen der Zwanzigerjahre des 20. Jahrhunderts mit dem Ersten Weltkrieg. Die großen Schlachten in Flandern hatten die Pariser Regierung über 103 Milliarden Goldmark gekostet, das war immerhin doppelt so viel, wie alle Krieg führenden Mächte für sämtliche Konflikte von 1793 bis 1914 ausgegeben hatten. Auch die französische Regierung konnte diese gewaltige Summe nicht aus den laufenden Staatseinnahmen aufbringen. 1914 klaffte im Haushalt eine Lücke von immerhin 6,2 Milliarden Franc. Des Weiteren wurde der Erste Weltkrieg in Frankreich zu 85 Prozent aus Krediten finanziert. Schon der französische Finanzminister Klotz hatte daher ein Jahr nach Kriegsende ganz unverblümt die verzweifelte Lage der Staatsfinanzen zugegeben. Allerdings hatte die Nation eine große Hoffnung: »Deutschland wird zahlen« (s. o.).

In der »Humanité« vom 20. März 1919 schrieb Marcel Sembat über diesen Wunderglauben: »Unsere Pensionen, unsere Steuern, unsere Budgets, das alles zahlt Deutschland! Das ist das Glaubensbekenntnis der Pariser Presse und unseres Parlaments ...« Das »Journal des Debats« aber hatte schon eine Woche zuvor zu bedenken gegeben: »Gewiss muss das besiegte Deutschland zahlen und alles zahlen, was man von ihm irgend fordern kann. Aber kein ernster Mensch wird glauben, dass es alles zahlen wird, was wir brauchen, um unser Budget wieder ins Gleichgewicht zu bringen.« Es gab jedoch genug »ernste Menschen«, die davon zumindest für die Ohren der Öffentlichkeit fest überzeugt schienen. Daher war von einem konkreten Konzept zur Sanierung der Staatsfinanzen in den ersten Nachkriegsjahren weit und breit nichts zu erkennen. Dies galt umso mehr, je schlechter sich die wirtschaftliche Lage des Deutschen Reiches darstellte und der breite Geldstrom zu versiegen drohte.

Die Franzosen wollten nicht, dass ihr »Erzfeind« auf der rechten Rheinseite wirtschaftlich wieder richtig auf die Beine kam, nur so aber hätte er wirk-

lich die Reparationsschulden an Frankreich zahlen können. Aus Angst vor
den Deutschen aber und um den Forderungen Nachdruck zu verleihen, musste ein riesiges Heer unter Waffen gehalten werden. Im Jahre 1921 war die französische Armee weit stärker und besser ausgerüstet als zu Beginn des Ersten
Weltkriegs. Den sieben Infanteriedivisionen der Reichswehr standen 60 hervorragend ausgestattete Divisionen auf französischer Seite gegenüber. Den
über 5000 Geschützen, 4000 Flugzeugen und 3000 Tanks hatte die deutsche
Seite ganze 300 veraltete Kanonen entgegenzusetzen. So war die Lage, als
überall in Europa die Währungen wackelten und Anfang der Zwanzigerjahre
Hyperinflationen Deutschland und Österreich erschütterten.

Im Jahre 1926 war es dann so weit, auch der Franc begann an den Devisenbörsen abzurutschen. Sofort horchten überall in Europa die Spekulanten
auf, die schon am Leidensweg der polnischen, österreichischen und deutschen Währungen gestanden und auf bekannte Weise glänzend verdient
hatten. Wer als Baissespekulant zum Beispiel den Franc, den er noch nicht
besitzt, bereits heute zu festgelegten Bedingungen teuer verkauft, weil er davon ausgeht, dass er den Franc später zu einem zuvor festgelegten Termin
(Lieferverpflichtung auf Termin, deswegen Terminkontrakt) viel billiger kaufen kann, der rechnet sich einen hohen Gewinn aus. Je tiefer der Franc fällt,
desto höher ist der Abwertungsgewinn. Das Risiko besteht nur darin, dass
der Franc wider Erwarten nicht fällt, sondern steigt, dann muss sich der
Spekulant eindecken, das heißt, er muss sich um jeden Preis Francs an der
Devisenbörse beschaffen, um seiner Verpflichtung zur Lieferung der Währung nachkommen zu können.

Die meisten Spekulanten waren fest davon überzeugt, dass dem Franc das
gleiche Schicksal widerfahren würde wie der Reichsmark. Viele Spekulanten
aus Wien, Osteuropa, Amsterdam und Zürich gaben sich in der Seinemetro-
pole ein Stelldichein. Mit Freude sahen diese Baissespekulanten, dass sich die
Lage in Frankreich genauso trübe darstellte wie einige Jahre zuvor in Wien
oder Berlin. Allein in der Zeit vom März 1924 bis Juli 1926 versuchten elf verschiedene Regierungskabinette das Schicksal zu wenden, doch es half alles
nichts, die Preise kletterten unaufhörlich. Es gelang den wechselnden Regierungen einfach nicht, die riesige Lücke im Haushalt durch langfristige Anleihen zu schließen, weil die Franzosen ihrer Währung nicht trauten und sich
deswegen bei Neuemissionen von Staatsanleihen zurückhielten. Die Politiker
wollten auch die Steuern nicht erhöhen oder die Ausgaben kürzen, um nicht

im Karussell der rasch wechselnden Regierungen ihre politischen Chancen zu verspielen. Sie dachten kurzfristig, bis zur nächsten Wahl oder Kabinettsumbildung, und borgten die erforderlichen Mittel kurzfristig bei der Zentralbank und den privaten Kreditinstituten.

Anfang 1926 betrugen diese Verbindlichkeiten mit kurzer Laufzeit bereits über 90 Milliarden Franc und im Sommer wurde die Lage so bedrohlich, dass die Regierung Caillaux beim Senat um Sondervollmachten zur Abwendung des Staatsbankrotts nachsuchte; der Antrag wurde jedoch abgelehnt. Innerhalb von zehn Monaten versuchten acht Finanzminister ihr Glück.

Nun griff das Misstrauen in den Franc auch auf die kleinen Leute über. Ganz wie 1923 in Deutschland wurde in jedem Straßencafé, in jedem Lokal oder beim Krämer um die Ecke über den schwachen Franc und die steigenden Preise diskutiert. Währenddessen saßen die Spekulanten behaglich bei einer Tasse Kaffee und studierten die neuesten Börsenkurse. Sie glaubten genau zu wissen, wie es weitergehen würde. War nicht auch in Deutschland die Mark trotz aller Versuche zum Gesundbeten der Währung immer weiter abgerutscht, bis sie endlich völlig wertlos war? Man brauchte nur zu warten und seine Baisseengagements in Frankreich bis zum Ende durchhalten. Auch die Millionen und Milliarden der Pariser Hochfinanz wurden rasch ins Ausland verlagert, wenn sie nicht schon dort waren, und drückten den Kurs des Franc an den Devisenbörsen weiter nach unten.

In dieser kritischen Situation berief Frankreich einen kampferprobten Ministerpräsidenten an die Spitze der Republik, der Pariser Anwalt Raymond Poincaré übernahm das Ruder des angeschlagenen Schiffes. Poincaré hatte seit 1913 mehreren Kabinetten vorgestanden und unter anderem auch die Ruhrbesetzung veranlasst, die in Deutschland zur Hyperinflation wesentlich beitrug. Alle Maßnamen, die man seinen Vorgängern um jeden Preis verweigert hatte, könnte er in den Stunden der Krise ohne Schwierigkeiten durchsetzen. Er konsolidierte die kurzfristigen Schulden, indem er einen hohen Zinssatz bot, erhöhte die Steuern und kürzte die Staatsausgaben. Gleichzeitig gewährte das New Yorker Bankhaus Morgan einen großen Kredit, der die Devisenkassen der Bank von Frankreich wieder auffüllte. Alles zusammen stellte das Vertrauen in den Franc schlagartig wieder her. Es ist eine alte Erfahrung, dass bei einem Vertrauensschwund nur eine überzeugende Demonstration der Stärke und des Könnens hilft, und das beherzigte Poincaré und hatte Erfolg damit.

Die Spekulanten, die gerade noch den sicheren Niedergang der französischen Währung vor Augen gehabt hatten, sahen sich nun jäh getäuscht. Hals über Kopf versuchten sie, ihre Engagements schleunigst zu decken. Sie kauften die auf Termin verkauften Francbeträge an der Devisenbörse zurück und trieben damit den ohnehin schon anziehenden Kurs weiter nach oben. Nach einer Art Schneeballeffekt veranlassten die steigenden Kurse immer mehr Spekulanten zum Kauf. Tatsächlich verloren viele Baissespekulanten Haus und Hof, als der Franc zu steigen begann. Man hat allein die Verluste der deutschen Francspekulation auf rund 350 Millionen Goldmark geschätzt. Es ist heute schwer zu beurteilen, ob diese Rechnung stimmte, wenn aber die Größenordnung zutraf, dann waren die Einbußen verheerend. Schließlich betrug 1926 der gesamte deutsche Umlauf an Bargeld nur etwa 5,8 Milliarden Mark, und auf heutige Verhältnisse umgerechnet, wären die Verluste demnach in die Milliarden gegangen. Es kam daher in Deutschland auch zu einer ganzen Reihe von Firmenzusammenbrüchen.

Relativ hatte man sich in Österreich und vor allem in Wien an der gescheiterten Spekulation noch mehr beteiligt. Zwar waren hier die absoluten Summen nicht so hoch wie im Nachbarland Deutschland, aber in der ohnehin wirtschaftlich geschwächten Alpenrepublik hatten neben den Profis auch viele Privatleute ihr Glück an der Devisenbörse versucht. Als der Franc wider Erwarten zum Höhenflug ansetzte und somit Poincarés Rettungsaktion ein voller Erfolg zu werden versprach, brachen an der Wiener Börse die Kurse zusammen. Innerhalb weniger Wochen mussten drei Aktienbanken ihre Zahlungsunfähigkeit erklären. Die Pleitewelle zog daraufhin immer weitere Kreise und riss speziell an der Börse einige alte und bekannte Firmen mit sich in den Abgrund. Werden noch die Verluste in den anderen europäischen Ländern hinzugezählt, so war die Spekulation gegen den Franc im Jahre 1926 der größte finanzielle Fehlschlag der Baissespekulanten überhaupt.

XIII.

Als die Wallstreet zusammenbrach

»Früher oder später kommt der Krach und er wird schrecklich
werden.«

> Roger Babson, Verfasser eines Börsenbriefs aus
> Massachusetts, vor dem »Schwarzen Freitag«

»Nichts kann die Aufwärtsbewegung aufhalten.«

> Charles Mitchell, Präsident der National City Bank

»Beginnend mit der heutigen Börsensitzung, sollte der Markt
die Basis für einen konstruktiven Aufschwung gefunden haben,
der nach unserer Meinung das Jahr 1930 charakterisieren
dürfte.«

> Marktbericht des Brokers Hornblower & Weeks nach dem
> Börsenkrach und vor einem Kursrückgang, der bis 1932 andauerte und
> schließlich einen Verlust von weit über 80 Prozent ausmachen sollte

»Seit dreißig Jahren arbeite ich in der Wallstreet. Ich muss
jetzt gestehen, ich weiß immer noch nicht, wie die Börse
funktioniert.«

> Bernhard Baruch, Finanzfachmann und Spekulant, nach dem Börsenkrach

Die Roaring Twenties beginnen

Das Adjektiv »roaring«, was so viel wie brausend, tosend oder stürmisch bedeutet, traf auf diese Zwanzigerjahre wesentlich besser zu als »golden«. Wirklich golden war diese Zeit nämlich keineswegs für alle Zeitgenossen. Das Phänomen dieser wilden Jahre, der gigantischen Spekulationen, des grenzenlosen Optimismus und des Lebenshungers der Menschen ist wiederum ebenfalls nur zu verstehen, wenn die Folgen des Ersten Weltkriegs mit bedacht werden. Als 1918 endlich die Waffen schwiegen, war aus dem die Welt beherrschenden Europa ein Trümmerfeld geworden, die Staatskassen waren leer und die Industrie musste mühselig auf Friedensbedarf umgestellt werden.

Inflationen und Wirtschaftskrisen erschütterten die ganze Welt. Doch der notwendige Wiederaufbau barg auch Chancen, insbesondere im »Land der unbegrenzten Möglichkeiten«. Zwar gab es auch dort Umstellungsschwierigkeiten, aber insgesamt war man jenseits des Atlantiks eher Nutznießer des Weltkriegs gewesen. Die Schwäche des Britischen Empire begünstigte den Aufstieg der Weltmacht USA, die New Yorker Wallstreet lief der Londoner City mehr und mehr den Rang als die Finanzmetropole der Welt ab. Die hemdsärmligen Amerikaner übernahmen das Geschäft der noblen Bankiers mit Melone und schwarzem Nadelstreifenanzug von London, ohne jedoch aus deren Erfahrungen schöpfen zu können.

Bald floss ein breiter Strom von Krediten und Anleihen von Wallstreet aus in das geschwächte Europa und nach Südamerika. Besonders als 1924 eine vom Bankhaus Morgan übernommene Tranche der Dawes-Anleihe von 110 Millionen Dollar in New York zehnfach überzeichnet wurde, leckte man in Bankkreisen Blut. Da der Dawes-Plan für eine Stabilisierung in Deutschland sorgte, bekamen die Berliner Großbanken bald großzügige Darlehen aus der »Neuen Welt«. Ein Teil davon ging sofort an die Industrie, einige Millionen wurden auch an der Börse eingesetzt und entfachten dort eine kräftige Hausse. Überall fiel der Millionensegen auf fruchtbaren Boden, denn nach den Kriegs- und Notjahren waren die Menschen bereit, sich etwas zu gönnen und die Möglichkeit zu nutzen. Fabriken wurden erneuert und modernisiert. Vor allem in Amerika gediehen die Industrien rund um das Auto und der Elektronik wie Radio, Telefon und Staubsauger. Langsam begann sich wieder Optimismus auszubreiten. Die Amerikaner entdeckten den Konsumentenkredit, mit dem sich nun auch die so genannten kleinen Leute bereits heute etwas leisten konnten, was sie erst morgen zu bezahlen brauchten. Die Konjunktur beschleunigte sich.

Mit den größeren Absatzzahlen und den verbesserten Produktionsmethoden konnten viele Güter wesentlich billiger angeboten werden, was wiederum neue Käuferschichten erschloss. Als Henry Ford 1909 etwa 10.000 Autos baute, kostete ein Wagen 950 Dollar, 1922 war die Produktion bereits auf 1,5 Millionen gestiegen und sein Modell T, die legendäre »tin lizzy« schon für 275 Dollar zu haben. Stolz meinte Ford dazu in einer Selbstbiografie: »Das Publikum soll aus dem Staunen nicht herauskommen, wie ich es möglich mache, für so wenig Geld so viel zu geben.«

Bald färbte der Optimismus der Industriellen und der Konsumenten auf alle Lebensbereiche ab. Immer wieder gab es etwas Neues zu bestaunen. Man erfand die Cocktailpartys, bei denen neue Tänze wie Charleston und Bottom getanzt wurden, die Damen kniefrei gingen und die ersten großen Leinwandstars oder bekannte Sportler für Gesprächsstoff sorgten. Selbst das gesetzliche Verbot von Alkoholgenuss, die aus vielen Gangsterfilmen bekannte Prohibition, konnte den Lebensgenuss in den USA nicht bremsen.

Die ganzen Zwanzigerjahre hindurch versuchten die Politiker und die Polizei die Nation mit dem 1920 in Kraft getretenen »18. Amendment« trockenzulegen. Jeder Realist hätte einsehen müssen, dass ein so großes Land gegen den Willen der meisten seiner Einwohner nicht vom Alkohol abzubringen sein würde. Der einzig bleibende Erfolg des 1933 aufgegebenen Unterfangens war das Entstehen leistungsfähiger Verbrecherorganisationen, von denen die Bande des Alfonso Capone in Chicago die berühmteste werden sollte. Aber nicht nur seine Truppe von etwa 1000 Gangstern sorgte in den USA für Nachschub an Schnaps, sondern die ganze Nation beteiligte sich an dem Spielchen, den Behörden ein Schnippchen zu schlagen. 1929 soll es alleine in New York über 30.000 illegale Kneipen gegeben haben, etwa doppelt so viele wie vor dem Alkoholverbot. In diesen »speak easies« wurden nach Feierabend die Gewinne im Geschäftsleben oder an der Börse gefeiert.

Aber auch das ganze übrige Leben schien irgendwie grenzenlos zu sein und der Optimismus schlug bald in Euphorie um. Die großen Unternehmen und Unternehmer lieferten sich beispielsweise einen kostspieligen Wettstreit um den höchsten Wolkenkratzer der Welt, der sein vorläufiges Ende mit der Einweihung des »Empire State Building« 1931 fand. Im 102 Stockwerke hohen Bauwerk konnten 25.000 Büroangestellte arbeiten und der 380 Meter hohe Büroturm ist noch heute eines der Wahrzeichen von New York. Ein Schlaglicht auf die Begeisterungsfähigkeit dieser Jahre warf auch der erste Alleinflug über den Atlantik von Charles Lindbergh. In gut 33 Stunden hatte er mit seiner »Spirit of St. Louis« den Ozean überflogen. Als er am 21. Mai 1927 auf dem Pariser Flughafen Le Bourget landete, konnte er nur mit Mühe vor der begeisterten Menschenmenge in Sicherheit gebracht werden. Innerhalb von wenigen Minuten zerfetzten Andenkensammler die Tragflächen der kleinen Maschine. In der New Yorker Wallstreet rissen sich die Börsianer währenddessen um Wright-Aeronautik-Aktien, denn Lindbergh war mit einer »Wright« geflogen. Ein bekannter Industrieller berichtete später, dass er kurz vor dem Flug dieses Papier kaufte, und als er eine Stunde später im Büro ankam, stand die Aktie bereits 65 Dollar höher.

Boom mit Schönheitsfehlern

War es da ein Wunder, dass sich auch die kleinen Leute am Börsenspiel versuchen wollten, zumal ihnen leicht großzügige Kredite gewährt wurden? Die großen Spekulanten sahen die Aktivitäten der Kleinen gerne, denn wo das ahnungslose Publikum kräftig mitmischt, da gibt es für die Eingeweihten eine Menge zu verdienen. Ein Industriekapitän erklärte das folgendermaßen: »1929 kam man sich vor wie in einem Spielkasino mit getricksten Würfeln. Ein paar Hechte, die sich über die vielen Karpfen hermachten. Ich habe erlebt, wie Schuhputzer Aktien im Wert von 50.000 Dollar mit nur 500 Dollar in bar kauften. Alles wurde nur auf gut Glück gekauft.« Ganz Amerika schaltete sich irgendwie in das rasante Spiel ein, wenn auch längst nicht alle an der Börse. Auch mit Grundstücken wurde wild spekuliert und selbst der kleinste Angestellte ging bedrohliche Ratenzahlungsverpflichtungen ein in der Hoffnung, dass der Boom auch sein Gehalt in die Höhe treiben würde. Der Boom begann heißzulaufen.

Einer der großen Insider der Börse, Bernard Baruch, charakterisierte dieses Treibhausklima: »Nie zuvor ist so viel gespielt worden wie in den letzten turbulenten Zwanzigerjahren; aber nur wenigen Menschen war es klar, dass sie spielten. Sie glaubten, sie hätten etwas Sicheres in der Hand. Mit das wildeste Spielen des Jahrzehnts fand bei der Landspekulation in Florida statt.« Dort hatte man innerhalb weniger Jahre die noch heute bekannten großen

Badeorte aus dem Boden gestampft. 1925 brach dieser Immobilienboom jäh zusammen, wie übrigens das ganze Immobiliengeschäft in diesem Jahr seinen Höhepunkt erreichte und sich danach nicht mehr recht erholen wollte. Die Spekulanten an der Börse zeigten sich jedoch von solchen Rückschlägen überraschenderweise völlig unbeeindruckt, Wallstreet wurde zum Symbol der Prosperity.

Angesichts des zunehmenden Optimismus und der euphorischen Zukunftserwartungen wollten natürlich auch die Politiker keinesfalls zurückstehen. Bereits im Herbst 1925 hatten sich sogar die »Erbfeinde« Deutschland und Frankreich bei der Konferenz von Locarno feierlich ausgesöhnt. Voller Zuversicht erklärte der französische Präsident beim Einzug der deutschen Delegation in den Völkerbund: »In dieser Atmosphäre eines Weltbundes lassen sich alle Schwierigkeiten überwinden – zwischen ihnen und uns.« 62 Länder unterzeichneten 1928 auch den Briand-Kellogg-Pakt zur Ächtung des Krieges. Diese »Entspannungspolitik« erweckte in den USA, aber auch in vielen Ländern Europas eine große Begeisterung. Innenpolitisch beeilten sich die führenden Köpfe der Politik, auf der optimistischen Welle mitzuschwimmen. Der bullige Ingenieur Herbert Hoover gewann die Präsidentschaftswahl 1928 mit dem Slogan: »Wir in Amerika sind dem endgültigen Triumph über die Armut näher, als je zuvor irgendein Land im Laufe der Geschichte es gewesen ist.« In seinen Wahlreden wurde er noch prophetischer und verkündete: »Das Armenhaus wird verschwinden. Wir haben das Ziel noch nicht erreicht, aber unsere Politik der letzten acht Jahre hat uns mit Gottes Hilfe die Chance gegeben, fortzuschreiten, um den Tag zu erblicken, an dem die Armut aus unserer Nation verbannt ist.«

Tatsächlich sah es auch abseits der Jubelreden bei den ganz nüchternen Zahlen nach einem soliden Aufschwung aus. Die Stahlproduktion, damals noch ein verlässlicher Gradmesser der wirtschaftlichen Aktivität, stieg von 1924 bis 1929 im Jahresdurchschnitt um acht Prozent. Das amerikanische »Bureau of the Census« hat später errechnet, dass das Bruttosozialprodukt pro Kopf der Bevölkerung von 1921 bis 1929 um gut ein Viertel zugenommen hat. Das war zwar nicht gerade überwältigend, aber immerhin ein annehmbares Ergebnis; nur leider eilte der Optimismus der Menschen diesen Zahlen weit voraus. Vor allem aber blieben beim Boom in einigen Branchen und an der Börse die Verzerrungen im weltweiten Wirtschaftssystem unbeachtet.

Da waren zum Beispiel die alten Verbindlichkeiten aus dem Ersten Weltkrieg. Frankreich, Großbritannien und andere europäische Länder waren bei den Amerikanern noch mit knapp zwölf Milliarden Dollar verschuldet. Während die USA auf jegliche Form von Reparationen aus Deutschland verzichteten, bestand sie jedoch auf der Rückzahlung dieser Darlehen ihrer Verbündeten. Diese versuchten daher gezwungenermaßen, ihrerseits Außenstände bei anderen Staaten, vor allem aber die horrenden Reparationsforderungen aus dem geschwächten Deutschland, einzutreiben. In diesem komplizierten Netz von Forderungen und Verbindlichkeiten fingen sich während der Zwanzigerjahre alle Versuche einer nachhaltigen Konsolidierung der europäischen Finanzverhältnisse. Schon kurz nach dem Krieg hatte daher John Maynard Keynes weitsichtig gefordert, alle diese Verpflichtungen zu annullieren und die Reparationen auf einen relativ geringen Betrag zu beschränken, um auf dem »alten Kontinent« den Wiederaufbau zu erleichtern. Da das jedoch nicht geschah, schwang die Schuldenfrage jahrelang bei allen wichtigen Konferenzen mit.

Daneben gab es aber auch noch andere, ebenfalls sehr gefährliche Schwachstellen im System, so nahm zum Beispiel die gesamte Landwirtschaft am Aufschwung kaum teil. Die amerikanischen Bauern etwa verdienten 1929 knapp 13 Prozent weniger als 1920. Die Farmen kamen nämlich in eine böse Kostenschere, weil die Preise für ihre Erzeugnisse auf den Weltmärkten fielen, die Löhne aber andererseits anzogen. Die Landwirtschaft litt ganz allgemein ähnlich wie die Produzenten von Rohstoffen unter einem weltweiten Überangebot ihrer Waren. Im Krieg hatte man die Produktion stark ausgeweitet und nun konnten diese Kapazitäten von einem verarmten Europa nicht mehr voll genutzt werden. Einer Überproduktion an Weizen, Gummi, Kaffee, Zucker, Silber, Zink und Baumwolle sollte auch Präsident Hoover nach dem Börsenkrach in seinem »Bericht zur Lage der Nation« die Schuld an der Depression geben. Diese niedrigen Verkaufserlöse bei Agrargütern und Rohstoffen belasteten die Wirtschaft vieler Lieferländer, die daraufhin nur noch auf Kredit Waren kaufen konnten.

Und noch etwas störte im Bild der allgemeinen Begeisterung. Öffentliche Einrichtungen finanzierten ihre langfristigen Investitionen mit kurzfristigen Mitteln. Deutsche Stadtverwaltungen sollen damals zum Beispiel öffentliche Bauten mit dreimonatigen Wechseln finanziert haben. Nahte der Fälligkeitstermin, dann wurden einfach neue kurzfristige Kredite aufgenommen.

All das störte die Weltbörsen allerdings zunächst wenig, der Optimismus wuchs und Geld stand reichlich zur Verfügung. Gerade dass die Wirtschaft nicht allzu stark »boomte«, war gut für die Aktienkurse, denn dadurch wurden nicht alle Kapitalien für Kapazitätsausweitungen von der Industrie benötigt, sondern verblieben den Spekulanten zum Börsenspiel. Außerdem gewährten die Banken den Börsenmaklern großzügig Kredit und diese gaben die Gelder ebenso freizügig an ihre Kunden weiter. Schon Ende 1927, also bevor der letzte große Aufschwung der Kurse begann, betrugen die Darlehen an die Brokerhäuser bereits 4,4 Milliarden Dollar. Bis zum Börsengipfel im Herbst 1929 sollten diese Kredite auf 8,5 Milliarden Dollar anschwellen. Tausende von Maklerbüros im ganzen Land animierten alte und neue Aktienkäufer, sich am großen Gewinnspiel zu beteiligen. Eine Prüfung der Kreditwürdigkeit fand nur sehr lax statt; wer Geld für ein Aktienengagement wollte, der bekam das in aller Regel auch.

Es gab auch in Europa ausgesprochen gute Börsenjahre, obwohl sich in Deutschland die Weltwirtschaftskrise bereits 1927 anzukündigen begann, die ganz große Hausse aber spielte sich in New York ab. Aus der ganzen zivilisierten Welt strömten die Anlagekapitalien nach Wallstreet, wo Ende 1927 die Aufwärtsbewegung in eine himmelstürmende Hausse überging. Im Herbst 1927 hatte die amerikanische Zentralbank noch einmal Öl ins Feuer gegossen. Um durch niedrige Zinsen den Zufluss von Kapital aus dem geschwächten Europa zu bremsen, wurde der Diskontsatz von vier auf 3,5 Prozent herabgesetzt. Außerdem kaufte die Federal Reserve Bank am offenen Markt Papiere an, um Geld in das Bankensystem zu pumpen und damit die Zinsen weiter zu drücken.

Wallstreet auf Höhenflug

Das reichlich vorhandene, billige Geld und der ungebrochene Optimismus trieb die Aktienkurse weiter in die Höhe, sodass sich bald Euphorie breit machte. Einer der großen Haussespieler dieser Zeit, John J. Raskob, rechnete den kleinen Anlegern vor, dass sie bei einer Sparsumme von 15 Dollar im Monat innerhalb von 20 Jahren ein Vermögen von 80.000 Dollar anhäufen könnten. Raskob selbst schien das beste Beispiel dafür zu sein, wie schnell man damals sein Glück an der Börse machen konnte. In ärmlichen Verhältnissen aufgewachsen, wurde er Privatsekretär von Pierre S. Du Pont, einem Mitglied der Chemiedynastie, machte bald selbst Börsengeschäfte großen Stils und war später an der Finanzierung des Empire State Building beteiligt. Warum sollte man einem solchen Mann nicht glauben, wenn er im »Ladies Horne Journal« in einem Interview verkündete: »Jeder sollte reich sein«, und das Rezept für die Erfüllung dieses Wunschtraums mit dem Tipp »Aktien kaufen« gleich mitlieferte?

Es gab viele solche »Selfmade-Börsenmillionäre« wie etwa Jesse Livermore, der vorübergehend Unternehmen wie IBM oder Philip Morris kontrollierte und einmal gesagt haben soll: »Was nützen einem zehn Millionen, wenn man nicht an das wirklich große Geld kommt?« Der gleiche Mann sollte sich einige Jahre später in der Weltwirtschaftskrise nach diversen Pleiten in der Toilette eines New Yorker Restaurants erschießen. Bei seinem Tod hatte er nur noch einen Schuldschein über 5000 Dollar in der Tasche, mehr war von den in vielen Börsenspielen zusammengerafften Millionen nicht übrig geblieben. Livermore war wirklich einer jener Spekulanten, die alles auf eine Karte setzten.

Die Spekulation hatte ein fast perfektes System aufgebaut, die Kurse immer weiter nach oben zu treiben. Im Bankenapparat, der Zentralbank, in der Regierung, bei Brokern, überall saßen Männer, die die Aktien zielstrebig in Richtung Hausse manövrierten. Hinzu kamen noch die großen Fische, jene Superspekulanten, die sich zu Syndikaten verbündeten, um das ahnungslose Anlegerpublikum anzulocken und dann die Papiere zu hohen Kursen auf den Markt abzuladen.

Im Börsensaal waren damals an hektischen Tagen über 1000 Broker und Gehilfen mit der Ausführung von Kundenaufträgen beschäftigt. Eine zentrale Rolle im Handel kam in den Zwanzigerjahren und kommt auch heute noch dem Spezialisten zu. Der Spezialist konzentrierte sich ganz auf eine kleine Zahl von Papieren und versuchte darin einen geregelten Handel abzuwickeln. Er war dabei Makler, indem er die bei ihm eingehenden Kauf- und Verkaufsaufträge nach Möglichkeit ausgleicht, handelt aber daneben auch auf eigene Rechnung. Aus dieser Doppelrolle ergeben sich natürlich Konflikte, die man heute durch Gesetze und Börsenregeln auszuschließen versucht, in den Zwanzigerjahren aber war das nur in sehr beschränktem Maße der Fall. Diese Spezialisten arbeiteten eng mit den Großspekulanten zusammen.

Der wohl bekannteste unter den Spezialisten war damals Michael Meehan, der für die Lieblingsaktie des spekulativen Publikums zuständig war, der Radio Corporation of America, im Börsenjargon kurz »Radio« genannt. Innerhalb weniger Jahre hatte sich Meehan von einem Eintrittskartenverkäufer auf dem Broadway zum ausgesprochen cleveren und wohlhabenden Börsianer gemausert. 1929 waren alleine seine acht Börsensitze zusammen knapp 3,5 Millionen Dollar wert. Man muss dazu wissen, dass die Mitgliedschaft an der New Yorker Börse, ein »Sitz« also, von einem anderen Mitglied gekauft werden muss. Auf dem Höhepunkt des Booms kosteten solche Sitze über 400.000 Dollar. 1928 war der rothaarige, agile Mann 37 Jahre alt und galt als »mit allen Wassern gewaschen«. Es war daher kein Zufall, dass sich eine ganze Reihe hochkarätiger Spekulanten zur Teilnahme bereitfand, als Meehan sie zu einem der damals beliebten Aktienpools einlud.

Das Radio erlebte in den »goldenen Zwanzigern« einen Boom und folgerichtig rissen sich die Spekulanten um die Aktie der Radio Corporation of America, im Börsenjargon kurz »Radio« genannt. Der Deal, der dann geschmiedet wurde, war typisch für diese Zeit. Dieser Pool wollte »Radio-Aktien« zusammenkaufen, dann mit großem Werberummel das Papier nach oben treiben und schließlich auf die Mitläufer abladen. 63 Mitspieler fanden sich im »Radio-Syndikat« zusammen, darunter so illustre Namen wie John J. Raskob, Percy Rockefeller, Walter P. Chrysler und William Durant, der mehrere Male die Kontrolle über General Motors ausübte und sie wieder verlor. Obwohl ihm selbst die Börsenregeln eigentlich eine Beteiligung verboten, profitierte auch Michael Meehan über ein Engagement seiner Frau vom Syndikat. Stand »Radio« zu Beginn der Operation noch bei 74 Dollar, kletterte das Papier mit großem Tamtam auf über 100 Dollar, sodass der Pool bei einem Investment von 13 Millionen rund fünf Millionen Dollar Gewinn machte.

Meist genügte schon ein kleiner Hinweis an die Presse, oft mit einem Scheck untermauert, um die nötige Stimmung beim ohnehin aufgeputschten Publikum zu erzeugen. Den Rest besorgte dann der schnelle Anstieg des auf Hausse manövrierten Papiers, der sich bei hohen Börsenumsätzen und unter großem Wirbel vollzog. Generell sind steigende Kurse die beste Reklame für eine Aktie, denn dahinter, so vermuten die ahnungslosen Kleinanleger, wird schon irgendetwas stecken, nach der Devise: »Wo Rauch ist, ist auch Feuer.« Traten dann die vielen Käufer aus der Provinz auf den Plan, konnten die Initiatoren der Aktienpools bereits wieder Kasse machen und ihre Gewinne zählen. Das Spiel mit »Radio-Aktien« wurde übrigens alleine von »Mike« Meehan noch zweimal in diesem Stil wiederholt.

Noch leichter konnte das breite Börsenpublikum mit großen Investment-fonds ausgenommen werden, die von den bedeutenden Brokern verwaltet wurden. Diese Fonds entpuppten sich für ihre Initiatoren als die reinsten Geldmaschinen. Hier ließ sich in mehrfacher Weise Geld verdienen: Zunächst bei der Platzierung durch das Agio (Kursaufschlag), ferner durch die Verwal-tung (Verwaltungshonorare, Gewinnbeteiligungen), des Weiteren an Fusio-nen und schließlich an den Transaktionsgebühren. Darüber hinaus war es bares Geld wert, im Voraus zu wissen, welche Aktien große Fonds in naher Zukunft kaufen würden. Durch die »fachmännisch und kompetent« betreu-ten Fonds gerieten die Kleinanleger viel besser unter Kontrolle, als wenn die auf eigene Faust spekuliert hätten. »Schafherden bilden« hieß der Fachaus-druck der Geldleute in Wallstreet für diese Art von Kundenfang und »-füh-rung«. In merkwürdiger Unwissenheit heißt es dazu in einem Buch aus den Zwanzigerjahren: »Fast alle über dem Arbeiterstand stehenden Leute nehmen an den Schwankungen der Börse lebhaft Anteil. Diese neue Schicht verringert die Aussichten der Spekulanten, sich durch Börsengeschäfte Gewinne zu ver-schaffen.« Warum das so sein sollte, erklärte der Autor in seinem Buch »The Story of Wallstreet« allerdings nicht, er konnte es wohl auch kaum richtig er-klären, denn die Wirklichkeit sah genau umgekehrt aus. Tatsächlich konnten sich clevere Börseninsider an den Geldern der unwissenden Kunden ungestört bereichern.

Davon, dass viele Kleinanleger benutzt wurden, merkten diese meist nichts, und da die Hausse kein Ende zu nehmen schien und auch die kleinen noch verdienten, war die Jubelstimmung ungebrochen.

Wer hört schon auf Menetekel?

Schon im Frühjahr 1928 musste der Aktienmarkt an mehreren Samstagen ge-schlossen bleiben, weil die Makler mit der Bearbeitung der vielen Kunden-aufträge nicht nachkamen. Die heißesten Tage sollten allerdings erst noch kommen. Ein zeitgenössischer Beobachter charakterisierte das Getümmel in der Börse mit den Worten: »Es sah aus wie eine Straßenschlacht.« Zwar kam es im Sommer 1928 vorübergehend zu einem stärkeren Rückschlag, dieser wurde aber schnell überwunden, als der Präsidentschaftswahlkampf begann. Mit seinem Optimismus setzte sich der robuste Herbert Hoover gegen den warnenden Al Smith durch. Als Handelsminister in den vorangegangenen Kabinetten Harding und Coolidge schien Hoover genau der richtige Mann, die Prosperity in alle Ewigkeit zu verlängern. Den reichen Familien und der Geschäftswelt sagten die republikanischen Regierungen der Zwanzigerjahre ohnehin zu, was sich schon daran zeigte, dass ein Vertreter des »big business«, der Großbankier und Multimillionär Andrew Mellon, das ganze Jahrzehnt über Finanzminister war. »Nach der Coolidge-Prosperity die Hoover-Prosperity«, so lautete der Slogan, als es in das schicksalsträchtige Jahr 1929 ging. Wer dachte schon daran, dass es inmitten dieser neuen »goldenen Zeit« alleine in den USA über drei Millionen Arbeitslose gab? Ganz offiziell verkündete der im März 1929 aus dem Amt scheidende Präsident Calvin Coolidge, dass »die Aktien bei den gegenwärtigen Kursen billig« seien.

An der Spitze der beiden größten New Yorker Banken saßen prominente Spekulanten, die optimistische Statements abgaben. Wer sollte eigentlich gegen so kompetente Urteile Misstrauen hegen, vor allem da die Kurse an der Börse doch rasant stiegen? Zwar zögerte der Markt im ersten Halbjahr 1929 etwas, im Sommer aber ging die Hausse weiter. Auch eine Erhöhung des Diskontsatzes durch die Notenbank auf sechs Prozent konnte daran zunächst nichts ändern. Einige wenige Mahner aber erhoben jetzt doch den Zeigefinger. Im September 1929 fiel der Markt um zehn Punkte, als ein gewisser Roger Babson, Herausgeber eines eher unbekannten Börsenbriefs aus Massachusetts, vor einem scharfen Einbruch warnte, am Ende der Woche aber standen die Aktien wieder höher als vor der Abschwächung. Die »Harvard Economic Society« befürchtete eine starke Rezession, wurde jedoch von einem Chor von Optimisten übertönt. Auch Paul M. Warburg, Präsident der Manhattan Trust Company, wurde bei seinen Warnungen eher amüsiert zur Kenntnis genommen. Viel lauter war der Werberummel der Haussiers, an jeder Straßenecke gab es Bücher wie »Die Kunst der Spekulation« zum Preis von nur drei Dollar und die Börsenbriefe trieben ihre Leser mit immer neuen Sensationsmeldungen in den Aktienmarkt. »American Telephone, will it be a stock market sensation? (ATT, wird das eine Sensation des Aktienmarkts?)«, wurde in einer dieser Publikationen gefragt und die Antwort war für den Schreiber des Artikels natürlich ein klares »Ja«. Ähnlich euphorisch äußerten sich auch anerkannte Kapazitäten wie etwa der oft zitierte Professor Irving

Fisher, der nahe dem absoluten Höchststand der Börse erklärte: »Die Aktienkurse scheinen heute auf einem dauerhaften hohen Niveau zu sein.« Vielleicht
war dabei auch der Wunsch der Vater des Gedankens, denn Fisher hatte in den
Zwanzigerjahren als Haussier ein beachtliches Vermögen mit Aktien gemacht.
Es ist das alte Lied, die Kurse können noch so hoch sein, nur eine ganz kleine
Minderheit denkt an das Ende der Hausse und daran, dass die Aktien auch
wieder einmal fallen könnten. Immerhin war der Dow-Jones-Index für Indus-
trieaktien vom 24. August 1921, dem tiefsten Stand der Zwanzigerjahre, bis
zum denkwürdigen 3. September 1929, dem Gipfelpunkt der großen Hausse,
um 504 Prozent gestiegen. Da jeder Index immer einen irgendwie gewichteten
Durchschnitt wiedergibt, hatten einige Papiere noch weit mehr zulegen können.
    Einige gab es, die erkannten das Menetekel und retteten ihr Vermögen. Der
Vater des späteren amerikanischen Präsidenten, Joseph Kennedy, zum Beispiel stieß seinen Aktienbesitz rechtzeitig ab und verdiente während der Weltwirtschaftskrise mit Baissespekulationen ein Vermögen. Einer Anekdote zufolge soll ihn kurz vor dem Krach ein Schuhputzer mit brandheißen Aktientipps eingedeckt haben. Als sich herausstellte, dass alle Ratschläge des Mannes
glänzend aufzugehen schienen, soll Kennedy zu seiner Frau gesagt haben:
»Ein Markt, den ein Schuhputzer vorhersagen kann, ist nichts für Jo Kennedy.« Auch der bekannte Börsianer Bernhard Baruch hatte den richtigen Riecher und stieg aus. Baruch, der schon seit 1928 äußerst skeptisch war, schrieb
später in seinen Memoiren: »Mein Koch hatte ein Konto beim Broker und
verfolgte ständig den Ticker. Die Geschichte aller Märkte, von ihrem Entstehen an, ist ein Wechsel von atemberaubendem Aufstieg und Fall.«
    An dem 3. September endete, von fast allen Zeitgenossen unbemerkt, die
Hausse. Zu Beginn der Börsensitzung ist der Dow-Jones-Index in dieser zunächst euphorischen Börsensitzung auf den bis dahin unerreichten Rekordstand von 386,10 Punkten gestiegen, auf den absoluten Höhepunkt der Hausse,
fiel dann allerdings im Verlauf des Nachmittags etwas zurück. Der Markt hielt
sich noch gut zwei Wochen in der Nähe dieses Kursgipfels, dann begann er
langsam abzusacken. Bis zu den merkwürdigen Ereignissen des »schwarzen
Donnerstags« sollte der Index bereits knapp 20 Prozent verloren haben.
    Wieso begannen nun nach den vielen Jahren des Aufschwungs die Kurse
zu bröckeln? Die einfachste Antwort ist, dass eine Hausse immer so lange
weiterläuft, bis schließlich keine Kraft mehr in ihr steckt, die Optimisten ihr
ganzes Geld bereits investiert haben und es keine neuen Käufer mehr gibt.

Aber es gab auch einige deutlich erkennbare Warnsignale für die Börsianer, auf die jedoch nur wenige Insider achteten. Das ganze Jahr 1929 über wehrten sich die Notenbanken der Industriestaaten gegen den Abfluss spekulativer Gelder nach der New Yorker Wallstreet, indem sie die Zinsen anhoben. Das stellte eine Kostenbelastung der Unternehmen dar und verteuerte die Spekulation auf Gewinne. Ende September brach in London das Hatryimperium mit einer ganzen Reihe von Unternehmen und Investmenttrusts zusammen, als Clarence Hatry die notwendigen Millionen für eine neue Spekulation nicht auftreiben konnte und Finanzbetrügereien aufgedeckt wurden. Im Anschluss an diesen Börsenschock erhöhte auch hier die Bank von England ihren Diskontsatz von 5,5 auf 6,5 Prozent. Damit begannen die ersten Abzüge von Kapital aus New York, die europäischen Finanzkreise brauchten von nun an ihre Millionen zur Wahrung der eigenen Interessen.

Ein solcher Kapitalabzug aus dem Ausland kann in einer Börseneuphorie verheerende Folgen zeitigen: Da die Erwartungen der Marktteilnehmer in der Hochstimmung extrem hoch gesteckt waren, konnten schon geringer als erwartete Kurssteigerungen zu Enttäuschungen führten. Als nun die ausländischen Verkäufer die Kurse sogar drückten, konnte diese unerwartete Entwicklung zu einem Schock führen. Die gesunkenen Kurse gefährdeten plötzlich das Fundament der aus Kredit aufgebauten Spekulationsgebäude. Viele große und kleine Anleger hatten bei den Brokern Schulden gemacht, um damit Aktien kaufen zu können. Die erworbenen Papiere dienten dabei als Sicherheit für diese Darlehen. Fiel nun der Kurs der Aktien unter einen bestimmten Stand, so reichte die Sicherheit nicht mehr aus, und wenn der Anleger nicht sofort neues Geld nachschoss, wurden die Wertpapiere vom Makler unverzüglich verkauft. Diese Verkäufe belasteten ihrerseits die Kurse, sodass eine Kettenreaktion drohte, da mit sinkenden Notierungen immer mehr Aktienbesitzer an diese kritische Grenze kamen.

Das Vertrauen ist dahin

Am Donnerstag, dem 24. Oktober 1929, pünktlich um zehn Uhr, eröffnete die New Yorker Börse ihren Aktienhandel. Die Kurse entwickelten sich mäßig, aber hier und da gab es sogar leichte Gewinne. Dann wurden plötzlich zwei Positionen von je 20.000 Shares von General Motors und Kennecott Copper angeboten. Die Händler auf dem Börsenparkett horchten auf, das war etwas Besonderes. Normalerweise verkaufte kein Broker solche großen Pakete bereits zur Eröffnung, sondern er ließ sich Zeit, um einen kaufwilligen Abnehmer zu finden und gute Preise herauszuschlagen. Wer so überhastet abstieß, der musste entweder verkaufen oder er befürchtete einen unmittelbar bevorstehenden Kursrutsch. Tatsächlich hatten auch viele andere Händler bedeutende Verkaufsorders in ihren Büchern stehen, auch sie warteten auf einen günstigen Moment zum Ausstieg. Mit den ersten beiden angebotenen Positionen wurden sie langsam nervös. Weitere Aktienpakete wurden angeboten: 15.000 Sinclair Oil, 15.000 Standard Brands, 13.000 Packard und so ging das weiter. Von Beginn an hinkten die Ticker hinter dem hektischen Handel her. 8000 dieser Apparate »tickerten« während der Börsenzeit im ganzen Land die neuesten Kurse in die Büros der Broker, an diesem 24. Oktober aber trafen die Nachrichten von den letzten Transaktionen erst in der Provinz ein, wenn in Wallstreet schon längst zu viel niedrigeren Notierungen gehandelt wurde. Das steigerte noch die allgemeine Nervosität. Die nervenschwachen und hoch verschuldeten Spekulanten begannen hektisch zu verkaufen.

Eine Lawine von Verkaufsorders erschütterte nun Wallstreet und erst am Nachmittag konnte ein eilig unter der Regie von Börsenvizepräsidenten Richard Whitney und des Bankhauses Morgan zusammengerufenes Stützungskonsortium die Lage stabilisieren. Bis zum Abend spuckten die Ticker jedoch noch mit stundenlanger Verspätung die Kurse des Tages aus, die vielen Anlegern den Angstschweiß auf die Stirn trieben. Zwar sahen die Kursveränderungen der großen Standardwerte schließlich nach der späten Erholung gar nicht mehr so bedrohlich aus, aber irgendwie hatte der Traum von der ewigen Hausse einen entscheidenden Knacks erhalten. Dieser 24. Oktober 1929 markierte das Ende der »goldenen Zwanzigerjahre« beziehungsweise der Roaring Twenties.

Der 24. Oktober 1929 war ein Donnerstag, da aber wegen der Zeitverschiebung die Meldungen über den Börsenkrach erst am nächsten Tag in Europa bekannt wurden, ging das Ereignis als »Schwarzer Freitag an der Wallstreet« in die Geschichte ein. An diesem Freitag druckte die »Berliner Börsenzeitung« den New Yorker Börsenbericht vom Vortag, der mit den Sätzen begann: »Wallstreet erlebte heute seinen schwärzesten Tag seit einer ganzen Reihe von Jahren. Das in lang anhaltender Hausseperiode aufgebaute stolze Kursgebäude brach wie ein Kartenhaus zusammen.« In der gleichen

Zeitung konnte man auch die Besorgnis erregende Nachricht lesen, dass sich der Krach vermutlich nicht begrenzen lassen würde. So hieß es beispielsweise zum wichtigen Londoner Finanzplatz: »Die Panik an der New Yorker Börse hat auch auf London übergegriffen. Es herrschte am Spätabend in dortigen Börsenkreisen eine ungeheure Erregung.« Niemand war plötzlich noch so recht bereit, den beruhigenden Statements der Bankiers zu glauben, die wie etwa Thomas L. Lamont vom mächtigen Bankhaus Morgan erklärten, dass sie keine grundlegende Änderung der Konjunktur sehen würden. Als einer der ersten Europäer hatte übrigens Winston Churchill vom Börsenkrach erfahren, denn als die Kurse ihren Sturz begannen, stand er zufällig gerade auf der Besuchertribüne des Börsensaals von Wallstreet und beobachtete das chaotische Treiben. »Gott, was für ein Tag!«, soll er gemeint haben, als der Börsenvorstand schließlich die Besucher höflich aus dem Saal komplimentieren ließ. Der spätere Kriegspremier hatte vermutlich handfeste Gründe für diesen Stoßseufzer, denn angeblich soll er durch den Kurssturz einen großen Teil seines Vermögens eingebüßt haben.

Nicht einmal das starke Stützungskonsortium der Banken, das noch während des 24. Oktobers mit bedeutenden Käufen am Markt auftrat, konnte die Wogen glätten. Börsenvizepräsident Whitney lief persönlich von einem Maklerstand zum anderen, um dort größere Aktienpositionen zu steigenden Notierungen zu ordern. Es nutzte alles nichts, der grenzenlose Optimismus war mit einem Schlag der nackten Angst gewichen. Anleger, die jahrelang nichts dabei gefunden hatten, mit 90 Prozent Fremdkapital zu arbeiten, begannen plötzlich Fragen zu stellen. Sollten sie wirklich ihr gutes Geld nachschießen, wenn das bisher in Aktien investierte Eigenkapital innerhalb weniger Börsenstunden restlos aufgezehrt worden war? Waren die großen Investmenttrusts so sicher, wie man geglaubt hatte? Stand die Konjunktur auf festem Boden, wo es doch schließlich vielen Leuten schon deutlich schlechter ging? Viele Anleger hatte nicht mehr genügend Bargeld, um den Nachschussforderungen der Broker Folge leisten zu können. Und was nutzt am Ende ein Stützungsfonds der Banken von 200 Millionen, wenn allein die Verschuldung der Börsianer schon weit über acht Milliarden Dollar betrug? Die Aktienbesitzer begannen zu ahnen, dass es an der Börse keine Einbahnstraße nach oben gibt, das grenzenlose Vertrauen in die Prosperity war endgültig gebrochen.

Das alles wussten oder ahnten zumindest die Börseninsider und mit Bangen sahen sie der Sitzung des nächsten Tages entgegen. Immerhin erschienen die großen Zeitungen an diesem Morgen mit Überschriften wie »Big Crash in Stocks«. Solche Headlines kontrastierten mit Anzeigen der Broker, die noch ganz im Stil des Börsenbooms abgefasst waren. So warb etwa die Maklerfirma »Hornblower & Weeks« in der Zeitung »Boston Daily Globe« mit der Reklame: »Wir glauben, dass die derzeitigen Bedingungen sehr erfolgversprechend für Aktienanlagen in amerikanischen Standardwerten sind.« Dieser Rat fand sich genau unter der Zwischenüberschrift: »Tausende ruiniert, als der Kurseinbruch die Broker zu Liquidationen der Kundenengagements zwang«. Wider allen bösen Ahnungen verlief der Freitag in Wallstreet zunächst jedoch ruhiger, als befürchtet wurde. Es gelang dem Stützungskonsortium, eine neue Verkaufswelle zur Mittagszeit abzufangen. Auch der Samstag brachte eine schwache, aber nicht unbedingt Besorgnis erregende Kurstendenz.

Das Ende des »big bull market« zeigte sich endgültig am 28. und 29. Oktober 1929. Am Wochenende zuvor hatten die Broker endlich Zeit gefunden, die vielen Kundendepots zu überprüfen. Dabei stellten sie fest, dass eine ganze Reihe hoch verschuldeter Kunden weiteres Geld nachschießen musste. Auf die Geldanforderungen kam jedoch meist die Antwort: »Verkaufen.« Außerdem fanden am Sonntag Aktienbesitzer die Zeit, über ihre Engagements in aller Ruhe nachzudenken und sich mit anderen zu besprechen. Auch sie kamen zu dem Ergebnis »bloß verkaufen«, solange das noch zu halbwegs vernünftigen Kursen ging. Am Montagmorgen eröffnete der Markt daher bereits äußerst schwach und der Verkaufsdruck nahm von Stunde zu Stunde noch weiter zu. Anscheinend gab nun auch das viel beschworene Stützungskonsortium den Kampf auf. Der Korrespondent der »Berliner Börsen-Zeitung« mutmaßte sogar, dass die Banken jetzt die zuvor erworbenen Papiere wieder abstießen. Am Ende der Sitzung war der Ticker erneut um zwei Stunden in Verzug. Auch am Dienstag setzte sich die Abgabewelle fort und einzelne Aktien fielen um bis zu 70 Dollar. »Aus der ganzen Welt liefen Orders ein, die Engagements glattzustellen«, kabelte der Berichterstatter einer Börsenzeitung.

Erst nach diesem rasanten Kursrutsch konnten sich die Notierungen etwas stabilisieren und es setzte eine leichte Erholung ein, zurück blieb jedoch ein wahres Trümmerfeld. Gegenüber dem Spitzenstand vom 3. September hatte der Dow-Jones-Aktienindex etwa 40 Prozent verloren, womit viele Kreditkäufer ruiniert waren. Die Stimmung der vorher so euphorischen Spekulanten war einer Depression gewichen. Kein Mensch glaubte mehr an eine endlose

Der New Yorker Börsenkrach 1929

Alle Angaben in US-Dollar	22.10.1929 Dienstag	23.10.1929 Mittwoch	24.10.1929 Donnerstag	25.10.1929 »Schwarzer Freitag«	26.10.1929 Samstag	28.10.1929 Montag	29.10.1929 Dienstag	Veränderung vom 22.10.–29.10.1929
Allied Chemical	302 –	286 –	284 –	285 –	281 –	235 –	210 –	– 30,5 %
ATT	286,75	272 –	268 –	265,25	268 –	230 –	204 –	– 28,9 %
Du Pont	178,75	173,12	167 –	167 –	166,50	150 –	115 –	– 35,7 %
General Electric	334 –	314 –	307 –	305,25	296 –	250 –	219 –	– 34,4 %
Goodyear	97 –	88 –	75 –	83 –	83 –	77 –	67 –	– 30,9 %
Sears Roebuck	141 –	134,50	128,50	130 –	127 –	111 –	95 –	– 32,6 %
Standard Oil	77,75	73 –	68,50	71,87	72,62	64,50	57,75	– 25,7 %
U.S. Steel	212,12	204 –	205,50	204,12	203,25	185,50	173 –	– 18,4 %
Umsätze (in Millionen Aktien)	4,12	6,37	12,88	5,92	2,09	9,20	16,41	
30 führende Industriepapiere 22.10.1929 = 100	100,0	94,4	91,9	93,3	92,7	80,2	70,4	– 29,6 %
Baumwolle (loko)	18,50	18,15	18,40	18,40	18,40	18,25	18,10	– 2,1 %
Kaffee (Santos)	20,37	20,37	20,12	20,12	geschl.	19,75	18,75	– 7,9 %
Zinsen für tägliches Geld	5 %	5 %	5 %	5 %	6 %	6 %	6 %	–
Börsentendenz	freundlich	flau, am Schluss schwach (Baisse beginnt)	sehr schwach, am Ende jedoch Stützungskäufe	nach den Interventionen stabilisiert	bei kleinen Umsätzen sätzen knapp behauptet	schwerer Kurssturz bei hohen Umsätzen	schwere Baisse bei Rekordumsätzen	–

Prosperity. Der Traum der »goldenen Zwanzigerjahre« war ausgeträumt und vielen Leuten wurde das schlagartig klar, obwohl die Gesundbeter alles versuchten, die alte Euphorie zurückzubringen. Politiker, Bankiers und Industrielle wurden nicht müde, den Aufschwung herbeireden zu wollen. Der Multimillionär Rockefeller erklärte, dass er und seine Söhne erstklassige Aktien aufkauften. Wahrscheinlich gehörte seine Familie zu den wenigen Amerikanern, die sich selbst solche Verlustgeschäfte leisten konnten. Trotz all dieser Beteuerungen begann jedoch der Absturz der Konjunktur in das tiefe Tal der Weltwirtschaftskrise.

Wer sich jahrelang nichts dabei gedacht hatte, seinen Staubsauger, das Auto oder ein Radio auf Abzahlung zu kaufen, machte sich nun auf einmal Sorgen, wenn er täglich neue Katastrophennachrichten in der Zeitung las. Es ist viel gerätselt worden, ob der Börsenkrach die Rezession auslöste oder die Kurse fielen, weil die Wirtschaft in Schwierigkeiten geriet. Festzuhalten bleibt aber, dass die Konjunktur bereits im Frühjahr 1929 Schwäche zeigte. Im März erreichte zum Beispiel die US-Automobilproduktion mit 622.000 Wagen einen Höhepunkt und fiel bereits kurz vor dem »Schwarzen Freitag« auf gut 400.000 Fahrzeuge zurück. Ebenfalls im März stellte ein Beamter der Zentralbank fest, dass die Bauaufträge rasch zurückgingen und dass dies normalerweise (mit zeitlicher Verzögerung) auf eine Schwäche dieser Schlüsselbranche hinweisen würde. Vermutlich hatten die Hiobsbotschaften von der Börse die sich abzeichnende Rezession verschlimmert, weil sie das Ende der Prosperity vielen Zeitgenossen besonders drastisch vor Augen führten, damit den allgemeinen Pessimismus verstärkten und deswegen die Konsumbereitschaft schwächten.

Europa wird angesteckt

»Wenn die USA einen Schnupfen haben, bekommt Europa eine Lungenentzündung«, dieser Ausspruch galt auch schon in den Zwanzigerjahren und ganz besonders für das von Krieg, Reparationen und Inflation geschwächte Deutsche Reich. Bereits seit 1927 zeigten sich hier deutliche Ermüdungserscheinungen der Konjunktur und im August 1929 brach auch noch die »Frankfurter Allgemeine Versicherung« zusammen. Schon im strengen Winter 1928/29 hatte die Regierung weit über zwei Millionen Arbeitslose unterstützen müssen. Um die Löcher zu stopfen, die die Arbeitslosenversicherung in den Etat riss,

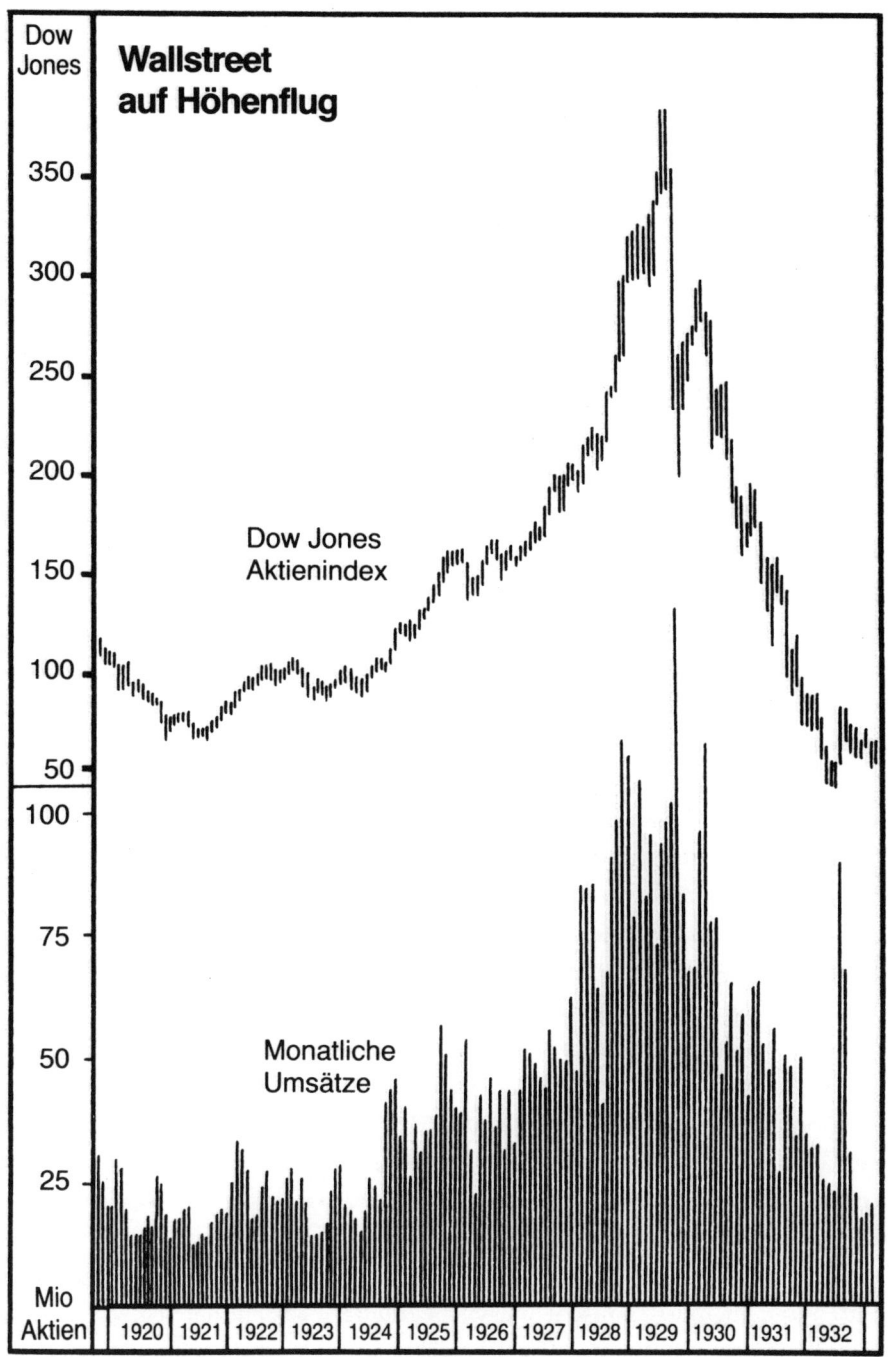

Wallstreet auf Höhenflug

Dow Jones Aktienindex

Monatliche Umsätze

wurde zum Beispiel die Biersteuer um 100 Millionen Reichsmark erhöht. Im Bericht der »Vereinigten Stahlwerke« über ihr zum 30. September 1929 beendetes Geschäftsjahr hieß es: »Der unvermindert anhaltende Kapital- und Zinsdruck, die weitere Kaufkraftschwächung der mit Abgaben aller Art überlasteten Erzeuger- und Abnehmerkreise und die wachsenden staatsfinanziellen Schwierigkeiten ließen eine freie Geschäftsentfaltung nicht aufkommen. So setzte sich der Konjunkturrückgang in fast allen Industriezweigen langsam fort.« Die Lage spitzte sich nach dem New Yorker Börsenkrach weiter zu und Ende 1929 erklärte Alfred Hugenberg auf einer Parteiversammlung: »Eine Wirtschaft, die ihre Unkosten nicht mehr decken kann, verwandelt sich nach Verzehrung oder Austreibung des Kapitals in Arbeitslosigkeit.«

Wie Recht er mit dieser Vorhersage behalten sollte, zeigte sich auf dem Höhepunkt der Krise. Alleine in Deutschland, England und den USA standen insgesamt 25 Millionen Arbeiter und Angestellte auf der Straße. Doch noch war es nicht so weit, noch versuchte man überall verzweifelt, die schöne Zeit wieder zurückzuholen. In Washington erklärte Präsident Hoover, dass von einer Krise keine Rede sein könne, ja auch nicht sein dürfe. Er beschwor die großen Industriekapitäne, nicht die Löhne zu kürzen und so die Kaufkraft der Arbeiter zu erhalten. Tatsächlich hob Henry Ford in seinen Autowerken demonstrativ die Stundenlöhne um einige Cent an. Auch die Aktionäre sollten nicht zu kurz kommen, die U.S. Steel Corporation zahlte sogar eine Extradividende. Die Regierung selbst stellte aus öffentlichen Mitteln schnell ein Bauprogramm zusammen, um die Konjunktur zu stützen. Die diversen Maßnahmen blieben nicht ohne Wirkung, denn zu Beginn des Jahres 1930 belebte sich die Wirtschaft wieder etwas, einige Optimisten schöpften bereits Hoffnung. Selbst die Börse konnte verlorenes Terrain gutmachen und holte einen Teil der vorangegangenen Verluste auf.

Jetzt sah das viel bewunderte Stützungskonsortium die Zeit gekommen, die in der Baisse erworbenen Aktien wieder abzustoßen. Ob die vorsichtig gewordenen Bankiers die Fortsetzung der Kurseinbrüche vorhersahen und ihr Geld retten wollten oder ob sie tatsächlich die Stützung der Kurse nicht mehr für nötig hielten, ist schwer zu beantworten. Sicher ist, dass das Stützungssyndikat bei der ganzen Aktion am Ende einen Gewinn von einer Million Dollar erzielte. Als ruchbar wurde, dass die Bankiers Kasse gemacht hatten und auch die Industrie wieder deutliche Schwächezeichen zeigte, kam es in Wallstreet zu erneuten Kurseinbrüchen. Zugleich schwächte die mäßige

Baukonjunktur die gesamte amerikanische Wirtschaft. Die im Boom im Bau befindlichen Wolkenkratzer wurden nicht fertig gestellt – das investierte Kapital lag brach. Zumindest in der Provinz fehlte das Geld zum Weiterbau. In New York, wo man sich solche Finanzruinen nicht leisten wollte, mussten viele Bauherren feststellen, dass auch sie von der Krise eingeholt wurden. Als das berühmte Empire State Building eröffnet wurde, standen mehr als die Hälfte aller zu vermietenden Büros leer.

Diese Entwicklung konnte gerade den Deutschen nicht gleichgültig sein. Noch Ende 1930 betrugen trotz einiger Abzüge die kurzfristigen Kredite an Schuldner im Deutschen Reich etwa 15 Milliarden Mark. Sind in einer Krise ohnehin alle Gläubiger übervorsichtig und ziehen ihr Geld beim kleinsten Anzeichen einer drohenden Gefahr ab, bot die deutsche Innenpolitik immer mehr Anlass zu solcher Zurückhaltung. Das galt auch für amerikanische Institute, die ihre kurzfristigen Kredite zum Teil an deutsche Einrichtungen vergeben hatten. Diese Kredite wurden nun nicht mehr verlängert (revolviert), sodass plötzlich ein großer zusätzlicher Finanzbedarf entstand. Die Regierung sah sich also genötigt, das Geld im Lande zu halten, was durch höhere Zinsen erreicht werden sollte.

Die Regierung Brüning versuchte ohne parlamentarische Mehrheit eine solche deflationäre Politik durchzusetzen, was bei ohnehin schon zwei Millionen Arbeitslosen zu schweren sozialen Unruhen führte. Noch mit der Angst vor der erst einige Jahre zuvor überstandenen Hyperinflation in den Knochen reduzierte man die Staatsausgaben und erhöhte die Steuern. Die »Erfolge« dieses Gesundschrumpfens zeigten sich bald, bereits Ende 1930 steuerte die Arbeitslosenzahl auf die Marke von drei Millionen zu. Zudem hatten die Wahlen vom September einen deutlichen Gewinn für die Radikalen gebracht, im Reichstag saßen nun 184 Nationalsozialisten und Kommunisten statt zuvor 66. Auf das Ausland wirkte das alles nicht besonders beruhigend, aus New York und London kamen immer öfter Kreditkündigungen.

Allerdings sollte das nicht nur das Schicksal der Deutschen bleiben, denn um ihre eigenen Interessen zu sichern, zogen überall die Banken ihre Auslandskredite ab. Je länger die Krise dauerte, desto hörbarer knisterte es daher im Gebälk der internationalen Finanzwelt, und naturgemäß krachte es an den schwächsten Stellen zuerst. In Paris brachen Ende 1930 die Banque Adam und das Imperium des Spekulanten Oustric zusammen. Die Pleite von Oustric entwickelte sich schnell zu einem Skandal, in den auch die Regierung hineingezogen wurde und über den sie schließlich sogar stürzte. Nun begann ein Rennen um Liquidität. Die Pariser Banken zogen hastig ihre Guthaben aus London ab, von wo aus man wiederum Kredite in Berlin kündigte. Alles lief auch in der Hochfinanz auf den großen Knall hinaus, den man an der Börse zwei Jahre zuvor am »Schwarzen Freitag« erlebt hatte. Besonders wacklig war das Bankensystem 1931 in Deutschland, wo die Großbanken zur Stützung der Börsenkurse im großen Stil ihre eigenen Aktien zurückkauften. Im Sommer besaß die Darmstädter und Nationalbank (Danat-Bank) bereits 47 Prozent ihres Aktienkapitals und die Kollegen von der Commerz- und Privatbank hatten sogar 49 Prozent ihrer Aktien aufgekauft.

Dieser Erwerb eigener Aktien kostete naturgemäß Liquidität. Der Liquiditätsabfluss schwächte – insbesondere in Zeiten einer dünnen Eigenkapitaldecke – die Banken entscheidend. Immerhin bedeutet der Erwerb eigener Aktien nichts anderes als eine verdeckte Kapitalrückzahlung. Umso schlimmer musste es sich auswirken, wenn diese Aktion auch noch mitten in einer alle Kräfte anspannenden Krise durchgeführt wird und jeden Augenblick größere Ausfälle im Kreditgeschäft drohen, die weiter an der Eigenkapitaldecke zehren würde. Besonders düster sah es in diesem Zusammenhang bei der Danat-Bank aus, die sich mit beachtlichen Krediten bei der Norddeutschen Wollkämmerei engagiert hatte. Die »Nordwolle« wiederum spekulierte mit diesen Geldern in großem Stil auf ein Steigen der Preise für Rohwolle. Schließlich waren die Lager voll und das Kapital in Wolle gebunden, aber die Wollpreise kletterten nicht, sondern begannen rasant zu fallen. Die Kredite der Danat-Bank drohten damit notleidend zu werden.

Das tiefe Krisental

Allerdings gab es eine noch schwächere Stelle im europäischen Bankensystem, die Creditanstalt in Wien. Eineinhalb Jahre zuvor hatte das Institut die illiquide gewordene Boden-Credit-Anstalt übernehmen müssen, was sich nun als schwerer Fehler erweisen sollte, denn die von den Rothschilds kontrollierte Creditanstalt war durch diese Sanierungsanstrengungen in den schwierigen Krisenjahren entscheidend geschwächt. Schon bei der Fusion hatte Baron Louis Rothschild nur widerwillig dem Drängen der Wiener Regierung nachgegeben und ahnungsvoll gemeint: »Gut, aber sie werden keine Freude daran haben ...« Die erwarteten Verluste der übernommenen Bank fielen dann um 60 Millionen höher als befürchtet aus. Es addierten sich eigene Einbußen hinzu. Das Hauptproblem aber war wie in Deutschland, dass man langfristige Kredite an die kapitalhungrige Industrie gewährte, sich selbst jedoch mit kurzfristigen Geldern aus dem Ausland finanzierte.

Im Frühjahr 1931 verhandelten die deutsche und österreichische Regierung über eine Zollunion der beiden Länder. Das Ausland, vor allem das deutschfeindliche Frankreich, sahen in diesem geplanten Abkommen das Vorspiel zum Anschluss Österreichs und reagierten äußerst gereizt. Es kam zu erheblichen Kapitalabzügen durch das Ausland und am 11. Mai 1931 war die Creditanstalt zahlungsunfähig. Zwar stellte die Regierung in Wien eine Hilfe von 150 Millionen Schilling bereit, aber schon bald wurde sichtbar, dass ein Vielfaches davon zur Sanierung notwendig war. Weitere Hilfsaktionen, auch unter Beteiligung des Auslands, wurden gestartet, aber alle waren zu halbherzig. Mit ein paar Millionen war das Vertrauen der Gläubiger nicht zurückzugewinnen. Ende Mai griff die österreichische Bankenkrise bereits auf die Nachbarländer über, es kam zu einem Run auf Bankeinlagen in der Tschechoslowakei, in Ungarn, Rumänien und Polen.

Einen Lichtblick brachte vorübergehend das vom amerikanischen Präsidenten verkündete Hoovermoratorium. Ein Jahr lang sollte sozusagen die Uhr angehalten werden, sollten alle Tilgungen und Zinszahlungen auf staatliche Kredite und die Reparationen aufgeschoben werden. Für die Danat-Bank aber kam die Hoffnung auf eine Stabilisierung der Lage zu spät, Anfang Juli 1931 wurde den fast 300.000 Kunden des Instituts klar, dass bei ihrer Bank etwas nicht stimmte. Tatsächlich zogen die Ausländer bei allen deutschen Banken ihre Einlagen ab. Auch die Dresdner Bank kam ins Gerede und die Reichsbank verfügte kaum noch über Devisenreserven. Am 13. Juli 1931 war der Krach dann endgültig gekommen. Die Regierung in Berlin erließ einen Aufruf, in dem es hieß: »Trotz aller Bemühungen ist eines der größten Bankinstitute, die Darmstädter- und Nationalbank, illiquide geworden!« Die Verlautbarung schloss mit dem Hinweis auf den Schutz der vielen kleinen Sparer: »Nur aus diesen Gesichtspunkten wird das Reich für etwaige Ausfälle, die eintreten können, aufkommen.« Gleichzeitig wurden die Banken, Sparkassen und Wertpapierbörsen geschlossen. Als die Banken ihre Schalter wieder öffneten, erlebten sie einen Ansturm der verunsicherten Kunden und diverse weitere Institute gerieten ebenfalls in Schwierigkeiten.

Erst langsam gelang es, die Lage wieder etwas unter Kontrolle zu bringen. Ende Juli ließen sich englische und amerikanische Banken auf ein Stillhalteabkommen ein. Anfang September konnten die Wertpapierbörsen wieder eröffnet und die Zinsen leicht gesenkt werden. Schon drei Wochen später jedoch wurden die Börsen erneut geschlossen, nachdem das englische Pfund Sterling vom Goldstandard gelöst wurde und der Diskontsatz in London auf sechs Prozent zur Stützung des Pfundes heraufgesetzt wurde. Die Krise machte sich nun in allen Lebensbereichen bemerkbar. Die Zahl der Selbstmorde stieg an. Anfang 1932 gab es in Deutschland schon rund 5,5 Millionen Arbeitslose, deren Familien am Rande des Existenzminimums lebten. Wahrscheinlich war das der Grund dafür, dass die Wahlaufrufe der NSDAP auf fruchtbaren Boden fielen, in denen es hieß: »Hitler ist die Hoffnung derer, denen man alles nahm, Haus und Hof, Ersparnisse, Existenz, Arbeitskraft, und denen nur eines blieb, der Glaube an ein gerechtes Deutschland, das seine Volksgenossen wieder Ehre, Freiheit und Brot geben wird.«

Währenddessen drehte sich die Deflationsspirale weltweit ständig weiter. Immer mehr Arbeitslose, dadurch immer weniger Kaufkraft, sinkende Preise, geringere Produktion, Entlassungen … Auf diese Weise verstärkte sich die Krise stets aufs Neue. Zudem versuchten viele Länder, in der Not ihre Inlandsmärkte vom Ausland abzuschotten. Die Folge war, dass der Welthandel von Anfang 1929 bis Anfang 1933 auf ein Drittel zusammenschrumpfte, mit allen negativen Konsequenzen für die Exportländer. So stieg etwa in Australien, das fast ausschließlich von den stark rückläufigen Wollausfuhren abhängig war, die Arbeitslosigkeit zeitweise auf ein Viertel der Erwerbstätigen.

Mit seinem »New Deal« gelang es dem frisch gewählten US-Präsidenten Roosevelt schließlich, trotz der Abneigung großer Teile der Geschäftswelt gegen ihn, die amerikanische Wirtschaft wieder in Fahrt zu bringen. Ganz im Stil der Ideen von John Maynard Keynes, dessen Gedanken damals wohl in der Luft lagen, begann man überall der Depression mit großzügigen staatlichen Ausgabeprogrammen zu begegnen. Ganz anders als Brüning, der auf den Ausgleich seines schrumpfenden Etats bedacht war, kurbelten auch in Deutschland die Nationalsozialisten mit umfangreichen Maßnahmen zur Arbeitsbeschaffung die Konjunktur an. Sie konnten dabei, wie etwa beim Bau der Autobahnen, auf bereits fertig ausgearbeitete Pläne ihrer politischen Vorgänger aus der Weimarer Republik zurückgreifen. Nichts anderes machte auch Roosevelt in Amerika, wo zum Beispiel im Rahmen der »Tennessee

Valley Authority« riesige Bauwerke, wie etwa Staudämme, mithilfe öffentlicher Mittel entstanden.

Es sollte über ein Vierteljahrhundert dauern, bis im Boom der Fünfzigerjahre die Aktienkurse an der Wallstreet den Spitzenstand des Jahres 1929 wieder übertreffen konnten. Der Krach der New Yorker Börse aber blieb in den Ängsten der Börsianer so lebendig, dass auch heute noch oftmals bei einem schweren Kurseinbruch die furchtsame Frage nach einem zweiten »29« gestellt wird.

Dass dies angesichts verbesserter Börsengesetze, eines engeren Zusammenwirkens von Bankleuten und Politikern und besserer Kommunikation auch über die Grenzen hinweg möglich ist, wird von vielen Fachleuten verneint. Aber der Niederschlag der japanischen Börse ab 1990, deren Kurse noch heute trotz Konjunkturprogrammen und Niedrigstzinsen sich bis heute nicht wirklich nachhaltig erholt haben, widerlegt diese Auffassung.

Wie sagte doch der Börsianer Bernard Baruch schon in den Dreißigerjahren? »Die Geschichte aller Märkte, von ihrem Entstehen an, ist ein Wechsel von atemberaubendem Aufstieg und Fall.«

XIV.

Das Zündholzimperium des Ivar Kreuger

»Hier hatten wir einen Mann, der vielleicht die größte konstruktive Finanzbegabung unserer Zeit besaß.«

John Maynard Keynes in seinem Nachruf
auf den schwedischen Zündholzkönig Ivar Kreuger

»Ivar Kreuger war einer der größten Organisatoren unserer Zeit, eine leuchtende Gestalt in der blendenden Welt der Großfinanz.«

Die »Daily Mail« kurz nach Kreugers Selbstmord in Paris

»Weder die Gewinne noch andere in unserer Prüfung zutage gekommenen Tatsachen stützen die Ansicht, dass Kreuger ein ungewöhnlicher Geschäftsmann gewesen ist.«

Revisor Seatree im Schlussbericht über den Zusammenbruch
des Kreugerkonzerns vom 28. November 1932

Nach dem Kurssturz in Wallstreet vom Oktober 1929 begann Anfang der Dreißigerjahre die Weltwirtschaftskrise, in deren Verlauf die Arbeitslosenzahl in den Industrieländern auf 30 Millionen Menschen anschwellen sollte. Als im Frühjahr 1931 der schweizerische Bankier Felix Somary bei einem Besuch im Berliner Finanzministerium gefragt wurde, wie lange diese Krise wohl noch andauern würde, nannte er drei Vorbedingungen für einen neuen Aufschwung. Zunächst einmal müsse das angeschlagene Bankensystem in Berlin und Wien durch eine Krise saniert werden, das britische Pfund müsste sich vom Goldstandard lösen und der Zündholztrust Ivar Kreugers zusammenbrechen. Als das Jahr 1932 anbrach, hatten die Banken ihren großen Krach bereits hinter sich und das Pfund war einige Monate zuvor abgewertet worden. Würde nun Kreugers Imperium zusammenbrechen?

Kreuger, der Selfmademillionär

Es war ein stolzer Konzern, den der schwedische Ingenieur Ivar Kreuger vornehmlich in den Zwanzigerjahren aufgebaut hatte. Er stützte sich im Kern auf die Produktion von Streichhölzern, für die er in 25 Ländern ein Monopol oder eine monopolähnliche Stellung besaß. Insgesamt kontrollierte der Trust schließlich 150 Fabriken in 35 Staaten und beschäftigte etwa 60.000 Arbeiter und Angestellte. Auf dem Höhepunkt seiner Ausdehnung stellte der Zündholztrust neun von zehn Streichhölzern her, die irgendwo auf der Welt entzündet wurden. Daneben hatte Kreuger aber auch eine ganze Reihe weiterer Unternehmen an sich gezogen, die noch heute die Industrie Schwedens beherrschen. So gehörten ihm etwa die ertragreichen Eisenerzgruben des Graengeskonzerns, mit Boliden ein weiteres Bergwerksunternehmen, die Papierfabriken der Svenska Cellulosa, bedeutende Aktienpakete des Herstellers von Kugellagern, SKF, sowie Stora Kopparberg und diverse Bankbeteiligungen. Aus seiner Zeit als Bauunternehmer besaß Kreuger zudem noch wertvollen Immobilienbesitz in Schweden.

Wer war nun dieser Finanzkünstler, der innerhalb von zwei Jahrzehnten einen solch gewaltigen Konzern fast aus dem Nichts schaffen konnte? Am 2. März 1880 kam der kleine Ivar als Sohn eines schwedischen Zündholzfabrikanten in Kalmar auf die Welt. Seine Eltern waren zwar wohlhabend, aber keineswegs so reich, dass man den kometenhaften Aufstieg des Jungen hätte vorhersehen können. Mit 16 Jahren machte Ivar sein Abitur und wechselte aus dem beschaulichen Kalmar an die Technische Hochschule nach Stockholm über. Nachdem er dort seine Abschlussprüfungen in »mechanischer Technologie« und »Wege- und Wasserbau« abgelegt hatte, stürzte sich der frisch gebackene Ingenieur in die Praxis. Die Arbeit bei einer Stockholmer Maschinenfabrik schmeckte ihm allerdings ganz und gar nicht, hier war für einen jungen Mann vom Schlage Kreugers nicht genügend zu lernen und vor allem lockte ihn das Abenteuer. Nach einem halben Jahr packte er daher seine Koffer und reiste in Richtung Amerika ab, wo er sich zunächst als Bauführer einer Eisenbahngesellschaft, dann als Vermessungsingenieur im Bundesstaat Colorado verdingte. Bei einem Abstecher in den Süden der USA rettete er ein kleines Mädchen vor dem Ertrinken und bekam dafür von der Stadt New Orleans eine Medaille verliehen, die die Inschrift trug: »Nur ein Held ist bereit, sein Leben für andere einzusetzen.« Arbeit fand er in der Gegend allerdings nicht, sodass er anschließend wieder auf Baustellen im Norden zurückkehrte.

Um die Jahrhundertwende wurde sein Leben noch abenteuerlicher, denn nun baute Ivar an der mexikanischen Ostküste die Fundamente für eine Großbrücke. Das Überleben in dieser entlegenen Weltgegend scheint eher ein Glücksspiel gewesen zu sein, denn von zehn Ingenieuren starben nur Kreuger und ein Kollege nicht am tückischen Gelbfieber. Er kehrte kurzzeitig ins heimatliche Schweden zurück, doch schon ein Jahr später arbeitete er wieder in den USA. Bei der Bauberatungsfirma Purdy & Henderson entdeckte er einen Kalkulationsfehler in den Berechnungen eines Großprojekts und begann nun schnell ein gefragter Bauingenieur zu werden. Schon bald konnte er es sich leisten, einen interessanten Auftrag für ein Hochhaus in Südafrika abzulehnen und an einen guten Freund weiterzureichen. Noch eine ganze Weile baute Kreuger an mehreren Wolkenkratzern mit, machte daneben Abstecher nach Afrika und Indien, bevor er 1907 einen Herrn namens Julius Kahn kennen lernte. Kahn hatte wichtige Erfindungen auf dem Gebiet des Eisenbetonbaus gemacht und Ivar kaufte ihm die Patente für Europa ab. Doppeltes Glück für ihn, denn auch ein anderer Bauingenieur, Paul Toll, hatte sich um diese Patente bemüht, man traf sich, fand sich sympathisch und beschloss, in Zukunft zusammenzuarbeiten.

Im März 1908 wurde daher in Stockholm die Grundstücks- und Baufirma Kreuger & Toll gegründet. Anfangs machte selbst die Anschaffung eines Betonmischers größte Schwierigkeiten, aber schon bald bot sich eine Chance. Kreuger und sein Kompagnon bauten in Rekordzeit ein Warenhaus, über das das »Svenska Dagbladet« schwärmte: »Der Neubau der Firma Myrstedt & Stern ist in Schweden bahnbrechend und wird sicher das Signal einer neuen Epoche in der Stockholmer Baugeschichte werden.« Um diesen Bau rankt sich auch eine kleine Geschichte, die ein bezeichnendes Licht auf den Wagemut und die Selbstsicherheit Kreugers wirft. Die Auftraggeber sollen nämlich für jeden Tag Terminüberschreitung eine Konventionalstrafe von 5000 Kronen festgesetzt haben. Ivar akzeptierte, aber unter der Bedingung, dass auch er diese Summe erhielt, wenn er vor der Zeit fertig werden sollte. Die Frist war knapp bemessen, man nahm die Klausel in den Vertrag auf und der mit allen Wassern gewaschene Bauingenieur Kreuger konnte das Bautempo derart beschleunigen, dass zwei Monate vor dem geplanten Fertigstellungstermin Richtfest gefeiert wurde, was Kreuger & Toll immerhin 300.000 Kronen einbrachte. Von nun an reihte sich Erfolg an Erfolg und schon 1916 verfügte die Firma über ein Eigenkapital von drei Millionen Kronen, nachdem man acht Jahre zuvor mit nur 10.000 Kronen begonnen hatte. Bald gehörten dem Unternehmen nach einer Fusion auch noch über 70 Häuser in Stockholm und weitere 15 in anderen Städten Schwedens.

Mit Streichhölzern zur Weltgeltung

Schon 1913 aber genügte Ivar dieser Erfolg nicht mehr, seine Baufirma lief gut, nun wandte er sich neuen Aufgaben zu. Der Anekdote nach suchte der spätere Zündholzkönig nach einem von der Konjunktur unabhängigen Betätigungsfeld, als er sich eines Tages eine Zigarette ansteckte. Nachdenklich behielt er das Streichholz in den Fingern, bis die Flamme heruntergebrannt war und er das Hölzchen mit einem Schmerzensschrei wegwarf. Sein Bruder schildert den Eintritt Ivars in das Streichholzgeschäft weniger spaßig, aber dafür vermutlich realistischer, denn nach seinen Worten befand sich die väterliche Fabrik in Schwierigkeiten. Die eher kleinen Zündholzwerke in Schweden konnten sich gegen die immer mehr zunehmende Konkurrenz aus dem Ausland nicht behaupten. Ivar packte das Problem sofort im großen Stil an und fusionierte elf kleine und mittlere Firmen der Branche zur »Förenade Svenska Tändsticksfabriken«. Mit den in Amerika erlernten Methoden der

Betriebsführung modernisierte und rationalisierte Kreuger den kleinen Konzern so geschickt, dass schon kurz vor dem Ende des Ersten Weltkriegs der wichtigste schwedische Konkurrent, das Jönköping-Syndikat, geschluckt werden konnte. Damit stand das Vehikel für den Aufstieg Ivars zum Star der Finanzwelt bereit, die »Svenska Tändsticks Aktiebolaget«, meist nur kurz »STAB« genannt.

Die »Kreuger & Toll« wurde in eine Holdinggesellschaft umgewandelt, die nur noch die diversen Beteiligungen an den Zündholz- und Bauinteressen verwaltete. Nach dem Ende des Krieges konnte Kreuger von dieser Basis aus zum Angriff auf das Ausland übergehen. In Polen, Lettland, aber auch in anderen Ländern begann er, Zündholzfabriken aufzukaufen oder zu fusionieren. Da er über eine breite Rohstoffbasis bei Holz und Phosphorfabriken sowie über das im Nachkriegseuropa so knappe Kapital verfügte, konnte sich der »Schwedentrust« rasch ausdehnen. Dabei erwies es sich natürlich als äußerst günstig, dass Kreuger die Spargroschen des schwedischen Bürgertums reichlich zuflossen. Bedeutende Industrielle nannten seine Wertpapiere »die schwedische Volkssparkasse« und Ivar bot den konservativen Anlegern eine besonders attraktive Sparform an, sein Konzern gab festverzinsliche Anleihen mit einer variablen Gewinnbeteiligung aus. So etwas ist sozusagen das Ideal des vorsichtigen Sparers, nämlich sicheres Einkommen und noch zusätzlich die Chance auf einen Zusatzgewinn. Ansprechende Dividenden von bis zu 25 Prozent auf die Aktien festigten das Ansehen des Kreugertrusts weiter.

Ein besonderer Clou aber war eine Geschäftsart, die auf eine jahrhundertelange Tradition zurückblicken kann und speziell bei den Fuggern in hoher Blüte stand. Der Kreugerkonzern vermittelte den Regierungen in Europa Großkredite und ließ sich dafür mit Monopolen auf die Zündholzproduktion bezahlen. Bereits im Oktober 1925 hatte eine Tochter des Trusts, die International Match Corporation, dem finanzschwachen Polen eine Anleihe von sechs Millionen Dollar zur Verfügung gestellt und durfte dafür in Zukunft große Teile der Streichholzproduktion des Landes kontrollieren. Es folgten im gleichen Stil Estland und Lettland und schließlich als größter Brocken das Deutsche Reich, mit dem eine Anleihe der damals recht beachtlichen Summe von 125 Millionen Dollar vereinbart wurde, weitere kleine Darlehen schlossen sich an. Das Geld für diese großen Transaktionen stammte teils aus den beachtlichen Gewinnen des Trusts, ein erheblicher Teil wurde aber auch durch eigene Anleihen beschafft, die der Konzern auf sein Risiko ausgab. So weit, so gut, denn die europäischen Staaten brauchten dringend Kapital und Kreuger beschaffte es ihnen mithilfe seines angesehenen Namens an den internationalen Finanzmärkten. Die Darlehen waren zum einen durch den Kreditvertrag und zum anderen durch die wertvollen Monopole abgesichert, eigentlich konnte also nichts schief gehen.

Das System war im Grunde ausgesprochen lukrativ für alle Beteiligten, mit Ausnahme vielleicht der Konsumenten, die beim Monopol ihre Streichhölzer kaufen mussten. Doch noch nicht einmal das war unbedingt ein Nachteil, denn mit der modernen Betriebsführung und der Kosten sparenden Massenproduktion für Zündhölzer konnte Kreuger zu günstigen Preisen anbieten und dennoch gute Gewinne machen. Eine Gruppe von Gegenspielern litt allerdings garantiert unter den Anleihen, die Ivar Kreuger den europäischen Ländern gewährte, das waren die aus einem lukrativen Geschäft verdrängten Bankiers. Der Schwede verlangte nämlich für seine Darlehen viel niedrigere Zinsen als seine Bankkonkurrenten. Ihm war das möglich, weil er auch am Zündholzmonopol ausgezeichnet verdiente.

Was aber machte nun den eingangs erwähnten Bankier Somary so sicher, dass der Konzern zusammenbrechen würde? Wer oder was auch immer den Sturz Kreugers hervorrief, er selbst wie seine Kritiker behaupten, oder dunkle Machenschaften, wie es sein Bruder später darstellte, die Weltwirtschaftskrise begann dem Konzern Anfang der Dreißigerjahre kräftig zuzusetzen. Ursprünglich war es dem Zündholztrust nicht allzu schwer gefallen, die großen Kredite an die diversen Regierungen seinerseits durch langfristige Anleihen beim Anlegerpublikum zu refinanzieren, nun aber, in der Krise, wo es allenthalben zu krachen begann, wurden auch die Käufer der Anleihen viel vorsichtiger. Plötzlich schien der Eingang der Zins- und Tilgungszahlungen aus den wackligen Staaten Osteuropas und selbst aus Deutschland nicht mehr so sicher zu sein. Zudem entwertete sich das Aktienportefeuille des Kreugerkonzerns durch anhaltende Kursschwäche an den Weltbörsen. Diese Einbußen waren zwar angesichts der großen Baisse keineswegs außergewöhnlich, aber sie mussten ein Unternehmen, das wegen des anhaltenden Geldhungers seiner Schuldner – der diversen Staaten – auf die Beschaffung immer neuer Finanzmittel angewiesen war, besonders hart treffen.

Der mysteriöse Sturz des Zündholzkönigs

Bis in das Jahr 1931 blieb die Finanzlage des Konzerns eigentlich überraschend gut, wenn man sich vergegenwärtigt, dass die Konjunktur weltweit in ein tiefes Krisental fuhr. Dann aber wünschte Polen vorzeitige Zahlungen auf weitere Monopolabmachungen und auch andere bereits vereinbarte Anleihen mussten refinanziert werden. Um diese Summen aufzubringen, war eine Anleihenemission der zum Kreugertrust gehörenden Boliden-Erzgruben geplant. War es nun die schlechte Börsenlage oder gezielte Gegenpropaganda der Konkurrenz, die diese Gruben als unrentabel und wertlos erscheinen ließen? Fakt jedenfalls war, dass die Ausgabe der Schuldverschreibungen scheiterte. Zum ersten Mal versagten die Anleger Kreuger die Gefolgschaft. Von nun an begann das ganze Spiel ausgesprochen undurchsichtig zu werden. Tatsache ist, dass Kreuger jetzt gezwungen war, in immer größerem Umfang kurzfristige Bankkredite aufzunehmen. Er verstieß damit gegen uralte Bankregeln, nach denen man nie im großen Stil langfristige Ausleihungen, im Fall Kreuger die Kredite an die europäischen Regierungen, mit kurzfristigem Geld refinanzieren soll. Inwieweit Ivar Kreuger darüber hinaus eventuell auch noch mit Finanzmanipulationen Gelder erschlich, ist umstritten, obwohl die meisten Kritiker das nach seinem Sturz behaupteten.

Da waren zum Beispiel die in der Finanzpresse nach dem Debakel so häufig angeführten italienischen Obligationen. Angeblich soll Kreuger selbst Anleihenzertifikate der Regierung in Rom gefälscht haben, die er als Sicherheit für Kredite bei den Banken hinterlegen wollte. Sein Bruder Torsten hingegen behauptet, dass es sich dabei nur um Entwürfe für solche Obligationen gehandelt habe, deren Emission man zu einem späteren Termin unter Dach und Fach bringen wollte. Dafür sprach, dass die als Fälschungen bezeichneten Papiere so gravierende formale Fehler, teilweise wohl sogar in der Orthografie, enthielten, dass man sie eigentlich nicht ernstlich dem ansonsten so cleveren Ivar zurechnen konnte. Selbst die Unterschriften des italienischen Finanzministers, mit denen die Urkunden abgezeichnet waren, entsprachen auch nicht ansatzweise dem Original. Sollte der erfahrene Finanzmann Kreuger wirklich geglaubt haben, solche plumpen Fälschungen, bei denen es immerhin um über 370 Millionen Kronen ging, Wirtschaftsprüfern oder Bankiers vorlegen zu können? Mit letzter Sicherheit wird dieser Umstand wohl nie mehr zu klären sein.

Auf jeden Fall ging es für Kreuger Anfang 1932 bereits um Sein oder Nichtsein. Um neues Geld für sein Unternehmen aufzutreiben, machte er sich auf den Weg nach Amerika. Zufall oder nicht, es war der New Yorker Bankmagnat John Pierpont Morgan, der dem Zündholzkönig das Leben besonders schwer machte. Noch aus dem Jahr 1930 besaß er 600.000 Aktien der Ericsson Telefonbaugesellschaft, die zum Kreugerimperium gehörte. Sie bot er nun, mitten in der Börsenkrise, an und Ivar musste die Papiere aufkaufen, um nicht deren Kurse ins Bodenlose stürzen zu lassen und damit seinen Kredit zu ruinieren. Genau dieser Mister Morgan war auch der von Kreuger bei europäischen Anleihenfinanzierungen ausgebootete Bankier, dessen U.S. Steel sich zudem noch durch andere Aktivitäten des Zündholztrusts bedroht fühlen musste. Was für einen Gegenspieler der Schwede da hatte, geht aus dem Urteil des Vorsitzenden eines amerikanischen Senatsausschusses hervor, der über eine Bankgründung Morgans offiziell sagte: »Sie machte sich mit einer Raubgier über die Brieftaschen der Amerikaner her, die den Heißhunger des Haifisches in den Schatten stellte.« Die Untersuchungen des Ausschusses förderten solch eine Menge Sprengstoff zutage, dass angeblich Morgan alle veröffentlichten Protokolle insgeheim aufkaufen ließ.

Kreuger tauchte zudem im denkbar ungünstigsten Moment in Amerika auf, denn zweieinhalb Jahre schärfster Börsenbaisse lagen hinter den reichlich entnervten Finanzleuten, die Depression lastete schwer auf dem Land und 15 Millionen Arbeitslose suchten nach einem Job. Kreuger wusste das alles, als er in New York eintraf, er selbst schrieb seinem Freund Christar Littorin: »Der Aktienmarkt leert sich von Kapital und scheint zu verdorren …« In dieser Atmosphäre war natürlich nur schwer Geld aufzutreiben und schon gar nicht für einen Ausländer, dessen Konzern ins Gerede gekommen war. Als die entscheidende Konferenz mit Morgan in Pittsburgh abgehalten wurde, hatte er es nicht geschafft, kurz verteidigte er sich vor den versammelten Bankiers, dann brach er mit einem Weinkrampf zusammen. Stand es so schlecht um Ivar Kreuger und seinen Konzern? Konnte er sich nicht mehr gegen die vielen Neider und Konkurrenten, aber auch die widrigen Zeiten der Weltwirtschaftskrise behaupten?

Sein Bruder Torsten war der Ansicht, dass der Kampf zwischen dem Kreugertrust und seinen Gegnern zwar auf des Messers Schneide stand, sich die Waagschale aber mithilfe eines Kredits der Schwedischen Reichsbank bereits zugunsten Kreugers senkte, als er von New York nach Paris zurückfuhr. Torsten entwarf in seinem Buch sogar noch eine weit dramatischere Schilderung der Lage. Nach seinen Worten hatte nämlich Ivar alle Wertpapiere erworben, die seine Gegenspieler per Termin an den Börsen verkauften, um die Kurse nach unten zu drücken und ihn in den Bankrott zu treiben. Als nun die Reichsbank weitere Munition in Form neuer Kredite lieferte, so immer noch Torsten Kreuger, hätten die Gegner sofort eingesehen, dass sie diese Termingeschäfte nicht würden erfüllen können und Kreuger sie in die Zange nahm. Die Baissespekulanten mussten nämlich die Papiere liefern, die sich nun im Besitz der Kreugerunternehmen befanden, eine zweifellos prekäre Situation für Kreugers Kontrahenten. Deshalb, so folgerte sein Bruder, musste der Zündholzkönig aus dem Weg geräumt werden und so behauptete er auch, dass der Selbstmord Kreugers in Paris nur fingiert und er tatsächlich umgebracht worden sei.

Unbestritten ist nur, dass am 12. März 1932 in Paris eine Konferenz europäischer und amerikanischer Bankiers stattfinden sollte und dass am gleichen Tag Ivar Kreuger mit einer Pistole in der Hand tot aufgefunden wurde. Groß war die Zahl der teilweise sehr phantasievollen Gerüchte um diesen Freitod des Finanzgewaltigen. Man wollte Agenten des US-Bankiers Morgan in der Nähe von Kreugers Wohnung gesehen haben, angeblich wurde der Zündholzkönig von benachbarten Wohnungen aus mit kunstvollen Spiegelkonstruktionen beobachtet. Andere Mutmaßungen besagten, dass ein Doppelgänger erschossen worden und Kreuger geflüchtet sei, auch Versionen, dass im Sarg, der nach Stockholm überführt wurde, nur eine Wachsfigur lag oder dass er sogar ganz leer gewesen sei, waren im Umlauf.

Tatsächlich gab es viele Umstände beim Tod Ivar Kreugers, die etwas mysteriös schienen. So führte etwa Torsten Kreuger für die Mordthese ins Feld, dass sein in der Pariser Avenue Victor Emanuel III. aufgefundener Bruder die Pistole in der linken Hand gehalten habe, dass Ivar aber Rechtshänder war. Angeblich soll auch weder in Paris noch in Stockholm eine Obduktion der Leiche stattgefunden haben, obwohl die Verwandten das wünschten und ein solches Vorgehen bei einem Selbstmord sonst allgemein üblich war. Niemand kann daher mit letzter Sicherheit sagen, ob die oft zitierten Zeilen Kreugers an seinen Freund Christar Littorin wirklich echt waren, die lauteten: »Lieber Christar! Ich habe ein solches Durcheinander angerichtet, dass ich diese Lösung als die beste für alle Beteiligten betrachte.«

In einem Buch von Ivars Bruder Torsten Kreuger, der übrigens einen eigenen Konzern besaß, wird sogar die These vertreten, dass es diese Bankiers waren, die mit einem großen Komplott den Zündholzkönig später zur Strecke brachten. Über 30 Jahre sollte er sich nach dem Zusammenbruch des »Schwedentrusts« bemühen, dafür die entsprechenden Beweise zu sammeln, die er in den Sechzigerjahren in einem Buch präsentierte, in dessen Vorwort es heißt: »… führe ich den auf Tatsachen gestützten Beweis, dass mein Bruder und sein Werk Opfer schwerwiegender Rechtsbrüche seiner Gegner wurde.«

Der Altbörsianer André Kostolany steuerte in seinem Buch »Das ist die Börse« ebenfalls eine Geschichte über diesen 12. März bei. Nach seiner Darstellung gelang es einigen Eingeweihten, die Nachricht vom Tod des Konzernherrn mehrere Stunden geheim zu halten. Genug, um am späten Sonnabend in New York noch 200.000 Aktien von Kreuger & Toll losschlagen zu können. Auch der schwedische Generalkonsul in Paris, Raoul Nordling, soll erst um 22 Uhr, also erst über zehn Stunden nach dem Todesschuss, zufällig von der sensationellen Neuigkeit erfahren haben. Zu diesem Zeitpunkt war die Börse in Wallstreet, auch unter Berücksichtigung der Zeitverschiebung, bereits geschlossen. Für die breite Öffentlichkeit schlug die Selbstmordnachricht aus Paris wie eine Bombe ein und die Pressekommentare der folgenden Tage stellten den Finanzmann Kreuger so gut dar, dass selbst besser informierten Kreisen von den angeblichen Schiebungen zu diesem Zeitpunkt anscheinend nichts bekannt war. So lobte etwa der »Manchester Guardian« in seinem Nachruf: »Die von Kreuger angewendete Methode spielte eine große Rolle bei der Wiedergenesung Europas.« Und die weltberühmte »Times« kommentierte: »Vor allem aber ist er jetzt nach seinem Tode über jeden Verdacht erhaben. In unserer Zeit ist keine ähnliche Laufbahn bekannt, und wenn er nicht unter einer unerträglichen seelischen Bürde zusammengebrochen wäre, so wäre es denkbar, dass der Mann, der diese Last trug, seinen Kurs weitergesteuert und sein Werk in eine ruhigere Zeit hinübergerettet hätte.«

Schon einen Monat später hieß es dann im »Wirtschaftsdienst«, einer Publikation des »Hamburgischen Welt-Wirtschafts-Instituts« ahnungsvoll: »Das Ergebnis der wahrscheinlich unabwendbaren Liquidation … wird voraussichtlich die schlimmsten Erwartungen übertreffen.« Darüber hinaus wurde der Zusammenbruch des Konzerns als »größter Skandal der neueren Finanzgeschichte« bezeichnet. Natürlich lag den mit der Abwicklung des Konkurses beschäftigten Banken daran, die Lage so düster wie möglich darzustellen, um dann die wertvollen Beteiligungen des Trusts zu Ausverkaufskursen in ihre Portefeuilles zu übernehmen. Torsten Kreuger überschrieb noch 30 Jahre später ein Kapitel seines Buches verbittert mit dem Titel: »Der Raubzug der schwedischen Banken«. Als Beispiel für diese »Leichenfledderei« führte er den Verkauf einer italienischen Beteiligung an, deren Kaufpreis aus der Konkursmasse nicht höher lag als die Dividende des folgenden Jahres. Trotz solcher Unterbewertungen sollen immerhin noch 91,5 Prozent aller Forderungen an den Kreugerkonzern abgedeckt worden sein. Hätte der Zündholzkönig noch wenige Wochen durchhalten können, wäre sein Imperium vermutlich ohnehin gerettet gewesen, denn genau 118 Tage nach seinem Tod in Paris endete in Wallstreet die scharfe Börsenbaisse, bei der die Kurse seit 1929 um fast 90 Prozent gefallen waren. So ließ ihn am Ende das Glück, das den Schweden sein ganzes Leben begleitet hatte, doch in der schwersten Stunde im Stich.

XV.

Aufstieg und Fall der IOS

»IOS, das ist nicht nur ein Unternehmen, sondern eine Art zu leben.«

Bernhard Cornfeld über sein Investmentimperium

»Unser Ziel ist es, eines Tages in der ganzen freien Welt tätig zu sein. Um dadurch mehr Leuten als je zuvor die Chance zu geben, am Wohlstand teilzunehmen.«

Aus einer Anzeige der IOS im Juli 1969 in der Zeitschrift »Capital«

»Wenn ich morgen verkaufte, würde ich fast 30.000 Mark verlieren. Aber ich bin nicht so töricht, die Limited-Aktie für elf Mark zu verkaufen.«

Erich Mende über seine Aktien der IOS Limited,
die später wertlos wurden

»Dass im Investmentgeschäft nicht gezaubert werden kann, wussten wir als deutsche Investmentmanager von Anbeginn. Nur das deutsche Anlegerpublikum wusste es nicht.«

Wolfgang Reuter von der Union Investment Fondsgesellschaft
nach dem IOS-Debakel

Cornfelds Lehr- und Wanderjahre

1956 konnten aufmerksame Leser der in Paris erschienenen »Herald Tribune« eine unscheinbare Anzeige entdecken, in der es hieß: »Biete garantiertes Mindesteinkommen von 10.000 Dollar pro Jahr für Amerikaner beiderlei Geschlechts, die über Verkaufstalent, Bereitschaft, hart in einer rasch wachsenden Branche zu arbeiten, und über Humor verfügen.« Es war ein buntes Völkchen, das sich von diesem Angebot angezogen fühlte, denn Paris wimmelte damals von jungen Amerikanern, die alles und nichts konnten, aber immer an einem »schnellen Dollar« interessiert waren. Vom Tanzlehrer bis zum Journalisten, vom Seemann bis zum Studenten reichte das Spektrum der Interessenten, die sich selbst eine gehörige Portion Humor zuschrieben.

Den musste man auch besitzen und reichlich Phantasie dazu, wenn man sich bei der Vorstellung das Domizil und den Besitzer der Firma genauer anschaute, der da so günstige Chancen in Aussicht stellte. Allenfalls der Name des Unternehmens, »Investors Overseas Service« oder kurz »IOS«, hörte sich einigermaßen viel versprechend an. Die treibende Kraft dieser IOS, Bernhard Cornfeld, hat später einmal in einem Interview gesagt, dass die Firma mit ganzen 300 Dollar gegründet wurde und noch bei der Werbeaktion in der »Herald Tribune« bestand der wichtigste Teil der Aktiva aus einem Chrysler-Cabriolet. Doch das war nur der sichtbare Teil des Betriebskapitals, denn die wichtigsten Faktoren für den Aufstieg der IOS waren schon vorhanden: der agile und gewinnende »Bernie« und die richtige Idee, ein Milliardenimperium aufzubauen. Cornfeld jedenfalls zweifelte bereits in den Kindertagen der IOS nicht daran, dass ihm das gelingen würde. »Er sagte, er werde uns alle zu Millionären machen«, erzählte später Victor Herbert, ein IOS-Mitarbeiter der ersten Stunde.

Bernie war am 17. August 1927 in Istanbul geboren worden, wo sein Vater, ein Schauspieler und Filmproduzent, ein Büro unterhielt. Schon bald siedelte die Familie nach Amerika über, der Vater starb und die Mutter musste als Krankenschwester hart für den Lebensunterhalt arbeiten. Die Cornfelds wohnten in Brooklyn und der kleine Bernhard hatte dort weder eine besonders gute noch eine außergewöhnlich schlechte Kindheit. Kurz nach Beendigung des Zweiten Weltkriegs, Bernie war inzwischen 19 Jahre alt, packte ihn die Abenteuerlust und er ging zur See. Etwa zwei Jahre schipperte er als zweiter Zahlmeister auf den Weltmeeren umher, bevor er 1948 am Brooklyn College zu studieren begann. Nach einigen für einen späteren Multimillionär überraschenden Jugendsünden als Sozialist machte er dort 1950 sein Examen als »bachelor of arts« in Psychologie. In seinen »wilden« Jahren, in denen er danach wieder als Zahlmeister auf Schiffen, als Sozialarbeiter in New York und Philadelphia und erstmals als Vertreter für Investmentzertifikate arbeitete, sollte er sein später sehr nützliches Know-how in Psychologie noch an der Columbia Universität erweitern. In New York hatte Bernie auch schon fleißig Fonds verkauft und eine erste Verbindung zu Jack Dreyfuß hergestellt, der ein bedeutendes Investmentimperium sein Eigen nannte.

Mit diesen Erfahrungen gerüstet, fuhr Cornfeld, einige hundert Dollar in der Tasche, nach Paris, vermutlich weil er hier mit Recht eine weniger harte Konkurrenz im Geschäft mit Fondszertifikaten erwartete als in New York. Anfang 1956 begann er dort mit der Arbeit bei der »Investors Planning Corporation (IPC)«, von der er sich aber bereits nach kurzer Zeit wieder trennte, weil man in dieser Verkaufsorganisation auf seine zweifellos guten Ideen nicht genügend einging. Da traf es sich gut, dass Bernhard noch aus seinen New Yorker Vertretertagen den losen Kontakt zu Dreyfuß besaß. Jack Dreyfuß schrieb man damals den »richtigen Riecher« für die Börse zu, so soll er zum Beispiel Aktien des Sofortbildkonzerns Polaroid sozusagen im Babystadium erworben haben, bevor diese Papiere überhaupt offiziell an der Börse gehandelt wurden. Die Dreyfuß-Investmentfonds waren also ein erfolgreiches und werbewirksames Produkt, das man als gewitzter Verkäufer bei zahlreichen amerikanischen Gemeinden, vornehmlich in Paris, aber auch in anderen Teilen Frankreichs gut an den Mann oder an die Frau bringen konnte.

Cornfeld heuerte seine Vertretertruppe unter den intellektuellen Exilamerikanern an, die dann die Investmentidee an ihre Landsleute, zum großen Teil an »GIs« der US-Army, weiterverkauften. Bei denen war ein sentimentales Vertrauen in die USA, den Dollar und die amerikanische Wirtschaft weit verbreitet und die auch für weniger prall gefüllte Brieftaschen erschwinglichen Investmentprogramme mit monatlichen Einzahlungen boten genau das, was ein braver Soldat für sein Geld wünschte. Fast jeder von ihnen war sich nämlich durchaus darüber im Klaren, dass ein paar ersparte Dollars bei der Rückkehr in die »Staaten« nicht schlecht sein würden, wusste aber nichts Rechtes mit seinem Minikapital anzufangen. Die Vertreter halfen da weiter, denn das Spargeld musste nun jeden Monat überwiesen werden und es winkten nach den beeindruckenden Prospekten ansehnliche Gewinne. Wer sich einmal den Kursverlauf der New Yorker Aktienbörse bis Mitte der Sechzigerjahre ansieht, der stellt auf den ersten Blick fest, dass die Versprechungen gar nicht so utopisch waren. Alleine von 1955 bis 1965 konnten sich die Aktienkurse im Schnitt mehr als verdoppeln, hohe Dividenden kamen noch hinzu.

Auch Jack Dreyfuß brauchte sein Vertrauen in den smarten jungen Mann, der ihn 1955 in New York erstmals aufgesucht hatte, nicht zu bereuen. Schon in den ersten drei Jahren der Zusammenarbeit verkaufte die Cornfeldtruppe 16 Prozent aller im Rahmen der Dreyfuß-Vertragsprogramme abgesetzten Fondszertifikate. Im Jahre 1962, als die IOS ihren ersten eigenen Fonds aus der Taufe hob, sollten diese Vertreter bereits etwa ein Drittel aller Neuabschlüsse für Dreyfuß tätigen. Nur vorübergehend fiel ein Schatten auf Bernies rasch wachsendes Investmentreich, als im Mai 1958 General Charles de Gaulle Präsident von Frankreich wurde. Man mochte die Amerikaner nun auch amtlicherseits nicht mehr besonders und zeigte das deutlich. Nach zahllosen Sticheleien zog die IOS daher nach Genf um. Für das schöne schweizerische Städtchen sprachen neben dem berühmten Bankgeheimnis der Eidgenossen auch die französische Sprache, die viele Vertreter und auch Cornfeld selbst recht gut beherrschten, und die zentrale Lage nahe den bisherigen Kunden. Von seinem neuen Domizil in der Genfer Rue de Lausanne 119 aus steuerte Cornfeld nun seine »sales force«, den etwa 70 Mann starken Vertretertrupp der IOS.

Keiner der Verkaufstricks dieser »Investmentberater« war generell neu, den Erfolg brachte eher die konsequente Anwendung und das ständige Training. Schon von 1912 an hielt ein gewisser Dale Carnegie vor insgesamt über 150.000 Menschen in den USA Kurse ab, bei denen man die Kunst der freien Rede und der Überredung seiner Mitmenschen erlernen konnte. Einer der Leitsätze von Mister Carnegie lautete: »Lassen Sie den anderen zunächst einmal ›Ja‹ sagen.« In seinem Buch »Wie man Freunde gewinnt« erläuterte der Altmeister diesen Tipp folgendermaßen: »Der geschickte Verkäufer tut gut, zu Beginn erst einmal alles zu bejahen, um sozusagen eine bejahende Atmosphäre zu schaffen, was dann den Zuhörer auf die natürlichste Weise in demselben Sinn beeinflusst.« Ein ganzes Kapitel verwandte Carnegie darauf, seinen Lesern einzurichten, dass in jedem Verkaufsgespräch das Wörtchen »Ja« so oft wie nur irgend möglich fallen sollte. Der in Psychologie bewanderte Cornfeld drillte seinen Vertretern in Mustergesprächen genau diese Strategie ein. Ein Kunden-

---

Redlich, vernünftig, fleißig – Auszug aus dem IOS-Kodex

IOS leistet ihre Dienste in der gesamten freien Welt, um jedermann die Grundlagen einer vernünftigen Planung und Sicherung der finanziellen Zukunft zu veranschaulichen.

Ich gelobe als Mitarbeiter der IOS, in meinem Beruf die höchste ethische Verpflichtung in der Wahrung folgender Grundsätze zu sehen:

Ich stelle jederzeit die Interessen meines Kunden über meine eigenen.

Ich werde meinen Kunden stets Rat und Hilfe gewähren und diese Dienste auch jedem anderen IOS-Kunden leisten, wenn er sie von mir wünscht.

Ich werde mich in meinen persönlichen und geschäftlichen Belangen so verhalten, dass mein Ansehen und das der IOS gewahrt bleiben und deren Wertschätzung in der Öffentlichkeit gesteigert wird.

Ich werde jederzeit und für jedermann redlich und vernünftig, mit Fleiß und Höflichkeit tätig sein.

Ich werde mein Fachwissen erweitern und mich laufend darüber unterrichten, ob sich Bedingungen oder gesetzliche Bestimmungen ändern, die auf finanzielle Zukunftsplanungen Einfluss haben.

Ich werde mich für den Grundgedanken meiner Tätigkeit – Investmentanlage durch Millionen Sparer – mit solcher Überzeugung einsetzen, dass der Nutzen der modernen Industriewirtschaft möglichst weit gestreut wird und die freiheitliche Gesellschaftsverfassung zur vollen Entfaltung gelangen kann.

Das Glaubensbekenntnis der IOS-Vertreter,
aus dem dieser Auszug stammt, umfasste insgesamt
wie die »Zehn Gebote« der Bibel zehn Regeln

---

gespräch sollte danach etwa so beginnen: »Mister Geld, nehmen wir mal an, Sie hätten eine Million Dollar, Sie haben doch nichts dagegen, dass wir das annehmen?« Eine absolut überflüssige Frage natürlich, denn wer sollte gegen diese Vorstellung schon etwas einzuwenden haben, aber mit so einer Redewendung wurde bereits einmal das Wörtchen »Ja« provoziert.

Bernie und seine engsten Vertrauten gaben sich viel Mühe mit ihren Vertretern, die schließlich das wertvollste Aktivum der IOS darstellten. Wohl niemand kann bezweifeln, dass dieses Verkaufstraining mit zum Besten gehörte, was bis dahin in der Vertreterschulung geboten wurde. Noch Jahre

nach dem Zusammenbruch der IOS sollten diese Superverkäufer fast alles
unter die Leute bringen, was nur entfernt nach Geldanlage aussah, zum über-
wältigenden Teil mit erheblichem Erfolg. Jeder Neuling im harten Investmentgeschäft, der sich auf die regelmäßigen Anzeigen in der »Herald Tribune« im Genfer IOS-Hauptquartier vorstellte, musste in den Anfangszeiten
nach kurzer Lehre versuchen, Cornfeld in seinem Büro Investmentanteile zu
verkaufen. Zu dieser Ausbildung zählten zum Beispiel auch ein »gewinnendes
Lächeln« und ein fester Händedruck, der oft geübt wurde. Auch sonst spielte
man die ganze Palette von Carnegieregeln für den guten Verkäufer durch. Die
IOS griff also auf alte Verkaufstricks zurück, verfeinerte sie auch gelegentlich
und ließ dabei noch Erfahrungen der täglichen Vertreterpraxis einfließen. Bei
diesem Konzept konnte eigentlich kaum etwas schief gehen.

Eigene Fonds scheffeln Anlegergeld

Tatsächlich blühte die unbedeutende Vertriebsfirma für Investmentanteile der
Dreyfuß-Fonds rasch auf, sodass es Cornfield bald immer mehr Leid tat, das
ganze mühsam eingesammelte Geld in fremde Kassen fließen zu lassen. Schon
1960 hatte er die »IOS Limited« mit Sitz in Panama gegründet, deren Aktien
zum Teil auch an leitende IOS-Angestellte verteilt wurden, gegen harte Dollars versteht sich. Im Herbst 1962 wollte Bernie sein Imperium nun weiter
ausbauen und auf eine ganz neue Basis stellen. Wenn seine Vertreter so erfolgreich verkauften, so sein Gedanke, dann müsste man diese Spargroschen auch
in einem eigenen Fonds sammeln und damit noch besser verdienen können. In
der kanadischen Provinz Ontario wurde mit dem »Fund of Funds (FOF)« ein
Gebilde aus der Taufe gehoben, dessen Vorgänger schon vor dem Börsenkrach
von 1929 ein unseliges Dasein geführt hatten. (Für den kritischen Leser: Auch
heute kommen die Fonds of Fonds gerade wieder kräftig in Mode.) Der FOF
sollte sein Geld nicht in Aktien oder Rentenpapiere, sondern in andere Investmentzertifikate investieren. Im Idealfall hätte man sich dabei immer beim
gerade erfolgreichsten Fondsmanagement einkaufen können. Die Idee zur
Wiederbelebung dieser Fondsform aus den wilden Börsenjahren vor 1929
kam Bernie angeblich bei einer Schlittenfahrt in Kanada.

Die große Verlockung bei solchen Konstruktionen aber besteht darin, sich
vorzugsweise bei den Fonds einzukaufen, die man wiederum selbst verwaltet,

wobei schnell so komplizierte Kreuz-und-quer-Verbindungen entstehen, dass Manipulationen Tür und Tor geöffnet wird. Der Altbörsianer André Kostolany beschrieb dieses Vorgehen in einem seiner Bücher am Beispiel der Zwanzigerjahre in Wallstreet: »Schon damals standen diese Verfahren der Mischkonzerne und Investmentfonds in voller Blüte. Die Muttergesellschaften brüteten Tochtergesellschaften aus, die dann Aktien der Ersteren aufkauften. Man wusste nicht mehr, wer Tochter und wer die Mutter war. Nur eines war klar: Die Aktien stiegen, berechtigt oder unberechtigt, mit oder ohne Gewinn der Gesellschaften.« Doch solche schlechten Erinnerungen waren in Anlegerkreisen selten, bereits in den ersten drei Verkaufsmonaten des Jahres 1962, mit dem Absatz wurde Ende September begonnen, erwärmten sich immerhin 1000 Käufer für die neue Kreation. Der Start verlief demnach nicht überwältigend, aber er gab zu Hoffnungen Anlass.

Diese Hoffnungen erfüllten sich rasch, denn schon nach zwei Jahren sollte das Fondsvermögen des FOF die Marke von 100 Millionen Dollar überschreiten. Jeder fleißige Rechner hätte leicht herausfinden können, dass die Erfolgschancen für den Anleger lange nicht so glänzend waren, wie es die Vertreter überschwänglich darlegten, doch welcher Zertifikatskäufer stellt schon für seine paar Mark oder Dollar solche Kalkulationen an? An jedem FOF-Anteil verdienten zunächst einmal die Vertreter ihre Provision, dann wollte die IOS ihren Teil abzwacken, denn der aufwendige Vertriebsapparat musste schließlich unterhalten werden, und am Ende sprudelte auch noch ein beachtlicher Quell von Gewinnen für die IOS Limited. Im Spitzenjahr 1968 sollte ihr Reingewinn nach Abzug aller Kosten gut 14 Millionen Dollar betragen. Damit war die Schröpfung des braven Anteilkäufers allerdings noch nicht beendet, denn nun erst kam der FOF an die Reihe, der seine Kosten zu decken hatte und ebenfalls Gewinne machen wollte. Und der FOF kaufte schließlich noch Anteile von anderen Fonds, die auch nicht von Luft und Liebe leben konnten und wollten. Bis der Dollar des Kunden endlich an die Börse rollte, wo natürlich noch die üblichen Bank- und Brokerspesen anfielen, war also schon ein beachtlicher Teil in den diversen Taschen verschwunden.

Wenn mit dem restlichen Geld nur halbwegs überzeugende Anlageerfolge erzielt werden sollten, so ging das nur mit erhöhtem Risiko und vor allem nur bei guter Börsentendenz. Das hatten die IOS-Leute schon bei ihrer ersten Fondsgründung feststellen müssen. Bereits etwa zwei Jahre vor dem Start des sofort erfolgreichen FOF hatte Bernie nämlich den I.I.T. in Luxemburg ins

Leben gerufen. Allerdings konnten die Vertreter für diesen Neuling im ersten Jahr nur knapp zwei Millionen Dollar einsammeln. Zum Glück für die Anleger übrigens, denn mit der scharfen Wallstreet-Baisse im ersten Halbjahr 1962 musste der I.I.T. bald mächtig Federn lassen. Der Fonds operierte nämlich von Anfang an reichlich sorglos, so wurden etwa Aktien eines Unternehmens erworben, das so Epoche machende Produkte wie batteriebetriebene Bleistiftspitzer herstellte. Selbst im von dieser Minitone Electronics anlässlich der Börseneinführung veröffentlichten Prospekt hieß es warnend: »Diese Aktien sind Spekulationstitel, weil die bisherige Entwicklung des Unternehmens nicht garantieren kann, dass in Zukunft Profit bringende Abschlüsse möglich sind.« An »Minitone« und einigen anderen Firmen, deren Papiere sich im Portefeuille des I.I.T. wieder fanden, war ein Direktor der IOS maßgeblich beteiligt. Der Kursrutsch in Wallstreet machte die Engagements des I.I.T. bei fast allen dieser wackligen Unternehmungen mit einem Schlag wertlos. Der Wert der Fondszertifikate sackte daraufhin ebenfalls um rund 30 Prozent in den Keller.

Später umging man diesen Fehlstart elegant damit, dass die Prospekte den Eindruck erweckten, als sei der I.I.T. überhaupt erst Ende 1962, also nach dieser Kurskatastrophe, ins Leben gerufen worden. In Wirklichkeit dauerte es bis Ende 1965, dann erst hatte der I.I.T.-Kurs den ursprünglichen Ausgabepreis von fünf Dollar wieder erreicht. In den Schilderungen der emsigen Vertreter über die Vorzüge des Investmentsparens im Allgemeinen und der IOS im Besonderen hörte man von solchen Rückschlägen natürlich kein Wort. Allerdings hatte Cornfeld mit dem Start des FOF wesentlich mehr Glück, denn Mitte 1962 begann in Wallstreet eine rasante Hausse, die über drei Jahre dauern und den Dow-Jones-Aktienindex um fast 100 Prozent erstmals auf ein Niveau von 1000 Punkten anheben sollte. In diesem Klima andauernder Anlageerfolge konnte man natürlich mit dem Hinweis auf gute Zukunftschancen leicht verkaufen.

Bernie hat Sorgen

Erst Mitte der Sechzigerjahre begann die IOS auf ernsthafte Schwierigkeiten zu stoßen. Als gefährlichster Widersacher trat eine Institution auf, die meist nur mit dem unscheinbaren Kürzel »S.E.C.« bezeichnet wird. Dahinter verbirgt sich die 1934 im Rahmen von Roosevelts New Deal ins Leben gerufene

»Securities and Exchange Commission«, die amerikanische Börsenaufsichtsbehörde. Dieses Amt wurde von der gesamten US-Finanzwelt lange Jahre arg befehdet. Als seine Beauftragten kurz nach der Gründung einmal die New Yorker Börse besuchten, bat man die Akteure auf dem Börsenparkett ganz offiziell, sie nicht mit Buhrufen zu empfangen. In diesen Chor der Kritiker hätte sicherlich auch Bernhard Cornfeld eingestimmt, wenn er damals schon im Investmentgeschäft tätig gewesen wäre, denn gerade auch gegen Organisationen wie die IOS war die S.E.C. einst gegründet worden. Diese Börsenaufsicht, damals schon seit über drei Jahrzehnten im Kampf gegen Manipulation und gefährliche Geschäftspraktiken im Wertpapierwesen gestählt, wurde ihrer Aufgabe auch im Fall IOS voll gerecht. Als die S.E.C.-Prüfer mehrere dunkle Stellen in Cornfelds Investmentimperium entdeckten, einigte man sich in aller Stille auf einen Kompromiss. Wichtigster Punkt in diesem Abkommen war, dass die IOS an amerikanische Staatsbürger innerhalb und außerhalb der USA keine Zertifikate mehr verkaufen durfte (!!!). Weitere Beschränkungen konnten Bernies Anwälte nach einigem Grübeln mit eleganten Tricks bald wieder umgehen.

Das Verbot, an US-Bürger zu verkaufen, aber war für Cornfeld ein harter Schlag. Hinzu kam, dass es nun auch auf dem lukrativen südamerikanischen Absatzmarkt ernstliche Schwierigkeiten gab. Dort waren die Fondszertifikate zum großen Teil ein Vehikel, um das Geld illegal außer Landes zu schaffen. Ende 1965 fielen örtliche IOS-Vertreter der kolumbianischen Regierung unangenehm auf, und als sie auch noch mit Zeitungsanzeigen allzu viel Wirbel zu machen begannen, wurden vier von ihnen ein halbes Jahr später sogar verhaftet. Einige Monate später ging im Genfer Hauptquartier eine weit schlimmere Hiobsbotschaft ein, denn nun saßen auch die beiden führenden IOS-Leute in Brasilien im Gefängnis. Das war keine Kleinigkeit, denn 1964 war der Amazonasstaat vorübergehend sogar der wichtigste IOS-Markt gewesen und auch später kamen von dort fette Aufträge. Nun aber zwangen die brasilianischen Behörden alle ihnen bekannten IOS-Kunden im Land, und das waren nach der Beschlagnahme der Akten der örtlichen Vertriebsorganisation nicht wenige, ihr Geld wieder zurückzurufen.

Hinzu kam noch zu allem Überfluss, dass es nun auch mit den schweizerischen Behörden Schwierigkeiten gab. Von den über 1000 IOS-Leuten, die in Genf arbeiteten, besaß nur ein kleiner Teil eine Arbeitserlaubnis. Zudem behagte es den Schweizern gar nicht, dass der Name ihres Landes immer wieder im Zusammenhang mit düsteren Machenschaften fiel, wie etwa in Brasilien oder bei den Ermittlungen der S.E.C. in den USA. Schließlich war auch der Umgang der Investmentstrategen mit den Eidgenossen nicht besonders fein fühlend. Bernie selbst soll einmal einen Beamten als »Hurensohn« tituliert und ihm eine Hand voll Bleistifte an den Kopf geworfen haben. Einmal konnte nur mithilfe des besten Strafverteidigers der Schweiz in letzter Minute ein Debakel verhindert werden, als sich zwei Polizisten daranmachten, das Hauptportal der IOS-Zentrale abzusperren. Schlagzeilen wie »IOS-Verwaltung von Polizei geschlossen« hätten leicht zu einem Vertrauensschwund und sogar zum Zusammenbruch des Imperiums führen können. Schließlich wurde der Druck der Genfer Stadtväter so stark, dass man sich auf ein für die IOS recht teures Abkommen einigte. Die Zentrale blieb zwar in der Stadt am Genfer See, der größte Teil der Angestellten aber musste in das einige Kilometer entfernte französische Dorf Ferney übersiedeln, wo die IOS eilig ein Ausweichquartier aus dem Boden stampfte.

Bernie wurde nun klar, dass er zweierlei tun musste: erstens den angeschlagenen Ruf seines Investmentskonzerns etwas aufpolieren und zweitens neue Geldquellen erschließen. Die Imageverbesserung betrieb man mit der Anwerbung hochkarätiger Namen, so nahm Cornfeld zum Beispiel James Roosevelt, den Sohn des ehemaligen US-Präsidenten, in seine Dienste. Zwar begann die Geschäftsbeziehung gleich mit einem Eklat, weil unter anderem die »New York Times« Interessenkonflikte zwischen Roosevelts Botschaftertätigkeit bei einer Unterorganisation der »Vereinten Nationen« und dem neuen Amt als IOS-Direktor argwöhnte, doch trotz dieser Widrigkeiten stieg der Mann mit dem großen Namen und den weit gespannten Kontakten Ende 1966 bei Cornfeld ein, und zwar als hauptberufliches Vorstandsmitglied. Sein Debüt beim Investmentkonzern wurde in Genf mit einem rauschenden Fest gefeiert.

Bald zierten weitere klangvolle Namen die Prospekte der IOS, so etwa Anthony Montague Brown, ein ehemaliger Sekretär Winston Churchills, Sir Eric Wyndham White, Generalsekretär des GATT, und sogar Graf Carl Johan Bernadotte, ein Mitglied des schwedischen Königshauses. Bei einer ganzen Reihe noch angesehenerer Persönlichkeiten aus Politik und Wirtschaft blitzte Cornfeld allerdings ab. Zu ihnen soll zum Beispiel auch Ludwig Erhard gehört haben. Ein besonderer Glücksgriff gelang jedoch trotzdem in deutschen Politikerkreisen, denn im September 1967 stieß Erich Mende, langjähriger FDP-Vorsitzender und ehemaliger Vizekanzler, zur IOS, womit sich auch das zweite Problem Bernies in Wohlgefallen auflöste, nämlich die Erschließung einer neuen lukrativen Geldquelle. Mit dem Aushängeschild Erich Mende eröffnete sich der ergiebigste IOS-Markt, die Bundesrepublik Deutschland.

Bernie Cornfeld im Glück

Während der Sitzungswochen des Bundestags dreimal halbtags und in den sitzungsfreien Wochen ganztägig reiste Mende nun in Sachen IOS zwischen Flensburger Förde und Bodensee in bundesdeutschen Landen umher. Immer wieder hielt er seine Vorträge, die den Titel »Vermögensbildung durch Investmentsparen« trugen. »Ich fühle mich als Lobbyist des Investmentwesens«, charakterisierte er einmal seine Tätigkeit. Mit Geschick verband Mende seine liberalen politischen Ideen und die IOS-Ideologie vom »Wohlstand für jedermann« miteinander. In Anzeigen hieß es über den Investmentkoloss etwa: »Unser Ziel ist es, eines Tages in der ganzen freien Welt tätig zu sein, um dadurch mehr Leuten als je zuvor die Chance zu geben, am Wohlstand teilzunehmen.« Die IOS als Wohltäter der gesamten Menschheit, mit diesem Image im Rücken war es für die Vertreter leicht, an den Wohnungstüren der Bundesbürger zu klingeln und ihre Geldbörsen zu öffnen.

Merkwürdigerweise machte den angesprochenen Zahnärzten, Anwälten und wohlhabenden Angestellten der protzige Lebensstil der IOS-Gewaltigen anscheinend nichts aus, während doch deutsche Banken ansonsten gerade auf ganz andere Eigenschaften wie Seriosität, vornehme Zurückhaltung und konservative Selbstdarstellung solchen Wert legten. Über Cornfeld hingegen schrieb die angesehene US-Wirtschaftszeitschrift »Fortune«, dass seine Büros »wie eine Niederlassung des Playboy-Klubs« aussehen würden. Auch der Hamburger »Stern« brachte eine große Titelstory über Bernies Lebenswandel mit Playmates, lebendem Ozelot, eigenem Schloss und goldenem Klo. Offensichtlich fragte keiner der Anleger, von wessen Geld eigentlich all dieser Luxus bezahlt wurde. Nicht nur seinem Vertreterheer imponierte die orientalische Hofhaltung, zu der immer auch ein paar ausgesucht schöne Mädchen gehörten, die sich teilweise aus Bernies eigener Mannequin- und Schauspielschule in Paris rekrutierten. Auch sonst steckte Cornfeld sein privates Geld gerne in Geschäfte, die mit langbeinigen Schönen zu tun hatten, so war er zum Beispiel auch Teilhaber einer Fotomodellagentur in New York und finanzierte einen wenig erfolgreichen Spielfilm.

Solcher Glamour hatte keinerlei nachteiligen Einfluss auf den Erfolg, sodass die IOS in einer Anzeige stolz vermelden konnte: »Bis heute haben mehr als eine Million Menschen mehr als acht Milliarden Mark in unseren Investmentfonds angelegt, über 700 Millionen Mark in Immobilien investiert, über 185.000 Versicherungsverträge abgeschlossen und mehr als 55.000 Konten bei unseren Banken eröffnet. So sind wir mit zum größten Unternehmen auf dem Gebiet der Vermögensplanung in der Welt geworden.« Und die stärkste Bastion in diesem Imperium wurde innerhalb von drei, vier Jahren die Bundesrepublik. Rund 300.000 Fondskunden lauschten hier der »frohen Botschaft« aus Genf und zahlten in den großen IOS-Topf ein. Nicht zuletzt Erich Mende war es zu danken, dass die weit über 5000 Vertreter immer seltener vergeblich an die Türen deutscher Sparer klopften. Bei Vorträgen, Cocktailempfängen, Weinproben oder Spießbratenessen, überall verstand er es, Sympathie zu wecken, die IOS hoffähig zu machen. Die im Wirtschaftswunder zu Wohlstand gekommenen Bundesbürger strömten dem von Funk und Fernsehen bekannten Politiker nur so zu, nicht zu Unrecht sagt man schließlich den Deutschen eine gewisse Gläubigkeit gegenüber allem nach, was »von oben kommt«. Mit Mendes Gehalt, insgesamt noch nicht einmal einer Million Mark, hatte Bernie wohl eine seiner besten Investitionen getätigt.

Natürlich war der Deutschlanderfolg nicht dem ehemaligen Vizekanzler allein zuzuschreiben, auch sonst bewies die IOS beim Umgang mit den »Wirtschaftswunderkindern« eine ausgesprochen glückliche Hand. Ein gutes Beispiel dafür ist die Werbung. In Genf hatte man sich für die New Yorker Werbeagentur Carl Alley Inc. entschieden und ihr alleine für die im September 1968 angelaufene internationale Kampagne einen Etat von zwei Millionen Dollar zur Verfügung gestellt. Carl Alley war damals eines der Wunderkinder der amerikanischen Werbebranche, hatte Kunden wie IBM, Hertz, Vademecum-Zahnpasta und Royal Crown Cola an Land gezogen und betreute bereits im Herbst 1968 eine Etatsumme von 30 Millionen Dollar. Neben Anzeigen in »Time«, »Life« und »Newsweek« konzentrierte sich der Werbefeldzug fast ausschließlich auf die deutschen Renommierzeitungen. Der »Art Directors Club« urteilte im »Jahrbuch der deutschen Werbung« 1969 darüber: »… die IOS hat als Hecht im Karpfenteich in Deutschland vieles geweckt, was ansonsten noch sanft schlummern würde.« Etwas theoretisierend lobten die Fachleute an gleicher Stelle: »Überzeugend an der IOS-Werbung erscheint vor allem die Segmentierung; aber auch die Produktnähe und die Geldatmosphäre beeindruckten.«

Dabei waren die Anzeigentexte nicht eigentlich reißerisch, sondern eher eine Darstellung der IOS-Ideologie von der Menschheitsbeglückung durch Investmentsparen. Mit einer Auszeichnung versah der »Art Directors Club« zum Beispiel eine Anzeige, in der sich die IOS mit dem Problem Krieg und Frieden auseinander setzte. Nach einer für eine Reklame schier unendlich langen Argumentation mit dem Grundgedanken »Mehr Wohlstand – mehr Zufriedenheit – dauernder Frieden« hieß es da stolz: »Wir und andere der Finanzwelt tragen zu etwas bei, das – fast als Nebenprodukt – die wahrscheinlich wirksamste Abschreckungswaffe gegen Krieg und Gewalttätigkeit erzeugt: finanzielle Sicherheit.« Kein Wunder, dass sich solche philosophischen Gedanken von den biederen Anzeigenserien der deutschen Investmentkonferenz abhoben, in denen etwa eine nachdenkliche Dame verkündete: »Was man heute mit seinem Geld alles machen kann ...«

Mittlerweile war die IOS zu einem bunten Geflecht von verschiedenen Sparten zusammengewachsen, die sich alle irgendwie die Bälle zuspielten. Mit der IOS Limited an der Spitze gliederte sich der Konzern in sechs Bereiche. 13 Vertriebsgesellschaften organisierten den Absatz der Zertifikate, die Sparte Fondsverwaltung »managte« die dabei angesammelten Kundengelder. Weiter ging es mit Versicherungen, Kreditinstituten, darunter in Deutschland die Orbis-Bank, und Immobiliengesellschaften. Daneben gab es noch zwei Verlage, Verwaltungsfirmen und ein Unternehmen, das Elektronenrechner produzierte. Außerdem gehörten zum Imperium noch sieben extrem gefährlich spekulierende, so genannte »proprietary funds«, was so viel wie Eigentümerfonds heißt. Einziger Eigentümer war der FOF, wodurch diese Spekulationsvehikel nicht der Kontrolle der amerikanischen Börsenaufsicht unterlagen, zumal sie von Kanada aus operierten. Zwischen diesen Ablegern konnte der FOF seine Gelder problemlos hin und her schieben, die idealste Möglichkeit zu Manipulationen.

Treibhausklima an den Weltbörsen

Ohnehin war das Investmentgeschäft Ende der Sechzigerjahre in ein wildes Spiel mit Aktien ausgeartet, bei dem die IOS längst nicht der wagemutigste Pokerspieler gewesen sein dürfte. Teilweise kaufte man gar nicht mehr börsennotierte Papiere, sondern so genannte »letter stocks«, deren Wert dann häufig willkürlich festgesetzt wurde. Bei dieser eleganten Art, Gewinne zu produzieren, wertete etwa der »Enterprise Fund« innerhalb von nur 48 Stunden seine Aktienbestände von Wellington Electronic um 59 Prozent auf, wie Rechtsanwalt Norman F. Dacey auf der Hauptversammlung des Fonds enthüllte. Das große Vorbild der jungen Garde von Fondsmanagern, die wegen ihrer kurzen Amtszeit teilweise noch nie eine richtig schwere Baisse erlebt hatten, war Gerald Tsai. Mit 29 Jahren wurde der in Shanghai geborene Chinese Manager beim Fidelity Capital. Nach einigen Jahren war er mit 20 Prozent an diesem Fonds beteiligt, verkaufte seine Aktien für neun Millionen Dollar und präsentierte seine eigene Fondskreation. Schon am ersten Tag erhielt er von den Anlegern zehnmal so viel Kapital, wie er eigentlich erwartet hatte. Im August 1968, nachdem die erhofften Erfolge ausblieben, gab er seine Gesellschaft an eine Versicherung ab und kehrte Wallstreet gerade noch rechtzeitig vor der folgenden Baisse den Rücken.

Weniger Fingerspitzengefühl hatten seine Nachahmer, welche Wallstreet zeitweise in ein Spielkasino verwandelten. Ohnehin soll sich die Börse nach einem alten Bonmot nur dadurch vom Irrenhaus unterscheiden, dass Erstere am Nachmittag zugesperrt wird, aber in den späten Ssechzigerjahren traf dieser Vergleich besonders stark zu. Mit den Dollarmillionen der Anleger im Rücken warfen sich die Fondsmanager völlig unbekannte Aktien wie heiße Kartoffeln zu, wer sie als Letzter in der Hand hielt, verbrannte sich gehörig die Finger. Das Börsenmagazin »Forbes« warnte: »1929 war es wild, aber es wurde mit etablierten Papieren wie General Motors oder RCA gespielt. Jetzt ist es ebenso wild, aber man treibt das Spiel mit neuen, vollständig unbekannten Aktien.« Am meisten wurde in den Konglomeratsaktien spekuliert wie Litton, Ling Temco Vought oder Gulf & Western. Das waren teilweise durchaus seriöse Firmen, aber einige von ihnen wurden von angeblichen Finanzgenies so nachhaltig auf Wachstumskurs gebracht, dass sie schon der kleinste Windhauch umblasen konnte, wenn es einmal nicht so gut wie geplant lief.

Eines dieser Genies, von dem 1968 das Wirtschaftsmagazin »Fortune« meinte, es sei »das Wunderkind unter Amerikas Bossen«, war James Joseph Ling. Von 1964 bis Anfang 1970 baute er aus einer kleinen Elektrowerkstatt einen riesigen Mischkonzern auf, zu dem neben einem Stahlproduzenten auch ein Sportartikelhersteller, Schlachthöfe, eine Arzneimittelfirma und andere Tochtergesellschaften gehörten. Mit immer neuen Finanztricks, die lange Zeit auch viele Börsianer nicht recht durchschauten, hielt er den hochverschuldeten Konzern

Ling Temco Vought die ganzen Sechzigerjahre über auf Expansionskurs. Auf Kritik pflegte »King Ling« gewöhnlich zu antworten: »Ich verstehe sie nicht. Ich habe die Welt des Kapitalismus nicht geschaffen, aber ich will in ihr Erfolg haben.« Fast bis auf 170 Dollar hatte man die LTV-Aktie in Wallstreet hinaufgetrieben und auch die smarten Fondsmanager beteiligten sich oft und gerne an diesem Wachstumsstar. Dann legte Mister Lings Wunderaktie den Rückwärtsgang ein und stand schon Ende 1969 nur noch bei 25 Dollar, bevor sich der Kurs noch einmal drittelte. Ärger mit dem Kartellamt, steigende Zinsen und einige Fehlinvestitionen hatten den Höhenflug von LTV gestoppt und den Kurs innerhalb von drei Jahren um über 95 Prozent sinken lassen.

Auch die IOS hatte sich an einigen außergewöhnlich heißen Spielchen dieser Art beteiligt. Ein besonderer Liebling von Bernies Fondsstrategen war zum Beispiel eine hektisch zusammengezimmerte Firma namens Commonwealth United, die sich im Film-, Musik und Immobiliengeschäft betätigte. In Zusammenarbeit mit dem renommierten Pariser Haus Rothschild emittierte die zur IOS gehörende Investors Bank in Luxemburg eine Wandelanleihe von Commonwealth. Immerhin 40 Millionen Dollar wurden am Eurodollarmarkt für den Mischkonzern aufgebracht, wovon allerdings alleine zwei IOS-Fonds gut 13 Millionen Dollar übernahmen. Woher der große Optimismus der IOS-Truppe für die erfolglosen Filmwerke von Commonwealth stammte, ist nur schwer erfindlich. Vielleicht spielte Bernies alte Liebe zum Filmgeschäft eine Rolle, denn auch nachdem es in Beverly Hills, in der Konzernzentrale von Commonwealth, bereits außerordentlich kriselte und die New Yorker Börse die Aktie vom Handel suspendiert hatte, streckte die IOS der Mischfirma weitere zehn Millionen Dollar vor. Auch ein beachtliches Aktienpaket lag schon im Portefeuilles der FOF. Das ganze Commonwealth-Gebäude war jedoch so sehr auf Treibsand errichtet, dass ein einziger Zeitungsartikel genügte, um es zum Einsturz zu bringen. Im Juli 1969 deckte die »Los Angeles Times« üble Manipulationen bei Grundstücksgeschäften auf, mit deren Hilfe ein beachtlicher Teil der Gewinne des letzten Jahres bei Commonwealth erzielt worden war. Das Ende vom Lied war, dass die gesamten Engagements der IOS bei dieser Firma auf null abgeschrieben werden mussten.

Solche Misserfolge konnten den Ruf des Investmentkonzerns zunächst nicht ankratzen, zumal nun auch Außenstehende mit den Aktien der IOS Geld verdienten. Sozusagen als Versuchsballon und Anreiz war schon Mitte 1968 ein Teil der Aktien der IOS Management an den Börsen verkauft worden. Die

Emission wurde wie geplant ein Bombenerfolg und dafür gab es mehrere Gründe. Zunächst einmal war das Image der IOS als Wachstumsstar der expandierenden Fondsbranche noch ungebrochen. Zudem wurden die Aktien bewusst zu einem ausgesprochen attraktiven Kurs ausgegeben. Nur knapp zwölf Dollar mussten die Erstzeichner auf den Tisch legen und noch im gleichen Jahr sollte die Gesellschaft eine Quartalsdividende von 0,75 Dollar ausschütten. Auf den Ausgabepreis entsprach das immerhin einer stolzen Jahresdividende von 25 Prozent. Für das Emissionkonsortium fanden sich klangvolle Namen wie etwa Rothschild, die Schweizerische Kreditanstalt, die holländische AMRO Bank und die französische Finanzholding Suez. Zu den deutschen Teilnehmern an der Aktienplatzierung gehörte übrigens auch das später zu trauriger Berühmtheit gelangte Kölner Bankhaus Iwan D. Herstatt. Das Investmentgeschäft der IOS florierte prächtig, die IOS Mangement kassierte fleißig Verwaltungsgebühren von den Fonds und ihre Aktie sauste in die Höhe.

Die beste Reklame für eine Aktie sind immer rasant steigende Kurse, und trotz einer gewissen Korrektur der Hausse Mitte 1969 hatte diese Emission hervorragend den Boden für eine weit größere Transaktion bereitet, die nun kommen sollte. Schon lange Jahre hatte Bernie seinen Getreuen, die als Anreiz Aktien der IOS Limited beziehen durften, die Börseneinführung dieses Papiers versprochen. Im Herbst 1969 war es dann so weit, knapp elf Millionen Anteile der Holding sollten platziert werden, davon vier Millionen bei Kunden, Angestellten und Vertretern der IOS und 5,6 Millionen über ein hochkarätiges Konsortium von Banken und Brokern im breiten Publikum. Rund 120 Finanzinstitute fanden sich zur Emission des heißen Papiers bereit. Nun ist es nie verkehrt, genau hinzusehen, wenn ein Firmengründer plötzlich die kleinen Anleger an seinem Glück teilhaben lassen will und ihnen Aktien verkauft. Es gibt zweifellos auch einleuchtende Gründe für einen solchen Schritt wie eine Verbreiterung der Kapitalbasis oder Imageprobleme, aber zumindest liegt der Verdacht nahe, dass es mit dem raschen Aufschwung der Gesellschaft erst einmal vorbei ist und der bisherige Alleininhaber Kasse machen will. Das Wirtschaftsmagazin »Capital« stellte denn auch die Gretchenfrage: »Wirft Cornfeld jetzt die Flinte ins Kornfeld?«

Zunächst schien sich all diese Skepsis als falsch zu erweisen, die Spekulanten, vom Erfolg des Vorgängers IOS Management angelockt, trieben die ersten offiziellen Kurse sofort auf rund 15 Dollar, also genau 50 Prozent höher als der Ausgabepreis. Wer jetzt Kasse machte, konnte auch bei dieser Unglücksaktie noch einen beachtlichen und vor allem blitzschnellen Gewinn erzielen. Was die Aktionäre nicht ahnten, war die Tatsache, dass die Gesellschaft nur eine einzige lumpige Million Dollar flüssig gehabt haben soll, als der Erlös der Emission endlich bei ihr einging. Wenn überhaupt jemand die Verhältnisse bei der IOS überschaute, dann war das die alte Garde der Vertreter und der führenden Köpfe in Genf. Sie beeilte sich daher auch, zumindest einen Teil ihrer Aktien an der Börse zu Geld zu machen. Hinzu kamen die Abgaben der Spekulanten, die bei der Zeichnung nur auf ein schnelles Geschäft gehofft hatten und deren Rechnung nun aufgegangen war. Außerdem drückte bald die sich immer mehr verstärkende Baisse an der New Yorker Börse auf die Notierungen. Zudem verliert eine Aktie schnell ihren Reiz, wenn bei hoch gespannten Erwartungen der Kurs nicht steigt, sondern abzubröckeln beginnt.

Das Schicksalsjahr der IOS

So war die Szenerie, als das für Bernies IOS so verhängnisvolle Jahr 1970 anbrach. Immer noch sackten die beiden IOS-Aktien leicht ab, die inzwischen zum Gradmesser für das Wohlergehen des Konzerns geworden waren. Im ersten Quartal fiel etwa IOS Limited im Düsseldorfer Telefonhandel von 50 auf 44 Mark zurück, was angesichts der weltweiten Baisse nicht so ungewöhnlich war, dann aber begannen stürmische Tage: Anfang April gab es Gerüchte, dass bei internen Transaktionen der IOS für die Aktie der IOS Management nur ein Kurs von umgerechnet etwa 40 Mark zugrunde gelegt worden war. An der Börse aber wurde das Papier zu dieser Zeit mit dreimal so hohem Preis gehandelt. Wenn die Genfer Zentrale den Kurs selbst so niedrig einschätzte, dann hieß es schnellstens verkaufen, und das machten die Insider daher auch. Bezeichnend dazu ist ein Börsenkommentar des Düsseldorfer »Handelsblattes« aus diesen Tagen, in dem es zu IOS-Aktien hieß: »Dem Vernehmen nach sollen vielen kleinen Kauforders einige größere Paketabgaben gegenübergestanden haben.« Wer Bescheid wusste, der rettete also, was noch zu retten war. In den zwei Börsensitzungen des 8. und 9. April 1970 fiel die Aktie der IOS Management von 113 auf knapp 98 Mark ab. Vor dem Stand des Düsseldorfer Freimaklers Beiler, von dem ein Börsenspruch hieß: »Was im Wald der wilde Keiler, ist an der Börse Walter Beiler«, kam es von nun an täglich zu einem wilden und lautstarken Getümmel der Börsianer.

Der Zusammenbruch des IOS-Imperiums

Aktie/ Zeitpunkt	Ende 1969	Ende Januar 1970	Ende Februar 1970	Ende März 1970	Ende April 1970	Tiefstand 26. Mai 1970	Veränderung seit Ende 1969
Eastman Kodak	82 3/8	77 7/8	79 7/8	77 1/4	74 –	57 5/8	– 30 %
General Motors	68 1/8	64 –	69 5/8	74 1/4	69 3/8	59 1/2	– 13 %
Honeywell	141 1/2	136 1/4	138 1/4	130 –	120 –	83 3/8	– 41 %
IBM	364 1/2	315 1/4	340 1/4	336 3/4	300 1/4	242 –	– 34 %
Ling Temco	25 3/8	20 1/2	24 1/2	22 –	15 7/8	8 –	– 68 %
Dow Jones[1]	800,36	744,06	777,59	785,57	736,07	631,16	– 21 %
Dollar[2]	3,69	3,69	3,68	3,67	3,63	3,63	– 2 %
IOS Ltd.[3]	50 –	45 –	48 –	44 –	17,50	8,60	– 83 %
IOS Management[1]	135 –	121 –	132 –	121 –	41 –	23 –	– 83 %

Anmerkungen: [1] Dow-Jones-Industrial-Durchschnittskurs für 30 Industriepapiere.
[2] Amtliche Notiz an der Düsseldorfer Devisenbörse.
[3] Kurse (in DM) des ungeregelten Freiverkehrs der Düsseldorfer Börse.

Bald kamen weitere Unregelmäßigkeiten bei der IOS ans Licht, so hatten die Fondsmanager beispielsweise Explorationsrechte in den Eiswüsten Kanadas mit ein bis zwei Dollar für den »Acre« erworben und in der Bilanz flugs mit acht Dollar angesetzt, woran alleine der FOF auf dem Papier gut 70 Millionen Dollar »verdiente«. Das amerikanische Magazin »Bussiness Week« kommentierte dazu: »Bei dieser Art von Aufwertung zogen einige Herren in der Wallstreet die Augenbrauen hoch.« Der Vertrauensschwund an der Börse übertrug sich sofort auch auf die Geschäfte der IOS, so soll der Verkauf bei einigen IOS-Büros schon im April 1970 um bis zu 75 Prozent zurückgegangen sein. Was schwerer wog, war jedoch, dass auch über 2000 Vertreter dem Investmentkonzern den Rücken kehrten, was ihnen nicht schwer fiel, weil sich eine ganze Reihe von Konkurrenten um die Aufnahme in diese schlagkräftige Truppe bewarb. Da half es auch nicht mehr, dass Bernie Cornfeld von Frankfurt aus seine »sales force« zum Durchhalten animierte: »Arbeitet und hört auf, euch um den Aktienkurs zu kümmern.« Das aber war leichter gesagt als getan, denn die Kunden, an deren Türen die Vertreter klingelten, lasen schließlich Zeitungen und beobachteten den Börsenkurs.

Bei Überschriften wie »Börse glaubt den IOS-Dementis nicht – der größte Kursverfall in der Nachkriegszeit« konnte von einer Stabilisierung des Fondsimperiums schwerlich die Rede sein, auch wenn die IOS in einem Kommuniqué feststellte: »Unsere Gesellschaft ist gesund.« Selbst ohne die interne Schwäche der IOS hätte es für den Investmentkonzern nicht allzu günstig ausgesehen. Über die internationalen Börsen rollte nämlich eine Schockwelle nach der anderen hinweg. In Wallstreet war das 65 Jahre alte Brokerhaus McDonnell & Co. zusammengebrochen und warf damit ein Schlaglicht auf die Lage der gesamten Brokerzunft, die damals unter stark sinkenden Gewinnen litt. Das Klima an der Börse in New York war mies. Symptomatisch dafür war beispielsweise die Aktie der Electronic Data Systems des texanischen Konzernbastlers H. Ross Perot, die innerhalb weniger Tage von 150 auf 70 Dollar absackte. Perot büßte auf dem Papier etwa 700 Millionen Dollar ein, worauf das Nachrichtenmagazin »Newsweek« kommentierte: »Noch nie verlor jemand so schnell so viel Geld.« Inzwischen dürfte der texanische Ölmilliardär Nelson Bunker Hunt bei seiner Silberspekulation diesen Rekord wohl überboten haben, wovon im nächsten Kapitel noch die Rede sein wird. Um das Maß voll zu machen, rang auch noch der Eisenbahngigant »Penn Central« ums Überleben, über dessen Zusammenbruch die »International Herald Tribune« urteilen sollte: »Das ist der größte Konkurs der amerikanischen Geschichte.«

Die schlimmsten Kurseinbrüche in Wallstreet trafen auch jene Papiere, die irgendwie mit Bernie Cornfeld in Verbindung gebracht wurden. Auch die deutsche Börse zeigte sich betroffen. Im Mai 1970 schrieb die ansonsten an den Ereignissen der Finanzwelt wenig interessierte »Bild-Zeitung« von einem »schwarzen Dienstag«. In den Krisentagen des Mai hatten sich die IOS-Papiere gegenüber dem Jahresanfang bereits im Kurs gesechstelt, die einst zu umgerechnet 40 Mark eingeführte Aktie der IOS Limited handelte man nur noch mit 7,50 Mark. Am weitblickendsten hatte im Übrigen die IOS selbst diesen Rutsch vorhergesehen. Bereits Anfang 1970 unterbanden die Overseas Development Bank in Genf und die Münchner Orbis-Bank, beides Ableger des Investmentimperiums, es, Aktien des IOS-Konzerns zu beleihen. Der lapidare Kommentar von Konzernsprecher Manfred Birkholz lautete dazu nach dem Debakel: »Vom Bankenstandpunkt ist es durchaus vernünftig. Stellen Sie sich vor, es geschieht etwas mit dieser Aktie, wie es sich später ja auch herausstellte.«

Wie sahen nun die IOS-Gewaltigen, etwa Cornfeld selbst, oder sein deutsches Aushängeschild Erich Mende die Lage des angeschlagenen Konzerns?

Zuversichtlich erklärte Mende in einem Interview: »Ich leugne nicht, dass wir in der Talsohle des Vertrauens sind; aber wir kommen wieder heraus.« Selbstkritisch gestand er bei der gleichen Befragung allerdings auch ein: »Selbstverständlich sind eine Menge Fehler gemacht worden. Im April – bis dahin war die Welt noch in Ordnung – trat auch für die beiden IOS-Aktien ein Kursverfall ein. Damals habe ich mit meinen deutschen Kollegen der Genfer Konzernführung zu Stützungskäufen geraten.« Mende verriet auch die Gründe für den Niedergang, nämlich den seiner Meinung nach im Wesentlichen zu hohen Verwaltungsaufwand und den zu großen Luxus. Und wie immer, wenn man den eigenen Misserfolg erklären möchte, machen sich anonyme Gegenspieler gut. So meinte der ehemalige Vizekanzler: »Es ist nicht ungewöhnlich, dass sich die Börsenhyänen nähern, wenn eine Firma in Schwierigkeiten ist.« Auch sein Boss Cornfeld wusste von einer ganzen Phalanx der Gegner zu berichten: »Dann ist unsere schwierige Lage in der Presse oft ganz falsch wiedergegeben worden. Hinzu kam, dass unsere großen Konkurrenten die Gelegenheit weidlich zu Angriffen nutzten.« Schuld am Debakel waren demnach nicht die IOS-Leute, die schlecht wirtschafteten oder manipulierten, sondern die böse Presse und die Konkurrenten, die diese Machenschaften aufdeckten.

Der Betrug des Jahrhunderts

Das Jahr 1970 brachte aber nicht nur den Niedergang des einst so stolzen IOS-Imperiums, sondern auch den Beginn eines der größten Betrugsmanöver der Geschichte. Mit den Schwierigkeiten bei Gewinnen und Aktienkursen der IOS setzte zunächst ein ganzer Reigen von Rettungsaktionen ein, bei denen so renommierte Namen wie Rothschild, auch eher schillernde Persönlichkeiten wie der Konzernschmied John M. King beteiligt waren. Zwischenzeitlich wurde Cornfeld ausgebootet, dann war er wieder da, schließlich wusste kaum noch ein IOS-Sparer, wer eigentlich in Genf gerade das Sagen hatte. In einer Vertrauenskrise jedoch ist mit undurchsichtigen Manövern nichts zu bewirken, dann nutzt nur noch eine Demonstration der Stärke. Dazu aber wären gute Namen notwendig gewesen und vor allem viel Geld. Beides hätten die europäischen Großbanken gehabt, die zwar am Sturz des Konkurrenten Cornfeld, nicht aber an einer Krise des Investmentsparens Interesse haben konnten. Sie aber schreckte Bernie mit ständigen Attacken und Unterstellungen selbst ab, sodass sich einige Institute zu schroffen Reaktionen wie »Das ist eine Unverschämtheit« oder »Die Unterstellungen sind so absurd, dass sich der Urheber damit selbst disqualifiziert« herausgefordert sahen.

Damit war der Weg frei für Robert Lee Vesco, der vermutlich als einer der größten Betrüger der Finanzwelt in die Geschichte eingehen wird. Schon im Herbst 1970 hatte sich der Sohn eines Fließbandarbeiters aus Detroit mit einem Kredit von fünf Millionen Dollar bei der IOS Einfluss verschafft. Seine Kreditwürdigkeit, dem angeschlagenen Investmentriesen das Geld zu beschaffen, hatte Vesco mit einem Telex der Butlers Bank auf den Bahamas nachgewiesen. Die Direktoren in Genf müssen schon sehr verzweifelt nach dem großen Retter gesucht haben, wenn sie solche windigen Sicherheiten akzeptierten. Tatsächlich besaß Vesco keine fünf Millionen Dollar in bar, sondern die IOS selber musste auf seine Order hin später diesen Betrag bei der Butlers Bank einlegen. Mit diesem fast unglaublichen Trick »sanierte« sich die IOS sozusagen mit eigenem Geld. Bei Vescos dunkler Vergangenheit, angeblich soll die Mafia ihm bei der Finanzierung seiner Konzerngeschäfte geholfen haben, verwundern solche raffinierten Schachzüge im Nachhinein allerdings kaum, doch es sollte noch viel schlimmer kommen.

Durch heimliche Aktienkäufe, bei den ausgebombten Kursen keine Schwierigkeit, und dem Erwerb von Bernies verbliebenem Aktienpaket von etwa 15 Prozent wurde Vesco rasch zum Großaktionär der IOS. Nachdem er alle kritischen Direktoren ausgebootet hatte, konnte er schließlich an die Ausplünderung der von IOS verwalteten Kundengelder gehen, die immerhin noch etwa eine halbe Milliarde Dollar betrugen. Kurz zuvor sanierte er sozusagen nebenbei sein eigenes Unternehmen, die International Controls Corporation, deren Zusammenbruch seinen Ruf als Financier hätte ankratzen können. Bei dieser Sanierung bediente er sich eifrig der IOS-Konten. Auch sonst wurden die Geschäfte zunehmend dunkler. 1972 steuerte Vesco eine generöse Spende von 200.000 Dollar zu Nixons Wahlkampffonds bei, die ihm den nötigen Vorsprung vor den Untersuchungen der amerikanischen Börsenaufsicht S.E.C. verschafft haben könnte. Gerüchten zufolge wanderte das Vesco-Geld auch unter Nixon in dunkle Kanäle, denn damit soll der Einbruch im Watergate-Wohnblock finanziert worden sein, über den der Präsident später sein Amt verlor. War es also am Ende das Geld deutscher Zahnärzte und Steuerberater, durch das der mächtigste Mann der westlichen Welt stürzte?

Die Schätzungen, wie viel Vesco, der in einem Düsenjet mit eingebauter Sauna und teuren Callgirls an Bord umherreiste, wirklich bei der IOS abgesahnt hatte, schwanken zwischen 200 und 300 Millionen Dollar. Möglicherweise können es aber auch noch ein paar dutzend Millionen mehr gewesen sein, so genau hat das im IOS-Dickicht niemand herausfinden können. So richtig froh konnte der Superbetrüger über seine Beute allerdings nie werden, denn um sich dem Zugriff der amerikanischen Behörden zu entziehen, die vor allem nach Nixons Sturz mit mehr Nachdruck nach ihm fahndeten, musste er sich zunächst nach den Bahamas und dann nach Costa Rica absetzen. Wie unsicher ein solches Leben werden kann, stellte Vesco bei einem Regierungswechsel in der »Bananenrepublik« fest, als er zum erneuten Standortwechsel zurück zu den Bahamas gezwungen wurde. Wer will sich auch gerne als Staatschef mit einem Betrüger vom Format Vescos belasten, der zu seinem Schutz eine eigene, schwer bewaffnete Privatarmee unterhalten muss?

So endete also die Geschichte vom Aufstieg und Fall des IOS-Imperiums mit einem für die Anleger äußerst traurigen Kapitel. Jahre später konnten sich Kunden, die fast ein Jahrzehnt ihren Restbeständen aus dem IOS-Erbe treu geblieben waren, noch über manchen überraschenden Gewinn freuen. Zum Beispiel entpuppten sich nach langer Wartezeit die Explorationsrechte in der kanadischen Arktis als nicht so wertlos, wie es zunächst angenommen wurde. Trotzdem blieb die Bilanz für die Kundschaft ausgesprochen negativ. So bewahrheitete sich am Ende noch eine Warnung, die man 1969 in den Anzeigen der IOS lesen konnte: »Was wir bisher geleistet haben, ist keine feste Garantie für gleiche Gewinne in der Zukunft.« Und als ebenso prophetisch stellte sich ein Bonmot des Münchener Kabaretts »Lach- und Schießgesellschaft« heraus, das folgendermaßen hieß: »Ich will 100.000 Mark anlegen! – Bei IOS? – Nein, gewinnbringend.«

Rückblickend hatte die Katastrophe auch ihr Gutes, denn nach dem Debakel wurde zumindest in der Bundesrepublik die Gesetzgebung für ausländische Investmentfonds wesentlich strenger gestaltet. Nach guten Erfahrungen, die die USA mit dem harten Durchgreifen ihrer Börsenaufsichtsbehörde gegen die IOS gemacht hatten, nur wenige Amerikaner dürften bei Cornfelds Investmentabenteuer zu Schaden gekommen sein, war das durchaus eine Wohltat für deutsche Kleinsparer.

XVI.

Das Silberdebakel der Hunts

»Wer weiß, wie viel er wert ist, ist nicht viel wert.«

Nelson Bunker Hunt vor einem amerikanischen Kongressausschuss

»Sie haben so viel Geld, dass sie alle Märkte durcheinander bringen, auch wenn sie es gar nicht wollen.«

Ein Richter in Chicago über die Hunt-Familie

»Wir glauben, dass es gewissenlos von jemand ist, Silber für mehrere Milliarden Dollar zu horten.«

Die Schmuckwarenfirma Tiffany & Co. in einer Zeitungsanzeige in der »New York Times«

»Selbst der erfahrenste Warenterminspekulant wird neben Gewinn bringenden Transaktionen immer auch Verluste einstecken müssen. Es bleibt ihm lediglich das Ziel, dass die Gewinne unter dem Strich die Verluste ausgleichen.«

Das Brokerhaus Conti Commodity in einer Informationsbroschüre

Wohl noch nie wurde das Symbol »CS« auf den Monitoren der Banken und Broker so oft mit zittrigen Fingern gedrückt wie zur Jahreswende 1979/80 und in den Wochen danach. Auf dem Bildschirm erschienen dann die jeweils letzten Kurse für Silber an den Warenterminbörsen in New York oder Chicago. Und wann immer man in diesen stürmischen Tagen etwas vom hektischen Silberspiel hörte, Sensationen waren es allemal. Bewegte schon die Jagd nach dem Gold die Gemüter, lassen sich bei der Silberspekulation alle Elemente eines wirklich spannenden Thrillers finden. Da wurden in kurzer Zeit Vermögen gewonnen und verloren, zogen die Mächtigen hinter den Kulissen die Fäden, arme und reiche Spekulanten zockten mit und im Zentrum des Geschehens stand der einsame Held, der das ganze Spiel in Bewegung hielt. Wie ein typischer Held sah der übergewichtige, etwas nachlässig gekleidete, aber steinreiche Texaner Nelson Bunker Hunt dabei allerdings nicht aus. Der texanische Ölmagnat aber war es, der im März 1980 selbst die kummergewöhnte Wallstreet an den Rand der Katastrophe trieb.

Die Hunts lieben das Spiel

Die Mitglieder der schwerreichen Hunt-Sippe, speziell aber ihr Sprössling Nelson Bunker Hunt, waren schon vor den Anfängen ihrer Millionenzockerei Spielernaturen. So soll der Vater, Haroldson Lafayette Hunt, den Grundstock zum Familienvermögen beim Poker am Spieltisch gewonnen haben. Die Millionen und Milliarden machten die Texaner allerdings im Geschäft mit Ölquellen, bei denen fast alle Hunts stets eine gute Spürnase bewiesen. Die familieneigene Placid Oil Company gehörte zu den größten Ölimperien der Welt. Auch Nelson Bunker Hunt versuchte sich von früher Jugend an im riskanten Bohrgeschäft. Anfangs dabei ohne große Erfolge stießen seine Bohrtrupps schließlich in den Wüsten Libyens auf das schwarze Gold. Zusammen mit der British Petroleum Company kontrollierte Nelson Bunker nach diesem Fund »Sarir«, eines der ergiebigsten Ölfelder des Nahen Ostens. Dieses Reichtums konnte sich der Texaner allerdings nur bis zum Mai 1973 erfreuen, denn gerade als die Ölkrise die Quellen besonders interessant zu machen versprach, verstaatlichte der libysche Präsident Ghadafi den ausländischen Ölbesitz.

Dieses Ereignis dürfte die Abneigung der Hunts gegen klassische Geschäfte noch verstärkt haben, denn von nun an begann der Texaner sich immer mehr in riskante Börsenmanöver einzulassen. Jeden richtigen Spieler müssen dabei die Warenterminmärkte besonders reizen. Hier geht es so heiß her, weil die Spekulation mit niedrigem Eigenkapitalanteil, den so genannten Einschüssen, zirka zehnmal höhere Werte bewegen kann. Ein bekanntes Brokerhaus erklärt das seinen Kunden folgendermaßen: »Vor allem die Hebelwirkung, die die Konstruktion des Warenterminhandels bietet, ist es, die bereits bei relativ geringen Preisschwankungen des Rohstoffs zu beträchtlichen Gewinnen auf das eingesetzte Kapital führen kann.« Es kann zum Beispiel sein, dass der Spekulant beim Kauf von 5000 Unzen Silber, die einem Kontrakt entsprechen, nur 2000 Dollar eigenes Kapital einschießen muss. Steigt nun der Wert seines Silberschatzes von 8,50 Dollar auf 8,70 Dollar je Unze, dann hat er mit seinem Eigenkapitaleinsatz von 2000 Dollar glatte 1000 Dollar, also 50 Prozent Gewinn, gemacht. Solche Kursschwankungen können an hektischen Tagen an Warenterminbörsen innerhalb kurzer Zeit auftreten und natürlich auch gegen die Erwartungen des Spekulanten. Dann sind auch 50 Prozent Verlust binnen Stunden, ja sogar Minuten möglich.

Spekuliert wird auf die Lieferung einer bestimmten Ware zu einem festen Zeitpunkt. In der Regel will aber kein Kontraktkäufer die Schweinebäuche, gefrorenen Hähnchen oder Silberbarren wirklich geliefert bekommen, sondern er verkauft seinen Kontrakt, der ihn eigentlich zum Bezug der Ware berechtigen würde, bevor er fällig wird.

Den Hunts waren die Feinheiten des heißen Geschäfts sicherlich bekannt. Neben seinem gigantischen Silberabenteuer hatte der Hunt-Clan beispielsweise 1977 kurzerhand ein Drittel der Ernte von Sojabohnen aufgekauft. Obwohl die Börsen wohlweislich ein Positionslimit von drei Millionen »bushel« pro Person vorschreiben, sammelten die Hunts fast 23 Millionen ein. Angeblich verspürten einige Kinder der Hunt-Brüder Lust, sich an der Spekulation zu beteiligen und ihre Limits ebenfalls auszunutzen. Welch Zufall, dass diese ersten Schritte ins Geschäftsleben gerade zu dem Zeitpunkt erfolgten, als ihre Väter an den Börsen die Sojapreise in die Höhe trieben. Ähnliche Schlitzohrigkeit sollten die Texaner bald auch im Silbermarkt zeigen. Allerdings lagen die Anfänge des großen Spiels um das Edelmetall viel früher als die Sojageschichte.

Hunt war schon lange zuvor ein Freund des Silbers geworden. Die Silberstory begann etwa 1970, als die Öldynastie erste kleine Käufe tätigte. Hauptsächlich über ihren Broker Bache erwarben die Brüder relativ kleine Posten von einigen tausend Unzen. So richtig startete die Sache dann aber erst 1973/74, etwa zu der Zeit, als die Libyer den Ölbesitz der Familie in ihrem Wüstenstaat beschlagnahmten. Damals durfte Gold von Amerikanern noch nicht gekauft werden, Silber galt daher unter Kennern, die den ausgabefreudigen Politikern in Washington misstrauten, als bester Schutz gegen die Inflation. Natürlich entging es dem Spekulanten Hunt auch nicht, dass die Silberproduktion jahrelang den Verbrauch nicht voll decken konnte. Die Abnehmer von Silber, zum Beispiel im großen Umfang die Fotoindustrie, kauften daher zum Teil aus den in früheren Jahrzehnten weltweit angesammelten Horten. So ist das Edelmetall etwa in Indien als Reserve, auch der kleinen Leute, weit verbreitet. Symptomatisch für das Ungleichgewicht von Angebot und Nachfrage war beispielsweise, dass die US-Regierung in den Sechzigerjahren rund 1,7 Milliarden Unzen aus der strategischen Reserve verkaufen konnte.

Geschickt stiegen Nelson Bunker Hunt und seine beiden Brüder in den Markt ein. Ein Silberexperte vom größten Broker der Welt meinte damals dazu: »Zuerst ging im Ring lediglich das Gerücht um, dann platzte die Bombe: Hunt kauft die Silbermärkte von New York und Chicago leer.« Schon nach wenigen Monaten hatte er so über 40 Millionen Unzen erworben, wie die offizielle Börsenstatistik auswies. Tatsächlich sollen es sogar noch über zehn Millionen Unzen mehr gewesen sein. Der Preis des Edelmetalls explodierte dabei von 2,50 auf über sechs Dollar für die Feinunze. Zudem ließen sich die Hunts dieses Silber aus ihren Warenterminkontrakten effektiv ausliefern, anders, als das sonst bei Spekulanten üblich ist, die nur den kurzfristigen Gewinn aus dem Kontrakt kassieren wollen. Nachdem das für die Anlieferung notwendige Silber beschafft worden war, beruhigte sich die Börse wieder und angesichts einer Rezession und extrem hoher Zinsen begannen die Preise etwas zu sinken.

Schon damals beflügelte das Silbergeschäft Hunts die Phantasie der Börsianer, so wurde etwa gemutmaßt, dass sie den Kursabschlag selbst ausgelöst hatten, um auf ermäßigtem Preisniveau billiger kaufen zu können. Eine der größten Finanzzeitungen Amerikas glaubte erfahren zu haben, dass die Texaner in einem für sie sehr lukrativen Deal ihre Silberbestände gegen das begehrte Öl eingetauscht hätten. Viel wahrscheinlicher aber ist, dass der Hunt-Clan an seinen Silberbeständen eisern festhielt und keine einzige Unze verkaufte. Immerhin war der Silberschatz inzwischen auf einen solchen Wert angeschwollen, dass sich auch die schwerreiche Ölsippe nach starken Verbündeten umsehen musste, wenn sie im großen Stil weitere Käufe tätigen wollte. Nachdem die Hunts 1975 vergeblich in Teheran an verschiedenen Türen geklopft hatten, um ansehnliche Beträge für die Spekulation beim Schah zu mobilisieren, gelang es erst drei Jahre später, zu den Saudis Kontakte anzuknüpfen. Angeblich soll dabei der ehemalige Gouverneur und Ex-Finanzminister der USA, John Connally, eine wichtige Rolle gespielt haben.

Die Hunts wagen den großen Schlag

Auf jeden Fall lernte Nelson Bunker Hunt endlich Leute von dem Schlag kennen, die er für seine Eroberung des Silbermarktes brauchte. In aller Stille brachte er ein Syndikat von hochkarätigen und risikofreudigen Finanzmännern zusammen. Dazu gehörten Maji Nahas, ein in Brasilien lebender Araber, die beiden saudischen Scheiche Mohammed Aboud Al Amoudi und Ali Bin Mussalern sowie einige weniger potente Mitspieler. Neben Nelson Bunker war auch noch sein Bruder Herbert Hunt mit von der Partie. Als Kommandozentrale dieser Saudi-Hunt-Allianz wurde auf den Bermudas die International Metal Investment Ltd. gegründet. Danach war alles zum Großangriff auf die Silberbörsen von New York und Chicago gerüstet. Langsam, dann immer schneller begannen die Silbernotierungen anzuziehen. Allein im Herbst 1979 sollten über 8000 Kontrakte mit zusammen 40 Millionen Unzen zur Lieferung fällig werden. Wieder bestanden die Hunts auf der effektiven Auslieferung des auf Termin erworbenen Silbers. Die Silbervorräte der bedeutenden Handelsfirmen und Warenterminbörsen begannen sich zu erschöpfen. Nun sprangen auch viele kleine und größere Mitlaufer auf den fahrenden Spekulationszug auf, die ähnlich den Hunts auf weitere Preissteigerungen setzen und mit ihren Käufen die Notierungen weiter nach oben trieben. Auch sie begannen nun, sich ihr Silber wirklich ausliefern zu lassen. Der Markt drohte auszutrocknen. Schon im Herbst 1979 durchbrach der Kurs daher die Marke von 15 Dollar für die Feinunze. Der Hunt-/Saudi-Milliardär-Schub heizte diese ohnehin schon siedend heiße Atmosphäre durch immer neue Käufe zusätzlich an.

Mit den ständig steigenden Notierungen, um die Jahreswende 1979/80 kostete eine Unze Silber bereits über 30 Dollar, verlegten sich nun auch viele der bedeutenden Handelshäuser und Broker auf die Spekulation in diesem Edelmetall. Allerdings hielten sie es bei den historischen Höchstkursen für ratsamer, gegen die Hunts und damit auf ein Fallen des Silberpreises zu setzen. Sie verkauften Silber, das sie gar nicht besaßen. Da das Metall vereinbarungsgemäß erst nach einer gewissen Zeit geliefert werden musste, hatten sie die Hoffnung, die Ware bei inzwischen gefallenen Kursen billiger einzukaufen. Sie hielten sich damit an das alte Börsenrezept, das sich so einfach anhört und doch so schwierig in die Tat umzusetzen ist: »Billig kaufen, teuer verkaufen.« Dadurch aber, dass die Händler viel mehr abstießen, als sie wirklich in ihren Beständen hielten, ließen sie sich auf eine gewagte Spekulation ein. Nahte das Lieferdatum, mussten sie das von Hunt geforderte Silber beschaffen, koste es, was es wolle. Auch der texanische Silberkönig spielte, allerdings mit höchstem Einsatz, denn für seinen riesigen Berg von Warenterminkontrakten hatte er ja nur den relativ geringen Eigenkapitaleinschuss geleistet und bei jedem deutlicheren Preisrückschlag konnte das Kapital rasch aufgezehrt werden. In diesem für den Spekulanten äußerst peinlichen Fall verlangt der Broker sofort neues Bargeld oder er verkauft die Kontrakte so schnell wie möglich an der Börse – er stellt sie glatt, wie man dazu sagt.

Auf diese Weise stand das Spiel bald auf des Messers Schneide, wer auch immer verlieren würde, das Hunt-Saudi-Team oder die Handelshäuser, der Broker würde einen Riesenverlust bei seinen Transaktionen erleiden. Im Grunde hatten die Broker und Handelsfirmen jedoch in diesem Pokerspiel die besseren Karten in der Hand. Zunächst einmal kontrollierten sie seit Jahrzehnten den Markt, ihre Vertrauten saßen in den Aufsichtskomitees und schließlich hatten Hunt und seine Partner ihre Kräfte schon ziemlich stark angespannt. Trotzdem dürften die verantwortlichen Händler bei den Handelshäusern einige schlaflose Nächte verbracht haben, als die Preise für Silber entgegen ihrer Spekulation von den Hunts immer höher getrieben wurden. So soll unter anderem das Londoner Handelsunternehmen Mocatta Goldschmidt massiv auf ein Fallen der Silbernotierungen gesetzt haben. Um welche Dimensionen es dabei ging, stellte sich Monate später bei Engelhard Minerals & Chemicals, einer US-Metallhandelsfirma, heraus. Engelhard hatte sich verpflichtet, den Hunts 19 Millionen Unzen Silber zu 35 Dollar anzuliefern. Das wäre ein äußerst schlechtes Geschäft gewesen, wenn der Preis auf dem Niveau von Januar 1980, der an der Spitze zirka 50 Dollar je Unze erreichte, geblieben wäre.

Nun stellte sich heraus, dass die Hunts nicht nur die Handelshäuser, sondern auch die Industrie gegen sich aufbrachten, die das Silber benötigten. Diese Abnehmer von Silber, die Industrie und auch viele Juweliere begannen nun mit einer Pressekampagne gegen das Spekulationssyndikat. In einer Anzeige von Tiffany & Co. in der »New York Times« wurde gewettert: »Wir glauben, dass es gewissenlos von jemand ist, Silber für mehrere Milliarden Dollar zu horten.« Auch die großen Fotokonzerne sahen den Preisboom alles andere als gerne, so kaufte etwa der Eastman-Kodak-Konzern zu dieser Zeit jährlich rund 50 Millionen Feinunzen Silber für seine Filmproduktion. Selbst der Chef der amerikanischen Notenbank, Paul Volcker, mahnte die Banken, keine weiteren Spekulationskredite zur Verfügung zu stellen.

Mit diesem moralischen Rückenwind konnten die in die Enge getriebenen Handelshäuser nun zur Offensive gegen die Hunts übergehen. Sie zeigten bald, dass die Marktinsider dem Texaner doch an Cleverness um eine ganze Nasenlänge voraus waren. Sicherlich nicht zum Ärger der bedrängten Handelsfirmen verfügte der Verwaltungsrat der New Yorker Warenterminbörse »Comex« Anfang Januar 1980 zum ersten Mal in seiner Geschichte ein Positionslimit für einzelne Großkäufer. Hunt sollten damit die Flügel gestutzt werden, aber noch trieben die Mitläufer den Kurs durch weitere Käufe nach oben. Am 21. Januar aber, Silber notierte bei mittlerweile knapp 50 Dollar, versetzte der Comex-Verwaltungsrat dem Spekulationsboom den Todesstoß. An diesem denkwürdigen Tag verkündete der Comex-Verwaltungsrat den überraschten Warenterminspekulanten, dass sie von nun an nur verkaufen, nicht aber mehr kaufen durften. Quasi als Zugabe wurden noch die Mindesteinschüsse drastisch um 20.000 Dollar pro Kontrakt heraufgesetzt. Diese Nachricht muss bei den Hunt-Brüdern in Dallas wie eine Bombe eingeschlagen sein.

Binnen weniger Stunden mussten nun bei den Brokern dreistellige Millionenbeträge nachgeschoben werden, um das Spekulationsgebäude zu halten. Das Hunt-Syndikat kontrollierte nach eigenen Angaben zu diesem Zeitpunkt einen Silberberg von rund 200 Millionen Unzen, mit einem Wert von etwa zehn Milliarden Dollar. Auch für die Mitläufer am Silbermarkt wurde die Lage urplötzlich kritisch, denn bei höheren Einschussforderungen und abbröckelnden Preisen drohte ihnen durch die Nachschusspflicht das Geld auszugehen. Schon 48 Stunden nach dem Kaufverbot der Comex lag der Silberpreis rund zehn Dollar oder 20 Prozent niedriger. Für die Haussespekulanten begann sich der Abwärtsstrudel immer schneller zu drehen. Mit den ständig fallenden Kursen wurden mehr und mehr von ihnen zu Verkäufen gezwungen – oder die Broker mussten wegen der dahingeschwundenen Eigenkapitalbasis die Kontrakte zwangsverkaufen (liquidieren). Durch diese Abgaben aber wurden rasch erneute Kursstürze ausgelöst und weitere Silberspekulanten aus dem Rennen geworfen. Auch bei den Hunt-Brüdern addierten sich die Nachschussforderungen nach Ansicht von Börsenkreisen schon nach wenigen Tagen zu der gewaltigen Summe von 900 Millionen Dollar.

Die Hunts am Ende?

Täglich jagten sich nun die Nachforderungen ihres Brokers Bache, worauf die Hunts alles zu Geld machten, was sich nur in der Eile versilbern ließ. Anfangs schoben die Texaner noch relativ zügig neue Millionen nach, aber Mitte März 1980, der Silberkurs war inzwischen auf 20 Dollar je Unze abgesackt, mussten sie bereits eine Verzweiflungstat wagen. Hinsichtlich der Sicherheit ihrer riesigen Silberbestände wollten sie in Europa eine Anleihe von drei Milliarden Dollar aufnehmen. In anderen Berichten wurde sogar von vier Milliarden an »Silberbonds«, die das Genfer Beratungsbüro eines gewissen Selim Nassif am Eurodollarmarkt unterbringen sollte, gesprochen. Nassif erklärte in einem Telefoninterview mit der Nachrichtenagentur »AP-DJ« auf kritische Fragen hin: »Wenn die Spekulanten den Preis nach unten treiben, arbeiten sie in unsere Hände, unser Schatz ist unerschöpflich.« Doch genau das glaubten die Börsianer in aller Welt nun nicht mehr. Sie schalteten schnell, denn wenn Hunt verzweifelt Bargeld suchte, dann drohte ein weiterer Sturz des Silberpreises.

Am Donnerstag, dem 27. März, war dann beinahe die Katastrophe da. Kaum ein Broker schaute an diesem Tag aus dem Fenster, um sich am Frühlingsanfang zu erfreuen. Heiße Stunden waren diesem für die Hunts schicksalsschweren Tag vorangegangen. Auf einen Telefonanruf von Broker Bache, in dem ein erneuter Nachschuss von Zigmillionen gefordert wurde, gaben die Hunt-Brüder nur noch die Antwort: »Das können wir nicht.« Auch bei Bache stand nun viel auf dem Spiel, in einer Eilaktion musste man das Silberkonto des prominenten Kunden glattstellen. Notierte der Silberpreis zu Beginn des Tages noch bei 15 Dollar je Unze, sackte der Kurs innerhalb von Stunden auf zehn bis elf Dollar ab. Als der Finanzdistrikt von Wallstreet von diesem Debakel Wind bekam, brach für einige Stunden auch am Aktienmarkt eine Panik aus.

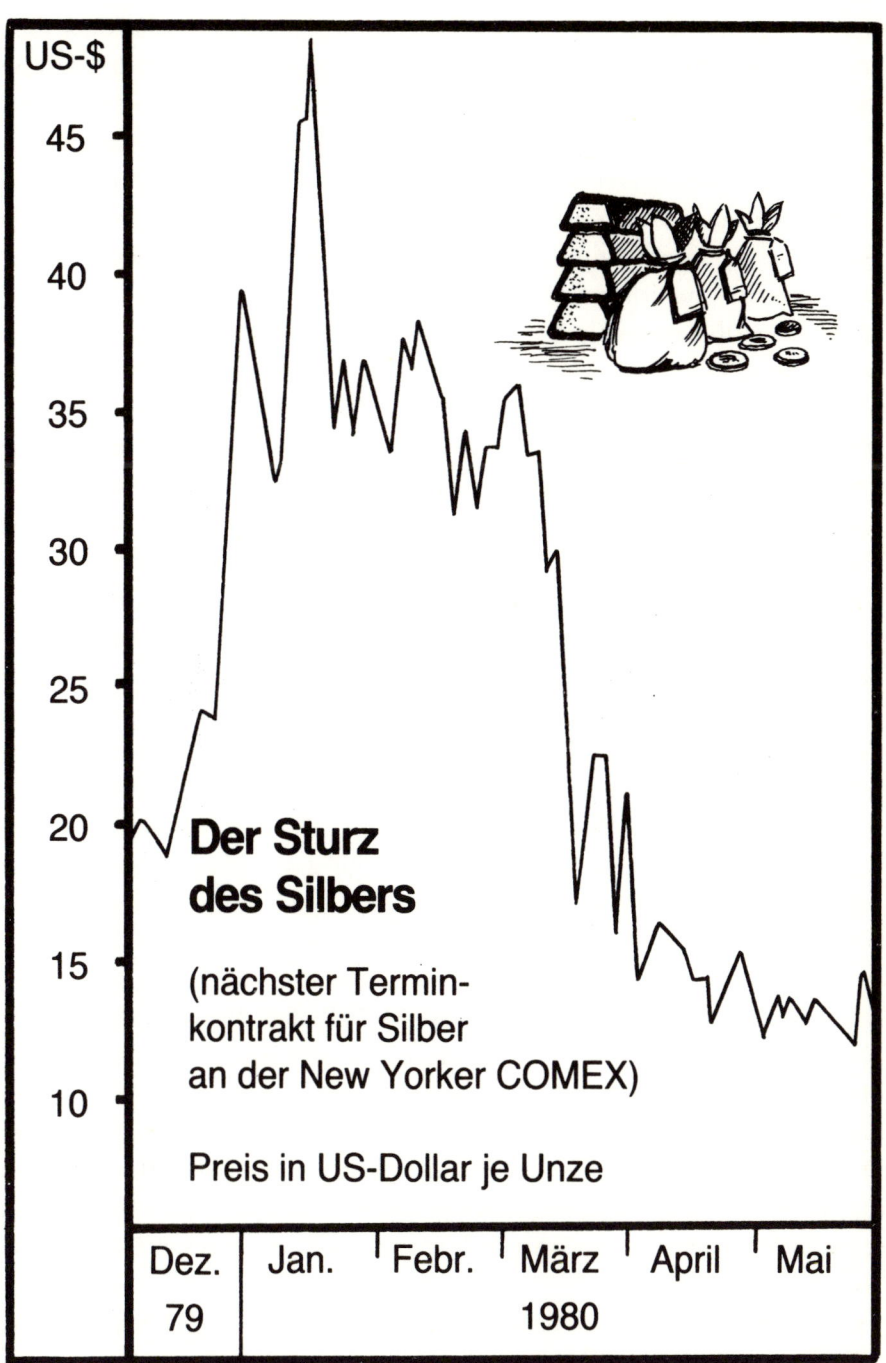

US-$

45

40

35

30

25

20

Der Sturz des Silbers

(nächster Termin-kontrakt für Silber an der New Yorker COMEX)

15

Preis in US-Dollar je Unze

10

Dez.	Jan.	Febr.	März	April	Mai
79			1980		

Der Dow Jones, das am meisten beachtete Börsenbarometer, stand am Vortag noch bei 762,12 Punkten. Schon bei der Eröffnung warf die Silberkrise ihre Schatten über die Aktienkurse und der Index setzte sofort mit zehn Punkten Verlust ein. Bis zum Nachmittag fiel der »Dow« um weitere 22 Punkte auf 730.

Alte Börsenhasen werden in diesem Moment an den großen Börsenkrach von 1929 zurückgedacht haben, denn verschreckt warfen kleine und große Spekulanten riesige Mengen von Aktien auf den Markt. Besonders unter Druck gerieten natürlich Papiere, die man irgendwie mit dem Namen Hunt und dessen Ölinteressen in Verbindung brachte. In Wallstreet jagten sich die Gerüchte, zum Beispiel, dass die Texanersippe einen zuvor zusammengekauften Bestand von Texaco-Aktien jetzt unter Druck der Ereignisse überhastet »versilbern« müsse. Andere Börsianer glaubten von einem Bankrott des Brokerhauses Bache zu wissen, der Handel in diversen Brokeraktien, allen voran natürlich Bache, war sofort ausgesetzt worden. In diesen turbulenten Tagen gab Nelson Bunker Hunt in Paris eine Pressekonferenz und stieg in ein Flugzeug nach Saudi-Arabien. Sein einziger Kommentar zu den Problemen des Spekulationssyndikats lautete in der für ihn typischen, lapidaren Form: »Es wird sich alles von selbst regeln.«

Schon am Nachmittag schien sich zumindest für Wallstreet dieser Tipp des Texaners zu bestätigen. Zwei Stunden vor Börsenschluss gingen die Spezialisten und Broker dazu über, mit massiven Käufen die Panik aufzufangen. Ungefähr zur gleichen Zeit war es auch Bache gelungen, die meisten Hunt-Kontrakte loszuschlagen, sodass die Gefahr für das Brokerhaus weitgehend gebannt war. Umso mehr Grund bestand nun für die flinken Jungs, auf dem Börsenparkett, dem so genannten »trading floor« von Wallstreet, das niedrigste Kursniveau seit knapp fünf Jahren zum Einstieg zu nutzen. Am Ende der dramatischen Börsensitzung hatten fast 64 Millionen Papiere den Besitzer gewechselt und die Kurse erreichten nahezu wieder das Niveau des Vortags. Man wird dadurch nie wissen, was geschehen wäre, wenn die Zeitungen am nächsten Morgen mit den Paniknachrichten von einem 32-Punkte-Rutsch des Dow-Jones-Aktienindex und den Schwierigkeiten eines großen Brokerhauses die Nerven der Börsianer strapaziert hätten. Mit ähnlichen Berichten begann schließlich gut ein halbes Jahrhundert zuvor am »Schwarzen Freitag« die Weltwirtschaftskrise.

Aber auch so war das Debakel groß genug, denn für einige Stunden wussten selbst die Börsenprofis nicht, ob Bache heil durch die Krise kommen würde. Erst zwei Monate später konnte die Firma, an der übrigens auch die Hunt-Familie eine Beteiligung von fünf Prozent besaß, mit hervorragenden Gewinnzahlen belegen, dass das Management alle Untiefen dieser mehr als turbulenten Tage gut umschifft hatte.

Einige Warenterminfonds, die auch kleinen Spekulanten die Teilnahme am heißen Börsenspiel in Chicago oder an der Comex ermöglichen sollten, hatten da weit weniger Glück, innerhalb weniger Tage wurde bei ihnen das Kapital glatt gedrittelt. Noch tragischer war der Fall eines Schweizer Vermögensverwalters. Der ehemalige Chefredakteur einer angesehenen Züricher Börsenzeitung erschoss sich wenige Tage nach dem Silberdebakel, als die Banken von ihm Nachschüsse auf wertlos gewordene Silberkontrakte verlangten, die er nicht mehr leisten konnte. Sicherlich dürfte der Zusammenbruch des Silberspiels auch viele andere Mitläufer Haus und Hof gekostet haben.

Etwas besser erging es da den Gebrüdern Hunt. Zwar musste ihnen auf Drängen von Notenbankchef Paul Volcker ein Beistandskredit von 1,1 Milliarden Dollar zur Verfügung gestellt werden, um den Bankrott zu vermeiden, aber für die Texaner blieb doch wohl noch ein ganz ansehnliches Restvermögen übrig. Die einzige große Schwierigkeit war eigentlich, dass ein gewichtiger Teil ihrer privaten Aktiva aus dem verbliebenen Silberberg bestanden und die meisten Ölinteressen der Familie rein juristisch einer Stiftung gehörten. Diese wurden zwar von den Hunts kontrolliert, aber über die Vermögenswerte können sie nicht ohne weiteres frei verfügen. Man verfiel daher in der Eile auf den Trick, den Milliardenkredit eines Konsortiums unter Führung von Morgan Guaranty und der First National Bank of Dallas an die familieneigene Placid Oil zu geben, die dann ihrerseits den Hunts ein Darlehen zukommen ließ. Allerdings bestanden die misstrauisch gewordenen Schwestern darauf, dass Nelson Bunker und Herbert auch ihre privaten Spielereien und Vermögenswerte wie Reitställe, Gemälde, Schmuck, Autos, Münzen und Aktien verpfändeten.

Der Silberoptimismus von Nelson Bunker Hunt war übrigens auch nach dem Milliardenverlust ungebrochen. Schon wenige Tage nach dem Einbruch verkündete er, dass er weiterhin innerhalb des nächsten Jahrzehnts mit einem Anstieg des Kurses auf 300 Dollar je Unze rechnen würde. Wie reich die Hunt-Sippe nach diesem »Betriebsunfall« noch war, konnten selbst Insider nur schwer abschätzen. Vor einem Senatsausschuss antwortete Nelson Bunker auf diese Frage mit einer der von ihm geliebten lapidaren Weisheiten:

»Wer weiß, wie viel er wert ist, ist nicht viel wert.« Ein grober Überschlag aus den wenigen Informationen über das Familienvermögen ließ allerdings 1980 darauf schließen, dass möglicherweise dem Hunt-Clan noch rund drei Milliarden Dollar verblieben waren.

Insgesamt waren es merkwürdigerweise die ganz großen Börsianer und die kleinen Leute, die vom Silberboom profitieren konnten. So dürften die Handelshäuser, die zeitweise von Hunt in eine prekäre Lage gebracht worden waren, erst einmal aufgeatmet haben. Auf der Kursbasis von zehn bis 15 Dollar konnten sie nun das Silber einsammeln, was sie noch kurz zuvor für 40 bis 50 Dollar hätten kaufen müssen. Auch der Chef des großen amerikanischen Öl-/Kohle-/Chemiekonzerns Occidental Petroleum konnte der Presse stolz mitteilen, dass seine Nevada-Minen ihre Produktion zu Höchstkursen am Terminmarkt verkauft und dabei die »Kleinigkeit« von 119 Millionen Dollar verdient hätten. Der berühmte »kleine Mann« hingegen schleppte in den Tagen des Booms seinen Silberbesitz zu den Annahmestellen der großen Edelmetallhändler. So berichtete damals die Degussa, dass sie teilweise achtmal so viele Kunden registriert hätte wie in normalen Zeiten. Jeder musste immerhin eine Mindestmenge von einem Kilogramm Silber auf die Annahmeschalter legen. Wer da alten Schmuck, Tafelsilber oder Schalen und Teller aus Familienbesitz einschmelzen ließ, der arbeitete direkt gegen die Texaner im fernen Dallas. Damit bewiesen manche Familienväter eine bessere Spürnase als viele Profis im Warenterminhandel.

So nahe liegen also im harten Spekulationsgeschäft Sieg und Niederlage nebeneinander. Hätte der Silberpreis das Kursziel von 300 Dollar erreicht, das sich Nelson Bunker Hunt gesetzt hatte, wären die Gewinne des Hunt-Saudi-Syndikats vermutlich auf über 50 Milliarden Dollar gestiegen und sie hätten den Texaner zum erfolgreichsten Spekulanten aller Zeiten gemacht. So musste er beim ihm verhassten Establishment der amerikanischen Ostküste um Kredite betteln und seine geliebten Rennpferde beleihen. Doch wie schrieb schon Joseph de la Vega in seinem 1688 erschienenen Buch über die Börse: »Wenn euch Fortuna die Hand reicht und ihr erfolgreich spekuliert, so nehmt dies bescheiden hin, preist anständig euer Geschick und verscherzt nicht durch Hochmut die günstige Fügung.«

XVII.

Die geplatzte Spekulationsblase

»Nicht nur dümmlich, sondern dämlich.«

Ein deutscher Bundesbanker zur Kritik des amerikanischen
Finanzministers Baker gegen die Deutsche Bundesbankpolitik 1987

»So kurz vor der Kernschmelze.«

Phelan, Präsident der New Yorker Börse
zu den Ereignissen am Dienstag

»Rational nicht zu begründen.«

Der deutsche Finanzminister Gerhard Stoltenberg
über die plötzliche Börsenbaisse

Eine Spekulationsblase wächst

Die Vorgeschichte des heraufziehenden Debakels spielte sich überwiegend in den USA ab. Es herrschte Goldgräberstimmung, die Champagnerlaune der Achtzigerjahre. Das war durchaus wörtlich zu nehmen. Man feierte und der Champagner floss in Strömen. Glanz und Glitzer nicht nur in der Promiszene, sondern vor allem auch in der Finanzwelt. Es war die Zeit der »big player«, die Zeit, in der die »Raider« (Plünderer, Räuber) sich auf die Jagd nach lukrativen »Deals« begaben. Hatten sie ein Opfer, eine Aktiengesellschaft, ausgemacht, die auszuschlachten sich lohnte, so kauften sie erst möglichst viele Aktien dieser Gesellschaft auf. Das trieb die Kurse hoch. Dann unterbreiteten die Macher den verbleibenden Aktionären ein Übernahmeangebot, wodurch die Preise weiter stiegen. Und schließlich wurde das Unternehmen in Einzelteile zerschlagen, um diese mit riesigem Profit veräußern zu können. Die Summe der Einzelteile war nämlich mehr wert als das Ganze. »Small is beautiful« war das Schlagwort jener Tage, aber man dachte im ganz großen Stil.

Da das private Vermögen der Aufkäufer in der Regel nicht annähernd ausreichte, die Firmen aus eigenen Mitteln zu erwerben, bedienten sich die Aufkäufer – oftmals das Management der angegriffenen Gesellschaft, die den wahren Wert der zu übernehmenden Firma am besten einschätze konnte – erheblicher Fremdmittel. Das sahen gewisse Banken und Investmenthäuser gerne, konnten sie doch so an der Übernahme durch Vorfinanzierungen kräftig mitverdienen. Mit der Zeit aber wurden die Finanzierungen immer abenteuerlicher und das Risiko für die Geldgeber immer höher. Deswegen machte man aus der Not, dem Risiko, eine Tugend und brachte zur Finanzierung solcher Geschäfte so genannte »Junk-Bonds« – Schrottanleihen – heraus. Das waren festverzinsliche Papiere, die zwar Zinsen in astronomischer Höhe versprachen, von denen aber niemand wissen konnte, ob sie je bezahlt werden würden, denn diese Anleihen waren mit wenig bis gar keiner Substanz abgesichert. Hatten sich die Initiatoren verrechnet, war das Geld weg. Mit den »Junk-Bonds« finanzierten die »Raider« die Firmenkäufe, die sie sich eigentlich nicht leisten konnten. Im Ergebnis wurden viele Geldmittel generiert, die zwecks Firmenaufkäufe an die Börse flossen und dort die Preise zusätzlich auf immer neue Höhen trieben.

Bei den Übernahmeschlachten, bei denen die Kurse explodierten, war für alle Beteiligten viel, sehr viel Geld zu verdienen. Wer rechtzeitig davon erfuhr, auf welchen Wegen auch immer, konnte Millionen kassieren. Anreiz genug, um Betrüger anzulocken. Ivan Boesky soll 700.000 Dollar geerbt und daraus binnen zehn Jahren 200 Millionen gemacht haben. Um das zu schaffen, muss man ein außergewöhnliches Genie sein oder ein ausgebuffter Betrüger. Ivan Boesky war beides. Nach außen hin hatte er ein goldenes Händchen. Was immer er anfasste, es wurde zu Geld: Boesky kaufte Aktien der Getty-Oil. Wenig später wurde Getty-Oil von einem anderen Unternehmen übernommen. Sein Profit: 100 Millionen Dollar. Er kaufte Gulf Oil. Chevron übernahm die Gesellschaft. Der Gewinn für Boesky: 65 Millionen Dollar. Doch er hatte nicht den richtigen Riecher, wie zu vermuten gewesen wäre, sondern einfach die richtigen Kontakte – Insiderkontakte. Kontakte, die ihn reich machten, weil er sich in verbotener Weise Informationen über sie verschaffte, die er geschäftlich nutzte. Ein ganzer Film »Mr. Diamond – Der Wall-Street-Skandal«, wurde darüber gedreht. Die Mitwirkenden im wirklichen Leben: Dennis Levine, Ivan Boesky und Michael Milken.

Von ihnen war Michael Milken der »Junk-Bond«-König. Er erfand die Junk-Bonds, lancierte sie auf den Markt und entschied damit praktisch, wer das Geschäft machen konnte und wer nicht. So geriet er in die Rolle des Königmachers. Einige behauptetes deswegen, er sei in seiner Zeit der einflussreichste Mann in Wallstreet gewesen.

Die Investmentbanken und Pensionsfonds züchteten einen ganz neuen Typ geldgeiler, junger Macher, Finanzakrobaten, Yuppies heran. Sie hatten meist nicht die namhaften Colleges absolviert. Dennoch fanden sie Zugang zu renommierten Eliteschulen der Ökonomie und Juristerei. Diese jungen Herren, meist unter dreißig, in Nadelstreifen und mit dem Workaholicsyndrom, lebten nicht gerade schlecht von Gewinnbeteiligungen der Firmenaufkäufe und Provisionen aus Kreditvermittlungen. Ihr geradezu erotisches Verhältnis zu Geld trieb sie zu Jahresbezügen von 500.000 Dollar und mehr an. In ihrer Oberklasse fuhr man Jaguar und BMW, leistete sich ein Haus und Designerkleidung, verkehrte in Promi-Klubs und In-Kneipen und gönnte sich eine kostspielige Freizeitgestaltung samt Ferienhaus, Mätressen und Segeljachten. Viele »schafften« es bis zum Polospielen, zu Psychiaterbesuchen und Kokainkonsum. Ihr Geschäft trieb die Aktienkurse und verführte zu kriminellem Insiderhandel.

Die Yuppiementalität des schnellen Geldmachens eröffnete auch Programmierern und Computerspezialisten brillante Aufstiegsmöglichkeiten.

Indem Börsendaten mit Lichtgeschwindigkeit durch Computerchips gejagt wurden, ließen sich gewinnträchtige Zeitvorteile herausholen. So zum Beispiel konnte man Börsenkurse verschiedener Börsenplätze vergleichen und eventuelle Kursdifferenzen automatisch gewinnträchtig nutzen. Als nicht minder wertvoll wurden Analyseprogramme erachtet. Mit ihrer Hilfe wurde in Sekundenschnelle der Datendschungel durchkämmt, die wichtigen Eckdaten extrahiert und in Prognosen umgerechnet. Das Börsengeschäft erfuhr durch die Computer nicht nur eine ungeheure Beschleunigung, sondern auch eine Abstrahierung und Mathematisierung. Die Fakten der Zahlen suggerierten den Machern Objektivität und Unbestechlichkeit. Man entwickelte Computerprogramme, die anhand des Verlaufs der Aktienkurse Kauf- und Verkaufskurse ermittelten. Die Spekulanten begaben sich damit unbewusst in die Hände mathematischer Modelle: Nicht mehr sie entschieden über Kauf und Verkauf, sondern ihre Programme diktierten ihnen das Handeln. Vollautomatisch generierte der unbestechliche Computer Empfehlungen und Direktiven und führte auf Wunsch die Börsengeschäfte nach vorgegebenen Parametern auch gleich selbst durch. Die Erfahrungen der Altprofis wurden scheinbar entbehrlich – das war der Fortschritt der neuen Zeit. Solange die Computerprognosen steigende Kurse verhießen, kannten die Börsen nur eine Richtung, die nach oben, und da die Konjunktur gut lief und die Aktienkurse stiegen, füllte sich die Börsenblase – mit heißer Luft.

In das Bild des Booms und der neuen Zeit passte die Erfindung des Chicagoer Futures-Markts aus dem Jahr 1982. Mit diesem Börseninstrument wetten die Teilnehmer darauf, dass ein Index oder eine Aktie zu einem bestimmten Zeitpunkt einen bestimmten Wert haben wird – keine Sache für schwache Nerven. Steigt oder fällt der Aktienkurs nämlich zum Beispiel um zehn Prozent, so bewegt sich derjenige des Futures-Markts oft um das Zehnfache, also um rasante 100 Prozent. Der Futures-Markt ist damit das ideale Instrument für Zocker. Hier lässt sich mit bescheidenen Mitteln ein großes Rad drehen. Der Gewinn ist gigantisch und der Verlust total.

Während die Kurse stiegen, wie in der Periode von 1982 bis 1987, lockten die märchenhaften Gewinne immer neue Spieler an. So wuchs der Kreis derer, die aus dem Füllhorn Börse ihren Anteil schöpfen wollten, indem sie sich engagierten, und diese Engagements trieben die Kurse noch mehr nach oben.

Eine weitere Kreation dieser Tage war die Portfolio-Insurance, die Fonds-versicherung: Erfunden von dem Mathematikprofessor Richard Roll, suggerierte sie risikolose Gewinne durch ein Computerprogramm, welches den Handel an den üblichen Börsen mit dem der neuen Futures-Börse in Chicago kombinierte. Die Idee war so einfach wie brillant: Etwaige Verluste aus sinkenden Aktienkursen sollten durch Gewinne aus Verkäufen auf dem Futures-Markt ausgeglichen werden und bei steigenden Kursen blieb man einfach im Markt. Auf diese Weise sollten Gewinne ohne Verlustrisiko garantiert werden. Doch das Programm sollte sich täuschen.

Nach 1982 entwickelte sich die Börse zunächst gemächlich, aber nachhaltig aufwärts. Gestützt wurde der Trend durch die gesunde Wirtschaftsentwicklung. Aber auch die Überschüsse der Erdöl exportierenden Länder und die der sparsamen Japaner suchten Anlagemöglichkeiten und fanden sie vor allem in den USA. Hierhin floss auch das Geld derjenigen Anleger, die ihr Vermögen aus dem verunsicherten Amerika in einem sichereren Hafen anlegen wollten.

Die Aktienkurse wuchsen schneller als die Wirtschaft. Das Ergebnis war schließlich eine allgemeine, eklatante Überbewertung der Firmenanteile – die Kurse waren dem tatsächlichen Wachstum weit vorausgeeilt: Bis zur Mitte des Jahres 1987 war gegenüber 1982 die durchschnittliche Dividende von 6,2 Prozent auf unter 2,4 Prozent gesunken, der Kurswert der Aktien in Relation zum Buchwert von 1 auf 2,7 gestiegen und das Kurs-Gewinn-Verhältnis von soliden 7,5 auf 22,5 geklettert. Die sich früh abzeichnende fundamentale Überbewertung veranlasste zwar dann und wann den einen oder anderen Analysten zu Warnungen, doch weiter steigende Kurse straften solche Warnungen Lügen. Den Skeptikern erschien es deswegen ratsam, den Mund zu halten, statt ins Fettnäpfchen zu treten und sich lächerlich zu machen. Manchen wurde auch ein Maulkorb angelegt: Weil ihre Prognostiker immer wieder danebenlagen, erachtete die Chemical Bank von New York ihre volkswirtschaftliche Abteilung als unnötige Kostenstelle und löste sie kurzerhand auf. Offenbar interessierte die Analysten und Bankenführer das volkswirtschaftliche Geschehen nicht mehr. Die Börse begann sich der Realität zu entheben. Der Spekulation entging offenbar, dass sich die Aktienkurse langsam immer weiter von der wirtschaftlichen Realität entfernten.

Die Luft wird noch heißer

Der Streit um die angemessene Zinshöhe gärte schon längere Zeit. Im Louvre-Abkommen vom 22. Februar 1987 war unter diversen Notenbankern vereinbart worden, die US-Valuta um 1,80 DM/Dollar herum zu verteidigen. Die Amerikaner wollten in diesem Zusammenhang schon seit längerem eine Zinssenkung der DM erwirken. Das nämlich hätte – so ihre Argumentation – die Anlage in DM-Titeln uninteressanter gemacht und den schwächelnden Dollar gestützt. Die Deutschen sperrten sich aber nicht nur dagegen, die Zinsen zu senken, sie »erdreisteten« sich sogar, die Zinsen anzuheben. Sie wollten so den inflationären Tendenzen in ihrem Land entgegenwirken. Dem aus Amerika empört angereisten Finanzminister machte der deutsche Bundesbankpräsident Pöhl deutlich, dass die internationalen Zinssteigerungstendenzen nicht von den Deutschen zu vertreten seien, sondern von den Amerikanern selbst. Diese nämlich hätten versäumt, entschieden dem 160-Milliarden-US-Dollar-Defizit im amerikanischen Haushalt entgegenzuwirken. Die Anleger, das hohe Defizit vor Augen, sahen den Dollarkurs gefährdet und mussten nun mit höheren Dollarzinsen dazu animiert werden, Dollars nicht nur zu behalten, sondern auch noch hinzuzukaufen – das 160-Milliarden-US-Dollar-Defizit musste schließlich gedeckt werden. Bundesbanker Claus Köhler verschärfte den Dissens USA–Deutschland noch mit dem Hinweis, dass die deutsche Geldmenge bereits seit zwei Jahren weit mehr stieg, als vorgesehen war. Die hohe deutsche Geldversorgung sollte die Zinsen hier niedrig halten und dem Dollar damit einen Zinsvorsprung garantieren. Tatsächlich war dann auch der Zinsabstand Dollar–DM von 1,4 auf nunmehr 4,2 Prozent gestiegen. Bezüglich des Louvre-Abkommens brauchte die Deutsche Bundesbank kaum einzugreifen, ganz anders als die Zentralbanken von Japan, Frankreich und Schweden, die in den vergangenen Monaten mehr als 70 Milliarden Dollar aufkauften.

Der amerikanische Finanzminister James Baker zeigte wenig Einsicht. Er demonstrierte Stärke und drohte sogar mit der Kündigung des Louvre-Abkommens. Die meisten US-Bürger begrüßten offensichtlich, dass ihr Finanzminister »kräftig auf den Tisch haute«. Recht so, dass er es den arroganten Deutschen zeigte, die nicht bereit waren, die Weltwirtschaft durch Zinssenkungen anzukurbeln. Doch diejenigen, die Kredite hatten und wegen der hohen amerikanischen Defizite höhere Zinsen zahlen mussten, waren sicherlich weniger begeistert. Und Börsianer mit Gespür für atmosphärische Störungen reagierten mit ersten Aktienverkäufen. Die Börsenanalyseprogramme, darauf abgerichtet, Trends auszumachen, signalisierten eine Änderung der Lage: politische Disharmonie und höhere Zinsen. Die Börse wurde nervös. Am Freitag, dem 16. Oktober 1987, ermäßigte sich der Dow Jones um fünf Prozent. Institutionelle und Versicherungsgesellschaften waren auf der Verkäuferseite.

Endlich war die Arbeitswoche zu Ende. Der Kursrutsch von 250 Punkten war wohl nur die Delle, die Robert Prechter, Verfasser eines Börsenbriefs, angekündigt hatte. Wer ahnte schon, dass daraus noch ein Krater werden sollte? Börsenguru Henry Kaufman vom Brokerhaus Salomon Brothers war für die Zukunft optimistisch. Kein Grund zur Panik, ließ er im Fernsehen verlauten. So schien alles in bester Ordnung zu sein und die Bankiers und Broker begaben sich nach diesen bewegten Tagen in das wohlverdiente Wochenende. Es zog sie in die herbstlichen Wälder von Long Island und Connecticut, sie spielten eine Runde Golf, unternahmen eine Spritztour im offenen Cabriolet oder genossen einfach ihr Zuhause. Nancy Reagan, die amerikanische First Lady, unterzog sich einer Krebsoperation. Das war das Thema an diesem Wochenende. Es erschien wesentlich interessanter als das lahmende Börsengeschehen der Vorwoche.

Eine Blase platzt

Was niemand vorausgesagt hatte, wenige für möglich hielten und alle Börsianer erschütterte, geschah. Am Montag, dem 19. Oktober 1987, einem strahlenden Herbsttag, krachte die Börse in New York.

Es hatte nicht des unerwarteten Zusammenbruchs einer Großbank bedurft oder der Enthüllung eines gigantischen Betrugs. Es war einfach die Unsicherheit über die Zukunft. Würden die Zinsen weiter steigen und die Aktienkurse weiter sinken? Die nervösen Börsianer verkauften, und da die vorsichtigen nicht kaufen wollten, sanken die Kurse. Sie sanken weiter, als die Computerprogramme für zuträglich hielten, weshalb diese automatisch ihre Verkaufsorders an die Börsen gaben. Als nun die Kurse ins Trudeln kamen, wurden die so genannten Stop-Loss-Orders ausgelöst. Diese Verkaufsorders kommen automatisch zur Ausführung, wenn ein Börsenkurs einen vorbestimmten

Kurswert unterschreitet. So soll verhindert werden, dass ein etwaiger Verlust überhand nimmt. Dies war nun der Fall und die Lawine kam ins Rutschen. Immer neue und immer tiefere Kurse lösten immer weitere Stop-Loss-Orders aus. Wenig später war die Lawine nicht mehr aufzuhalten und donnerte zu Tal. Die stürzenden Kurse durchbrachen die Widerstandslinien bei 2200, 2100 und 2000, fanden keinen Halt bei 1900 und auch nicht bei 1800, erst bei 1738 blieben sie hängen. Die Händler waren fassungslos vor Entsetzen. Binnen sechs Stunden sank der Dow-Jones-Index um 508,33 Punkte beziehungsweise 23 Prozent. Es wurden an diesem Tag alleine an der New York Stock Exchange zirka 600.000 Orders mit einem Volumen von 600 Millionen Aktien abgewickelt. Das war prozentual mehr als am Crashtag im Jahre 1929. An diesem Montag des Jahres 1987, den man später den »schwarzen« nennen sollte, wurde allein in den USA ein Vermögen im Wert von 520 Milliarden Dollar vernichtet. Im »Wallstreet Journal« wurde gefragt: »Gibt es ein Leben nach dem Tode?«

Die Panik breitete sich weltweit aus. In der folgenden Kettenreaktion fiel Tokio um 15, Sydney um 25 und Singapur um 20 Prozent. Als Hongkong bereits nach wenigen Minuten um 300 Indexpunkte abstürzte, schloss Ronald Li die Börse für den Rest der Woche. Li wollte einen Absturz verhindern. Nach der Wiedereröffnung am 26. Oktober crashten die Kurse um 33 Prozent. Am Abend des 19. Oktober gab es viele Leute, die arme Kirchenmäuse für reich halten mussten – immerhin hatte sich weltweit Vermögen in Höhe von über 1.400.000.000.000 US-Dollar in Luft aufgelöst. Wie wird es weitergehen?

Es kommt Panik ins System

Die markerschütternde Geldvernichtung vom Montag steckte den Börsianern tief in den Knochen, als sie den Schlachtplan für den nächsten Tag schmiedeten. Das Ergebnis war nicht schwer zu erraten: verkaufen, Verluste begrenzen, retten, was noch zu retten war. Was war nach dem 23-prozentigen Absturz des Vortags auch anderes zu erwarten? Angst beschlich die Händler, seitdem am Montag, so ab 14 Uhr, keine Käufer mehr auszumachen waren. Wo sollten die dringend benötigten Käufer herkommen? Wer wollte gerade jetzt das Wagnis eingehen, Aktien zu kaufen, wo doch alles noch viel schlimmer kommen wird? Der Markt war faktisch ausgetrocknet und dürstete nach frischem Geld.

Als am Dienstag die New Yorker Börse eröffnete, wurden die schlimmsten Erwartungen Wirklichkeit: ein riesiges Angebot und keine Nachfrage. Viele Jobber verweigerten ihren Dienst. Das »Wallstreet Journal« sollte später berichten, dass sie so lange mit der Ausführung von Orders warteten, bis die schleppend eintreffenden Kauforders es erlaubten, Kurse oberhalb des vortägigen Schlusskurses zu stellen. Damit hievten sie den Dow Jones mühsam um 200 Punkte höher. Großanleger sahen die Chance, günstig zu verkaufen. So prügelten sie den Markt in neue Tiefen. Panik war die Folge. Sollte dem »schwarzen Montag« das Dienstagsdesaster, der totale Zusammenbruch am Mittwoch und die Kernschmelze am Donnerstag folgen?

Bankers Trust verweigerte Kredite. Auch japanische Banken wollten die Kreditvergabe stoppen. Die Portfolioversicherung versagte, weil die Märkte nicht mehr so funktionierten, wie es die mathematischen Modelle vorsahen. Ohne Käufer fehlte die Liquidität am Markt und die Sicherungsmechanismen waren außer Kraft gesetzt. »Es kommt Panik ins System«, so Pelan, Präsident der New Yorker Börse. Der Markt kam zum Erliegen. Für viele Aktien wurde der Handel eingestellt. Wie würde es weitergehen?

Zu diesem Zeitpunkt gab es nur zwei Möglichkeiten: entweder überhaupt kein Handel oder stürzende Kurse. Der Gau stand somit unmittelbar bevor. Die Futures-Börse in Chicago hatte schon geschlossen. Die Schließung der New Yorker Börse stand unmittelbar bevor und damit das Nirwana: Beleihungsgrundlagen (Aktien) werden wertlos, Bankkredite werden notleidend und fällig gestellt, Private und Kreditunternehmen werden zahlungsunfähig, die Wirtschaft kommt aus Geldmangel zum Erliegen, Massenarbeitslosigkeit, Aufruhr, Anarchie … oder doch nicht?

Unverhoffte Rettung

Die großen Investmentbanken wie Goldman Sachs und Salomon Brothers drängten auf Börsenschließung, andere wollten dies über die S.E.C. (amerikanische Börsenaufsichtsbehörde) erwirken. Auch erwog man die Schaffung eines Feuerwehrfonds, der, ausgestattet mit Milliardenbeträgen, den Markt wieder auf die Füße stellen sollte. Dennoch: Gegen Mittag telefonierte der New Yorker Börsenpräsident Phelan wegen der Börsenschließung mit dem Staatschef des Weißen Hauses, Howard Baker. Der hatte die Interessen seines

Chefs, Ronald Reagan im Kopf. Die Börse zu schließen, das würde bedeuten, Reagans Wirtschaftsprogramm zu torpedieren. Das durfte – schon aus politischen Erwägungen – nicht sein. Bakers Order lautete deswegen: Die Börse so lange geöffnet zu lassen, wie es irgend geht. Dem Ansinnen auf Börsenschließung begegnete Phelan fortan schroff: Wenn wir die Börse schließen, wird sie nie wieder geöffnet.

Der neue Chef der Federal Reserve Board, Alan Greenspan, hatte schon immer mit einem Zusammenbruch, wie er sich jetzt abzeichnete, gerechnet. Er hatte schon seit längerem Konzepte für ein solches Szenario durchdacht und ausarbeiten lassen. Er war also vorbereitet. Am Montagvormittag, als die Kurse offenbar nicht mehr zu halten waren, setzte er sich in Washington ins Flugzeug Richtung Dallas. Noch bevor er abflog, hatte sein Krisenstab Telefonkonferenzen mit den Landeszentralbankchefs abgehalten. Einhelliger Tenor: Das Finanzsystem muss mit Geld überschwemmt werden. Niedrigere Zinsen und reichlich frisches Geld waren also die Devise. Telefonaktionen sollten die Banker dazu bringen, den Brokerhäusern reichlich neue Kredite zu bewilligen. Doch die Stimmung war zu mies, ein Einlenken hätte als Schwäche interpretiert werden können, sodass die Zeichen nicht gut für Greenspan standen, weshalb er sein geplantes Referat am Montag spätnachmittags absagte und stattdessen nur einen Satz verlautbaren ließ: »In Übereinstimmung mit ihren Pflichten als Zentralbank der Nation versichert die Federal Reserve ihre Bereitschaft, als Liquiditätsquelle zur Unterstützung des Finanz- und Wirtschaftssystems zu dienen.« Zugleich wurden die Geldhähne aufgedreht. Doch die »Pferde« wollten nicht recht saufen, die Stimmung schlug noch nicht um, denn ausgerechnet jetzt war die First Options of Chicago wegen Verlusten in Optionsgeschäften konkursreif und geschlossen – ein weiterer schwerer Schlag gegen das Finanzsystem. Offensichtlich war es so stark angeschlagen, dass nun schon Banken und Handelshäuser substanziell gefährdet waren. Doch dank Greenspan erhielt die Muttergesellschaft des Pleitiers, die Continental Illinois Corp., ausreichende finanzielle Mittel, um die Tochtergesellschaft aufzufangen. Der Gau war damit knapp abgewendet, denn der Zusammenbruch eines Geldinstituts hätte die blank liegenden Nerven der Akteure sicherlich überstrapaziert. Die Lösung aber war das nicht. Die brachte der große Unbekannte am nächsten Tag:

Am Dienstag, dem 20. Oktober um 12.38 Uhr, wurden exakt jene 17 von 20 Futures-Werten des Major-Markts massiv gekauft, die auch Bestandteil des

Dow-Jones-Index waren. Ein geschickter Schachzug, denn diese offenbar gezielten Käufe bewirkten nicht nur einen Anstieg des MMI (Major-Markt-Index), sondern auch den des Dow-Jones-Index. Beide Indizes wurden also durch diese Käufe angehoben. Die Folge: Der Markt schöpfte Hoffnung. Es gab offenbar wieder Nachfrage nach Aktien. Der Aktienhandel, der zum Teil bereits eingestellt war, belebte sich wieder. Die Börse brauchte nicht geschlossen zu werden. Es gab steigende Umsätze und steigende Kurse. Warum sollte man jetzt noch verkaufen? Jetzt galt es durchzuhalten oder gar billig nachzukaufen. Phelan gab Entwarnung. Als die Banken nun wieder großzügig Kredite vergaben, war der Crash auch psychologisch auf einen Schlag überwunden.

Wer der oder die großen Unbekannten waren, welche die entscheidenden Käufe vollzogen und damit den Markt zu seinem Wohle manipuliert hatten, das wird schwerlich aufzuklären sein. Es hatte auch niemand Interesse daran, nachzubohren. Die Hauptsache war, dass das Schlimmste, der Gau, vermieden wurde.

Für die Yuppies begann nach dem Zusammenbruch das große Heulen und Zähneklappern. Ihre Zeit war abgelaufen, sie mussten ihre Koffer packen und wurden arbeitslos. Die Börse sehnte sich nach Solidität. Tausende Börsenhändler verloren ihren Job.

Es gab viel Rätselraten um die Gründe des Börsenkrachs. In einem Erklärungsversuch machte man den Computerhandel verantwortlich. Durch ihn konnten bei der Unterschreitung bestimmter Kurswerte automatisch Verkäufe ausgelöst werden. Diese führten zu weiteren Kurssenkungen und initiierten dann die nächste Welle automatischer Verkaufsorders. Eine weitere Erklärung war der so genannte Programmhandel, der zum Zeitpunkt der Kursstürze zirka vier Jahre gebräuchlich war. Hierbei wurde per Computer der Sachverhalt ausgenutzt, nach dem der Einzelwert stärker fällt als der dazugehörende Indexwert an der Terminbörse. Bei dem Massenverkauf 1987 fiel der Indexkontrakt entgegen der bisher gemachten Erfahrung nun plötzlich wesentlich schneller als der Basiswert und zog vermutlich diesen schließlich mit in die Tiefe.

Die wahrscheinlicheren Gründe für das Desaster waren aber wohl einerseits die gestiegenen Zinsen und andererseits, dass der Börsenkurs den volkswirtschaftlichen Fakten vorausgeeilt war. Dennoch befand sich die Wirtschaft in einem stabilen Zustand und wurde auch durch die Kursverluste nicht über-

mäßig getroffen, sodass die Chancen nach der Überwindung der Börsen-
schwäche für die nun wieder angemessen bewerteten Aktien gut standen. Als
Auslöser des Debakels sahen viele die Diskrepanz zwischen dem amerikanischen Finanzminister Baker und seinen deutschen Kollegen. Die unterschiedlichen Auffassungen dürften viele Börsianer veranlasst haben, die
Situation erneut zu überdenken. Das Ergebnis der Überlegungen war offenbar ernüchternd gewesen.

XVIII.

Unruhige Zeiten – Börsenbeben der Neunzigerjahre

»Opfer, Arbeit und Hoffnung« …

> … war ein Wahlslogan des späteren argentinischen Wahlsiegers
> Carlos Menem, unter dem die Krise ausbrach

»Mein Stundenlohn reicht nicht einmal für einen Liter Benzin.«

> Ein Journalist mitten in der Krise

»Die sozioökonomische Krise vermittelt ein Gefühl des Scheiterns.«

> Roberto Iglesias, Psychiater in der Saint-Esmilian-Klinik

»Wow! Ist das imponierend! Wenn er in der Woche zehn Millionen Dollar mit dem Arbitragegeschäft verdient, wissen Sie, was da zusammenkommt? Ungefähr eine halbe Milliarde Dollar im Jahr. Der Typ ist ein Turbo-Arbitrageur!«

> Mike Killian, Manager bei der Barings-Bank
> über Nick Leeson 1995

»Britische Merchantbank zusammengebrochen.«

> New Straits Times

»Gott sei Dank war es nur Barings« …

> … meinte der britische Economist

»Es musste ja mal so kommen, dass einer von uns auf die Schnauze kracht« …

> … meinte ein Börsenhändler

»Aber viele Konzerne wissen nicht, was sie tun.«

> Andrew Crockett, Generaldirektor der Bank
> für internationalen Zahlungsausgleich

Nach einer Zeit relativer Ruhe und prosperierender Wirtschaft begann es in den Börsensälen der Welt Ende der Neunzigerjahre erneut zu rumoren. Erst war es wie ein dumpfes, unbestimmtes Fremdes, was da heraufquoll, dann kam das ferne Grollen immer näher und die Stimmung wurde bedrohlicher und erfasste schließlich als Beben die Börsensäle der Welt. Zu Beginn waren die Stöße regional begrenzt, zogen aber immer weitere Kreise. Vereinzelt boten die zwar heftigen, aber kurzen Einbrüche ideale Kaufchancen, schließlich aber wollten sich die Kurse – wie in Japan – einfach nicht mehr erholen, als hätte ein Boxer einen anderen auf die Bretter geschickt, der nun liegen blieb und nicht mehr auf die Beine kommen wollte. Und am Ende sollte allgemeine Panik die Finanzzentren ergreifen.

Bevor hier die größeren Ereignisse beschrieben werden, sollen zwei »Zwischenspiele« Erwähnung finden: die finanzielle Klemme Argentiniens nach 1989 und die Spekulationen des 28-jährigen Nick Leeson im Rahmen der langjährigen japanischen Börsenbaisse nach 1990.

Argentinien fest in der Hand der Gläubiger und Spekulanten

Argentinien stand kurz vor dem Offenbarungseid. Auch hier hatte die Regierung weit mehr ausgegeben, als sie einnahm. Die staatliche Zinslast, letztlich von den Bürgern aufzubringen, nagte zunehmend am Wohlstand der Bevölkerung und trieb sie schließlich immer häufiger auf die Straße. 1989 häuften sich die sozialen Unruhen. Da die Zinszahlungen infrage standen, wurde die Bonität Argentiniens von den internationalen Ratingagenturen immer weiter herabgestuft. Argentinien musste immer höhere Zinsen bieten, um sich die benötigten Gelder von Investoren ausleihen zu können. Das hatte zur Folge, dass die gestiegenen Zinskosten die Wirtschaft vollends zu erdrosseln drohten. Die Steuereinnahmen sanken und Argentinien war noch weniger in der Lage, den Schuldverpflichtungen nachzukommen. Es drohte eine Zahlungseinstellung. Damit war äußerste Gefahr im Verzug. Würden nämlich die Schuldner nicht mehr zahlen, müssten die Forderungen aus den Krediten bei den Gläubigerbanken unverzüglich abgeschrieben werden. Die realisierten Verluste hätten die Grundfesten der Gläubigerbanken erschüttert. Damit drohten Bankenzusammenbrüche und in der Folge davon vielleicht eine Weltwirtschaftskrise: Argentinien hatte die Schulden und die Gläubiger die Probleme. Es ergab sich ein Szenario, das für Baissespekulanten wie geschaffen war. Sie spekulierten darauf, dass der Austral sinken würde. Diese Spekulation verschärfte die Krise weiter. Selbst nach der offiziellen Statistik litt ein Drittel der argentinischen Bevölkerung Not und die Hälfte von ihnen wohnte in einer der 19.000 Slums. Die Arbeitslosigkeit betrug 16 Prozent. Die Hungernden plünderten Lebensmittelgeschäfte und Supermärkte. Die Landeswährung wurde unter dem am 8. Juli 1989 neu gewählten Ministerpräsidenten Carlos Menem gegenüber dem US-Dollar abgewertet. Die Preise kletterten binnen Monatsfrist um 196,6 Prozent. 50 Liter Benzin kosteten ein Drittel des Monatslohns eines Journalisten. Zur Abwendung weiterer sozialer Unruhen wurden Lebensmittelmarken ausgegeben. Für das Jahr 1989 sollte die Inflationsrate schließlich 4923 Prozent betragen. Gegenüber dem Dollar verlor der Austral 11.718 Prozent. Die Banken zahlten schließlich 600 Prozent Zinsen im Monat – immer noch viel zu wenig, um die Kaufkraftverluste gegenüber dem Ausland aufzuholen. Notstandsverordnungen sollten die Spekulanten treffen und ihre Tätigkeit eindämmen, doch sie trafen den Mittelstand. Festgeldkonten wurden zwangsweise in langfristige US-Dollar-Staatsanleihen angelegt und standen nur noch im Gegenwert von damals maximal 850 DM monatlich für den Inhaber zur Verfügung. Die Konsumnachfrage sank daraufhin dramatisch.

Wer sein Geld ins währungsstabile Ausland verbracht hatte (nach offiziellen Schätzungen immerhin 40 Milliarden Dollar), konnte reichlich profitieren. Die Folgen der staatlichen Misswirtschaft – die Regierungen der Provinzen und des Landes gaben jahrelang wesentlich mehr aus, als sie einnahmen – trieben das Geld ins Ausland. Doch was ins Ausland abwanderte, das steigerte den Mangel im Inland.

Die Kaufhäuser waren leer. Wohnungen und Geschäfte standen zum Verkauf. Die wachsende Kluft zwischen Preisen und Einkommen konnten unzählige Argentinier nur noch dadurch überwinden, dass sie zwei Berufe ausübten. Der Professor wurde nachmittags zum Verkäufer und der Lehrer zum Taxifahrer. Der sozialökonomischen Krise waren viele Menschen nicht gewachsen. Sie verfielen in Depression, versanken in Alkoholismus und Drogenabhängigkeit oder sahen gar den letzten Ausweg darin, ihrem Leben von eigener Hand ein Ende zu setzen. Viele wollten auswandern. Die ehemals achtstärkste Wirtschaftsmacht der Welt sackte trotz seiner riesigen Fleisch-, Soja- und Getreideexporte nach Panama auf Platz 84. Die Schuldenfalle hielt Argentinien fest im Griff und trieb es zusehends in ausländische Abhängigkeiten.

Die nachhaltige Schwächung von Absatzmärkten und eine mögliche Weltwirtschaftskrise riefen den IWF auf den Plan. Gemeinsam wurde ein Teilschuldenerlass vereinbart und neue Kredite in Milliardenumfang bewilligt und ausgezahlt. Die nach wie vor besonders hohen Zinsen aber ließen Argentinien kaum die Kraft für einen ökonomischen Aufstieg. Die Krankheit mit Namen Verschuldung war chronisch geworden und Argentinien war längst nicht das einzige Land, welches von dieser Krankheit befallen war.

Der Sturz der Barings-Bank

Vertrauen

In den Hochglanzbroschüren der Barings-Bank erschien das Institut als eine konservative Bank, die mit Umsicht und Weitblick auf dem Fundament der Erfahrung kontrolliert zu agieren wusste. Leeson hatte da ganz andere Einblicke gewinnen müssen. Als er als Newcomer in Jakarta eintraf, bestand seine Aufgabe darin, einen ganzen Berg von Aktien im Wert von 100 Millionen Pfund, die in einem fensterlosen Keller auf einem wilden Haufen lagen, samt der dazugehörigen Orders, zu sortieren. Es waren Wertpapiere, die die Bank im Auftrag der Kunden gekauft hatte, ohne sie an die Kunden ausgeliefert und das Geld dafür erhalten zu haben. Die Situation wurde dadurch für die Bank unangenehm, dass die Wertpapiere zwischenzeitlich an Wert verloren hatten. Nun also galt es die (nicht ausgewiesene!) Bilanzlücke dadurch zu schließen, dass die Papiere ausgehändigt und der ursprünglich vereinbarte Preis kassiert wurde. Leeson brauchte für diese Sisyphusarbeit ganze zehn Monate. Mit dem Ende dieser Aktion galt er als Abwicklungsexperte für den Futures- und Optionshandel. Er hätte sich ohne weiteres einen ganzen Stapel der leicht veräußerbaren Aktien unter den Arm klemmen, verkaufen und sich damit ein sorgenfreies Leben finanzieren können. Ihm stand der Kopf aber nicht nach Diebstahl, sondern nach Anerkennung und Aufstieg innerhalb der Bank.

Das Geschäft

Durch seine Sisyphusarbeit in Jakarta hatte er sich in den oberen Etagen der Bank Anerkennung verdient gemacht und sich Gönner geschaffen. Als er später Interesse daran zeigte, in Singapur in das Termingeschäft einzusteigen, protegierte man ihn gerne. Er wurde im Indexhandel eingesetzt, wo er die eingehenden Aufträge innerhalb der Bank an den eigentlichen Händler weitergab. Indexhandel bedeutete hier, dass Anleger auf steigende oder fallende Indizes setzten. Den Nikkei-225-Index zum Beispiel kann man sich dabei vorstellen wie eine einzige Aktie, die den Wert der 225 wichtigsten Aktien Japans in sich vereinigt. Statt also 225 verschiedene Aktien zu kaufen oder zu verkaufen, braucht man lediglich den Index zu handeln und hat den gleichen Zweck erreicht. Der Terminhandel bedeutet, dass man auf diese Geschäfte zu einem bestimmten in der Zukunft liegenden Termin eingeht. Man kauft also zum Beispiel am 4. Januar den Nikkei-225-Index zum Stichtag 31. März. Um ein solches Geschäft machen zu können, bedarf es nur einer Anzahlung (Einschuss) in Höhe von zirka zehn Prozent des tatsächlichen Wertes. Entsprechend hoch ist die Hebelwirkung: Mit 10.000 Dollar kann man demnach 100.000 Dollar bewegen, mit 10 Millionen entsprechend 100 Millionen!

Eine weitere Gewinnmöglichkeit lag im Arbitragegeschäft, das die Barings-Bank in Asien vornehmlich zwischen den Handelsplätzen Singapur und Osaka betrieb. Es ging einfach darum, Preisunterschiede, wie sie sich an verschiedenen Plätzen, zum Beispiel für den gleichen Index, ergeben konnten, auszunutzen. Als der Nikkei-Index in Osaka bei 18.600 und in Singapur auf 18.580 stand, kauften sie in Singapur und verkauften zugleich in Osaka. Bei 100 Kontrakten war das ein Gewinn von 16.000 Pfund – realisiert innerhalb einer Sekunde. Das einzige Risiko, das für die Bank bestand, lag darin, nicht zum gleichen Zeitpunkt gekauft und verkauft zu haben oder dass sich just im Moment der Transaktionen das Preisverhältnis zwischen den Märkten durch andere Marktteilnehmer vertauschte.

Das Fehlerkonto

Die Barings-Bank lebte naturgemäß auch davon, für Kunden Geschäfte abzuwickeln. Nun lag es in der Natur der Sache, dass sich hier auch einmal Fehler einschleichen. Statt für einen Kunden zu kaufen, hatte die Bank vielleicht versehentlich verkauft. Wenn sich nun der Kurs im Sinne des Kunden entwickelte, musste die Bank die Verluste tragen, denn die Bank hatte sie schließlich verursacht. Dafür gab es ein entsprechendes Fehlerkonto, das Konto 88888. Im Normalfall wurde dieses Fehlerkonto Singapurs durch die Filiale in London ausgeglichen – im Normalfall.

Eine Möglichkeit, Verluste zu begrenzen, bestand für die Barings-Bank darin, keine eigenen Kontrakte über Nacht zu halten. Kontrakte auf dem Fehlerkonto 88888 waren faktisch eigene Kontrakte. Als durch ein Missgeschick einer neuen Angestellten, Kim Wong, urplötzlich 20.000 Pfund Verlust angefallen waren, dies aber erst nach Börsenschluss, und das auch noch zum Wochenende, von Leeson entdeckt wurde, war er – entgegen der Vollmacht – gezwungen, den Kontakt über das ganze Wochenende zu halten. Er hätte Kim entlassen können, deckte sie aber und verbuchte den Verlust auf 88888, ohne das allerdings an die Zentrale zu melden. Im Einzelnen erschien sowohl die falsche Abwicklung als auch der tatsächliche Auftrag auf dem Konto 88888 und wurde somit aus den anderen Büchern herausgehalten. Leeson meinte, so den zu hohen Verlust nicht melden und die Überschreitung seiner Kompetenz nicht eingestehen zu müssen. Unglücklicherweise aber verdreifachte sich der Verlust auf 60.000 innerhalb von drei Tagen. Der Rückweg schien damit abgeschnitten. Im Laufe der Zeit kamen weitere Fehler hinzu. Die kleinen meldete er, die größeren schlug er dem Konto 88888 zu.

Als Problem sollte sich nicht die Innenrevision der Barings-Bank erweisen, wie zu erwarten gewesen wäre. Ungemach drohte von der SIMEX (Singapore International Monetary Exchange = Börse Singapur), die Einblick in alle Konten hatte. Leeson löste das Problem, indem er das Konto 88888 als Kundenkonto auswies. Erwirtschaftete ein Konto Verluste, so mussten Barzahlungen nachgeschossen werden. Das Konto 88888 hatte aber keine Barbestände. Leeson hatte deswegen umlaufende Mittel der Barings-Kunden »angezapft« und eigene Provisionseinnahmen verwandt. Doch die Verluste stiegen weiter und Leeson musste weitere Geldquellen auftun. Er verfiel auf die Idee, Optionen zu verkaufen und die daraus resultierenden Optionsprämien für die Nachschussforderungen zu verwenden. (Optionen sind Rechte, Aktien zu einem bestimmten Termin und zu einem bestimmten Preis zu kaufen oder zu verkaufen.) Für den Käufer von Optionen, hier also faktisch die Geldgeber für Leeson, waren die Optionen wertlos, wenn der Yen-Kurs unverändert blieb oder die für Leeson »richtige« Richtung einschlug. Es klappte. Die SIMEX war zufrieden, denn sie erhielt die nötigen Gelder und hatte so keine Veranlassung zu tiefergehenden Kontrollen. Auch die Barings-Kontrolle, viel zu oberflächlich durchgeführt, kam nicht hinter die Schliche Leesons. Die Verluste der Barings-Bank – zwischenzeitlich auf 150.000 Dollar angewachsen – blieben somit unentdeckt.

Die Rettung

Leeson wähnte sich in Sicherheit. Doch die Börsenkurse waren gegen ihn. Seine Positionen gerieten tiefer in den Verlust und die Fehler der Händler wurden auch nicht geringer. Sechs Millionen US-Dollar Verluste standen schließlich zu Buche. Er war gezwungen, sein Spiel immer toller zu treiben. Die Nachschüsse glich er durch den Verkauf immer neuer Optionen aus. Er verdoppelte den Einsatz – und gewann! Durch Fleiß, Können und die nötige Portion Glück konnte er bis zum Juli 1992 alle Verluste ausgleichen.

Der Rückfall

Noch am Wochenende schwor er sich, neu zu beginnen und dieses Spiel nicht ein zweites Mal zu wagen. Doch schon am Montag wurde er rückfällig. Statt das Konto 88888, das für die Barings-Bank unentdeckt blieb, zu schließen, buchte er neue Verluste in das Konto ein. Es war auch zu einfach. Einerseits hatte er einen Fuß auf dem Börsenparkett und konnte den Verkauf von Optionen autorisieren, die Geld in die Kasse brachten, andererseits war er der Chef der Abwicklungsabteilung und die Mitarbeiterinnen taten, was er ihnen sagte. Und schließlich war da der Teamgeist, den er entwickelt hatte, indem er die Mitarbeiter, die in der Hektik des Geschäftes Fehler machten, vor deren Folgen dank dem Konto 88888 schützte. Möglich aber war alles nur durch die allzu laxe Kontrolle und die mangelhaften Strukturen in der Barings-Bank. So nahm das Unglück seinen Lauf.

Das Ende

Auf dem Konto 88888 hatte sich zwischenzeitlich ein ungeheurer Verlust angesammelt, der die Vorstellungskraft der Barings-Manager gesprengt hätte. Im Zuge des Tokioter Börsendebakels (s. nächstes Kapitel) war kein Ende abzusehen. Nick Leeson saß auf einem Batzen verlustreicher Kontrakte. Fast täglich forderte er neue Barmittel in Millionenhöhe an, obwohl er angeblich Gewinne machte. Bei der Kontrolle erregte das anscheinend keinen Argwohn.

Leeson hatte einen Berg von Nikkei-Long-Positionen angesammelt, um die Verluste wieder zu decken. Er hatte also auf steigende Kurse spekuliert, mit hohem, nein mit sehr hohem Einsatz. Die angefallenen Verluste würden ihm und seiner Bank schließlich das Genick brechen, wenn der Nikkei-Index nicht endlich die 18.000er-Marke nachhaltig übersteigen würde. Aber nur er wusste davon. Er trug alleine die Last der Verantwortung.

Am Freitag, dem 17. Februar 1995, war einer der letzten Handelstage der alten, der ehrwürdigen Barings-Bank. Der Index fiel unter die gefährliche 18.000 Marke und brauchte eine Spritze, jemand musste kaufen, damit der Markt nicht kollabierte. Er, Leeson, musste es sein, der dem Markt Beine machen und ihm den notwendigen Pusch verpassen musste. Hatte er nicht schon häufig den Markt manipuliert? Er betrat das Börsenparkett, blickte auf das Meer von Gesichtern um ihn herum. Er sah es ihnen an: Alle wollten verkaufen. Diese Nullen musste er platt machen. Er, der große Leeson, würde dieses Teichgewimmel schon aufwühlen und abräumen, wenn es nötig wäre. Die Händler waren wie ein Schwarm Fische, immer schwammen sie alle im Pulk, alle nur in dieselbe Richtung. Alle waren sie verzweifelt darauf bedacht, im Schwarm zu bleiben, möglichst unauffällig, um nicht Opfer von Haien zu werden. Jetzt wollte, nein, jetzt musste er dem Schwarm die richtige Richtung geben, nach oben!

Er gab die ersten Orders: »Neunsechzig Geld für 100!« (was hier bedeutete: Kaufe zum Preis von 17.960 Yen 100 Optionen auf den japanischen Nikkei-Index), schrie er, reckte die Arme in die Luft, schon hatte er vier Posten zu je 25 Optionen gekauft. Der Markt fiel weiter. »Neunfünfzig Geld für 100!«, schrie er noch lauter und hatte zwei Partien zu je 50 Optionen an der Backe. Der Markt sank um weitere zehn Punkte. Der verdammte Markt musste doch aber steigen. Bemerkte er nicht, dass der große Leeson kaufte, der Leeson, von dem Mike Killian sagte: »Der Typ ist ein Turboarbitrageur!« Die elende Verkäuferbrut musste gebändigt werden. »Neunvierzig Geld für 1000!«, brüllte er. Aha! Es schien nur ein bisschen länger zu dauern. Man sah förmlich, wie es in den Hirnen klickte und erste Zweifel am Selbstbewusstsein der Verkäufer nagten. Leeson legte nach: »Neunvierzig Geld für 500!«, röhrte er und gleich darauf erneut: »Neunvierzig Geld für 500!« Jetzt war das Eis gebrochen. Der Kurs drehte. Leeson kaufte weitere 500 für einen Tick höher. »Los, George!«, brüllte er seinem Händler zu. »Mach dem Markt Beine!« Beide hatten sich in Rage gebracht und pressten wie im Rausch die Kauforders in den Markt, um die Lethargie zu brechen, und tatsächlich, langsam, ganz langsam kroch der Markt über die Marke von 18.000. Auch George verstand sein Handwerk und allmählich gehorcht der Preis dem Willen der beiden.

Leeson brauchte eine Pause, seine ausgetrocknete Kehle Wasser und sein Kopf Ruhe. Als er wenig später in den Ring zurückkehrte, war der Kurs wieder unter 18.000 abgesunken und er musste ihn erneut über die Marke von 18.000 brüllen, weitere Kontrakte kaufen, bis er nicht mehr alleine war, auch andere Händler in sein Lager überliefen und sich zu Käufern bekannten. Die »Widerstandsmarke« von 18.000 konnte gehalten werden. Leeson hatte alleine an diesem Tag 15.000 Nikkei-Kontrakte gekauft – mit dem Eigenkapital der ehrenwerten Barings-Bank und auf deren alleiniges Risiko.

Ganze drei Handelstage hielt die heiße Luft aus Leesons Käufen an, dann war sie zur Polarkälte gefroren, und als die Glocke zur Eröffnung am Donnerstag, dem 23. Februar 1995, erklang, war das der Start für eine Talfahrt um 400 Punkte alleine an diesem einen Tag – ein Verlust von bis zu 200 Millionen englische Pfund für die Barings-Bank.

Das gesamte Vermögen der Barings-Bank hätte nicht ausgereicht, die japanische Wirtschaft auf dem Börsenparkett zu sanieren. Gegen die harten Fakten der Volkswirtschaft konnte auch die Barings-Bank nicht ankämpfen. Es folgte eine langjährige Depression an der Tokioter Börse. Das unfreiwillige Opfer der Barings-Bank hatte allenfalls einen Aufschub von drei Tagen erwirkt – zu welchem Preis!!!

XIX.
Japancrash 1990–1992

»Japan as Number One« ...

... prophezeite Ezra Vogel (Havard-Professor) vor dem Crash

»Die japanischen Gesellschaften zahlten Ende der Achtzigerjahre fast nichts für Eigenkapital, jetzt sind wir in die wirkliche
Welt zurückgekehrt.«

Richard Koo vom Forschungsinstitut des
Tokioter Finanzkonzerns Nomura am Beginn des Crashs

»Schnallen Sie sich an, die Leute werden nervös« ...

... riet Heiko Thieme (Fondsmanager) während des Crashs

»Japan ist die größte Gläubigernation der Welt, wir haben
das größte Auslandsvermögen der Welt, die üppigsten
Devisenreserven und die höchsten Spareinlagen. Und die
USA – das Land mit den größten Nettoschulden – sollen
das prosperierende Vorbild sein?«

So der japanische Vize-Finanzminister Sakakibara 1998

Japans geliehene Blütezeit

Ein Zeichen unveränderter Stärke Japans signalisierte der rasante Kursanstieg nach dem Oktoberschock 1987 (s. Kapitel XVIII). Der ungebrochene Kursanstieg japanischer Aktien erhöhte nicht alleine das Ansehen der Firmen und ihrer Führung, sondern verleitete des Weiteren zu vermehrten Aktieninvestitionen. Es schien nichts einfacher zu sein, als mit Aktien problemlos Geld zu verdienen. Noch höher fiel der Gewinn aus, wenn mit Krediten spekuliert wurde, denn die Kursavancen waren deutlich höher als die Zinskosten. Das verleitete auch Firmen dazu, mit Firmengeldern und Firmenkrediten zu spekulieren, wodurch noch mehr Kapital an die Börse strömte und dies die Kurse weiter in die Höhe trieb. Zugleich steigerten die Spekulationserfolge auch die Gewinne der Unternehmen. Die Gewinnsteigerungen reizten zu neuen Aktienkäufen: Die Hausse nährte die Hausse.

Eine große Unterstützung der Kursavancen bot die japanische Mentalität und Geschäftspraxis: Meinungsunterschiede werden nicht konfrontativ ausgetragen wie im Westen. Im Osten werden Kontroversen vornehmlich so ausgetragen, dass jeder sein Gesicht wahren kann. Kursabschläge aber hätten bei einer solchen Mentalität Prestigeeinbußen bewirkt, die das Management getroffen hätten. Drohten also Kursverluste, so bestand die Neigung dazu, diese durch Aktienkäufe zu verhindern. Vordergründig war das eine elegante Möglichkeit. Ein solches Vorgehen erschwerte es aber, Mängel aufzudecken, wenn versäumt wird, die Ursachen nicht direkt zu benennen. So wurden mögliche Fehlentwicklungen verschleiert und ihre Auswirkungen geschönt. Außerdem herrschte allgemein ein Hoheitsdenken – die oben können es und werden es richten. Deswegen unterblieben in den Chefetagen, Tee- oder Badehäusern Diskussionen über mögliche oder notwendige Korrekturen. Warum auch? – Die Aktienkurse, ausgewiesene unbestechliche Schiedsrichter geschäftlichen Erfolgs, steigen. Das taten sie 25 Jahre lang ohne nennenswerte Unterbrechungen. Selbst die Ölkrisen vermochten den Börsenoptimismus nicht zu erschüttern. War das nicht Beweis genug für die Richtigkeit des Konzepts?

Die Geschäftspraxis und -struktur bewirkten, dass Konkurrenten, die sich im Wettbewerb eigentlich gegenüberstanden, über Aufsichtsräte, Kapitalbeteiligungen und Kredite miteinander verbunden waren. Geführt von nicht mehr als 30 Superreichen war die Unternehmensstruktur eher als ein großes organisches Gebilde zu verstehen denn als voneinander unabhängige und miteinander konkurrierende Einzelunternehmen. Die Regierung bestand in diesem Gebilde eher aus Marionetten an den Fäden von Magnaten denn als dem Gemeinwohl verpflichteter und unabhängig wirkender Entscheidungsträger. Diese Verflechtung von Beteiligungen und Politik bewirkte letztlich eine problemlose und unkritische, das heißt leichtfertige Kreditvergabe bei denkbar tiefen Zinsen. Der Aufschwung, den sich die Japaner zugute hielten, war damit zwar selbst gemacht, aber auch geborgt. Irgendwann musste die Rechnung für die weit überzogenen Kreditlinien bezahlt werden. Durch diese leichten Kredite im Rahmen einer Vetternwirtschaft konnte das Rad der Spekulation erst recht in Schwung kommen:

Zunächst wurden Grundstücke und Immobilien beliehen und mit der Darlehenssumme Aktien erworben. Stiegen diese nun, so gab es weiteren Kreditspielraum im Aktiendepot. Dieser wurde benutzt und mit dem erneuten Kredit wurden Grundstücke erworben. Die erhöhte Grundstücksnachfrage trieb entsprechend die Grundstücks- und Immobilienpreise, sodass hier nun wiederum Kreditspielräume entstanden, die erneut genutzt wurden, um Aktien zu erwerben, wodurch deren Preise ihrerseits stiegen usw. Die Aufwärtsspirale von Darlehen, Immobilienpreisen und Aktienkursen hat ihren Anfang genommen und begann sich in immer neue Höhen zu drehen.

Das Spiel konnte so lange betrieben werden, wie immer neue Preissteigerungen immer neue Beleihungsmöglichkeiten schufen. Da auch die Wertpapierbestände der Banken anschwollen, forcierte dies noch deren freigiebige Darlehensvergabe. Mit von der Partie waren naturgemäß auch die Handelshäuser für Aktien. Würden sie Aktienpakete vermitteln, die schließlich Verluste sowohl finanzieller Art sowie auch solche des Ansehens brächten, wären sie aus dem Geschäft gewesen. Deswegen stützten sie bei Bedarf Kurse, die eigentlich nach dem freien Spiel der Kräfte hätten sinken müssen. So kam es dazu, dass das Fundament, auf dem die Spekulation aufgebaut war, immer mehr mit immer größeren Lasten beladen wurde.

Die »gelbe Gefahr«

Was bei Amerikanern oder Europäern als ein Problem empfunden wurde, galt damals für die Japaner als Herausforderung. Statt dem kritischen »Das wird schwierig« herrschte zuversichtliches »Das packen wir«. Das japanische

System, der ungebrochene Lern- und Arbeitseifer, die Disziplin, die Firmenergebenheit und Aufopferungsbereitschaft wurden bewundert. Diese Eigenschaften galten als Erfolgsgaranten. Parlamentariergruppen aus allen Regionen pilgerten in das gelobte Land, um Zukunftsvisionen zu erheischen. Japan schien erst am Beginn seines Siegeszugs zu sein und der war schon jetzt beeindruckend genug. Die Aussichten galten allgemein als verheißungsvoll, insbesondere vor dem Hintergrund ihres zunehmenden Einflusses auf die Tigerstaaten, wo frühzeitig strategisch wichtige Positionen besetzt wurden. Mit ihnen als Produktionsreserve, mit unschlagbaren, Kosten bedingten Wettbewerbsvorteilen und mit Anbindungen an den riesigen chinesischen Markt schien die Zukunft außerordentlich viel versprechend.

Die Japaner gingen in der ganzen Welt auf Shoppingtour. Was sie kauften, waren aber keine Schuhe, Autos oder Hemden, sondern Immobilien, Firmen und Kunstgegenstände – alles vom Feinsten versteht sich. Das New Yorker »Rockefeller Center« erwarben sie ebenso wie das Hamburger »Vier Jahreszeiten«, »Columbia Pictures« und »Tristar Pictures« (durch Sony), MCA (durch Matsushita), den »Arco Tower«, das »Citicorp Plaza« (durch Shuwa Corp.) und Vincent van Goghs »Sonnenblumen«. Nichts war ihnen zu teuer und nur weniges konnte ihren Ansprüchen genügen. Die mögliche Konkurrenz um prestigeträchtige Objekte frustrierten sie durch immer höhere Gebote. Angst schlich sich in die Führungsetagen ein, die Angst vor Fremdbestimmung, die Angst vor der »gelben Gefahr«. Sie schien berechtigt, kauften die Japaner doch offenbar alles, was sie wollten. Ihr Reichtum war unermesslich – genauso groß wie ihre Schulden.

Eine Nation im Spekulationsfieber

Eine ganze Nation beteiligte sich an den Börsenspekulationen, Firmen, Manager, Angestellte und Hausfrauen. Es war eben verlockend und schien so einfach, den persönlichen Reichtum zu mehren: Eine Kauforder an der Börse, und schon mehrte sich das Vermögen. Kein Traum, sondern paradiesische Wirklichkeit – so schien es.

Den Kursgewinnen an der Börse und den Preissteigerungen der Immobilien standen bald keine entsprechenden volkswirtschaftlichen Leistungen mehr gegenüber. Das Kurs-Gewinn-Verhältnis bewegte sich in den sphärischen Höhen von 60 und mehr, während in Amerika und Europa zehn bis 20 üblich waren. Der Aktienkurs verfremdete sich zu einer Messlatte für das Ansehen einer Firma. Danach genoss jenes Unternehmen das höchste Prestige, welches den höchsten Börsenwert vorzuweisen hatte. Also versuchte jedes Unternehmen, seine Aktienkurse nach oben zu treiben.

Die überzogenen Börsen- und Immobilienpreise hätten nach üblichem Muster zu Zinssteigerungen führen müssen. Dies wusste die Vetternwirtschaft jedoch zu verhindern. Man genehmigte sich nicht nur freigiebig großzügige Kredite, sondern auch die Bedingungen waren märchenhaft günstig. Die Zinshöhe war keine Frage von Angebot und Nachfrage mehr, sondern das Ergebnis einer Günstlingswirtschaft, die sich außerhalb marktwirtschaftlichen Gesetzmäßigkeiten nach Belieben gegenseitig Kredite genehmigte, mit Sicherheiten, deren Höhe sie selbst festlegten.

Indem der Zins als ausgleichendes Regulativ zwischen Produktion und Geldmenge seiner eigentlichen volkswirtschaftlichen Funktion beraubt war, führte die billige Kreditausweitung zu einer Geldschwemme, welche die Immobilien als auch die Aktien inflationierte. Die Folgen: Die Bodenpreise in Tokio verdoppelten sich von 1985 bis 1990. Spekulationen – insbesondere mit Fremdgeldern – wurden über alle Maßen lukrativ. Am Höhepunkt der Hausse »erwirtschafteten« über 50 Prozent aller japanischen Großkonzerne mehr als 50 Prozent ihrer Gewinne durch Spekulationen. Die Spekulation war für die Unternehmen ebenso lukrativ wie die Produktion, allerdings weniger anstrengend und scheinbar mit weniger Risiko behaftet.

Das Vermögen der Japaner vervierfachte sich von 1987 bis 1990. Wenn es nicht zu einer ausufernden breiten Inflation kam, so deswegen, weil die Japaner die reichlichen Mittel nicht überwiegend in den Konsum steckten, sondern in Anlagen. Allein der Börsenwert der japanischen Gesellschaft »NTT« war höher als die Summe der Werte von »Allianz«, »BASF«, »Bayer«, »BMW«, »Daimler«, »Deutsche Bank«, »Hoechst« und »Thyssen« zusammen. Die 1,1 Millionen Tokioter Quadratmeter des japanischen Kaisers entsprachen dem Wert von ganz Kalifornien und nach den reinen Zahlen hatten die japanischen Inseln, die 0,3 Prozent der Weltfläche ausmachen, einen Wert von 60 Prozent des Weltbodenwertes.

Mit dem faktisch frisch gedruckten Geld wurden jedoch nicht nur Spekulationsobjekte erworben, es floss auch in amerikanische Staatsanleihen. Dort ließen sich doppelt so hohe Zinsen einnehmen, als an Darlehenszinsen zu zah-

len waren. Indirekt finanzierten damit die amerikanischen Steuerzahler, die
schließlich für die staatlichen Zinsen aufzukommen hatten, einen Teil der
japanischen Spekulation.

Die Sonne verfinstert sich

Durch eine restriktivere Geldpolitik wollte 1989 der neue Notenbankpräsi-
dent Yasushi Mieno die »Seifenblasenwirtschaft«, wie er selbst sagte, auf ein
gesundes Normalmaß verdichten. War ihm bewusst, was dies relativ zu den
USA bedeutet hätte? Irgendwann im Dezember 1989 schwante einigen kritischen Geschäftsleuten das drohende Ungemach. Was würde geschehen, wenn
die gigantische Spekulationslawine auslaufen würde? Was, wenn das Kurs-
Gewinn-Verhältnis von den geradezu abenteuerlichen Höhen von derzeit
zirka 65 auf ein Normalmaß nach westlichen Maßstäben von unter 20 sinken
würde? Was sind die Folgen für eine Volkswirtschaft, wenn die Aktienkurse
auf zirka ein Drittel des ursprünglichen Wertes zusammenschrumpfen? Waren die japanischen Unternehmen um ein Vielfaches zu teuer oder die der
amerikanischen und europäischen zu billig?

Gegen Ende des Jahres 1989 tönte Morita von Sony im Brustton der Überzeugung in seinem Bestseller noch, Japan müsse lernen, gegenüber seinen
Kritikern Nein zu sagen, und wenn Japan eine Supermacht werden würde, so
wäre das gut für die ganze Welt. Wenig später war von dieser Selbstsicherheit
nur noch wenig zu spüren, denn »die Sonne verfinstert sich«, schrieb die »Far
Eastern Economic Review«, als Anfang April 1990 der Nikkei-225-Index
innerhalb von zwei Tagen um zehn Prozent auf 28.002 Punkte fiel. Das war
bis dato der zweitschlimmste Kurssturz der Nachkriegszeit. Da war der
Höchstpunkt von 38.916 vom 29. Dezember 1989 längst überschritten und
der Marsch durch das Tal der Tränen stand unabwendbar bevor, doch noch
wollten dies die meisten Spekulanten nicht wahrhaben.

Noch im ersten Quartal 1992 war die Arbeitslosenquote bei nur zwei
Prozent und die japanische Exportmaschine sollte einen rekordverdächtigen
Überschuss erwirtschaften. Doch die Binnenwirtschaft zeigte nun erste
Schwächen. Die Banken waren genötigt, immer mehr faule Kredite zu verkraf-
ten. Das zehrte an ihren Gewinnen. Fatalerweise verloren die von ihnen gehal-
tenen Aktienpakete auch noch an Wert. Ihre Bilanzen wurden also zugleich

von zwei Seiten attackiert. Zum einen drückte der Abschreibungsbedarf fauler Kredite auf ihre Gewinne, zum anderen verloren sie mit den sinkenden Aktienkursen an Substanz. Einerseits fehlten den Banken die Gelder; die Wirtschaft konnte somit die finanziellen Engpässe nicht mittels Überbrückungskredite überwinden. Andererseits konnte die Wirtschaft keine Liquidität aus Verkäufen von Aktien oder Immobilien schöpfen, weil umfangreiche Verkäufe sofort zu weiteren Kurseinbrüchen geführt hätten. Ohne Verkäufe konnte man wenigstens noch die fiktiven Buchwerte der Aktien und Immobilien einigermaßen aufrechterhalten und so einen Konkurs mangels Masse vermeiden – auch das gelang jedoch nicht immer.

Der Kursverfall der japanischen Aktien ab 1990 war das vernichtende Urteil des Marktes über eine jahrzehntelange aggressive Expansionspolitik, die sich ihre Gewinne im Voraus auszahlen ließ.

Schließlich waren die Börsenteilnehmer derart demoralisiert, dass selbst Zinssenkungen (nach den zwischenzeitlichen Zinssteigerungen) und mehrfache milliardenschwere (US-Dollar-)Konjunkturprogramme keine positiven Effekte mehr zeitigen konnten. Der Glaube an die Zukunft, der einst unerschütterlich schien, war den Japanern nun vollends abhanden gekommen. 1998 steckte Japan in einer tiefen Rezession. Das Bruttosozialprodukt sank. Die Krise der Tigerstaaten (s. nächstes Kapitel), denen die Mittel fehlten, um ausländische Waren zu kaufen, strahlte auch auf Japan aus. Erstmals in der Nachkriegszeit waren umfangreiche Entlassungen unumgänglich. Die Arbeitslosigkeit und die Selbstmordraten erzielten traurige Rekorde. Trotz der bereits abgewickelten Pleiten lasteten geschätzte 500 Milliarden Dollar faule Kredite auf dem Finanzplatz Japan.

Japan fast zehn Jahre in tiefer Depression

Wenn der japanische Nikkei-225-Index unter 14.000 fällt, dann bleibt nur noch zu beten, meinte Heiko Thieme (Fondsmanager), »dann wird es richtig hässlich.« Nach zweieinhalb Jahren war der Verfall des Yen bei 0,00684 Dollar per Intervention gestoppt worden und der Tiefpunkt des Nikkei-225-Index bei zirka 14.200 Indexpunkten endlich erreicht – dachte man. Das war ein Trugschluss. Die Krise war noch längst nicht bereinigt. Die Aktienkurse sollten später (2001) selbst die 10.000er-Schwelle noch unterschreiten. Mit den tiefen Aktienkursen fand die depressive Stimmung ihren zahlenmäßigen Ausdruck. Der Konsum lag am Boden. Wer wollte schon freudig konsumieren, wenn er von Arbeitslosigkeit und düsteren Zukunftsperspektiven bedroht war? Wer wollte investieren, wenn er keine Absatzchancen sah, weil überall Überkapazitäten aufgebaut waren oder schlicht die möglichen Käufer verschwunden waren?

Der frühere überschäumende Optimismus, das scheinbar unerschütterliche Selbstvertrauen waren längst tiefem Pessimismus gewichen. Selbst die immer wieder inszenierten Konjunkturprogramme vermochten in dieser psychologischen Verfassung nicht die Wirtschaft anzukurbeln. Das viele Geld wurde zwar in die Wirtschaft geschleust, verfehlte jedoch die beabsichtigte Wirkung. Den Geldbesitzern erschien es ratsamer, ihre Verdienste und Vermögen im Dollarraum anzulegen als in der eigenen Wirtschaftsregion. Das Einzige, was die Wirtschaftsprogramme bewirkten, war, dass die Staatsverschuldung ausuferte. Ende 2000 hatte sie fast 130 Prozent (666 Billionen Yen) des Bruttoinlandsprodukts (BIP) ausgemacht – ein trauriger Rekord unter den führenden Industrienationen – und der Schuldenberg wuchs weiter. Mit den immer wieder neu aufgelegten Konjunkturprogrammen konnte die Depression der Japaner, die aus Zukunftssorge lieber jeden entbehrlichen Yen sparten, als ihn für Konsum auszugeben, nicht überwunden werden.

Der Wiederaufstieg der japanischen Wirtschaft war nicht nur durch die fast unverändert beibehaltene Vetternwirtschaft behindert worden, sondern im überraschend großen Umfang auch durch die japanische Mafia! Immerhin wurden ein Drittel aller japanischen Unternehmen durch kriminelle Syndikate zur Ader gelassen, wie eine Untersuchung der nationalen Polizeibehörde (NPA) ergab.[6] Dieses Gebaren gehörte zur »gängigen Geschäftspraxis«, meinten 16 Prozent der befragten Unternehmen. Die allgemeine Depression hatte offenbar dem organisierten Verbrechen in die Hände gespielt und hemmte in der Folge einen gesunden, allgemein gedeihlichen Wideraufschwung.

---

[6] »Der Spiegel«, Nr. 1/91, S. 101.

XX.
Börsenkrieg 1997

»Er ist ganz sicher nicht einer der harmloseren Menschen auf
dieser Welt.«

Der malaysische Premier Mahathir über George Soros

»Das Vertrauen der Investoren ist dahin.«

Der Ökonom Masaki Shimoyama von Nikko Security
anlässlich des Kurssturzes an den Tigerbörsen

»In Thailand besitzt jeder Politiker eine Bank – und jede Bank
mindestens zwei Politiker.«

So der US-Professor R. Dornbusch über die
Struktur der Tigerstaaten

»Jedes Licht am Ende des Tunnels in Ostasien hat sich bisher
als Lampe eines entgegenkommenden Zuges herausgestellt.«

Das britische Wirtschaftsmagazin »Economist«

»In nicht allzu großer Entfernung wird sich ein Riese seiner unglaublichen Kräfte und Reichtümer bewusst. Dieser erwachende und bereits erwachte Gigant wird die wirtschaftliche Zukunft der Erde bestimmen – und dies zu ignorieren, wäre ein fataler Irrtum. Mit seinen gewaltigen Ausmaßen und seinem schier unerschöpflichen Potenzial an unternehmerischer Energie rückt dieser Kontinent immer mehr in den Brennpunkt«, meinte Tom Peters, internationaler Managementconsult und Autor. Es sollte eine verhängnisvolle Fehleinschätzung sein.

Wie alles wirklich angefangen hatte, warum gerade die Tigerstaaten als Opfer herhalten mussten, obwohl andere Staaten mit schlechteren wirtschaftlichen Eckdaten aufwarteten und weit höher über ihre Verhältnisse verschuldet waren oder gelebt hatten, das kann auch dieses Kapitel nicht enträtseln. Vielleicht war es nur ein Zufall. Wahrscheinlicher aber ist es, dass mehr hinter den Währungsspekulationen steckte, die einen ganzen Erdteil erschüttern sollten, als irgendeine Laune der Geschichte. Die Gewinner und Verlierer waren zu groß und zu eindeutig, als dass nicht ein Plan hinter allem zu vermuten gewesen wäre. Doch wie dem auch sei, als sicher kann gelten: Ohne die rücksichtslose Gier nach Geld und wirtschaftliche Macht wäre eine solche Währungsspekulation wie die um die Tigerstaaten undenkbar gewesen. Diese Spekulationen erfolgten auf einem Markt, dessen tägliches Volumen zirka 1.000 Milliarden US-Dollar erreichte. Das war weit mehr als die Wirtschaftsproduktion der angegriffenen Staaten eines ganzen Jahres zusammen.

Generalprobe? Soros gegen die Bank von England (1992)

Wie das Militär auf Truppenübungsplätzen den Ernstfall zu erproben versucht, so schießen sich auch die großen Devisenspekulanten offenbar erst auf kleinerem Terrain ein, bevor sie die großen Schlachten schlagen. So jedenfalls hat es für jene den Anschein, die die Devisenspekulationen im Vorfeld des Börsenkriegs um die Tigerstaaten Revue passieren lassen.

Einer der großen Spekulanten war damals sicherlich George Soros – eine lebende Legende. Im Dezember 1992 sagte ein Fernsehjournalist zu Soros: »Sie investieren in Gold, und weil Sie in Gold investieren, glaubt jeder, er sollte ebenfalls in Gold investieren, und der Kurs steigt; Sie schreiben einen Artikel, der den Wert der D-Mark infrage stellt, und der D-Mark-Kurs fällt. Sie tätigen ein Investment in Londoner Immobilien und über Nacht scheint sich der Trend fallender Immobilienpreise umzukehren. Darf eine Einzelperson wirklich so viel Einfluss ausüben?« Soros: »Meinem Einfluss wird derzeit übertriebene Bedeutung beigemessen. Dessen bin ich mir in der Tat ziemlich sicher. Und diese Meinung wird sich von selbst korrigieren, denn die Leute werden dahinterkommen, dass ich nicht unfehlbar bin, und, sehen Sie, die Welle des Interesses, die mich derzeit emporspült, wird mich wieder hinunterspülen.«

Diese Prophezeiung ist bisher noch nicht eingetroffen, sonst aber lag er mit seinen Vorhersagen offenbar recht gut. Doch ist er kein Magier und er verfügt auch nicht über übernatürliche Kräfte, sondern über einen Intellekt, der ihm genaue Analysen ermöglicht, und in seinem Gefolge über eine Finanzmacht, die denen ganzer Staaten überlegen ist. Seine Wirkung basierte damals darauf, dass andere Investoren an seine Analysen glaubten und ihnen mit Taten folgten und er selbst nach dem Motto verfuhr: Alles oder nichts.

Das zumindest bewies er unter anderem bei seiner Zehn-Milliarden-Dollar-Spekulation gegen das englische Pfund im September 1992. Seiner Spekulation gingen messerscharfe Überlegungen und logische Annahmen voraus:

Im Rahmen der Wiedervereinigung Deutschlands erfolgten – mit ausgeliehenem Geld zulasten der Staatskasse – gigantische Transferzahlungen von den so genannten »alten« in die »neuen« Bundesländer. Dadurch wurde in Deutschland ein künstlicher, da geliehener Aufschwung initiiert, während zugleich speziell in England, aber auch in den übrigen europäischen Ländern rezessive Tendenzen mit hohen Arbeitslosen vorherrschten. Was würde geschehen? Zinssteigerungen in Deutschland zur Dämpfung der überschäumenden deutschen Konjunktur oder Solidarität der deutschen Bundesbank mit den Interessen der anderen europäischen Länder, insbesondere im Hinblick auf den Euro? Das war damals die Kernfrage, deren richtige Beantwortung hohe spekulative Gewinne verhieß. Soros setzte auf die Unnachgiebigkeit und Prinzipientreue der Deutschen.

Tatsächlich kam es zu einer Überhitzung der bundesdeutschen Konjunktur. Das barg die Gefahr einer Inflation in sich. Also erhöhte die deutsche Bundesbank die Zinsen. Das verteuerte die Kapitalkosten und dämpfte sowohl die Investitionstätigkeit als auch den Konsum, womit der Inflationsgefahr begegnet wurde. Die Zinserhöhung hätte in Relation zu den anderen europäischen Partnern in der Europäischen Währungsunion (EWU) eine Wertsteigerung der D-Mark bewirkt. Das aber war unerwünscht, sollte sich doch die EWU als stabiles Währungssystem beweisen. Also erhöhten auch die anderen Länder innerhalb des Währungsverbunds die Zinsen. Das hingegen schadete ihren ohnehin lahmenden Wirtschaften. Insbesondere wurde die schwache Wirtschaft Englands getroffen. Dort drohte ein weiterer rasanter Anstieg der ohnehin schon hohen Arbeitslosenquote. Die Diskrepanz zwischen der (künstlich gepuschten) deutschen Konjunktur und der (künstlich gebremsten) Englands nahm zu und damit erhöhte sich auch der Druck auf das Pfund – Soros' Überlegungen erwiesen sich als richtig.

Soros spekulierte gegen das Pfund, indem er sich im großen Stil in englische Pfund verschuldete und diese in D-Mark tauschte. Sank nun das Pfund, konnte er – so seine Überlegungen – das geliehene Geld wesentlich kursgünstiger zurücktauschen und die Kursdifferenz als Gewinn einstreichen. Am 4. Oktober 1990, dem Tag nach der deutschen Wiedervereinigung (Wiedervereinigungsvertrag), betrug der Kurs 2,92 DM/Pfund. Der Druck der Spekulanten auf das Pfund nahm langsam, aber stetig zu. Am Anfang konnte die englische Zentralbank noch dagegenhalten, aber die Zinserhöhungen Englands wurden bereits als ein Zeichen der Schwäche, gar als Verzweiflungsakt angesehen. Diese Einschätzung und die Tatsache, dass Soros gegen das Englische Pfund spekulierte, lockte weitere Spekulanten an. Damit erhöhte sich der Druck auf das Pfund weiter. Das Spiel wurde so weit getrieben, bis die Englische Zentralbank schließlich kapitulierte und das Pfund aus dem EWS herausgebrochen war. Der Kurs des Pfundes fiel seit dem 4. September 1992 von 2,81 DM/Pfund auf 2,36 am 5. Oktober 1992. Im »Daily Mail« ließ sich der Mann, der die Bank von England in die Knie zwang, George Soros, feiern: »I made a billion as the Pound crashed.« Später warnte auch er vor dem blinden Vertrauen in die Magie des Marktes. Ein Trick, um abzulenken, oder die Erkenntnis, dass die ganz Großen den Markt – zumindest zeitweise – beeinflussen können?

Erfolgreich erweisen sich solche Marktbeeinflussungen auf die Dauer nur, wenn die Ungleichgewichte des Marktes ausgenutzt werden können. Durch die definitive Einführung des Euro waren Turbulenzen auf dem Devisenmarkt aus sachlichen Gründen für Soros abzusehen, da die Wirtschafts- und Währungsunion voller Fehler steckt. Ohne diese wäre Soros' Spekulation für ihn sicherlich verhängnisvoll ausgegangen. Er verstand es also, die Kräfte und Richtung des Marktes richtig einzuschätzen und daraus Honig zu saugen. Das gelang ihm auch bei dem Währungskrieg gegen die Tigerstaaten.

Erfolg macht neidisch

Vordergründig aber war der Aufstieg der Tigerstaaten eine Bravourleistung. Die Wachstumsraten waren weit höher als die Deutschlands zu Zeiten des »Wirtschaftswunders«. So wuchs etwa das Bruttosozialprodukt Südkoreas, Malaysias und Thailands um über acht Prozent jährlich. Das Wachstum der Tigerstaaten (Hongkong, Indonesien, Malaysia, Singapur, Südkorea und Thailand) war fulminant. Ihr Anteil am Weltexport stieg scheinbar unaufhaltsam, wie die nachfolgende Tabelle zeigt

Anteil der Tigerstaaten am Weltexport	
Durchschnitt von 1970 bis 1979	4,5 %
Durchschnitt von 1980 bis 1989	7,8 %
Durchschnitt von 1990 bis 1994	11,4 %
1995	13,5 %
1997	14,8 %

Die »asiatischen Werte« wie Disziplin, Lern- und Leistungsbereitschaft hielten die autoritären Herrscher für die Erfolgsgaranten. Den Westen schwächt die »Erosion der moralischen Werte« und die »Überbetonung der Rechte des Einzelnen auf Kosten der Gesellschaft«, vermerkte Lee Kuan Yew, ehemaliger Premier Singapurs. Fleiß, Genügsamkeit, Technologiebegeisterung, kapitalfreundliche Besteuerung, wenig Staat, effektive Verwaltung, Investitionsförderung und hohe Sparquoten, das sollten nach Meinung des asiatischen Wirtschaftsmagazins »Far Eastern Economic Review« die Ursachen des jahrelangen hohen Wirtschaftswachstums der Tigerstaaten gewesen sein. Doch das war eben nur die eine Seite der Medaille, ein Teil der Wahrheit, wie die Lohnkostenvorteile, die zwischen 30 und 50 Prozent gegenüber Westeuropa und den USA ausmachten. Günstlingswirtschaft und riesige Auslandsschulden der Unternehmen waren die andere Seite. Doch die offensichtlichen Erfolge rechtfertigten Wallfahrten zum neuen Mekka der Ökonomie, erzwangen geradezu Investitionen in der Region, der doch die Zukunft gehören würde.

Die Tigerstaaten zeigten ihre Muskeln und es gab nicht wenige, die in ihnen eine Wirtschaftskraft wachsen sahen, die kräftiger zu werden versprach als die der japanischen. Eine Bedrohung für westliche Industriegiganten, größer noch als die Japans in seiner besten Zeit? So zumindest wurde es prognostiziert.

Die selbst gestellten Fallen

Angelockt von billigen Löhnen und hoher Produktivität ergoss sich ein breiter Finanzstrom nach Asien. Um ihrer Währung und damit auch den Investoren Stabilität zu gewährleisten, koppelten sie ihre eigenen Währungen fest an den US-Dollar. Die Investoren brauchten auf diese Weise Währungsschwankungen nicht zu fürchten. Was plausibel erschien, hatte allerdings gleich zwei Haken. Erstens verloren die Tigerstaaten auf diese Weise ihre finanzpolitische Unabhängigkeit, denn ihre Zentralbanken hatten keinerlei Einfluss mehr auf die Zinshöhe. Zweitens war »ihre« Währung von der inländischen ökonomischen Entwicklung abgekoppelt, denn den Zentralbanken entglitt der Einfluss auf die Zinspolitik. Während sich normalerweise der Wechselkurs einer Währung an der finanzpolitischen Solidität und der Wirtschaftskraft eines Landes orientiert und eine zielgerechte Bekämpfung der Inflation (zum Beispiel durch Zinserhöhungen) und eine Stützung der Konjunktur (zum Beispiel durch Zinssenkungen) im nationalen Rahmen möglich ist, galt dies nun für die Tigerstaaten wegen der festen Koppelung an den US-Dollar nicht mehr.

Da die Tigerstaaten in der langen Phase des Aufschwungs wesentlich mehr mit den Fremdgeldern verdienten, als diese an Zinsen kosteten, war jede fremdfinanzierte Investition eine Quelle zusätzlichen Gewinns – und wer wollte seinen Gewinn nicht steigern? Die Folge waren Kredite über Kredite in fremden Währungen. Und da die ausländischen Geldgeber an der Erfolgsgeschichte teilhaben wollten, riss der Zustrom finanzieller Mittel nicht ab. Ja, man drängte den Tigerstaaten die Kredite regelrecht auf, denn Risiken waren nicht auszumachen. Der damals schwächelnde Dollar beflügelte den Export der Tigerstaaten außerdem zusätzlich: Gewinne und Marktanteile stiegen. Die Zukunft konnte kaum vielversprechender erscheinen.

Doch dann erstarkte der Dollar an den Devisenmärkten der Welt (am 1. Januar 1996 DM/Dollar 1,43, am 1. Januar 1997 DM/Dollar 1,54, am 3. Juli 1997 DM/Dollar 1,753) und verteuerte den Export der Tigerstaaten. Im Glauben an

eine weitere prosperierende Wirtschaft nahmen die Tigerstaaten weiter
Fremdmittel auf, um das Tempo zu halten. Damit war die Falle nicht nur gestellt, sondern sie schnappte zu. Doch wer ahnte dies schon angesichts der allgemeinen Bewunderung, die den Tigerstaaten noch immer zuteil wurde?

Zuvor stieg im Zuge des allgemeinen Aufschwungs nicht nur der Wohlstand, sondern auch das Lohnniveau in den Tigerstaaten. China wurde zu
einem ernst zu nehmenden Konkurrenten. Die Tigerstaaten erschienen gegenüber China teuer. Das konnte angesichts eines Stundenlohns in Shanghai
von einem Dollar in Relation von drei in Bangkok und fünf in Kuala Lumpur
nicht verwundern. Für japanische Großkonzerne rentierten sich damit zum
Beispiel die thailändischen Produktionszentren nicht mehr. Hinzu kam, dass
im Zuge der nun ausgebrochenen konjunkturellen Schwäche und des er-
schwerten Exportes auch noch die Umsätze einbrachen.

Die Jäger lauern

Vielleicht macht Erfolg neidisch. Vielleicht sahen wichtige Magnaten ihre
Gewinne oder ihre Marktanteile gefährdet. Vielleicht aber wollten einige ihre
Macht weiter ausbauen und fühlten sich gehindert. Vielleicht erkannten einige schlaue Köpfe auch nur, dass der Aufstieg der Tigerstaaten keineswegs nur
auf Kreativität, Arbeitseifer und Disziplin, sondern auch auf Produktpirate-
rie, Vetternwirtschaft und offene wie verdeckte Subventionen diverser Art
beruhte, etwa wenn gewisse Geschäfte außerhalb des Marktes getätigt oder
billige Kredite ohne ausreichende Sicherheiten vergeben und aufgenommen
wurden. Sicher ist nur, dass wichtige Leute die Chance gesehen hatten, eine regelrechte Schlacht erfolgreich zu schlagen, und sicher ist, dass die Börse ein
vortreffliches Terrain ist, um einen regelrechten Krieg zu führen, einen Krieg
statt mit dem Mittel Waffe mit jenem des Geldes – ohne Blutvergießen zwar,
aber deswegen kaum weniger brutal und zerstörerisch.

Was im Krieg die Waffen sind, sind an der Börse Geld, Gerüchte und Politik. Dass Geld auch Macht darstellt – besonders an der Börse –, bedarf
keiner weiteren Erörterung. Und dass Gerüchte die Kurse beeinflussen können, vermögen auch Börsenlaien nachzuvollziehen, wenn sie an Gerüchte
über Fusionen, Spekulationen oder Aufkaufsabsichten denken, die sich sogleich im Aktienwert niederschlagen. Wenn aber der Aktienpreis erfolgreich

gedrückt werden kann, eine eigentlich wertvolle Firma somit praktisch zu
Ausverkaufspreisen zu haben ist, kann sie leicht zum Opfer finanzieller
Transaktionen werden und auf dem Schlachtfeld der Börse ihre Unabhängig-
keit verlieren. Dass auch die Politik zur Waffe auf dem Börsenparkett werden
kann – oft zu einer, die sich gegen sich selbst richtet –, das wurde in anderen
Beispielen in diesem Buch bereits gezeigt.

Der Krieg auf dem Börsenparkett wütet nicht allein unter den Anlegern,
die bald diese, bald jene Allianz eingehen und mal die eine, mal die andere
Schlachtordnung bevorzugen, auch treten keineswegs nur Firmen gegen-
einander an, sondern Aggressionen richten sich zum Teil gegen ganze Staaten.
Hier nun wagen wir einen tieferen Blick in das Schlachtgetümmel, in welches
die Tigerstaaten geraten waren.

Mobilmachung

Die zinsgünstigen Dollarkredite waren für die Tigerstaaten so lange lukrativ,
wie die Währungen untereinander stabil blieben, die Zins- und Tilgungszahlungen sich faktisch selbst bezahlten und sich nicht durch Währungskurs-
verschiebungen unkalkulierbar verteuerten. Die Achillesferse dieses Systems
ist damit benannt: die möglichen Währungsparitätsänderungen. Diese Wechselkurse werden entweder festgekettet (»feste« Wechselkursparitäten) oder sie
schwanken je nach Angebot und Nachfrage. Was ist zu machen, um einen
festgeketteten Wechselkurs wunschgemäß zu beeinflussen? Das Angebot der
»feindlichen« Währung muss erhöht werden, um Druck zu erzeugen, damit
die Ketten bis aufs Äußerste belastet werden in der Hoffnung, sie irgendwann
zu sprengen. Und wie ist das möglich?

Eine Mobilmachung an der Börse spielt sich typischerweise im Verborge-
nen hinter verschlossenen Türen ab. Der Zutritt wird nur Personen aus Kreisen höchster finanzieller Potenz ermöglicht, die sich zur geistigen Aufrüstung
bei Bedarf fremder Gehirne bedienen. Eine solche Gruppe könnte eine Firma
etwa in Form eines Fonds ins Leben setzen und zum Beispiel mit 2,3 Milliarden US-Dollar Barem ausstatten. Dieses Eigenkapital ließe sich mittels Kredite zu einer Manövriermasse von 120 Milliarden US-Dollar aufblasen. Mit
diesem Geld könnte ferner mittels Derivaten (hier Termingeschäfte) das
Zehnfache, also 1200 Milliarden US-Dollar effektiv bewegt werden, was weit

mehr ist, als den meisten Regierungen der Welt in einem Jahr zur Verfügung steht. So ein Fonds kann, mit entsprechender Zielrichtung versehen, zur Kampfmaschine werden, die dank ihrer Masse fast alles niederwalzen könnte, das wagt, sich ihr in den Weg zu stellen. Die (Devisen-)Börse wird zum Kriegsschauplatz, wenn die Mittel solcher Fonds gegen die Währung eines Landes in Stellung gebracht werden.

Hedgefonds schlagen unter anderem Profit aus Kursdifferenzen wie Währungsschwankungen, Zins- und Aktienpreisunterschiede. Je größer die Unterschiede sind, die sie dank ihrer finanziellen Macht selbst herbeiführen können, je größer das Desaster wird, desto opulenter ist ihr Gewinn. Ihr Interesse liegt demnach nicht an der stabilen Ordnung, sondern am chaotischen Debakel. Statt Stabilität zu erzeugen, suchen sie nach ökonomischen Disharmonien[7] und Ungereimtheiten, die sie bis zum Zusammenbruch weiter zu destabilisieren versuchen. So trachten sie danach, zu erzeugen, was ihnen nutzt: Chaos. Da ein wehrloses Opfer eine leichtere Beute[8] ist, stürzen sie sich mit Vorliebe auf die vermeintlich Schwachen. Indem sie an dem Niedergang anderer profitieren, werden sie kaum deren Gesundung im Sinne haben.

Den Einsatz einer solchen Kampfmaschine demonstrierte unter anderem Soros, als er das englische Pfund aus dem europäischen Währungsverbund isolierte und ins Stolpern brachte (s. o.). Auch am Währungsdebakel der Tigerstaaten soll er an mehreren Fonds – zumindest als Berater – beteiligt gewesen sein.

Der brutale Krieg ohne Blutvergießen

Verleitet durch große wirtschaftliche Erfolge und erleichtert durch Vetternwirtschaft hatten also die Tigerstaaten mehr Kredite aufgenommen, als es ihrer Wirtschaftskraft gut tat. Die Firmen taten es ihnen gleich und nahmen ebenfalls zinsgünstige Auslandskredite auf. Das erschien risikolos, da die Wechselkursparitäten zum US-Dollar festgeschrieben waren und Gewinne reichlich sprudelten. Eine abgeschwächte Exportlage und unsolide Finanzierungen hätten jedoch eine Abwertung erfordert, die aber zunächst wegen der

---

[7] Zum Beispiel ungerechtfertigte Währungsparitäten, zu hohe Verschuldungen.
[8] Zum Beispiel die von Entwicklungs- oder so genannten Schwellenländern.

Dollarbindung ausbleiben musste. Im Gegensatz dazu erhöhte sich der US-Dollar, an den die Tigerwährungen gekoppelt waren. Damit stieg bereits vor der Währungsspekulation der Abwertungsdruck auf die Tigerstaaten. Diese Disparitäten und andere Unverhältnismäßigkeiten nutzten Soros und andere offenbar aus. Sie verschuldeten sich mit steigenden Summen in der anzugreifenden Währung und wechselten dieses Geld in stabile Währungen ein. Damit stieg das Angebot in der attackierten Währung und übte auf sie einen immer stärker werdenden Druck aus. Zunächst konnten die Zentralbanken noch gegenhalten, indem sie das Angebot ihrer Währung durch Kauf aus Währungsreserven vom Markt nahmen. Doch täglich verloren sie dabei Geld.

Gezielte Indiskretionen und »Enthüllungen«, zeitlich geschickt lanciert, bewegten weitere »Anlegerkreise« dazu, sich mit in das Kriegsgetümmel zu stürzen und die Kraft des Angriffs noch zu stärken. Das Marktangebot der attackierten Währungen stieg täglich. Der Zeitpunkt war für die Angreifer günstig gewählt, denn volkswirtschaftliche Unausgewogenheiten machten den Gegner verwundbar. Stützungskäufe aus Kassen der betroffenen Zentralbank zehrten nach den Exporteinbußen weiter an den Währungsreserven, die schließlich verbraucht waren. Die Schwächen der Verteidiger und die zunehmende Geldmacht des wachsenden Heeres der Angreifer sprengten schließlich die Ketten fester Wechselkurse. Die attackierten Währungen mussten vor der Übermacht in die Knie gehen, die Zentralbanken, finanziell ausgeblutet, kapitulierten.

Das wirkte wie ein Dammbruch während einer tosenden Sturmflut. Das Unheil ergoss sich in einem immer breiter werdenden, reißenden Strom über das Land und brachte Jammer und Verwüstung, Elend und Hoffnungslosigkeit. Wie kam es dazu?

Die Bomben detonieren und die Beute wird verteilt

Als die Währungsdämme brachen und die angegriffene Währung dramatisch an Wert verlor – bis zu 50 Prozent sackten die Wechselkurse in den Keller –, rieben sich die Spekulanten die Hände. In dem Maße, wie die Währung an Wert verlor, sanken ihre Schulden, wobei ihr Guthaben unverändert blieb. Sie zahlten die Schulden schließlich abgewertet – also billiger – zurück. Ihr Gewinn war der Verlust der abgestürzten Währung zum Dollar.

Doch des einen Freud ist des anderen Leid. Der Segen für die Spekulanten war zugleich ein Fluch für die Staaten und ihre Bewohner. Die Auslandsverbindlichkeiten, die vermeintlich doch so »billigen« Schulden der Tigerstaaten in fremder Währung, verdoppelten sich, als sich der Wert der eigenen Währung halbierte. Plötzlich, wie aus heiterem Himmel, waren die eben noch finanziell gesunden Unternehmen völlig überschuldet. Das war wie ein Bombardement, welches ohne Vorwarnung auf die Ahnungslosen niederging und ein Fiasko erzeugte. Denen, die auf die feste Parität zwischen Heimatwährung und US-Dollar gebaut hatten, war unversehens der Boden unter den Füßen entzogen. Sie waren zahlungsunfähig und hatten keine Chance, irgendetwas zu unternehmen, das Besserung in Aussicht stellte. Nun, da die Währung sank, hätten sie wohl Aufträge genug, ohne das nun fehlende Kapital aber konnten sie die Aufträge nicht ausführen. Der Kreditrahmen war gestrichen, weder die Staaten noch die Firmen erschienen kreditwürdig. Sie mussten die Mitarbeiter auf die Straße schicken. Die hohe Finanzpolitik traf somit unmittelbar die Bevölkerung. Die verstand die Welt nicht mehr. Eben noch von Delegationen aus aller Welt bewundert und hofiert, gelobt wegen ihres Fleißes, und nun gedemütigt auf die Straße geschickt, ohne Einkommen, ohne Vermögen, ohne Ansehen – was für ein Absturz! Ohne soziales Netz war der Fall bodenlos.

Nun kam die Börse als Kriegsplatz erneut zu zweifelhaften Ehren: Auch die Aktienkurse der unversehens überschuldeten Firmen kamen unter die Räder. Gerechnet in Dollar, bekam man plötzlich doppelt so viel Tigerwährung und da die Aktienkurse selbst auch um bis zu 70 Prozent eingebrochen waren, konnten Firmenanteile zu 15 Prozent und weniger des ursprünglichen Wertes – gerechnet in Dollar – erworben werden. Die Großindustrie ganz Indonesiens war zu 75 Prozent des Börsenwertes von Thyssen zu haben. Das erlaubte global denkenden Investoren neben der Devisenspekulation nun einen weiteren Deal. Sie konnten Firmen- (Know-how, Fleiß und billige Arbeitsplätze) und Marktanteile zu Dumpingpreisen einsammeln. Eine Bombe hätte nicht vernichtender wirken können. Es war der Krieg des Geldes, der niedermetzelte, ohne zu töten, vereinnahmte, ohne zu besetzen, knechtete, ohne zu unterdrücken.[9]

---

[9] Bruno Hollnagel: »Tollhaus Börse«, Verlag Langen Müller/Herbig.

Das Ziel war erreicht. Die Tigerstaaten lagen geschlagen am Boden. Wichtige Teile ihrer Wirtschaft befanden sich in Siegerhand. Der Wiederaufbau – ein weiteres blendendes Geschäft – konnte beginnen und die Besiegten bedankten sich auch noch für die »großzügige Kredithilfe«. Doch solche Hilfen sind keine Geschenke. Neben Zinsen, die zu zahlen sind und mit denen Leistungen aus dem Land abgesogen werden, ist es oftmals ein Teil der Souveränität, der verloren geht, denn Kredite werden nur unter bestimmten Bedingungen gewährt, so auch hier. Reparationszahlungen gleich waren so die Darlehen fremder Herren mit doppelter Münze zu begleichen, mit Zinsen und Souveränitätsverlusten.

Die Hilfe der Sieger bestand aus reichlich sprudelnden Geldern des Internationalen Währungsfonds (IWF). Das sind Mittel aus Steuergeldern, die im Wesentlichen von den Arbeitnehmern und dem Mittelstand der Industriestaaten aufgebracht werden und nun über die staatlichen Kassen der Besiegten teilweise in die Taschen der Konzerne der Sieger flossen. Außerdem erhielten die Sieger durch die Auflagen des IWF auch noch direkten Einfluss auf die Politik. Perfekter konnte ein Sieg nicht sein. Zulasten der Steuerzahler und der wirtschaftlich zertrümmerten Länder gewannen Konzerne Know-how, billige Arbeitsplätze, Marktanteile und politischen Einfluss. Ein Sieg auf der ganzen Linie. War das so geplant oder doch eine zwangsläufige Folge der Ereignisse?

Doch die Stützungsaktionen des IWF waren keineswegs das Ergebnis später Reue oder der Wunsch nach christlicher Nächstenliebe, sondern entsprangen der Angst, von dem asiatischen Börsenvirus angesteckt zu werden. Als erst Thailand, dann Malaysia, daraufhin Südkorea, Hongkong und Singapur nacheinander wie Dominosteine kippten, kam nach einer Zeit des fast demonstrativen Desinteresses in westlichen Gefilden plötzlich Hektik auf. Es wurde geunkt, dass es sich nicht bloß um eine Asienkrise handeln könnte, sondern um eine des globalen Kapitalismus. Man wurde sich bewusst, dass Anlagenbauer um ihre Aufträge und Zahlungsansprüche bangten und Banken die Sicherheiten für Kredite schwinden sahen. »Die deutsche Kreditwirtschaft hat weit über 100 Milliarden DM im Feuer«, wusste der »Platow-Brief« zu berichten. Nicht nur Greenspan befürchtete plötzlich eine weltweit konjunkturelle Abwärtsspirale. Es machte sich die Erkenntnis breit, dass sich die Asienkrise im gleichen ökonomischen Welt abspielte wie auch alle anderen Wirtschaften. Die IWF-Kredite an die Tigerstaaten dienten also auch als

Notanker für das westliche Wirtschaftsgefüge gegen das Abdriften in gefährliches Fahrwasser.

Kanonendonner auch anderswo – das Real-Desaster Brasiliens 1998/99

Die Begehrlichkeit und Inkompetenz der brasilianischen Politik, die, wie so viele andere auch, mehr ans Heute als ans Morgen dachte, hatte auch dort zerrüttete Finanzen zur Folge: Es wurde auch dort erheblich mehr ausgegeben als eingenommen. So stellt sich die Situation im Herbst 1998 wie folgt dar: Die interne Verschuldung Brasiliens beträgt (trotz der Einnahmen aus Privatisierungen in Höhe von 84 Milliarden Dollar) 298 Milliarden Dollar, die Auslandsverschuldung 228 Milliarden, wovon 42 Milliarden im nächsten Jahr fällig werden. Das Haushaltsdefizit wird mit 7,2 Prozent des Bruttoinlandsprodukts (BIP) veranschlagt.

In dieser Situation greift die Politik zu dem üblichen Mittel. Um das Geld im Lande zu halten, werden die Zinsen angehoben – auf bis zu 49,75 Prozent. Damit steigen die Kosten für staatliche Kredite und treiben die Schulden weiter in die Höhe. Ratenkäufe werden für die Bürger unerschwinglich. Schuldner verfallen in hoffnungslose Verzweiflung. Die Zinslast stranguliert die Wirtschaft. Zehntausende von Autos stehen auf Halde. Selbst die 15-prozentige Einkommenssteuer wird für kurzfristige Anleger aus dem Ausland erlassen. Aber Banker, Spekulanten und Investoren stellen sich die bange Frage: Wird das ausreichen, das Kapital im Land zu halten, wird Brasilien die notwendigen Mittel aufbringen können? Die einheimischen Sparer tauschen ihre Real in Dollar und Konzerne ziehen ihre Gewinne vorzeitig aus Brasilien ab – das Kapital, bestrebt, sich auf die sicherere Seite zu schlagen, beginnt das Land zu verlassen – bis zu einer Milliarde Dollar täglich. Der Real wird durch Käufe der Zentralbank gestützt. Die ehemals üppigen Währungsreserven von über 70 Milliarden Dollar schmelzen binnen weniger Wochen bis Ende September 1998 auf 47 Milliarden zusammen. Der brasilianische Börsenindex sinkt von über 12.000 auf 5.655 am 16. September 1998. Eine dunkle Rezession erscheint wie ein drohendes Unwetter am Horizont und schickt sich an, sich alles vernichtend über das Land zu wälzen. Es droht ein Kollaps.

Die Erkenntnis macht sich breit: Wenn Brasilien, die neuntgrößte Wirtschaftsnation der Welt, das größte Land Lateinamerikas, kippt, könnte der ganze Kontinent wirtschaftlich ins Wanken geraten, und das wäre den USA nicht zuträglich, denn das Land ist ein wichtiger Handelspartner und US-Banken sind stark engagiert. Also tritt der Internationale Währungsfonds in Erscheinung und ein Hilfspaket wird ausgehandelt: Brasilien soll 41,5 Milliarden Dollar erhalten und sich im Gegenzug zu einer »beispiellosen« Haushaltskürzung von 8,7 Milliarden Real verpflichten, auf Kapitalverkehrskontrollen verzichten, die Begleichung aller Schulden garantieren, die Privatisierung fortsetzen sowie unverzüglich Reformen am Steuersystem, Arbeitsmarkt und Finanzsystem vornehmen.

Die Aussicht auf internationale Finanzspritzen entspannt die Situation. Sogar Zuversicht keimt wieder auf. Ausländische Investoren haben sich im Oktober für netto 27,9 Millionen Real neu in brasilianische Aktien engagiert. Die Kurse steigen. Am 5. November 1998 erlebt Brasilien einen Kapitalzufluss von 265 Millionen Dollar.

Am 3. Dezember 1998 bringt die Regierung Fernando Cardoso einen den Verhandlungen mit dem IWF entsprechenden Maßnahmenkatalog in die Abgeordnetenkammer ein – und scheitert! Die ahnungslose Politik hat damit die Börsenspieler der Welt öffentlich dazu eingeladen, gegen den brasilianischen Real zu spekulieren. Gerüchte, dass eine Abwertung des Real bevorstünde – angeblich eine Bedingung für die Kredithilfe –, sowie vermutete Rücktrittsabsichten des Zentralbankpräsidenten Gustav Franco steigern noch zusätzlich die allgemeine Nervosität. Die Folge ist ein erneutes Börsenbeben. Innerhalb weniger Stunden brechen die Kurse in Brasilien um 8,8 Prozent ein. Die Ausläufer des Bebens schlagen in Argentinien mit einem Minus von 6,55 Prozent zu Buche.

Ist mit dem Scheitern des Maßnahmenkatalogs in der Abgeordnetenkammer der mühsam ausgehandelte Beistandskredit gescheitert? Zum Glück hatte der IWF bereits am 2. Dezember 1998 einen dreijährigen Kreditrahmen über 18,1 Milliarden Dollar genehmigt. Langsam und unter großem Aufwand gelingt es der Regierung, das Vertrauen des IWF und der Anleger zurückzugewinnen.

Doch erneut erweist sich die Politik als unsensibel gegenüber den Empfindsamkeiten des Kapitalmarktes: Mitte Januar 1999 droht der brasilianische Expräsident und neu gewählte Gouverneur von Minas Gerais, Itmar Franco, mit einem Schuldenmoratorium des von ihm vertretenen Bundesstaates. Die Bedienung und Rückzahlung von 90 Milliarden Dollar sind damit infrage gestellt. Werden andere Bundesstaaten sich anschließen? Erst der in der Abgeordnetenkammer gescheiterte Maßnahmenkatalog, nun der drohende Zahlungsausfall Minas Gerais' und möglicherweise die Zahlungseinstellung anderer Bundesländer: Wie ernsthaft sind Brasiliens Bemühungen zur Konsolidierung seiner Finanzen??? Der Markt ist in Aufruhr. Im frühen Geschäft des 12. Januar 1999 verliert der brasilianische Bovesta-Index 6,54 Prozent und endet mit einem Minus von 7,62 Prozent bei 5.916.

Am nächsten Tag wird der Handel nach 15 Minuten und einem Kursverlust von weiteren 10,23 Prozent ausgesetzt. Noch am gleichen Tag weitet die brasilianische Notenbank die Bandbreite zum US-Dollar von 1,12 bis 1,22 auf 1,20 bis 1,32 auf und wertet den Real damit faktisch um acht Prozent ab. Der Real steht nun auf 1,32 je Dollar. Die Devisenreserven betragen nur noch 35 Milliarden Dollar. Am Freitag, dem 15. Januar 1999, fällt der Beschluss, den Real frei floaten zu lassen. Er fällt vom 15. Januar bis zum 7. März um zirka 70 Prozent. Die Spekulanten, die auf das Unvermögen und Scheitern der brasilianischen Politik und damit auf einen sinkenden Real gesetzt hatten, konnten reichlich Kasse machen.[10]

---

[10] Auszug aus: Bruno Hollnagel: »Tollhaus Börse«, Verlag Langen Müller/Herbig.

XXI.

Der Zusammenbruch der »New Economy«

»Man war geblendet durch die Erfolge« ...

... sagte Martin Scholich zum Neuen Markt

»Grenzenlosem Optimismus folgte lautstarker Katzenjammer.«

»Financial Times Deutschland« (26. Dezember 2000)

»Der Neue Markt ist eine Zockerbude, wo mit gezinkten Karten gespielt wird« ...

... sagte einst Börsenguru André Kostolany

Die Geschichte, fortwährenden Veränderungen unterlegen, ergab, dass Deutschland wieder vereinigt wurde, Japan knapp einem wirtschaftlichen Knock-out entging, die Weltmacht Russland sich fast auflöste und die Tigerstaaten einen raketenhaften Aufstieg nahmen, um dann unversehens abzustürzen. Das alles musste sich auch auf die Börsen und deren Aktienkurse niederschlagen. Ein unbedarfter Beobachter hätte der Illusion unterliegen können, dass die Zeit der großen Zusammenbrüche nun vorbei sei, weil die Börsianer und die Zentralbanken aus den Börsencrashs und Miseren der Vergangenheit gelernt hätten und im Falle des Falles rechtzeitig gegensteuern würden – dem war nicht so. Als wieder einmal Aufruhr herrschte, Schreie durch die Börsensäle gellten und klare Gedanken sich nicht fassen lassen wollten, zog das Geschehen in einem immer größer werdenden Strudel die Kurse des »Neuen Marktes«, des NASDAQ und von vergleichbaren Sektoren in den Abgrund. Mit ihnen versanken schöne Träume und viel, viel Geld.

Mitte 1998 erschienen die Rahmenbedingungen in Europa positiv. Die Zinsen waren niedrig, die Gewinnaussichten gut, auch die Liquidität konnte kaum besser sein, und den Anlegern fehlten interessante Anlagealternativen. Selbst in den USA hatte sich die zweimonatige Schwäche ab Mitte Juni schon wieder in eine erneut feste Börsenverfassung gewandelt und die Kurse – wie in Europa – auf historische Höchstkurse getrieben. Selbst zuvor kritische Wallstreet-Auguren gaben angesichts verpasster Kursgewinne ihre skeptische Haltung auf. Die Baisse setzte ein, als selbst die kritischsten Skeptiker nicht mehr damit rechneten. Auch das Ausmaß übertraf bei weitem das, was als Korrektur angemessen gewesen wäre. Das Überraschende aber waren die Argumente, mit denen die Kursrückgänge begründet wurden. Es waren die gleichen, die seit mindestens einem halben Jahr in Börsenkreisen kursierten und ohne Wirkung blieben. Eine seltsame Situation: Alle redeten vom bevorstehenden Hurrikan, aber niemand traf Vorsichtsmaßnahmen. Und als das Unwetter dann »plötzlich« über alle hereinbrach, flanierten alle in Shorts und Badehosen am Strand, als ob das schönste Wetter herrschte. Demgemäß erhielten sie eine gehörige Dusche und manche handelten sich eine handfeste Erkältung oder gar eine Lungenentzündung ein. Auch hier rieben sich verwundert Anleger und Institutionelle die Augen – wie konnte das nur geschehen?

Womit die große Spekulationsblase der »New Economy« in Deutschland und Amerika wirklich begann, kann nicht sicher gesagt werden. Vielleicht fand alles seinen Anfang mit der Börsennotierung von »Netscape«, deren Aktien am ersten Handelstag von 28 auf 58 US-Dollar in den Himmel schossen und damit hohe Erwartungen schürten. Vielleicht fiel der Startschuss auch mit dem riesigen Werberummel, den die Deutsche Telekom inszenierte. Damals lockte die Werbung das Geld Hunderttausender braver Sparer von behäbigen Sparkonten und beschaulichen Anleihen in den spekulativen Aktienmarkt. Sie wurden unversehens zu »erfolgreichen« Aktionären, ohne zu wissen, wie das geschah. Vielleicht war es auch nur der Begriff »New Economy«, der eine blühende Zukunft, Wachstum und Erfolg verhieß. Vielleicht war es auch eine kleine Gruppe von Fondsmanagern, die Gelder von Kleinanlegern einsammelten und preistreibend in den Neuen Markt investierten, oder Jointventurekapitalisten, die eine gute Chance sahen, noch unreife Unternehmen viel zu früh an die Börse zu bringen und damit zwei Fliegen mit einer Klappe schlugen: Sie waren das Risiko los und hatten reichlich Kasse gemacht. Fürstlich verdient hatten auch die Geldinstitute, die die jungen Unternehmen an die Börse brachten. So hatten viele ein Eigeninteresse an dem Aufschwung. In jedem Falle war es eine grandiose Erfolgsgeschichte – bis zum 10. März 2000.

Aller Anfang ist schwer

In Deutschland herrschte bezüglich des Aktien-Segments »Neuer Markt« zunächst eher Skepsis. Würde sich die neue Technologie, das Internet mit ihren Dienstleistungsunternehmen, der E-Commerce, das Business-to-Business-Geschäft, die Telekommunikation und das Handygeschäft nachhaltig durchsetzen können? Zu Beginn der Hausse am Neuen Markt war die zukünftige Entwicklung keineswegs so sicher, wie es im Rückblick erscheint. Nur mit Mühe gelang es, zum Beispiel am Neuen Markt die Aktien der ersten Firmen zu platzieren. Das breite Publikum wusste die neuen Technologien offenbar nicht recht einzuordnen. Im ersten Jahr des Neuen Marktes, das war 1997, wurden gerade Aktien im Wert von zirka 660 Millionen DM platziert, im Jahre 1999 mit 15,44 Milliarden DM, ungefähr 28-mal so viel. Das Handy etwa, vormals mehr ein Prestigeobjekt als ein Gebrauchsgegenstand, benötigten in Wirklichkeit nur wenige Manager, die möglichst auch auf ihren Fahrten erreichbar sein mussten. Dass wenige Jahre später viele Schüler nun deutlich

billigere Geräte bei sich tragen und sich gegenseitig SMS-Nachrichten zu-
schicken würden, davon träumten anfangs nur Visionäre. Auch das Internet,
schon seit vielen Jahren bekannt, wurde zunächst nur von spleenigen Freaks
und Insidern genutzt.

Erst als die Computer billiger und die Chancen und Vorteile des neuen
Kommunikationsmediums auch von breiteren Bevölkerungsgruppen als
praktisch und zeitsparend erkannt wurden, eröffnete das den neuen Unternehmen verheißungsvolle Perspektiven. Zuvor aber musste die Zugangs-
software praktikabel gemacht werden und Suchmaschinen das Auffinden der
sprichwörtlichen Stecknadel im Heuhaufen auf einfache Weise ermöglichen.
Jetzt, da gezielt gesucht werden konnte, ließ sich im Netz das Gewünschte
finden. Damit entstand ein ganz neuer Marktplatz, der auch pheriphäre Gebiete erschloss, die bald ein eigenständiges Dasein führten. Diese Märkte für
Kommunikation, Information, Dienstleistung und Produkte begannen plötzlich regelrecht zu explodieren. Es wurden völlig neue Produkte und Berufs-
felder erschlossen. Es entstanden ganz neue »Industrien«.

Das Netz selbst erforderte neue Produkte, von der Hard- bis zur Software,
die nicht nur erdacht, produziert, vertrieben, gewartet und kontinuierlich
weiterentwickelt werden mussten, sondern die neuen Technologien benötigten auch Umstellungen innerhalb der Wirtschaft insgesamt und eröffneten für
andere Bereiche neue Absatzwege. Der allgemeine Wettbewerb zwang dazu,
so glaubten viele, die sich bietenden Vorteile auszuschöpfen. Logistikunter-
nehmen, die die elektronisch bestellten Waren verteilen mussten, standen vor
neuen Herausforderungen, ebenso wie die Organisationsabteilungen innerhalb der Firmen. Ganz neue Firmenstrukturen entstanden. Es war nun
möglich, Entwicklungen rund um den Globus und damit rund um die Uhr
voranzutreiben. Es galt ferner, das Personal an die neue Technik heranzu-
führen, womit Schulungen erforderlich wurden und Abläufe sich veränderten.
Kurz: Was hier ablief, war nicht mehr und nicht weniger als eine technische
Revolution mit all den Folgen, die eine solche Revolution mit sich bringt –
Chancen wie Risiken.

Das Ganze spielte sich in einem geradezu idealen Umfeld ab: Die Zinsen
waren relativ niedrig, die Weltwirtschaft prosperierte und die politischen Verhältnisse galten allgemein gesehen als stabil; zumindest ging kaum jemand davon aus, dass sich die Schwächen Japans und der Tigerstaaten breit machen
würden.

Während die neuen Techniken sich durchzusetzen begannen, gerieten auch die Firmen, die sich hier platzierten, in den Fokus allgemeiner Aufmerksamkeit. Das musste sich auf die entsprechenden Aktienkurse auswirken.

Die Schlacht um Neuemissionen

Im Zuge des einsetzenden Booms gab es für viele Firmen sowohl die Notwendigkeit, in den Neuen Markt hineinzustoßen, als auch die Chance, neue Ideen in neuen Firmen zu verwirklichen. Dazu war neben dem Know-how eines erforderlich: Geld. Und das ließ sich am günstigsten durch Neuemissionen über die Börse beschaffen. Dabei verkaufen die jungen Unternehmen an der Börse Gesellschaftsanteile in Form von Aktien. Der zu erzielende Preis wird umso höher sein, je chancenreicher das Unternehmen vom Publikum eingeschätzt wird. Für die neuen Aktienunternehmen galt es demnach zunächst, die Vorzüge der Produkt- oder Dienstleistungsidee deutlich zu machen. Dies ist umso leichter, je positiver die Grundstimmung der potenziellen Erstzeichner ist. Ihre Stimmung wird allgemein mit den bereits erzielten Kursgewinnen anderer Firmen euphorischer. Und tatsächlich: Nach anfänglichen Schwierigkeiten wich die Skepsis gegenüber der »New Economy« allgemeiner Zuversicht.

Am Ende gab es regelrechte Schlachten um Neuemissionen, denn die Erstzeichner rechneten bereits am ersten Handelstag fest mit Kurssteigerungen. Diesen Gewinn wollte sich natürlich niemand entgehen lassen, weshalb sich alles nach diesen Neuemissionen drängte. Aus diesem Grunde wurden solche Neuemissionen oftmals mehrfach überzeichnet. Denjenigen, denen keine neuen Aktien zugeteilt wurden, blieb nur, sich möglichst schnell nach der erfolgten Börseneinführung mit den begehrten Stücken einzudecken. Das führte dazu, dass bereits zur ersten Börsennotiz Kurssteigerungen zum Zuteilungspreis von 100 und mehr Prozent zu erzielen waren. »Intertainment« beispielsweise wurde zu 36 DM herausgebracht und kostete bereits einen Tag nach der Börseneinführung 170 DM! Solche exorbitanten Gewinne lockten wiederum neue Spekulanten wie das Licht die Motten. Wer wollte nicht an einem Tag sein Kapital mehr als verdoppeln? Ein blendendes Jahrhundertgeschäft für jene, die zum Zuge kamen. Klagen wegen ungerechter Zuteilung wurden angestrengt, weil Otto Normalverbraucher nicht wunschgemäß an die neuen Aktien herankam, an denen er sich reich rechnete, noch bevor er sie in seinem Depot hatte.

Die Gier wächst

In der Euphorie fragte bald kaum noch jemand, was das neue Unternehmen und sein Management für seine Vorhaben qualifizierte. Man machte sich keine Gedanken über die Tragfähigkeit der Idee oder des unternehmerischen Konzepts; Hauptsache war, es hatte etwas mit der verheißungsvollen »New Economy« zu tun. Man gierte nach dem sicheren Gewinn und fragte nur nach Neuemissionen am Markt der »New Economy«. So konnte es nicht verwundern, dass auf der Unternehmensseite sich bald auch die Zocker versuchten. Sie brauchten mit ihrem Konzept nur ein Institut zu überzeugen, das ihre Aktien an der Börse einführen sollte, um an das große Geld zu kommen. Hilfreich war dabei, dass die Institute selbst prächtig daran verdienten und deswegen diesen Vorhaben wohlwollend gegenüberstanden.

Wie obskur der blinde Glaube in den Neuen Markt war, an dem die Zauberformeln »www.«, »com« oder »E-Commerce« für steigende Kurse sorgten, zeigt die Entwicklung einer Zahnbürstenfabrik. Ihr Aktienkurs verdreifachte sich, nachdem sich die Firma einen neuen Namen gab und die verheißungsvollen Buchstaben »com« hinzufügte. Wie im Gründerboom 1871–1873 bedurfte es nur einer Idee und einer gutwilligen Bank, um riesige Gelder einstreichen zu können. So eine Art der Geldschöpfung musste eines Tages als Schaumschlägerei entlarvt werden.

Doch einige veröffentlichten Zahlen waren durchaus viel versprechend und schienen den Optimisten Recht zu geben. Schließlich stand auch noch das tatsächliche oder vermeintliche Jahr-2000-Problem an, das mit großem Aufwand bewältigt sein wollte. Ältere Computerprogramme verarbeiteten, um damals kostbaren Speicherplatz zu sparen, Jahreszahlen mit nur zwei Ziffern. Das bevorstehende Jahr 2000 (= 00) könnten die Programme als das Jahr 1900 (ebenfalls = 00) fehlinterpretieren und ins Schleudern bringen. Viel Geld wurde aufgewandt, um diesen Schwachpunkt ausfindig zu machen und zu beseitigen. Geld, das den Technologieboom noch weiter forcierte.

Die unablässig steigenden Kurse riefen schließlich auch im Grunde konservativ gesonnene Fondsmanager auf den Plan, die eifersüchtig auf die phantastische Performance von über 100 Prozent ihrer Konkurrenz aus der »New Economy« schielten. Sollten sie, die vorwiegend auf die »Old Economy« setzten, tatenlos zusehen, wie ihnen die Anleger das Geld entzogen, um sie in der »New Economy« zu investieren? Sollten sie ihrem Fonds die märchenhaften Gewinne etwa entgehen lassen? Waren nicht auch Werte wie »Amazon« oder »EM.TV« längst zu Standardwerten aufgestiegen? Viele Fondsmanager konnten der Versuchung nicht widerstehen: Obwohl ihre Anlagestrategie eigentlich auf soliden Substanzwerten basierte, nahmen sie nun so genannte Wachstumswerte[11] mit in ihre Depots auf.

Auch in Hongkong breitete sich der Internetbazillus aus. Der Börsengang des erst ein paar Wochen alten Internetportal-Unternehmens »tom.com« wurde zu einem fulminanten Debüt. Am Ende der Zeichnungsfrist stürmten Zehntausende private Anleger die Banken. Die Antragsformulare reichten nicht aus. Die Polizei musste drohende Tumulte abwehren. Der Kurs vervierfachte sich innerhalb von Tagen, obwohl das Unternehmen kaum mehr als eine Geschäftsidee und einen Mehrheitsaktionär, Li Ka-shing, mit besten Kontakten nach China aufzuweisen hatte.[12]

Mängel schleichen sich ein

Die Nachfrage war so angeheizt, dass fast jede Neuemission eine Goldgrube zu sein schien. Die Emissionshäuser hatten wirkliche Probleme, den Emissionspreis festzusetzen – es fehlten offenbar zuverlässige Bewertungsmaßstäbe. Kaum glaubte man eine Richtgröße gefunden zu haben, strafte der haussierende Markt die Analysten Lügen. Die emittierenden Banken waren in der Zwickmühle: Setzten sie die Ausgabepreise konservativ niedrig an, mussten sie befürchten, dass ihnen der äußerst lukrative Auftrag zur Börseneinführung durch die Lappen ging; setzten sie den Emissionspreis zu hoch an, drohte ein späterer Kurseinbruch der neu eingeführten Aktien und ein Imageverlust des Emissionshauses. Da nun die Kurse immer weiter stiegen, griffen die Analysten zu immer höheren Bewertungsmaßstäben.

---

[11] Wachstumswerte: Gesellschaften, deren Wert durch den Markt im Wesentlichen in zukünftiger Umsatzsteigerung und Kundenwachtum gesehen wird.
[12] «Internet Handelsblatt«, Dienstag, 20. Juni 2000.

Die üblichen Richtgrößen wie Kurs-Gewinn-Verhältnis versagten von vornherein, weil die meisten Werte noch keinerlei Gewinn vorweisen konnten. Auch der Buchwert konnte keine Richtgröße sein, denn der größte Teil des Emissionsertrags floss der Firma und damit dem Buchwert zu. Also verfiel man darauf, den einzigen Wert als Richtgröße zu nehmen, den man hatte, die Umsätze. Da die Börse jedoch die Zukunft bewertet, wurden die erwarteten zukünftigen Umsätze als Bewertungsmaßstab ausgewählt. Damit wurde ein guter Teil Zukunftsphantasie in die Kurse eingepreist, wobei unterstellte jährliche Zuwachsraten von 100 Prozent und mehr eher die Regel denn die Ausnahme waren. Die steigenden Kurse schienen solchen Bewertungen Recht zu geben. In der Internet-Handelsbranche verfielen die Analysten schließlich darauf, die Kunden zu zählen, und bewerteten jeden erst mit 1200 US-Dollar, dann mit 3000, 4000, 5000 …, schließlich mit bis zu 8000 US-Dollar. Kurz: Jede bekannte Bewertungsmethode führte die Fakten ad absurdum. Wenn dann tatsächlich Gewinne erzielt wurden, so ließ die Bewertung auch hier jede Bodenhaftung vermissen: Galt ein Kurs-Gewinn-Verhältnis, in der »Old Economy« mit mehr als 22 in der Regel schon als sehr hoch gegriffen, so kamen Internetfirmen wie »AOL«, »Oracel« und »Yahoo« auf 100 und mehr. Der Markt geriet aus den Fugen, aber keiner wollte es wahrhaben – zunächst.

Die Antragsflut, die die Emissionshäuser überschwemmte, überforderte offensichtlich das Personal. Es ließ nicht immer die wünschenswerte Sorgfaltspflicht walten: »Bei vielen Häusern fehlten schlicht und einfach die Ressourcen für eine angemessene Untersuchung«, meinte Georg Hansel, Managing-Director der »Deutschen Bank« für »Equity Capital Markets«. »Oft reichte auch die Expertise in dem Sektor nicht aus, um die Geschäftsaussichten richtig zu beurteilen.«[13] Solche Umstände konnten für die Anleger, die die luftigen Phantasien bezahlten, nicht folgenlos bleiben.

Was zunächst nur Einzelne vermuteten, aber noch nicht an das Licht des Tages drang, waren gewisse Manipulationen. Um den hohen eigenen Erwartungen und denen des Marktes gerecht werden zu können, aber auch um an die ersehnten Börsenmillionen zu gelangen, fühlten sich manche Firmenmanager offenbar verführt, die Wirklichkeit den rosigen Zukunftsaussichten und schillernden Visionen anzupassen. Die Realität wurde dabei

---

[13] «Financial Times Deutschland» vom 15. März 2001.

manchmal nicht nur auf dem Bildschirm virtuell. Der dabei erwiesene Erfindungsreichtum stand dem in den neuen Technologien kaum nach: Da wurden Zahlen manipuliert, dass sich die Balken bogen. Viele Kursavancen standen auf tönernen Füßen. Doch noch ahnten die meisten Anleger nichts davon.

Später sollte sich bestätigen, dass hinter den Kulissen kräftig manipuliert wurde. Danach schob, nein, trieb man den Markt. Der erste Fondsmanager kaufte zu tiefen Kursen und verkaufte zu höheren Preisen an den zweiten und der zweite mit saftigen Aufschlägen wiederum zurück an den ersten.[14] Die Kurse auf dem engen Markt drehten sich so in immer neue Höhen. Kein Wunder, dass die Fonds des Neuen Marktes Traumergebnisse erzielten. Der Normalanleger sah nur mit Staunen die Preise in den Himmel schießen – und wollte an den »sicheren« Gewinnen teilhaben. Die Gier trieb die Käufer in den Markt.

Die Wende und die Todesliste

Irgendwie war der Wurm im Markt, zumindest gab es Anzeichen dafür. Immerhin hatte Bill Gates eigene Aktien seiner Firma »Microsoft« verkauft. Auch Haffner von der »EM.TV« begann sich davonzustehlen. Er verkaufte im Februar 2000 vorzeitig und außerbörslich vorgeblich aus strategischen Gründen 200.000 Stück seiner Aktien und verstieß damit gegen die Haltefrist, die im Unternehmensbericht festgeschrieben war. Auch die Firmengründer von »Ixos« und das Investmenthaus »Goldman Sachs« sahen die Zeit gekommen, mit satten Gewinnen auszusteigen, indem sie »Ixos«-Aktien verkauften. Ein perfektes Timing (Zufall?), denn nur Wochen später ließ eine Gewinnwarnung die Kurse abstürzen. Wenn Insider verkaufen, dann braut sich am Börsenhimmel etwas zusammen.

Im März 2000, auf einem Investmentkongress in München, gerade als wenige Stunden zuvor in Amerika die ersten markanten Kurseinbrüche des NASDAQ erfolgt waren, wurde einer der Heroen des Neuen Marktes auf dem Podium gefragt, wie sein Ausstiegsszenario aussehe. »Ich habe keines«, gab er den verblüfften Zuhörern zur Antwort. Da purzelten also in New York

---

[14] »Der Spiegel« Nr. 42, vom 16. Oktober 2000.

die Kurse und der Fondsmanager hatte kein Ausstiegskonzept. Wohin würde das wohl führen?

In der Woche vom 9. April bis 14.April 2000 fiel der amerikanische NASDAQ von 4446,45 auf 3321,27 Punkte – atemberaubende 1125,18 oder 25,3 Prozent. Seit dem Höchstkurs vom 10. März 2000 (5048,62) war das bereits ein Verlust von 34,22 Prozent.

Im Juni 2000 platzte mitten in das weitere Trudeln der Kurse eine Nachricht, deren Inhalt vielen Börsianern wahrscheinlich bewusst war, aber ihnen nun erst jetzt erschreckend deutlich vor Augen geführt wurde: Die ersten »Cashburn-Listen« der Todeskandidaten machten die Runde und gaben Gewissheit: Vielen Firmen drohte die finanzielle Austrocknung, das Aus. Eine Reihe von Internetaktien würde ohne neues Geld das Jahresende nicht überleben können. Ihre laufenden Verluste würden bis dahin die vorhandenen Barmittel aufgezehrt haben. Da konnte niemand mehr wegsehen und sich der Selbsttäuschung hingeben. Der Ausweg war frisches Geld, doch würden genügend Kapitalgeber bereit sein, die nötigen Mittel einzuzahlen – wer wollte gutes Geld dem schlechten hinterherwerfen? Wer wollte bei einer solchen Perspektive Kapital nachschießen? Der Markt urteilte gnadenlos: Die Kurse sanken weiter.

Dann sickerten weitere Gewinnwarnungen durch. Im September reihte sich eine Hiobsbotschaft an die andere: Mit »Gigabell« begann die Pleiteserie, gefolgt von »Teamwork«. Ins Gerede kamen auch »Infomatec« wegen möglichen Kursbetrugs. Nun hagelte es Umsatz- und Gewinnwarnungen und die ehemaligen hochfliegenden Erwartungen wurden als Wunschvorstellungen und eklatante Fehlprognosen enttarnt. Ehemalige Hochflieger stürzten daraufhin vom Himmel wie flügelamputierte Engel.

Die Ahnungen eines gedämpften Wirtschaftswachstums hatten sich zur Gewissheit verdichtet, als die Wachstumsrate für das dritte Quartal mit 2,4 Prozent ermittelt wurde. Die Daten für das verarbeitende Gewerbe signalisierten weitere Abkühlungstendenzen, dennoch brach der private Konsum noch nicht ein: Die Konsumenten zehrten von den Ersparnissen (!). Der Konsum basierte bis dahin also auf einem äußerst unsicheren Fundament. Sollte die Hochstimmung der Konsumenten umschlagen, so würde dies auch die Konjunktur treffen: Konsumenten würden, statt ihr Geld auszugeben, lieber aus Sorge vor einer unsicheren Zukunft sparen. Die daraus folgende geringere Konsumnachfrage würde schließlich auch auf die Investitionen übergreifen.

Das hätte insbesondere die neuen Technologien betroffen und diesen Sektor weiter geschwächt. In der Folge wären die Kredite gefährdet und hätten sich so auf den Bankensektor niedergeschlagen. Die Situation gab also berechtigten Anlass zur allgemeinen Nervosität.

Das Geschehen warf ein schales Licht auf die Analysten. Obwohl die Aktienkurse der »New Economy« Mitte des Jahres 2000 schon längst im Fallen begriffen waren, empfahlen sie immer wieder, Aktien zu kaufen. Zum Beispiel riet »J. P. Morgan« am 22. Mai 2000 zum Kauf von »ConSors« bei 90 Euro mit einem Kursziel von 171 Euro, die »BfG Bank« empfahl den gleichen Wert am 25. Oktober mit einem Kursziel von 155 Euro. Am Jahresende stand der Kurs der Aktie auf 59,50 Euro. Beispiel: »Kleinwort und Benson«. Sie empfahlen »MobilCom« am 21. März mit einem Kursziel von 220 Euro, Ende März 2001 notierte der Wert bei 17,10 Euro. »Merril Lynch« lobte »EM.TV« am 28. April wegen der hervorragenden Geschäftsstrategie, da kostete eine Aktie noch 86,35 Euro, doch der Kurs sank dramatisch auf 5,85 Euro zum 20. Dezember 2000. Vor dem Hintergrund solcher und vieler weiterer desaströser Kaufempfehlungen erweckten die Analysten den Eindruck, lediglich als Umsatzpromoter für die mit den Papieren handelnden Banken zu fungieren. Zumindest eines war sicher: Die Trefferquote der Analysten war erschreckend niedrig.[15] Das bezog sich auch auf ihr ureigenstes Gebiet, die Gewinnschätzungen. Sie erwiesen sich als Luftschlösser. So wurden die Schätzungen vom März 2000 weniger als ein Jahr später um 90 Prozent (!) nach unten revidiert. Das war nicht gerade ein Qualitätsausweis für ihre Arbeit. Durch solche eklatanten Fehlprognosen hatten sich die Gurus der Börsen selbst entzaubert.

Im August war die Schutzgemeinschaft der Kleinaktionäre (SDK) alarmiert. Sie stellte gegen das Augsburger Softwareunternehmen »Infomatec« Strafanzeige wegen des Verdachts des Kursbetrugs und unzulässiger Insidergeschäfte. Das Unternehmen meldete zwei Großaufträge in Höhe eines dreistelligen Millionenbereichs. Daraufhin war der Aktienkurs des Unternehmens raketenhaft gestiegen. Zwei »Infomatec«-Chefs hatten das offenbar zu nutzen gewusst. Sie sollen ihre Anteile mit üppigem Gewinn verkauft haben. Dann stellten sich die Aufträge als Bluff heraus – der Aktienkurs brach zusammen und gutgläubige Anleger hatten das Nachsehen.

---

[15] »Die Welt« vom 17. Februar 2001, S. 19.

Am 20. Dezember 2000 warnte der US-Notenbankchef Allan Greenspan zwar vor einer Rezession, senkte aber die Zinsen nicht. Damit wurden die Erwartungen vieler Marktteilnehmer bitter enttäuscht. »Gerade angesichts des düsteren Ausblicks hätten sich viele Marktteilnehmer eine Zinssatzänderung gewünscht«[16], meinte der Chefanalyst von »Kling Jelko«. Die somit desillusionierten Märkte reagierten in einigen Sektoren prompt mit Panikverkäufen. Einbrüche von zehn Prozent und mehr bei Technologieaktien waren in der ganzen Welt eher die Regel denn die Ausnahme. In der bereits überverkauften Situation hatte die Äußerung von Greenspan einen »Sell-out«, einen Ausverkauf, eingeleitet. Die Herabstufung der Technologieschwerpunkte wie »Cisco Systems«, »Hewlett Packard« und »IBM« durch das Brokerhaus »Merril Lynch« erwies sich angesichts der Kursverluste zwar als gerechtfertigt, diente aber nicht der Stabilisierung des Marktes. Nun verkauften auch Fondsmanager. Statt wie üblich gegen Jahresende ein so genanntes »Window-Dressing« zu betreiben, also jene Aktien nochmals nachzukaufen, die bereits in den Depots lagen, um damit die Preise zu heben und zum Jahresende bessere Ergebnisse vorweisen zu können, geschah das Gegenteil: Sie verkauften. »Ob mein Fonds in diesem Jahr mit 20 oder 25 Prozent Verlust abschneidet, ist eigentlich egal. 2000 ist gelaufen, ich lege lieber die Latte für das kommende Jahr niedriger«, meinte einer von ihnen.[17] Das war die Kapitulation! Die von vielen Investoren erwartete Jahresend-Rallye führte in die entgegengesetzte Richtung; statt zu steigen, sanken die Kurse – eine »schöne Bescherung« zu Weihnachten 2000.

Verbranntes Geld

Die Börsianer, deren Zuversicht wesentlich von kalkulierbaren Perspektiven bestimmt ist, mussten erleben, wie sich die Wahl des neuen US-Präsidenten über mehrere nervenaufreibende Wochen in einem Kopf-an-Kopf-Rennen hinzog. Als der Sieger endlich feststand, war die prinzipiell positive Stimmung völlig erschlafft, sodass das Ergebnis ohne Effekt für die Finanzmärkte blieb. In jedem Fall würde der neue Präsident ein schwacher Präsident sein, denn

---

16 »DM Online« vom 25. Dezember 2000, Wachstumswerte: Ausgeblufft.
17 »Die Welt« vom 21. Dezember 2000, S. 21.

nicht die Wähler, sondern die Gerichte entschieden die Wahl – so zumindest war die allgemeine Auffassung.

Obwohl in Japan die wichtigen Unternehmen (endlich) 35 Prozent Gewinnsteigerungen zu verzeichnen hatten und die Gewinne auch im nächsten Jahr steigen würden, obwohl in Amerika auf Fondskonten 220 Milliarden US-Dollar auf Anlage warteten[18] (Ende Oktober 2000) und obwohl der neue Präsident der USA, Bush, Steuersenkungen avisierte und der Marktzins sank, herrschte allgemein Mollstimmung, in der weltweit Hunderte von Milliarden Dollar regelrecht zu nichts verbrannten – vollkommen zu Recht, denn viele hoch gejubelten Werte hatten nichts als vage Hoffnungen zu bieten oder schlicht die nackte Realität: Verluste, sinkende Umsatzzahlen, ja sogar Luftbuchungen.

Jetzt kamen die Manipulationen ans Tageslicht. Die angewandten Tricks waren vielfältig und ebenso raffiniert wie viele der neuen Produkte: Aufträge von »Infomatec« und »Metabox« erwiesen sich als fingiert und Kurse wurden manipuliert.[19] Die Umsätze bei »EM.TV« wurden künstlich nach oben geschraubt, indem »EM.TV« Produkte an den Medienmogul Kirch verkaufte, der wiederum verkaufte an »EM.TV« und »EM.TV« reichte an Kirch weiter usw.[20] Zudem strengte die Staatsanwaltschaft gegen »EM.TV« eine Untersuchung wegen illegaler Insidergeschäfte an. Die Börsenkapitalisierung, die dereinst bei über 13 Milliarden Euro lag, sank auf unter eine Milliarde.

Michael Saylor, Mitgründer von »Microstrategy« und dereinst einer der Stars der »New Economy«, Reisender in Sachen Visionen, wollte mittels intelligenter Software die Menschen und ihre Geschäfte elektronisch miteinander vernetzen. Seine geistigen Höhenflüge schlugen sich jedoch nicht in den realen hoch geschraubten Umsatz- und Gewinnzahlen nieder. Da nicht sein kann, was nicht sein darf, half er der Wirklichkeit etwas nach: Die Börsenaufsicht ermittelte und stellte fest, dass Auftragsabschlüsse umdatiert wurden, und Aufträge, die über mehrere Jahre abzuwickeln waren, sofort und im vollen Wert in den Büchern erschienen. Die Umsätze manipulierte auch »Priceline«. Statt lediglich ihren Provisionsanteil als Umsatz zu verbuchen, erschien der volle Preis der vermittelten Hotel- und Flugreisekosten in ihren Bilanzen.

---

[18] Ebenda.
[19] »Finanz und Wirtschaft« vom 20. Dezember 2000, S. 15.
[20] »Financial Times Deutschland« vom 12. März 2001.

Diese und viele andere Nachrichten, vom »Spiegel«, von der »Financial Times Deutschland«, vom »Handelsblatt« und anderen veröffentlicht, waren alles andere als Balsam für die verlustgepeinigten Geldbeutel und strapazierten Nerven der geschröpften Anleger.

Wieder einmal zeigte sich die Börse als unbestechlicher Richter – die Kurse brachen teilweise um bis zu 90 Prozent ein.

Wie sehr der Markt am Boden lag, zeigte symptomatisch das Ergebnis einer Neuemission: »Biolitec«, ein Unternehmen des Neuen Marktes, sollte bei seiner Börseneinführung nach der Vorstellung der Konsortialführer angeblich faire 30 Euro kosten. Die schwache Gesamtlage veranlasste die Banken, eine Preisspanne zwischen 20 und 26 Euro anzupeilen. Der Wert notierte bei Erscheinen mit 16 Euro und fiel schließlich im Handelsverlauf auf 12 Euro. Was für ein Gegensatz zu den Gefechten, die sich vor nicht allzu langer Zeit Anleger lieferten, um an die einstmals begehrten, Gewinn versprechenden Erstemissionen zu gelangen!

Immer mehr schwarze Schafe wurden entdeckt. Umsatz und Gewinnzahlen wurden nicht nur errechnet, sondern auch durch Ringkäufe manipuliert. Bei »Gigabell« war noch nicht einmal die Software für die Buchführung installiert.[21] Bei »Senator Entertainment« sollten Filmrechte erst an die kleinere »Central Film Vertriebs GmbH« teuer verkauft und dann diese Firma billig gekauft worden sein. Das wäre eine manipulierte Umsatzaufblähung. Zudem sollte sich gegen Jahresende 2000 der zuvor prognostizierte Gewinn aus heiterem Himmel in Luft aufgelöst haben. Auch der Umsatz der »Intertainment« sollte urplötzlich eingebrochen sein. Je tiefer gekratzt wurde, desto mehr Ungeheuerlichkeiten kamen zum Vorschein. Plausible Geschäftspläne und ein erfahrenes Management waren danach eher Ausnahmen – die Anleger rieben sich die Augen. Wie konnte das geschehen? »Noch vor einem Jahr genügte eine Powerpoint-Präsentation, um 20 Millionen lockerzumachen. Heute geht fast gar nichts mehr«, stellte Nuttall, Gründer von »Audiosoft«, fest.[22] Generell erwiesen sich die hochfliegenden Prognosen als eklatante Fehleinschätzungen. Bruchlandungen waren die Folge. Nun war klar, dass das, was am Markt der »New Economy« gehandelt wurde, keine Aktien waren, sondern Hoffnungen, vage Hoffnungen, die oft ohne Fundament gebaut wurden,

---

[21] »Der Spiegel« 1/2001, S. 92.
[22] »Financial Times Deutschland« vom 12. März 2001.

Hoffnungen, die sich im Zuge einer sich abschwächenden Konjunktur zerschlugen.

Die Pessimisten wurden von der Realität durch immer neue Gewinnwarnungen in ihrer Haltung bestätigt. Die Liste der Firmen, die Gewinneinbußen hinnehmen mussten, enthielt so klangvolle Namen wie »Microsoft«, »Dell«, »Intel«, »Motorola«, »AT & T« und »Lucent Technologie«. Lucent, einst Liebling der Wallstreet, hatte sich seit ihrem Höchstkurs im Dezember 1999 von 81,88 US-Dollar nahezu auf 13,75 ein Jahr später (21. Dezember 2000) nahezu pulverisiert und sank später noch weiter. »AT & T« mussten zum ersten Mal in ihrer 100-jährigen Firmengeschichte die Dividende kürzen. Das war eher harmlos gegenüber der erschütternden Tatsache, dass mehr als 2000 US-Internetfirmen »in die Grütze« gingen. Es waren allerdings keineswegs nur vormals kleine Firmen, die Federn lassen mussten: Seit dem März 2000 verloren binnen Jahresfrist »Microsoft«, »Intel«, »Cisco Sytsems«, »Oracel« und »JDS Uniphase« zusammen über 1.000.000 Milliarden US-Dollar an Wert. Das war unverhältnismäßig viel mehr, als die zirka 117 Milliarden US-Dollar, die von 1998 bis 2000 in insgesamt 1155 Neuemissionen an der NASDAQ investiert wurden.[23]

In Deutschland sank der Neue-Markt-Index (Nemax) seit dem höchsten Stand um über 80 Prozent und vernichtete damit alleine einen Wert von zirka 160 Milliarden Euro.

Die so genannten »Short Seller« feierten erneut Triumphe. Sie liehen sich gegen eine geringe Gebühr Aktien, die sie sofort verkauften (so genannter Leerverkauf). Als die Kurse nun sanken, konnten sie die Aktien billig zurückkaufen (eindecken, wie die Fachleute sagen) und den Ausleihern zurückübertragen. Sinkende Kurse brachten ihnen also Gewinne. Der Verkauf der Aktien, die ein Leerverkäufer eigentlich gar nicht besitzt, führte auf dem Markt zu einem Verkaufsdruck und somit zu sinkenden Kursen. Irgendwann mussten die Leerverkäufer aber die Aktien liefern. Um das tun zu können, waren Käufer notwendig, die dann die Kurse tendenziell steigen lassen mussten. Das wird das Ende der Baisse, das Ende eines Verlusts der Aktien der »New Economy«, sein. Ein Ende der Talfahrt, die im Wesentlichen Aktien der Bereiche Medien, Internet und Telekommunikation erfasste.

In dem Börsenzusammenbruch wurde die gesamte »New Economy« in

---

[23] »Der Spiegel«, Nr. 13 vom 26. März 2001, S. 95.

Sippenhaft genommen. Trotz der teilweise katastrophalen Ergebnisse werden sicherlich einige der nach dem Zusammenbruch scheinbar aussichtslosen Werte dennoch den Aufstieg in die erste Börsenliga schaffen, nur welche, wer kann das heute schon sicher wissen? Das ist die Eine-Million-Dollar-Frage.

Zauberlehrlinge

Während die Kurssteigerungen der »New Economy« auf dem Prinzip Hoffnung basierten, wurden die der »Old Economy« wesentlich nach Substanz und Gewinn bewertet. Als der Neue Markt nun ab 1997 zu boomen begann, fühlten sich auch Manager der »Old Economy« gedrängt, den Kursen ihrer Unternehmen auf die Beine zu helfen. Wie war das zu machen?

Eine allgemein angewandte Bewertungsmethode für Aktien ist es, den Gewinn in Relation zum Kurs zu setzen. Dieses so zu ermittelnde Kurs-Gewinn-Verhältnis gilt oftmals als geeigneter Maßstab zur Kursbeurteilung: Ist dieser Wert niedrig, so gilt die Aktie als preiswert, ist er hoch, so ist das Wertpapier als teuer einzustufen. Mit steigendem Gewinn kann also demnach auch der Aktienkurs klettern, ohne dass die Aktien deswegen als überteuert angesehen werden müssten. Kann demnach ein höherer Gewinn ausgewiesen werden, so ist damit zu rechnen, dass auch die Kurse steigen. Wie aber ist der zugrunde zu legende Gewinn zu berechnen?

Sachgerecht wäre derjenige Gewinn, der aus der allgemeinen Geschäftstätigkeit (des Kerngeschäfts) resultiert. Ein Gewinn also, der durch außerordentliche oder einmalige Effekte bereinigt ist. Außerordentliche Aufwendungen zum Beispiel müssten demnach ebenso unberücksichtigt bleiben wie einmalige Erträge, etwa solche aus Firmenteilverkäufen. Im Gegensatz dazu wurden in der Praxis oftmals einmalige Erträge dieser Gewinnermittlung zugeschlagen und zugleich außerordentliche Aufwendungen aus den veröffentlichten Gewinnen herausgerechnet. Die so ausgewiesenen höheren Gewinne führten nun zu der beabsichtigten höheren Bewertung.

Die im Standard-&-Poors-500-Index vertretenen Firmen wiesen von 1995 bis 2000 durchschnittliche Gewinnsteigerungen von sehr passablen neun Prozent aus. Zugleich betrug das langfristige Wirtschaftswachstum brutto (also inklusive Inflation) jedoch lediglich sechs Prozent. Auf die Dauer aber können die Unternehmenserträge kaum schneller wachsen als die Wirtschaft.

Als nun der Neue Markt zusammenbrach, nutzten auch die Firmen der »Old Economy« die Chance der Bilanzbereinigung. »JDS Uniphase« und »Nortel« zum Beispiel schrieben den bilanzierten »Goodwill«[24] um 48,2 beziehungsweise 12,3 Milliarden US-Dollar ab. Auch auf Beteiligungen, Kundenfinanzierungen, Warenlager, Optionsplänen und Verkaufserlösen waren plötzlich Verlustquellen. Im Ergebnis bewirkte die allgemein schwächere Börse infolge der zuvor gesehenen Überbewertung besonders schmerzliche Aktienkurseinbrüche: Diese Einbrüche sollten durch ein außerordentliches Ereignis ausgelöst werden.

---

[24] Ebenda.

XXII.

Die Börse im Griff der Terroristen

»Terror gegen Amerika«

RTL

»Es ist ein Krieg nicht gegen die Vereinigten Staaten, sondern gegen die Zivilisation.«

Colin Powell, US-Außenminister

»Welt am Abgrund. Wohin treibt die Wirtschaft?«

Titelseite Capital Nr. 20

»Die US-Industrie funkt SOS.«

Titelüberschrift des Wirtschaftsteils der »Welt am Sonntag« am 23. September 2001

Die Welt wird nie wieder sein wie vor dem 11. September 2001, war der Tenor der Medien.

Lässt sich auch erahnen, dass die organisierte Kriminalität zumindest in manchen Ländern erheblichen Einfluss auf das Wirtschaftsgeschehen und damit auf die Börsen hat, so ahnte vor dem 11. September 2001 wohl kaum jemand, dass dies in erschreckender Weise auch für den Terrorismus gelten kann.

Amerika, spätestens nach dem wirtschaftlichen Kollaps Russlands führende Militär- und Wirtschaftsnation, zugleich in ihrem Selbstverständnis Weltpolizei, fühlte sich in jeder Beziehung unangreifbar. Die von 16 Selbstmördern vollführten barbarischen Attentate erschütterten nicht nur die trügerische Sicherheit, in der sich die Amerikaner wähnten, sondern ließen im sprichwörtlichen Sinne aus heiterem Himmel weltweit auch die Börsen erbeben.

Die Attentate

Nachdem die Aktienmärkte im Zuge der »New Economy« weltweit Schaden genommen hatten und daraufhin vor allem die Amerikanische Zentralbank die Zinsen drastisch senkte und die Kurse Boden gefunden hatten und sich gerade wieder zu fangen begannen, da geschah das Unfassbare:

Es ist 8.45 Uhr, als mit Flug 11 der American Airlines eine fliegende Kerosinbombe in den Nord-Tower des World Trade Centers rast.

Reporter sämtlicher Fernsehstationen eilen zum Ort des Geschehens. So erlebt die Welt life, wie eine zweite Maschine, United Airlines, Flug 175, ebenfalls aus Boston kommend, in den südlichen Turm des World Trade Centers kracht und in einem Feuerball aufgeht, der aus dem Giganten quillt. Glassplitter und Fassadenteile regnen vom Himmel. Die lodernden Feuer in den Bürotürmen schaffen eine brennende Barriere. Vielen Menschen gelingt es nicht, sie zu überwinden und sich in Sicherheit zu bringen. Die siedende Hitze treibt viele Menschen dazu, oberhalb der Einschlagstelle die Außenfenster zu zerschlagen und nun wie Kletten an den Fassaden zu hängen. Andere, den sicheren Tod vor Augen, springen in die Tiefe.

Der Wahnsinn gipfelt in einem tödlichen Finale. Die lodernde Glut des Brandes lässt die stützenden Stahlträger der Kolosse erweichen. Ihre Tragfähigkeit sinkt dramatisch. Dann, ohne Vorwarnung, kollabiert erst der eine, dann der andere Turm und die Welt schaut starr vor Entsetzen zu, wie durch eine riesige Lawine aus Beton, Staub und Glas Tausende von Menschen erschlagen und verschüttet werden. Eines der Symbole Amerikas gibt es nicht mehr.

Medien als unfreiwillige Helfershelfer der Terroristen

Durch die Medien und insbesondere das Fernsehen wurden die Bilder des Terrorismus in der ganzen Welt verbreitet. Wer gerade zum Einkauf in einer Stadt oder geschäftlich unterwegs war und zufällig in die Schaufenster eines Fernsehgeschäfts sah, den trafen die Bilder der Anschläge und des Grauens völlig unvorbereitet. Trauben von Menschen bildeten sich vor Schaufenstern mit Fernsehern und in den Kaufhäusern. Dann erlebten die Zuschauer life, wie sich das zweite Flugzeug in den Tower bohrte und wie die beiden Giganten des World Trade Centers – Symbol kapitalistischen Handelns – schließlich wie in einem Sciencefictionfilm in sich zusammenbrachen. Doch die Bilder entsprangen nicht den Studios von Filmproduzenten, sondern der Wirklichkeit. Das Fernsehen trug sie in die Wohnzimmer der Familien und verbreitete den Schrecken bis in den entlegensten Winkel der westlichen Welt. Der terroristische Anschlag erlangte so teuflische Berühmtheit. Lähmendes Entsetzen machte sich breit.

Wieder und wieder flimmerten die schrecklichen Bilder über die Bildschirme und dokumentierten die Verletzlichkeit der zivilisierten Welt durch selbstmörderische Barbaren. Wer konnte sich noch sicher fühlen? Die Drahtzieher mögen triumphiert haben.

Am Tag nach dem Inferno konnte jedermann das Geschehen in den Zeitungen nachlesen. Überall, ob am Arbeitsplatz, in den Kneipen oder im Bus, gab es nur ein Thema: die Anschläge. Die Berichterstattung war von Beginn an total. Niemand konnte sich ihrem Einfluss entziehen und die Botschaft der Terroristen nicht hören und sehen, auch nicht die Börsianer in der ganzen Welt.

Nach dem Entsetzen machte sich Wut breit. Der amerikanische Präsident sprach von Krieg gegen die zivilisierte Welt. Die ersten Mutmaßungen über die Täter wurden laut.

Kettenreaktionen an den Börsen

In Amerika wurden die Börsen für mehrere Tage geschlossen, doch in Übersee gingen die Geschäfte weiter. Die Wiedereröffnung der amerikanischen Börsen nach tagelanger Unterbrechung wurde von Zinssenkungen und Aktienrückkaufprogrammen begleitet. Das sollte zur Besonnenheit ermahnen, dennoch sanken die Kurse. Die Dramatik der Ereignisse ließ die Börse nicht kalt – auch sie war geschockt. Doch auch nüchterne Überlegungen sprachen für sinkende Börsenkurse.

Als das Entsetzen den Aktionären in die Glieder fuhr, löste das unverhofft eine Kettenreaktion aus: Die ersten Wirtschaftsmeldungen berichteten von Gefahren für die Konjunktur, die später mit Zahlen belegt wurden. Das Attentat würde die Wirtschaft empfindlich treffen. Daraufhin griff eine panikartige Stimmung um sich. Tatsächlich stiegen dann auch die Ölpreise sprunghaft in die Höhe. Unterschiedslos wurden Aktien auf den Markt geworfen. Vor allem die Aktien von Fluggesellschaften. Wer wollte jetzt noch fliegen und damit das Risiko eingehen, von Wahnsinnigen in den Tod getrieben zu werden? Tatsächlich gingen die Flugbuchungen um bis zu 35 Prozent zurück. In Amerika wurden 20 Prozent aller Flüge gestrichen. Das zehrt am Gewinn.

Wenn aber das Fluggerät weniger benutzt wird, werden auch weniger Flugzeuge benötigt. Werden weniger Flugzeuge verkauft, so haben die Flugzeughersteller Gewinneinbußen – ihre Aktienkurse sinken.

Die Kette der in Mitleidenschaft gezogenen Gesellschaften setzte sich mit den Reiseveranstaltern fort, denn weniger Flugreisen bedeuten zugleich Absatzeinbußen der Reisegesellschaften. Also sanken auch deren Kurse.

Die am unmittelbarsten betroffenen Gesellschaften aber waren die Versicherungen, denn die mussten schließlich zum großen Teil den angerichteten Schaden wieder gutmachen. Keine Versicherungsgesellschaft aber hat mehrere Milliarden Dollar wie Portogeld auf ihren Konten herumliegen. Um die Schäden ausgleichen zu können, mussten sie an Geld kommen – durch den Verkauf von Teilen ihrer Aktienbestände. Das drückte die Aktienkurse weiter.

Der allgemeine Abwärtsstrudel erfasste auch Bankaktien, denn die Beteiligungen der Banken verloren täglich an Wert, und welcher Anleger wollte schon sehenden Auges stillhalten, wenn die Substanz der von ihm gehaltenen Aktien dahinschmolz wie Schnee in der Sonne?

Die Sorge vor der Zukunft, der drohende »Krieg« verunsicherte die Konsumenten. Mit dem Tenor »Der Terror stürzt uns in eine Rezession« erschienen die Wirtschaftsteile der Zeitungen. Autos und Luxusartikel fanden plötzlich kaum noch Abnehmer. Gewinnwarnungen auch renommierter Firmen machten die Runde. Der Sog in die Tiefe veranlasste Baissespekulanten, auf den fahrenden Zug aufzuspringen. Spezielle Funds liehen sich gegen Gebühr Aktien und verkauften diese unverzüglich. Das drückte die Kurse weiter. Natürlich mussten die Aktien letztlich wieder zurückgegeben werden. Bis dahin, so hofften die Manager, würden sie die Aktien billiger zurückkaufen und aus der Differenz zwischen Verkauf und Kauf reichen Gewinn ziehen können.

Die Börsianer flüchten in Anleihen und Geldmarktfonds.

Insider – das Geschäft mit dem Terror?

Als Insider wird jener Personenkreis bezeichnet, der durch intime Kenntnisse von Vorgängen früher als andere von Ereignissen weiß und deren wahrscheinliche Folgen abschätzen kann. Erkennt zum Beispiel das Management eines Unternehmens vorzeitig einen drohenden Gewinneinbruch, so könnte es durch den Kauf von Verkaufsoptionen, so genannte Puts, sich sein Wissen in klingende Münze auszahlen lassen. Generell gilt: Wer die Geschehnisse von morgen kennt, der hat die Chance, heute den Grundstein für zukünftige Gewinne zu legen. Geschäfte allerdings, die auf Insiderwissen basieren, sind verboten und werden strafrechtlich verfolgt, weil sie das Fairnessgebot der Börse untergraben.

Drahtzieher der schauerlichen Anschläge auf das World Trade Center wussten im Voraus von den Anschlägen und hätten frühzeitig abschätzen können, wie die Börse im Allgemeinen und die Kurse der Aktien von Fluggesellschaften und Versicherungen im Besonderen darauf reagieren würden. Von diesem Wissen über zukünftige Ereignisse hätten sie demnach reichlich Gewinn schlagen können. Eine abscheulich-perfide Vorstellung: Da schicken Drahtzieher des Terrors Selbstmörder in den Tod, lassen weitere viele Unschuldige mit dem Leben bezahlen und kassieren auch noch üppige Profite – um damit weitere Anschläge zu bezahlen? Finanzierte sich der skrupellose Wahnsinn selbst?

Seltsam in diesem Zusammenhang ist, was sich kurz vor den Anschlägen abspielte: In den Niederlanden an der Amsterdamer Terminbörse wurden am 7. und 10. September Puts auf KLM-Aktien (Fluggesellschaft) erworben. Das Volumen war zehnmal höher als normalerweise. Am Freitag vor dem Anschlag wurden bei fallenden Kursen 847 Millionen Aktien der KLM gehandelt – ein Rekord. Auch von den Muttergesellschaften-Fluggesellschaften United Airlines und American Airlines, nämlich AMR und UAL, wurden am 6., 7. und 10. September 2001 4744 beziehungsweise 4516 Verkaufsoptionen – 20-mal mehr als üblich – und nur 396 beziehungsweise 748 Kaufoptionen gehandelt. Im Zusammenhang mit solchen Geschäften sprach die britische Regierung offen von Terrorfinanzierung. Wurde ein neues Kapitel der Kriminalgeschichte aufgeschlagen?

Noch sind die Ereignisse nicht geklärt, noch auch die Drahtzieher nicht zur Rechenschaft gezogen. Die Börse aber hat diese Ereignisse längst vorher in den Kursen berücksichtigt. So zeigt sie sich wie schon in vielen anderen Fällen als Spiegel des Geschehens.

Schluss

Das Börsenbeben nach den Terroranschlägen und auch der Börsenzusammenbruch der »New Economy« werden nicht die letzten gewesen sein. Auch der nächste Crash wird überraschend über die Börsianer hereinbrechen und die meisten auf dem falschen Fuß erwischen. Erneut werden die Verluste schmerzlich sein und vielleicht sogar die Weltwirtschaft erschüttern. Wer dieses Buch nicht nur als unterhaltsame Lektüre versteht, sondern als ein Auszug aus der Geschichte des Geldes, der wird aus den Ereignissen der Vergangenheit Schlüsse für die Zukunft ziehen können. Geschichte nämlich wiederholt sich zwar nie, ihre Gesetzmäßigkeiten aber sind immer noch die gleichen. So also ähnelt sich die Anatomie der Zusammenbrüche immer wieder: Erst macht sich Hoffnung breit, dann treibt Begeisterung die Kurse, die sich in Euphorie steigert und von Gier getrieben schließlich den Bezug zur Realität verlieren, um dann unvermittelt zusammenzubrechen, weil irgendein Ereignis die Anleger und Spekulanten zur Besinnung bringt. Hat sich dann das Entsetzen gelegt und ist die Zuversicht zurückgekehrt, beginnt irgendwann alles von neuem mit wieder steigenden Kursen. Schließlich zeigt sich die Börse immer als unbestechlicher Richter, auch wenn es manchmal seine Zeit dauert, bis das Urteil gefällt ist.

Wer mehr über die Börse erfahren möchte, wer gezielt Verluste vermeiden und Gewinne erzielen will, dem verrät das Buch »Tollhaus Börse« die nötigen Grundlagen und Finessen.

Literaturverzeichnis

Wilhelm Abel, Massenarmut und Hungerkrisen im vorindustriellen Europa, Hamburg/Berlin 1974

Wilhelm Abel, Agrarkrisen und Agrarkonjunktur, 2. Auflage, Hamburg/Berlin 1966

Erich Achterberg/Maximilian Müller-Jabusch, Lebensbilder deutscher Bankiers aus fünf Jahrhunderten, 2. Auflage, Frankfurt 1963

Hans Albert, Börsiana – Ergötzliches aus alter, neuer und neuester Zeit, Berlin o. J.

Derek H. Aldcroft, Geschichte der Weltwirtschaft, Band 3 – Die zwanziger Jahre, München o. J.

T. S. Ashton, An Economic History of England – The 18. Century, London 1972

Rolf Avena/Peter Omm, Mut zum Erfolg, München 1973

Ernst Baasch, Holländische Wirtschaftsgeschichte, Jena 1927

George F. Baker, The Decade of the Twenties, in: Readings of Business Cycles and National Income, Hrsg.: Alvin Hansen and Richard Clemence, London 1959

Iganz Balla, Die Rothschilds, Berlin o. J.

Bruno Bandulet, Gold-Strategie für die Krise, München 1973

Klaus Bartels/Ludwig Huber, Veni Vidi Vici – Geflügelte Worte aus dem Griechischen und Lateinischen, 4. Auflage, o. O. 1968

J. Bernhard u. a., Europäische Wirtschaftsgeschichte – Mittelalter, Stuttgart/New York 1978

Lord Beveridge, Prices and Wages in England, London 1965

Siegfried Bley, Börsen der Welt, Frankfurt 1977

Karl Erich Born, Die deutsche Bankenkrise 1931, München 1967

Bouniatian, Geschichte der Handelskrisen in England, München 1908

C. A. Brattner, Amerikanische Industriemagnaten, Berlin 1927

Georg Brodnitz, Englische Wirtschaftsgeschichte, Jena 1918

Georg Büschmann, Geflügelte Worte und Zitatenschatz, Zürich o. J.

Dale Carnegie, Wie man Freunde gewinnt, Gütersloh o. J.

C. M. Cipolla u. a., Sechzehntes und siebzehntes Jahrhundert, Stuttgart/New York 1979

Carl Colbert, Bankleute und Börsenspieler vor 2000 Jahren, Konstanz 1924

Egon Caesar Conte Corti, Der Aufstieg des Hauses Rothschild 1770–1830, Leipzig 1927

Egon Caesar Conte Corti, Das Haus Rothschild in der Zeit seiner Blüte 1830–1871, Leipzig 1928

Rudolf Dalberg, Die Entwertung des Geldes, Berlin 1919

Karl Diel/Paul Mombert (Hrsg.), Das Staatsschuldenproblem, Karlsruhe 1923

Hansferdinand Doebler, Kultur- und Sittengeschichte der Welt – Handwerk, Handel und Industrie, Gütersloh o. J.

Alfred Doren, Italienische Wirtschaftsgeschichte, Jena 1934

Louise Dornemann, Jenny Marx, Berlin 1953

Peter Earle (Hrsg.), Essays in European History, Oxford 1974

Richard Ehrenberg, Das Zeitalter der Fugger, Jena 1896

Richard Ehrenberg, Große Vermögen – Das Haus Parish in Hamburg, Jena 1905

Bernt Engelmann, Die Macht am Rhein, 1. Band Der alte Reichtum, München 1968

Bernt Engelmann, Die Macht am Rhein, 2. Band Die neuen Reichen, München 1968

Anton Ernstberger, Hans de Witte – Finanzmann Wallensteins, Wiesbaden 1954

Fritz Federau, Die deutsche Geldwirtschaft, Berlin 1949

Carl H. H. Frank, Nachrichten über die Börse in Lübeck, Lübeck 1873

Wilhelm Gerloff, Die Entstehung des Geldes und die Anfänge des Geldwesens, Frankfurt 1940

Gibson-Jarvie (deutsch von Erwin Maul), Die Londoner Metallbörse ein Warenmarkt, Frankfurt 1978 (deutsche Ausgabe)

Hans R. Guggisberg, Geschichte der USA, Band 2 – Die Weltmacht, Stuttgart/Berlin/Köln/Mainz 1975

Gerd Hardach, Die Geschichte der Weltwirtschaft, Band 2 – Der Erste Weltkrieg, München o. J.

Rudolf Hauptmann, Das Geld der Welt, Köln 1977

Rudolf Herbig, Notizen aus der Sozial- und Wirtschaftsgeschichte vom 14. Jahrhundert bis in die Gegenwart, Bremerhaven 1976

Rolv Heuer, Genie und Reichtum, Reinecke bei Hamburg 1973

Cristopher Hibbert/Neville Williams (Hrsg.), Meilensteine der Geschichte, Band I bis III, Berlin/Frankfurt/Wien 1971

Leonhard Hillenbrand/Wolfgang Zorn, Sechs Jahrhunderte schwäbische Wirtschaft (herausgegeben von der Industrie- und Handelskammer Augsburg), Augsburg 1969

Walter G. Hoffmann, Das Wachstum der deutschen Wirtschaft seit der Mitte des 19. Jahrhunderts, Berlin/Heidelberg/New York 1965

Wolfgang Hollmann/Peter Marschalck, Bevölkerungsgeschichte, Köln 1972

Bruno Hollnagel, Euro-Crash 2007, Langen Müller/Herbig, 2000

Bruno Hollnagel, Tollhaus Börse, Langen Müller/Herbig, 2001

Julius Hucke, Geld-, Bank- und Börsenschwindel, Berlin 1896

Hans-Joachim Jarchow, Theorie und Politik des Geldes, Band I und II, Göttingen 1974

Alan Jenkins, The Stock Exchange Story, London 1973

William Stanley Jevons, The Perodicity of Commercial Crises and its Physical Explanation, in: Readings in Business Cycles and National Income, Hrsg. Alvin Hansen und Richard Clemence, London 1969

Michael Jungblut, Die Reichen und die Superreichen in Deutschland, Hamburg 1971

Rudolph J. Kaderli, Börsenerfolg – Modernes Anlegerverhalten, Niederglatt (Schweiz) 1981

Hermann Kellenberg, Öffentliche Finanzen und privates Kapital im späten Mittelalter und in der 1. Hälfte des 19. Jahrhunderts, Stuttgart 1971

Charles P. Kindleberger, Economic Growth in France and Britain 1801–1950, Harvard/Massachusetts 1967

Charles P. Kindleberger, Manias, Panics and Crashes – A History of Financial Crises, New York 1978

Charles P. Kindleberger, Die Geschichte der Weltwirtschaft, Band 4 – Die Weltwirtschaftskrise, München o. J.

Jeremy Kingston/David Lambert, Katastrophen und Krisen, Klagenfurt 1980

Gert von Klass, Hugo Stinnes, Tübingen 1958

G. Klein, 400 Jahre Hamburger Börse (Herausgeber: Handelskammer Hamburg), Hamburg o. J.

Andre Kostolany, Geld – Das große Abenteuer, Bergisch Gladbach 1977

Andre Kostolany, Das ist die Börse, München o. J.

Torsten Kreuger, Die Wahrheit über Ivar Kreuger, Frankfurt 1966

Peter Kriedte, Spätfeudalismus und Handelskapital, Göttingen 1980

Josef Kulischer, Allgemeine Wirtschaftsgeschichte des Mittelalters und der Neuzeit, Band II – Die Neuzeit, 5. Auflage, München/Wien 1976

Nick Leeson, Das Milliardenspiel, Spiegel Buchverlag, 1996

Richard Lewinsohn, Geschichte der Krise, Wien 1934

Richard Lewinsohn/Franz Pick, Sinn und Unsinn der Börse, Berlin 1933

Friedrich Lütge, Deutsche Sozial- und Wirtschaftsgeschichte, 3. Auflage, Berlin/Heidelberg/New York 1966

Ferdinand Lundberg, Die Reichen und die Superreichen (USA), Hamburg 1969

Louis Madelin, Fouche, Frankfurt 1970

William Manchester, Krupp – Chronik einer Familie, München 1968

Alfred Manes, Staatsbankrotte, 3. Auflage, Berlin 1922

Ralph G. Martin, Der Zauberer von Wallstreet, München 1970

Anton Mayer, Finanzkatastrophen und Spekulanten, Leipzig 1938

Hubert Miketta, Der Sieger von Suez, Gütersloh 1957

B. R. Mitchell, European Historical Statistics 1750–1970, London 1975

Georg Mollat (Hrsg.), Volkswirtschaftliches Lesebuch für Kaufleute, Frankfurt 1905

Georg Mollat, Volkswirtschaftliches Quellenbuch, 6. Auflage, Osterwieck im Harz 1923

Victor Morgan/W. H. Thomas, The Stock Exchange – Its History and Functions, 2. Auflage, London 1969

Frederic Morton, Die Rothschilds, München/Zürich 1978

Morus (Richard Lewinsohn), Die Großen der Weltwirtschaft, Berlin 1955

R. H. Mottram, Wesen und Geschichte der Finanzspekulation, Leipzig 1932

Volkmar Muthesius, Augenzeuge von drei Inflationen, Frankfurt 1973

Ernst Neckarsulmer, Der alte und der neue Reichtum, Berlin 1925

Robert O'Brien, Die Maschinen, o. O. 1965

Georg Obst, Geld, Stuttgart 1967

Fred Oelßner, Die Wirtschaftskrisen, Berlin 1951

Günter Ogger, Kauf dir einen Kaiser, München/Zürich 1978

Eugen Ortner, Glück und Macht der Fugger, München 1954

Northcote Parkinson, Parkinsons Gesetz, Düsseldorf/Stuttgart 1960

Northcote Parkinson, … alles von unserem Geld, Düsseldorf 1960

Kurt Pfläging, Die Wiege des Ruhrkohlenbergbaus, Essen 1979

A. P. Poley, The History, Law and Practice of the Stock Exchange, London 1907

Gerhard Prause, Die Großen wie sie keiner kennt, Düsseldorf/Wien 1967

Kurt Pritzkoleit, Gott erhält die Mächtigen, Düsseldorf 1963

Hugo Ritter, Der Mensch und das Geld, München 1952

Karl W. Roskamp, Die amerikanische Wirtschaft 1929–1970, Stuttgart 1975

Samhaber, Das Geld, Bayreuth 1976

Ludwig Samuel, Die Effektenspekulation im 17. und 18. Jahrhundert, Berlin 1924

A. Schäfer, Interessantes und Amüsantes aus der Finanzgeschichte, Zürich o. J.

Michael Schiff, Geld macht sinnlich, München 1970

Herbert Schlicht, Börsenterminhandel in Wertpapieren, Frankfurt 1972

Eugen Schmalenbach, Kapital, Köln/Opladen 1961

Hartmut Schmidt, Der Specialist der New York Stock Exchange – Aufgaben und Arbeitsweise, in: Die Abwicklung von Börsengeschäften im In- und Ausland, Hrsg. G. Bruns und K. Häuser, Frankfurt 1971

Günter Schmölders, Konjunkturen und Krisen, Hamburg 1955

Joseph Schumpeter, Konjunkturzyklen, Band I und II, Göttingen 1961

Joseph Schumpeter, The Decade of the Twenties, in: Readings of Business Cycles and National Income, Hrsg. Alvin Hansen und Richard Clemence, London 1969

Ernst Schultze, Die Zerrüttung der Weltwirtschaft, Berlin/Stuttgart/Leipzig 1923

Dieter Schuster, Die Gewerkschaftsbewegung, 5. Auflage, Düsseldorf 1976

Fritz Schwarz, Segen und Fluch des Geldes in der Geschichte der Völker, Bern 1945

Henry See, Französische Wirtschaftsgeschichte, Jena 1936

J. Seiter/J. B. Walz, Das Werden der modernen Welt durch die weltwirtschaftliche und gesellschaftliche Revolution, Hannover 1966

Ben B. Seligman, Sie kauften sich Amerika, München 1972

Tom Shachtman, The Day America Crashed, New York 1979

Max Silberschmidt, Amerikas industrielle Entwicklung, Bern 1958

Robert Slater, Die 24 Geheimnisse des George Soros, Überreuter, 1996

Henry J. Smith, J. P. Morgan der Weltbankier, Dresden 1928

Werner Sombart, Das Wirtschaftsleben im Zeitalter des Hochkapitalismus, München/Leipzig 1927

Werner Sombart, Der moderne Kapitalismus, Band II – Das europäische Wirtschaftsleben im Zeitalter des Frühkapitalismus, 6. Auflage, München/Leipzig 1924

Erich Staisch, Zug um Zug, Augsburg 1977

Werner Stein, Kulturfahrplan – Die wichtigsten Daten der Kulturgeschichte vom Anbeginn bis 1975, Berlin/München/Wien 1976

Oskar Stillich, Die Börse und ihre Geschäfte, Berlin 1909

Studs Terkel, Der große Krach, Frankfurt 1972

W. A. Thomas/Victor Thomas, The Stock Exchange its History and Functions, 2. Auflage, London 1969

Wilhelm Treue, Wirtschaftsgeschichte der Neuzeit 1700–1960, Stuttgart 1962

Wilhelm Treue, Deutschland in der Weltwirtschaftskrise in Augenzeugenberichten, Düsseldorf 1967

Michael von Tugan-Baranowski, Studien zur Theorie und Geschichte der Handelskrisen in England, Jena 1901

Paul Ufermann, Könige der Inflation, Berlin 1924

Martin Ungerer, Berühmte Bankiers, Bern/Stuttgart 1976

Don Joseph de la Vega, Confusion de Confusiones, in der Übersetzung von Otto Pringsheim, Breslau 1919

Joseph Vogt, Der Niedergang Roms, Zürich 1965

Horst Wagenführ, Die Geldgeschäfte großer Herren, Stuttgart o. J.

Ernst Wagemann, Struktur und Rhythmus der Weltwirtschaft, Berlin 1931

Robert Irvin Warshow, Von Drew bis Pierpont Morgan, Berlin 1931

Adolf Weber, Geld und Kredit, Heidelberg 1969

Robert Weidenhammer, Das Bank- und Börsenwesen in den USA, Frankfurt 1966

Joseph Wechsberg, Hochfinanz international, München/Zürich 1969

Keith Wheeler, Der Bau der Eisenbahn, o. J. o. J.

Bouch White, Daniel Drew – Aus dem Tagebuch eines amerikanischen Börsenmannes, Berlin 1943

Hellmuth Wissmann, Das Gold in Wirtschaft und Politik, Leipzig 1940

Otto Wolf, Die Geschäfte des Herrn Ouvrard, Frankfurt 1932

Franz F. Wurm, Wirtschaft und Gesellschaft in Deutschland 1848–1948, Opladen 1969

Otto Zierer, Bild der Jahrhunderte – Weltgeschichte in 22 Bänden, Gütersloh o. J.

US Department of Commerce, Historical Statistics of the USA – Colonial Times to 1957, Washington D. C. 1960

Deutsche Bundesbank, Deutsches Geld-Bankwesen in Zahlen 1876–1975, Frankfurt 1976

Investors Intelligence Inc., Encyclopedia of Stock Market Techniques, Larchmont 1971

Conti-Commodity, Rohstofftermingeschäft – Eine Kapitalanlage für Sie, Hamburg o. J. (Prospekt)

Die Bibel, in der Übersetzung Martin Luthers, Stuttgart 1966

Werbung in Deutschland '69, Art Directors Club, Düsseldorf/Wien 1970

Der Aktionär, alte deutsche Finanzzeitung (täglich)

Barron's, amerikanische Finanzzeitschrift (wöchentlich)

Berliner Börsenzeitung, alte Fachzeitschrift (zweimal täglich)

Business Week, amerikanische Wirtschaftszeitschrift (wöchentlich)

Capital, deutsches Finanzmagazin (monatlich)

DM Online (Online-Wirtschaftsmagazin)

The Economic History Review, englische Fachpublikation (monatlich)

Financial Analysts Journal, amerikanische Fachpublikation (monatlich)

Financial Times Deutschland (deutsche Börsenzeitung, täglich)

Finanz und Wirtschaft, schweizerische Börsenzeitung (zweimal wöchentlich)

Focus (deutsches Nachrichtenmagazin, wöchentlich)

Fortune, amerikanische Zeitschrift (wöchentlich)

Frankfurter Allgemeine Zeitung, deutsche Tageszeitung (täglich)

Handelsblatt, deutsche Börsenzeitung (täglich); hier insbesondere: Peter Martin, Geschichte der Börsen, 24 Folgen, und: Peter Martin, Das Ende der »goldenen« zwanziger Jahre, Handelsblatt vom 24.10.1979, Seite 12

Herald Tribune, amerikanische Tageszeitung (täglich)

Newsweek, amerikanisches Wirtschaftsmagazin (wöchentlich)

P. M. Magazin, Magazin (monatlich)

Report of Specialist Activity, amerikanischer Börsenbrief (zweimal monatlich)

Der Spiegel, deutsches Nachrichtenmagazin (wöchentlich)

Wall Street Journal, amerikanische Börsenzeitung (täglich)

Die Welt, deutsche Tageszeitung (täglich)

Welt am Sonntag (deutsche Wochenzeitung)

Wertpapier, deutsche Börsenzeitschrift (zweimal monatlich)

Wirtschaftsdienst, auch bereits vor dem Krieg erscheinende Publikation des Instituts für Welt-Wirtschaft an der Universität Hamburg und dem Institut für Weltwirtschaft und Seeverkehr an der Universität Kiel (wöchentlich)

Wirtschaftswoche, deutsches Wirtschaftsmagazin (wöchentlich)